中国经济文库·经济高质量发展系列

湖南省区域性股权市场创新发展研究

刘祚祥　易卫红　余春晖◎著

中国经济出版社
·北京·

图书在版编目（CIP）数据

湖南省区域性股权市场创新发展研究/刘祚祥，易卫红，余春晖著. --北京：中国经济出版社，2021.8
ISBN 978-7-5136-6565-0

Ⅰ.①湖⋯ Ⅱ.①刘⋯ ②易⋯ ③余⋯ Ⅲ.①股权－投资基金－研究－湖南 Ⅳ.①F832.51

中国版本图书馆CIP数据核字（2021）第154585号

责任编辑　焦晓云
责任印制　马小宾
封面设计　任燕飞装帧设计工作室

出版发行　中国经济出版社
印　刷　者　北京建宏印刷有限公司
经　销　者　各地新华书店
开　　　本　787mm×1092mm　1/16
印　　　张　21
字　　　数　448千字
版　　　次　2021年8月第1版
印　　　次　2021年8月第1次
定　　　价　92.00元
广告经营许可证　京西工商广字第8179号

中国经济出版社 网址 www.economyph.com 社址 北京市东城区安定门外大街58号 邮编 100011
本版图书如存在印装质量问题，请与本社销售中心联系调换（联系电话：010-57512564）

版权所有　盗版必究（举报电话：010-57512600）
国家版权局反盗版举报中心（举报电话：12390）　　服务热线：010-57512564

前 言
PREFACE

高质量经济发展呼唤区域性股权市场创新

（一）

中国经济已经进入高质量发展阶段，需要新的经济增长模式与之相适应。依靠投资拉动增长的中国经济发展模式，不仅严重地影响了产业结构、企业的商业模式与地方政府的战略决策，也对金融结构产生了深远的影响。金融的本质是中介，是以简单、直接、有效的方式将储蓄转变为投资，实现价值的跨时空交换。无论是理论分析还是实证检验，都表明金融发展有助于经济增长。

金融结构、金融体系与其服务的经济形态、产业结构关系密切。在以投资拉动经济增长的发展模式中，银行信贷起到了核心作用，其结果是银行成为我国最大的金融组织，成为社会金融剩余的主要获取者。由于金融是跨时空的价值交易，其合约风险如影随形，如何甄别资金获取方的还款能力与还款意愿，尽量降低合约缔结时的逆向选择与合约缔结后的道德风险，成为金融组织可持续发展的微观基础。银行信贷合约缔结的前置条件是借贷主体要有足够的实力——银行能够对其授信，或者有抵押物、担保者，否则银行不会与借款人缔结信贷合约。创新型企业的资产性质难以满足银行信贷缔约的要求，从而导致创新型小微企业被排除在银行的客户群体之外，其有效金融需求得不到满足。很显然，银行的信贷技术与合约规则是许多中小企业获取信贷资源难以逾越的鸿沟。

事实上，中国银行业的快速发展是城镇化、基础设施建设以及房地产发展的产物。以土地、房地产和基础设施为抵押的信用扩张带动相关领域及其上下游投资大幅上升，极大地增加了银行的资产。在此过程中，银行的资金主要流向了有土地提供抵押的房地产企业、有信用担保的国有大型企业，以及有地方政府信用背书的融资平台；而以中小微企业为主体的民营企业（包括一些上市的民营企业），其融资环境却日益恶化，有些上市公司为了获得银行信贷资金，只能通过股票质押的方式来解决公司的流动性问题。

金融资源主要掌握在银行手中，而银行的信贷技术及合约规则与创新型中小企业的资产特性并不适应。在现有条件下，人们依然难以通过信息技术与大数据弥补银行的信贷技术缺陷，也很难修改银行的合约规则，毕竟一种金融中介的产生有其内在的信息生产根源。因此，发展资本市场成为一种现实的选择。但是，长期以来，我国资本市场的效率一直为投资者所诟病。提高我国资本市场的效率，促进我国资本市场的发展，已经成为我国经济高质量发展进程中的一个重要战略选择。党的十九大报告确定了深化金融体制改革、促进多层次资本市场健康发展的战略方针。为了改革创新中国资本市场制度，2018年，习近平总书记宣布"将在上海证券交易所设立科创板并试点注册制"，李克强总理提出"鼓励区域性股权市场设置科技创新专板"。这是中央政府为完善资本市场的基础制度、促进资本市场长期健康发展而做出的重大决策。注册制是资本市场化的根本性变革，是为资本进行市场化定价的基础性制度安排，而多层次资本市场是我国资本市场有效性的组织保障。

党的十九届五中全会将"创新"作为推进中国经济发展十大举措的核心。党的十九届五中全会之后，证监会主席易会满发表了题为《提高直接融资比重》的署名文章。易会满认为，要推动创新，一方面要健全中国的多层次资本市场体系，增强直接融资的包容性，以适应不同类型、不同发展阶段企业的差异化融资需求；另一方面要加快发展私募基金，突出创新资本的战略作用，鼓励私募基金投小、投早、投科技。在公开讲演中，易会满多次提到区域性股权市场在创新发展中的作用。在多层次资本市场发展过程中，区域性股权市场起着塔基的作用。2019年6月，《关于规范发展区域性股权市场的指导意见》（清整办函〔2019〕131号）提出，"区域性股权市场可以结合实体经济需要和自身市场条件提出创新业务申请"，释放了区域性股权市场创新发展的信号，标志着我国区域性股权市场步入创新发展阶段。

那么，如何创新区域性股权市场？作为多层次资本市场塔基的区域性股权市场只需要如同美国的粉单市场①那样交易就可以，还是需要有其他创新举措？湖南股权交易所有限公司（简称"湖南股权交易所"）及其集团公司湖南财信金融控股集团对此进行了一系列探索，并提出系统而卓有成效的解决办法。总结这些经验，不但能为湖南股权交易所下一步的工作创新提供建议，而且可以为国内其他区域性股权市场的发展提供借鉴。截至2020年12月31日，湖南股权交易所挂牌企业614家（其中，股改企业572家，科技创新专板企业34家，报价板企业8家），纯托管企业368家，展示企业3039家，登记股本868.34亿股；累计为挂牌及托管企业实

---

① 粉单市场（Pink Sheet）原名National Quotation Bureau，简称NQB（全国报价局），于1913年成立，为一家私人企业，因最初把报价印刷在粉红色的单子上而得名。2000年6月，NQB改名Pink Sheets LLC（Liability Limited Company）。目前，粉单交易市场已纳入纳斯达克最底层的一级报价系统，是美国柜台交易（OTC）的初级报价形式。广义的美国OTC市场包括NASDAQ、OTCBB和粉单市场，按其上市报价要求高低，依次为NASDAQ→OTCBB→粉单市场。因此，可以说，粉单市场是美国多层次资本市场的塔基，即底层市场。

现股权、债权等融资983.9347亿元；现有注册会员360家，其中推荐商141家，会计师事务所91家，律师事务所104家，评估机构24家。一个以湖南股权交易所为中心的区域性资本市场基本形成。以资本市场的理念对企业进行股改，使之成为追求股东价值最大化的市场主体，不但改变了公司内部的利益关系，更是对公司内部价值理念的一种重塑。

（二）

为了研究湖南省区域性股权市场，课题组根据经济科学研究的基本范式，构建了理论分析的基本模型，并做了一些数据分析和企业的内部调研，从而得出一些有价值的结论。在对湖南省区域性股权市场进行分析时，课题组以丹尼尔·F.史普博所构建的企业家、企业、市场与组织内生化的微观分析框架为基础，同时吸收鲍莫尔的创新力微观经济理论，将股权投资纳入其创新分工体系，进而构建区域性股权市场创新发展模型。作为为中小微企业配置资金的私募股权市场，区域性股权市场是企业在不同成长阶段进行融资与风险管理的过程中，各利益主体讨价还价缔结的金融合约，在既有的条件下，它满足了各参与方的利益诉求。要提高其融资效率，需要将创新型企业家活动纳入模型，与此有关的决策变量包括投资风险、资本结构、新技术的选择等。为了便于阅读，本书在撰写过程中直接将研究结论写出，而将推理过程予以省略，相关数理模型仅在"理论前沿"部分有所涉及。本书以湖南股权交易所的经验总结为主，以对其进行的经济学分析为辅，是我们对湖南省区域性股权市场创新发展成果的多方面展示。

区域性股权市场，是我国金融领域的一项重大制度创新。区域性股权市场，是以股权交易所为核心的地方性金融资源集聚平台。以股权交易所为内核，将商业银行、证券公司、推荐商、律所、会所及专家等吸引在一起，为中小微企业的成长提供一系列服务，并通过金融要素的空间集聚来降低金融合约的缔结成本，是区域性股权市场进行制度创新的主要动力。中国的区域性股权市场是有中国特色的区域性资本市场，其功能不只是为企业融资及对企业家行为定价，还有为企业提供股改、市场咨询、人员培训等一系列贴身服务，其价值和意义已经完全超出了经典的资本市场的范畴。

湖南省区域性股权市场以创新赢得了发展契机。从湖南省区域性股权市场的发展历程来看，它并不是对某种金融体制的模仿，而是根据中小微企业发展的内在需求逐步摸索出来的一系列新做法、积累的一系列新规则。对于如何发展区域性股权市场，尽管有国务院、证监会的相关文件做指引，但是，具体的运作方法、操作流程等局部信息是没有办法通过文件予以明示的。这种与运用场景相适应的知识，是在解决各种具体问题时逐步累积起来并随着新问题的解决而不断予以修正的。正是基于对制度、规则及模式的不断尝试与修正，湖南省区域性股权市场才逐步演变为一种不同于西方国家的经典意义上的区域性股权市场。从湖南省区域性股权市场的功能来看，其存在价值已经远远高于美国等发达资本主义经济体的场外市场。为了具体求证湖南省区域性股权市场的有效性，课题组对六家企业进行了全面而详细的调研，其中五家是湖南股权交易所的标准板或者科技创新专板的挂牌企业；正清制药尽管没有在湖南股权交易所挂牌，但其股权资产在湖南股权交易所的登记托管中心托管，从而解决了其资产边界不清晰的难题。

（三）

创新发展区域性股权市场，是促进我国经济增长新旧动能转换的历史选择。改革开放以来，我国以银行为主导的金融结构在迅速完成工业化产能崛起的资本积累中起到了重要作用，然而其本身的间接资源配置特征，在信贷决策机制要求抵押型融资的机制下，导致了中小企业的融资约束和融资困境。学术界认为，要实现我国经济增长动能转换，培育创新驱动的内生机制，必须改变我国以银行为主导的金融结构体系，提高股权融资体系的效率。长期以来，我国资本市场存在制度性缺陷，缺乏有机的场外市场。多层次资本市场是我国金融体系改革创新的重要选择。《国务院办公厅关于规范发展区域性股权市场的通知》（国办发〔2017〕11号）确定了区域性股权市场的定位：①服务于所在省级行政区域内中小微企业唯一的证券交易场所；②是多层次资本市场体系的重要组成部分。

国内外学者对多层次资本市场进行了系统的理论阐述：①有关多层次资本市场的发展理论，可追溯到分工理论；②企业在生命周期的不同阶段，需要以不同的金融合约来满足其资金需求与风险管理；③资金需求方与投资者的风险收益偏好的多样性，要求资本市场实现风险、收益、期限等的最大化程度细分；④做市商制度能够提高区域性股权市场的流动性；⑤灵活的转板机制是区域性股权市场提高效率的有力保障。

十多年来，我国区域性股权市场得到了一定的发展，其在多层次资本市场体系中的塔基地位得以确定：①初步搭建了区域性股权市场的制度框架；②形成了系统有序的市场生态；③发挥了扶持中小微企业的作用；④建立了协同监管工作机制。我国区域性股权市场虽然形成了以股权融资为核心的综合金融服务平台，促进了地方金融要素的集聚，但是其总体仍处于抑制状态，存在不少短板，在股权融资方面成效甚微。国内学者普遍认为，导致这种局面的根本原因是我国区域性股权市场受到交易制度的限制，流动性较低，使得投资者的退出受到限制，从而对投资者缺乏吸引力。因此，很多学者参考美国场外市场的发展经验，认为：应该引入做市商制度，构建转板机制，增加市场的流动性，构建流畅的投资者退出通道，进而吸引投资者；建立适当的筛选机制，以找到风险偏好、风险承受能力相符的投资者。总之，提高区域性股权市场的股权融资效率，是区域性股权市场创新发展的主要目标。

如何解决中小微企业股权合约的非流动性问题？英美资本市场的解决方法是将合伙型私募股权基金纳入市场体系。一方面，私募股权是公司在其存续期能够选择的一种融资方式，特别是初创公司，尚未产生收益，银行不愿意为其提供贷款，风险资本是其主要的资金来源；另一方面，风险投资基金的收益往往能够满足投资者的预期。此外，各地的区域性股权市场为改善市场信息结构，利用互联网、物联网及区块链技术，对自身的创新发展进行了有益的探索，区块链作为核心技术自主创新的重要突破口，在资本市场上具有广泛的运用前景。

通过十多年的探索，理论界与实务界对区域性股权市场在多层次资本市场中的塔基地位及其功能基本达成了共识，其"孵化器"功能也逐步显现出来。但是，对我国区域性股权市场的研究依然存在以下不足：①研究区域性股权市场的相关文献缺乏一个对其创新发展的分析框架；②在利用区域性股权市场聚集金融要素、提高其对中小微企业的股权融资效率方面，缺乏相应的理论分析与系统的运行机制研究；③在降低投资人的投资风险、解决其股权合约的非流动性问题方面，缺乏理论基础和制度设计；④对于如何将大数据、区块链及人工智能等现代技术纳入区域性股权市场，现有文献鲜有论述，且现有文献中缺乏对我国区域性股权市场系统的经验总结和理论诠释。

（四）

本书主要由四部分构成：

第1部分是对以湖南股权交易所为核心的湖南省区域性股权市场的经验总结，也是对湖南省区域性股权市场的一次经验性描述。湖南省区域性股权市场的制度创新，是强制性制度变迁与诱致性制度变迁共同作用的典范。作为多层次资本市场的塔基，区域性股权市场的公共平台属性在于它能够聚集服务中小微企业的各种金融资源。以湖南股权交易所为核心的湖南省区域性股权市场的发展，为认识区域性股权市场的内在含义与运行机制提供了丰富的素材。从湖南省区域性股权市场的发展实践中可以发现，区域性股权市场的生命力，源于它对成长性企业的贴身服务：从股改辅导、融资辅导、董秘培训、财顾咨询、路演宣传、培育孵化等一系列服务中，湖南股权交易所逐步找准了自身的功能定位，并形成了自身的运营机制。由此可见，以股权交易所为核心的区域性股权市场，是具有鲜明中国特色的制度创新的产物，作为公共性金融服务平台组织，其主要功能是服务实体经济、服务中小微企业。

第 2 部分是对湖南股权交易所的组织创新与服务创新进行的专题研究。在长期的服务过程中,湖南股权交易所积累了区域内成长性企业的大量信息,但如何将其所掌握的信息进行商业化、资本化,并赋能于股交所的自生能力还是一个重要课题。人力资本理论认为,教育和培训是最重要的投资方向。中小微企业的创始人,一般具有某个领域的技术特长,但缺乏资本市场的相关知识,湖南股权交易所首创"小微商学院",对中小微企业的创始人与主要高管进行公司治理与资本市场的相关知识培训,提高了这些企业家应对资本市场中各种问题的能力。股权登记中心为湖南省内的企业提供了资产确权的机制,使得托管企业的资产具有交易资格。因此,必须完善股权交易所的服务体系,完善股权登记中心的功能,使其能为中小企业股改提供相应的服务。

湖南股权交易所获"2020 湖南最具影响力投资机构"、2019 年"湖南金融普惠力量"等荣誉,"湖南启动资本市场县域工程试点""湖南省区域性股权市场设立科技创新专板工作方案"等工作连续入选"湖南十大金融新闻",荣获金融创新奖。湖南股权交易所在债权合约和股权合约方面,都推出了为中小微企业量身打造的金融产品,从而降低了中小微企业的融资成本。特别是推出了科技创新专板,打造了中小微企业"资金加油站",将"金融+科技"落到了实处,为湖南科技企业对接科创板提供了新的渠道。此外,湖南股权交易所为服务中小微企业提出的服务"八步曲",是在多年的服务基础上总结出来的对中小微企业的"全周期"一站式服务体系,体现了区域性股权市场的服务功能。这是我国区域性股权市场与经典的场外市场的本质区别。至于为提高湖南中小微企业创新能力而专设的"两山基金",是为了引导湖南创投基金进一步发展,推动湖南"创新能力"进一步提高而做出的决策。提高湖南中小微企业的创新能力,不但需要人才、资金等生产要素量的增加,而且需要新的能够分担创新风险的金融组织的配合。湖南"两山基金"的尝试,目的就是探索政府资金直接服务创新型中小微企业的新模式。

第 3 部分主要是运用现代经济学的分析方法,对区域性股权市场的一些前沿问题进行探讨。湖南省区域性股权市场的产生,是湖南省经济内在发展的必然结果。从对湖南省张家界市中小微企业融资的长期调研中我们发现,随着经济发展方式的转变,以及创新型企业在经济增长中的作用日益变大,解决中小微企业融资困境的根本出路,不是降低它们与银行缔结债权合约的条件,而是发展股权融资市场,降低股权融资成本。

资本市场的核心功能是融资,融资交易是资金盈余者与资金需求者融通资金的桥梁,交易制度决定了资本市场的流动性和估值的准确性。作为湖南省最重要的金融基础设施,湖南股权交易所秉承"为湖南省区域性股权的发展传递正能量、为优质四板企业挖掘投资价值"的精神,以提高股权流动性为目标,力求在四板市场以交易制度为改革方向做出一定的突破。在"科技创新专板"选取几家优质企业，进行做市商制度的理论探索，目的是提高区域性股权市场的流动性，平衡市场供求关系，发挥市场的定价功能，提高交易指令的成交率。

区域性股权市场是以股权交易所为核心的地方性金融资源集聚平台，通过金融要素的空间集聚来降低金融合约的缔结成本。金融创新能力对经济增长质量有怎样的影响，是我国经济进入高质量发展阶段之后必须要回答的一个基本问题。本书通过实证研究，证明长沙市的金融创新能力与长沙市的经济高质量增长呈正相关关系。但是，其提升作用有限，根本原因在于长沙市的金融创新能力不足，特别是向创新型企业提供服务的金融机构短缺。长沙市的金融创新能力与长沙市的经济高质量增长研究，为发展区域性股权市场提供了理论依据。区域性股权市场的主要功能是将不同的金融要素整合起来，通过集聚效应，使之成为多层次资本市场的塔基。金融集聚能在一定程度上解决金融市场的信息生产及信息结构等资本市场的核心问题。从创新的视角来看，所有能够改善金融交易中信息结构的新组织、新举措、新规制乃至合约缔结的新条款，都是金融创新，均在一定程度上促进了金融体系的发展。金融要素的集聚，不仅改变了金融资源的空间结构，也改变了金融市场信息的生产方式，并降低了金融市场的信息生产成本，提高了金融市场的资源配置能力，加强了金融市场的风险分担功能。因此，金融集聚既具有金融创新发展的内在本质，也是金融创新发展的综合表现形式。此外，区域性股权市场不是服务所有中小微企业的金融体系，它主要是服务成长型企业的金融制度安排，其服务目标指向场内市场。

区域性股权市场以区块链技术为底层技术，运用 DPOS 机制，以联盟链形态开展上链运作；引入协议，逐步开放节点，通过区块链技术实现更多企业、个人节点加入；实现股权通证化；通过技术引入奖励机制，实现节点参与激励。以区块链技术为底层技术的区域性股权市场，不但能够提高创新型企业的融资效率，而且可以将以环境、社会责任和公司治理（Environmental、Social、Governance，ESG）为内核的投资理念纳入区域性股权市场，从而解决 ESG 投资理念对当前我国资本市场的信用缺失问题。当然，即使区块链技术得以在区域性股权市场全面运用，市场的流动性与金融资产交易的价格发现，依然是其主要功能。

第 4 部分是案例分析。课题组主要选择了六家与湖南省区域性股权市场有业务联系的中小微企业进行调查与分析。尽管六家企业所属行业不同，但是作为股改企业，其目的都是通过区域性资本市场吸收更多的资源，解决公司所面临的资金、人才等要素问题，促进公司的快速发展，以实现投资者价值最大化。在区域性股权市场挂牌的直接效果是向市场传递了信息，使挂牌企业，特别是科技创新专板的挂牌企业，能够吸引更多的投资者，包括个人、机构及私募基金等。具体而言，由于在技术的创新路径、商业模式等方面存在区别，这些企业的成长性及其与湖南省区域性股权市场的联系紧密度存在差异。例如：正清制药的主要问题是股权不清晰，通过在湖南股权交易所进行登记托管，清晰地界定了股权边界；而中晟全肽则通过在湖南股权交易所的科创专板挂牌，进一步提高了在区域性资本市场的影响力，加大了公司并购、合作及融资的力度。

总之，以湖南股权交易所为核心的湖南省区域性股权市场，不但赋能中小微企业的融资能力，而且为以资本市场为导向的企业提供了一系列服务，从而使其意义已经完全超出了经典的资本市场的范畴，成为创新驱动与促进经济高质量发展的新型金融制度。

刘祚祥

2021 年 4 月

目 录
CONTENTS

01 第1部分 总 论

第1章 湖南地方政府支持区域性股权市场概况 / 005

　　1.1　省级政府对区域性股权市场的支持 / 006
　　1.2　市州政府及重点园区对湖南省区域性股权市场的支持 / 010

第2章 湖南财信金融控股集团支持区域性股权市场概况 / 013

　　2.1　强化顶层设计与战略引领 / 013
　　2.2　利用金融协同优势充分赋能 / 014
　　2.3　精心谋划加强业务指导 / 015

第3章 湖南省区域性股权市场的发展沿革、运营理念及创新实践 / 016

　　3.1　湖南省区域性股权市场的发展沿革 / 016
　　3.2　湖南省区域性股权市场的运营理念 / 020
　　3.3　湖南省区域性股权市场的创新实践 / 022

第4章 湖南省发展区域性股权市场的战略意义、面临的问题及目标 / 032

　　4.1　湖南省发展区域性股权市场的战略意义 / 032
　　4.2　湖南省发展区域性股权市场面临的问题 / 036
　　4.3　湖南省发展区域性股权市场的目标 / 041

02 第 2 部分
专题研究

第 1 章　小微商学院：中小企业"成长助推器" / 051

  1.1　小微商学院概况 / 051

  1.2　小微商学院"1+N"培训体系 / 052

  1.3　小微商学院打造"微力量"线上平台 / 054

  1.4　小微商学院案例成果 / 054

第 2 章　投融资服务体系：打造中小企业"资金加油站" / 058

  2.1　湖南股权交易所的债权类融资创新 / 058

  2.2　湖南股权交易所的股权类融资创新 / 065

第 3 章　科技创新专板：中小企业"上市孵化港" / 069

  3.1　湖南省区域性股权市场科技创新专板 / 069

  3.2　"重金"打造"科技创新专板" / 070

  3.3　"金融+科技"，多维度服务 / 072

  3.4　企业挂牌科技创新专板 / 074

  3.5　精准对接科创板 / 076

第 4 章　企业服务"八步曲"：中小企业"全周期"一站式服务体系 / 079

  4.1　企业服务"八步曲"介绍 / 079

  4.2　企业服务"八步曲"案例介绍 / 091

  4.3　企业服务"八步曲"的特点及创新 / 092

第 5 章　"两山基金"：创新创意投资基金 / 096

  5.1　"两山基金"的设立背景 / 096

  5.2　"两山基金"的组织形式及运作流程 / 097

  5.3　"两山基金"的投资成效预测 / 104

  5.4　政策建议 / 106

第 6 章　湖南省股权登记管理中心：界定资产交易边界 / 108

6.1　股权登记管理中心的组织结构与功能属性 / 108
6.2　股权登记管理中心的创新实践 / 115
6.3　股权登记管理中心的发展瓶颈 / 117
6.4　股权登记管理中心的改革趋势 / 119

03 第 3 部分
理论前沿

第 1 章　湖南股权交易所引入做市商制度的路径研究
——基于科技创新专板的理论设计 / 125

1.1　做市商制度概述 / 125
1.2　科技创新专板 / 128
1.3　科技创新专板实施做市商条件分析 / 128
1.4　协议转让 or 做市成交——基于股权流转效率的数理分析 / 132
1.5　科技创新专板引入做市商制度的帕累托改进 / 136

第 2 章　金融创新能力与经济增长质量研究
——基于湖南省长沙市 2000—2018 年的经验数据 / 139

2.1　长沙市经济增长质量测算与分析 / 140
2.2　长沙市金融创新发展及其创新能力的测算与分析 / 144
2.3　长沙市金融创新能力与经济增长质量实证分析 / 147
2.4　结论与对策 / 151

第 3 章　企业家精神、金融集聚与中国经济高质量发展
——基于 2008—2018 年 30 个省份面板数据的实证分析 / 154

3.1　企业家精神、金融集聚与经济高质量发展：理论模型分析 / 155
3.2　金融集聚指标、企业家精神与经济高质量发展指标体系测度 / 159
3.3　企业家精神主成分分析方法 / 165

3.4　基于企业家精神视角的实证分析 / 169
3.5　结论与对策 / 172

第4章　小微企业债权融资困境及其股权融资新趋势
　　　　——基于湖南省张家界市的调查 / 176
4.1　张家界市小微企业的债权融资困境 / 177
4.2　小微企业股权融资基本情况及特点分析 / 182
4.3　对策建议 / 185

第5章　"区块链+ESG投资理念"视域下区域性股权市场发展策略研究 / 188
5.1　我国区域性股权市场发展的必要性与面临的困境 / 189
5.2　"区块链技术+ESG投资理念"带来的纾困之道 / 190
5.3　区域性股权市场的"成全式"绿色发展策略 / 195
5.4　结语 / 199

04 第4部分
案例探微

第1章　宏志达：湖南省区域性股权市场有效赋能的见证者 / 203
1.1　办公用品行业：一个近3万亿元的巨大市场 / 203
1.2　宏志达：办公耗材一站式服务共享平台 / 206
1.3　湖南股权交易所赋能宏志达 / 213
1.4　登陆资本市场的成效分析 / 215
尾声 / 218

第2章　中晟全肽：多肽行业独角兽的加速炼成 / 219
2.1　多肽行业：可以孵化独角兽的庞大市场 / 219
2.2　中晟全肽：资本市场的宠儿 / 222
2.3　中晟全肽创新的动力源 / 226
2.4　区域性资本市场助力中晟全肽创新发展 / 228
尾声 / 233

第3章　兴元科技：回归四板，迂回追梦 IPO / 234

3.1　自动售卖机：数字经济时代的新机遇 / 234
3.2　兴元科技：自动售货机行业的黑马 / 238
3.3　数据平台：公司发展新战略 / 244
3.4　峰回路转的资本市场之路 / 246
3.5　数字经济时代的商业模式创新 / 251
尾声 / 257

第4章　创星科技：科技专板点燃资本之梦 / 258

4.1　我国医疗信息化产业：创星科技的市场空间 / 258
4.2　创星科技：大健康信息产业的代表性企业 / 262
4.3　湖南股权交易所为创星科技冲击 IPO 提供贴身服务 / 266
尾声 / 268

第5章　普济生物："八步曲"助力业绩倍增 / 269

5.1　日化行业"弄潮儿"：普济生物的崛起之路 / 270
5.2　服务"八步曲"助力普济生物业绩倍增 / 280
尾声 / 285

第6章　正清制药：非上市公众公司的"蝶变"之路 / 287

6.1　中医药制造行业发展概况 / 287
6.2　正清制药：致力传统中药创新的现代企业 / 290
6.3　正清制药的股权演变与曲折的上市之路 / 295
6.4　湖南股权交易所为正清药业股权流转提供贴身服务 / 302
6.5　IPO 的曙光 / 305
尾声 / 306

湖南股权交易所大事记 / 307

参考文献 / 311

后记 / 317

第1部分
总　论

作为湖南省区域性股权市场的唯一运营平台，经过10年的发展，湖南股权交易所在服务地方经济和中小微企业方面，取得了良好的成效。截至2020年12月31日，湖南股权交易所挂牌企业614家（其中，股改企业572家，科技创新专板企业34家，报价板企业8家），纯托管企业368家，展示企业3039家，登记股本868.34亿股；累计为挂牌及托管企业实现股权、债权等融资983.9347亿元（其中，股权质押融资792.6908亿元，股权类融资112.2521亿元，债权类融资26.35亿元，私募债融资51.6970亿元，私募可转债融资0.9448亿元）；现有注册会员360家（其中，推荐商141家，会计师事务所91家，律师事务所104家，评估机构24家）。以湖南股权交易所为中心的湖南省区域性股权市场聚集了多种金融资源，从而为湖南省资本市场的创新能力提高奠定了微观基础，也为湖南省金融服务创新创造了相关条件。

区域性股权市场的制度创新，是强制性制度变迁与诱致性制度变迁共同作用的结果。区域性股权市场的生命力在于其公共平台属性——聚集各种金融资源，并为成长型企业提供"一揽子"服务，较好地满足中小微企业成长过程中的多元化需求。湖南股权交易所作为我国区域性股权市场的代表，在区域性股权市场的运行机制、组织架构、服务创新等方面积累了丰富素材，成为可资研究的范本。

20世纪90年代初以来，我国资本市场蓬勃发展，目前已形成由上海证券交易所、深圳证券交易所和全国股转系统3家全国市场、35家区域性股权市场组成的"金字塔"形的多层次资本市场格局。其中，区域性股权市场在资本市场体系中处于塔基的地位，一般被称为"四板"（如图1-0-1所示）。就其市场功能而言，区域性股权市场是为中小微企业配置资金、激活企业资源和社会资本的金融组织，主要为辖区内的小微企业证券非公开发行、转让及相关活动提供设施与综合金融服务，具有区域性、唯一性、私募性（200人、"T+5"、协议转让、不跨区展业、投资者适当性管理、不公开募资）等特点，在为中小微企业提供资本市场服务方面发挥着重要作用。

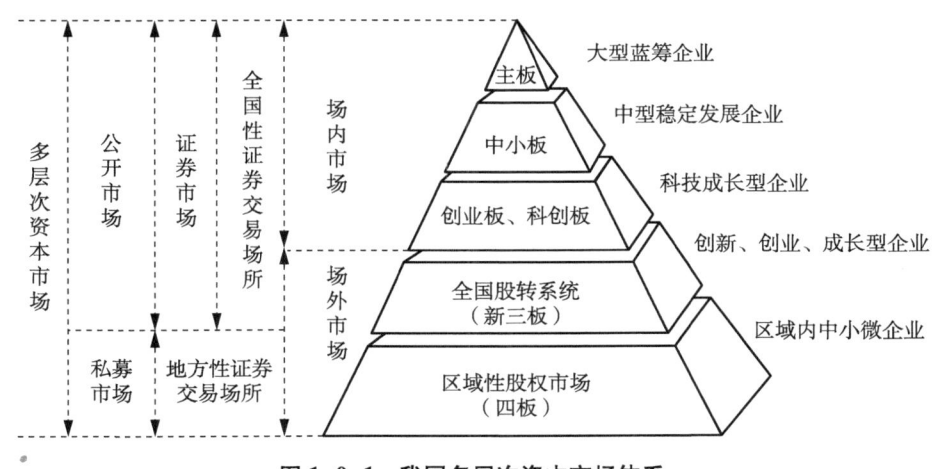

图1-0-1 我国多层次资本市场体系

2013年8月，国务院办公厅出台《关于金融支持小微企业发展的实施意见》，首次明确将区域性股权市场纳入多层次资本市场体系。2017年，《证券法》修订草案明确区域性股权市场为证券交易场所三层次之一；同年，国务院办公厅出台的《关于规范发展区域性股权市场的通知》（国办发〔2017〕11号）和中国证监会发布的《区域性股权市场监督管理试行办法》（证监会令第132号），明确区域性股权市场是小微企业的融资中心、地方人民政府扶持小微企业政策措施的综合运用平台,为地方人民政府市场化运用贴息、担保、投资等方式扶持小微企业提供支持,并进一步明确区域性股权市场"私募股权市场"的定位。区域性股权市场从此告别了法律界定模糊的尴尬地位。2019年6月21日,证监会发布《关于规范发展区域性股权市场的指导意见》(清整办函〔2019〕131号),重申了区域性股权市场是我国多层次资本市场的重要组成部分,规定了若干重大体制机制性内容,为区域性股权市场规范发展指明了方向、重点、责任和规范。2020年3月1日正式施行新修订的《中华人民共和国证券法》,明确了区域性股权市场的法律地位,并将中国资本市场划分为三个层次:证券交易所、新三板、区域性股权市场。区域性股权市场法律地位的明确,为其对接新三板或更高层次的资本市场提供了法律基础。

截至2020年12月底,全国区域性股权市场共有挂牌公司3.47万家(其中股份公司1.36万家),展示企业12.93万家,托管公司5.24万家(其中纯托管公司1.03万家);投资者总数44.71万户,其中合格投资者11.35万户,豁免投资者33.43万户;累计实现各类融资14 196.37亿元,其中股权融资2936.41亿元,债券融资4058.54亿元,股权质押融资4977.15亿元,其他融资2224.27亿元;累计转让成交额2140.12亿元;挂牌公司中,累计转沪深交易所上市11家,转新三板挂牌521家,被上市公司和新三板挂牌公司收购21家,改制为股份公司4954家。[①]

作为湖南省区域性股权市场的唯一运营平台,经过10年的发展,湖南股权交易所在服务地方经济和中小微企业方面,取得了良好的成效。截至2020年12月31日,湖南股权交易所挂牌企业614家(其中,股改企业572家,科技创新专板企业34家,报价板企业8家),纯托管企业368家,展示企业3039家,登记股本868.34亿股;累计为挂牌及托管企业实现股权、债权等融资983.9347亿元(其中,股权质押融资792.6908亿元,股权类融资112.2521亿元,债权类融资26.35亿元,私募债融资51.6970亿元,私募可转债融资0.9448亿元);现有注册会员360家(其中,推荐商141家,会计师事务所91家,律师事务所104家,评估机构24家)。以湖南股权交易所为中心的湖南省区域性股权市场聚集了多种金融资源,从而为湖南省资本市场的创新能力提高奠定了微观基础,也为湖南省金融服务创新创造了相关条件。

---

① 资料来源:中国证监会区域性股权市场简报(2020年12月)。

第1章
湖南地方政府支持区域性股权市场概况

湖南省位于东部沿海地区和中西部地区过渡带、长江开放经济带和沿海开放经济带接合部，处于"一带一部"的优越区位上，三小时高铁圈覆盖武汉、广州、深圳等核心城市，是长江中游城市群"三足鼎立"格局中的一足，具有显著的区位优势，是促进经济增长空间从沿海向沿江内陆拓展的重要转换中枢，是联结江海两大对外开放通道的重要经济走廊，更是构建沿海与中西部相互支撑、良性互动新格局的重要一环。近年来，湖南省确定了"一带一部"和"创新引领，开放崛起"的发展战略，以"科技创新"为发展引擎，转换发展动能，重点推进12大重点产业发展及20个新兴优势产业链转型升级，由此展开战略布局。

2020年以来，面对复杂严峻的国内外环境，湖南省坚决贯彻落实中央各项决策部署，统筹推进疫情防控和经济社会发展，全省居民生活和市场活力加快恢复，经济运行平稳，高质量发展势头良好，顶住了宏观经济下行的压力，走势稳健，展现出强大韧性。据统计，2020年湖南全省地区生产总值达到41 781.49亿元，同比增长3.8%，首次突破4万亿元。2020年9月16日至18日，习近平总书记亲临湖南考察，为湖南"十四五"及更长时期发展明确了指导思想和目标任务。总书记对湖南未来发展提出，要着力打造国家重要先进制造业、具有核心竞争力的科技创新、内陆地区改革开放的高地，在推动高质量发展上闯出新路子，在构建新发展格局中展现新作为，在推动中部地区崛起和长江经济带发展中彰显新担当，奋力谱写新时代坚持和发展中国特色社会主义的湖南新篇章。

2020年12月1日至2日，湖南省委十一届十二次全体会议在长沙召开，审议通过了《中共湖南省委关于制定湖南省国民经济和社会发展第十四个五年规划和二〇三五年远景目标的建议》（以下简称《建议》）。湖南省委旗帜鲜明地把实施"三高四新"战略写入《建议》的指导思想，纳入二〇三五年远景目标和"十四五"时期主要目标。"三高四新"是习近平总书记为湖南发展锚定的新坐标、明确的新定位、赋予的新使命，既是湖南省"十四五"及更长时期经济社会发展的方向指引和根本遵循，也是湖南未来发展面临的重大历史机遇。

《建议》将坚持创新引领、提高企业创新能力、健全创新体制机制作为湖南未来五年经济内生增长的动力源泉，而加大直接融资力度、发展股权投资市场则是湖南省未来企业创新、经济高质量增长的基础。区域性股权市场是我国多层次资本市场的塔基，是地方政府扶持中小微企业政策措施的综合运用平台，也是湖南省落实"三高四新"战略、扶持重点优势产业发展、提升社会直接融资比重的重要抓手。近年来，湖南省各级地方政府高度重视区域性股权市场的发展，出台了一系列政策，市场生态日趋优化。湖南省区域性股权市场将成为湖南经济高质量发展的重要推动力。

1.1 省级政府对区域性股权市场的支持

当诱致性金融制度变迁由于外部效应和"搭便车"等问题无法满足社会对金融制度的需求时，必须要依靠国家实施强制性金融制度来弥补金融环境需求的不足。当然，金融制度安排本身是一种公共要素，而公共要素必然具有强制性，法律规则的改变、政府预算的调整等具体行为只能依靠国家强制力来保障实施。抓企业、强实体都离不开金融活水的浇灌，离不开资本市场的助力。为适应湖南经济战略的调整，促进湖南经济高质量发展，湖南省委、省政府主要领导高度重视多层次资本市场建设。2020年1月13日，在湖南省第十三届人民代表大会第三次会议开幕式上，时任省长许达哲代表湖南省人民政府做政府工作报告，报告中明确提出，要在湖南股权交易所设立专板，培育科创板上市后备资源，推动企业上市。

2019年11月23日，湖南省委常委、常务副省长谢建辉对湖南省区域性股权市场进行专题调研，提出湖南股权交易所要打造"两大平台"，即湖南省"服务小微企业政策措施的综合运用平台""小微企业的直接融资平台"；赋予"五个角色"，即小微企业的孵化摇篮、企业人才的培训基地、社会资本的汇聚平台、地方金融的基础设施、综合服务的优势高地；提出了"中部领先、全国一流"的建设目标，做出了"六个一"工程部署，为湖南省区域性股权市场锚定了中长期发展"航向"，有力地促进了湖南省区域性股权市场的发展。

长期以来，湖南省委、省政府一直坚持把发展经济的着力点放在实体经济上，制定实施打造国家重要先进制造业高地规划，着力推进先进装备制造业倍增、战略性新兴产业培育、智能制造赋能、食品医药创优、军民融合发展、品牌提升、产业链供应链提升、产业基础再造等"八大工程"，推动产业向高端化、智能化、绿色化、融合化方向发展，提升产业发展质量效益和竞争力。因此，近年来，湖南省委、省政府及省地方金融监管局、省财政厅、省工信厅、省科技厅、省农业农村厅、省市场监督管理局等相关厅局，以及中国证监会湖南监管局、中国银保监会湖南监管局等中央驻湘监管机构，通过各种方式大力支持湖南省区域性股权市场的发展。其中，湖南省地方金融监管局代表省人民政府履行对区域性股权市场的监管职责，统筹协调各相关部门积极推进各项工作，在强化市场监管、推动政策出台、指导业务及模式创新、推动平台有序运营等方面发挥了关键作用。

1.1.1 强化监管与扶持联动，推进平台稳健运营

长期以来，我国一直依赖粗放型的经济发展模式，导致巨额货币信贷投放市场，随着货币信用以及金融业资产负债表的持续巨额扩张，中央与地方的债务率水平快速上升。地方政府在经济增速导向的驱动下，以各类"明股实债"和购买服务等方式加杠杆，从而使地方政府融资平台、国有企业债务问题日益严峻。湖南省地方金融监管局、湖南省财政厅、中国证监会湖南监管局等相关厅局，对扶持区域性股权市场发展的认识非常清晰，扶持力度也非常大。

2016年，湖南省政府金融办（现为湖南省地方金融监管局）党组书记、主任石建辉（现任湖南省财政厅党组书记、厅长），以及省财政厅金融处等处室领导，多次到湖南股权交易所调研考察，就湖南省区域性股权市场的改革发展进行研究指导，并在推动出台奖补政策等方面给予大力支持。

作为湖南省区域性股权市场的监管部门，湖南省地方金融监管局的支持是全方位的。自2010年湖南股权交易所成立以来，省地方金融监管局历任领导及相关处室负责人为区域性股权市场的发展提供业务上的指导、政策上的咨询及制度体系上的顶层设计，从不同维度积极推动湖南省区域性股权市场的发展。

2017年以来，湖南省区域性股权市场逐步步入创新发展轨道，湖南省地方金融监管局更是倾注了大量的心血，不断优化和调整监管思路，寓服务于监管，将扶持湖南省区域性股权市场的发展放在突出位置，从顶层设计、调研考察、政策出台、创新业务指导、活动支持、市场监管、平台补助等方面，不断扶持湖南股权交易所做强、做优、做出特色。例如：为做好湖南省区域性股权市场的创新试点，省地方金融监管局分管领导及资本市场处负责人多次带队前往湖北、江西、浙江等地考察，指导编制试点方案并专程到证监会汇报；先后推动出台了支持区域性股权市场的"一揽子"政策；推动设立科技创新专板、乡村振兴专板，筹备文创专板、军民融合专板等特色专板；启动全省"资本市场县域工程"并推动将区域性股权市场挂牌纳入地方政府考核；支持湖南股权交易所参与农业发展"百千万工程"等。湖南省区域性股权市场的生态不断优化，市场平台有序运营，各项业务指标跻身全国同业前列。

2018年以来，省地方金融监管局党组书记、局长张世平多次表示，湖南省区域性股权市场作为湖南多层次资本市场的重要组成部分，要继续做强做优，在服务实体经济、推动资源配置等方面发挥重要作用。

作为湖南省区域性股权市场的监管部门之一，中国证监会湖南监管局通过联席会议制度，加强与省地方金融监管局的协同，在确保市场合规有序运营的同时，积极引导证券公司等机构参与市场建设，并积极争取证监会对湖南省区域性股权市场改革创新的关注和支持，收到了良好的效果。

1.1.2 出台区域性股权市场"一揽子"支持政策

制度是社会游戏的规则，是人们创造的、用以限制人们相互交流行为的框架。作

为服务于中小微企业的区域性股权市场，如果没有政府提供的相关制度支持，难以组织有效的市场服务。在稀缺经济与竞争环境下，制度与组织连续的交互作用是制度变迁的关键点。2020年以来，湖南省先后出台《关于支持我省区域性股权市场发展的若干措施》（湘财金〔2020〕17号）、《湖南省资本市场县域工程行动计划（2020—2025）》（湘金监发〔2020〕43号）、《关于规范开展非上市企业股权登记托管和股权质押融资工作的指导意见》等文件，支持湖南省区域性股权市场的发展，从而降低了区域性股权市场的交易成本。例如，2020年5月，湖南省地方金融监管局、湖南省财政厅联合下发《关于支持我省区域性股权市场发展的若干措施》，从专板建设、企业挂牌及融资、平台补助等六大方面，为湖南省区域性股权市场的高质量发展提供了"一揽子"支持政策，具体包括：支持区域性股权市场丰富特色专板，拓展行业覆盖面；引导中小微企业到区域性股权市场挂牌；拓宽区域性股权市场挂牌企业融资渠道；给予区域性股权市场挂牌企业改制重组税费优惠；推动非上市股份制企业和金融机构股权集中登记托管；加大区域性股权市场平台运行支持力度；等等。

对于在湖南省区域性股权市场挂牌的企业，湖南省金融发展专项资金给予相应的补助：科技创新专板30万元/家，标准板不超过15万元/家，成长板不超过10万元/家。其中，对2020年前完成股改并在湖南股权交易所挂牌的涉农企业，按其实际支付中介费用给予补助，每家企业补助不超过30万元。对在湖南股权交易所发行私募可转债的，在债券存续期内，按企业发债利息的30%给予贴息补助，每家企业每年最高补助不超过50万元，补贴期限不超过3年。一个区域性股权市场组织的行为，往往受制于"成本—收益"的约束，相应的制度性补贴，可以提高区域性资本市场的公共服务水平。

近年来，湖南省地方金融监管局、湖南省财政厅还专门从省金融发展专项资金中安排资金，连续多年对湖南股权交易所进行平台补贴，为湖南省区域性股权市场注入了宝贵的"政策动能"和"资金动能"。

1.1.3　通过省级重点工程拓展区域性股权市场空间

金融发展理论与我国金融实证分析均已证明，以金融资产规模衡量的金融发展与固定资本形成之间没有任何关系，对于有效地支持实体经济，并非金融规模越大越好，而是要能够降低实体经济运行过程中企业家的行为成本。如果金融创新最终能够降低金融中介的成本，就能够有效地支持投资、创新与经济增长。区域性股权市场作为聚集金融资源、服务中小微企业的经济组织，其市场服务行为能够降低实体经济中企业家的行为成本，从而有利于经济的创新发展。因此，近年来，湖南省地方金融监管局等厅局积极引导湖南股权交易所参与了多项省级重点工程，包括全省农业"百千万"工程、湖南省"资本市场县域工程"、"湖南省中小企业银河培训工程"等，支持湖南股权交易所不断拓展业务，为湖南经济高质量发展奠定了坚实的基础。

2018年4月，湖南省人民政府发布《关于深入推进农业"百千万"工程促进产业兴旺的意见》（湘政发〔2018〕3号），明确提出："到2020年，推动100家以上涉农企业在省区域性股权市场（简称'四板'）挂牌"，"3年内每个县市区至少完成1家涉农企业股份制改造，并在省区域性股权市场挂牌，省财政给予每家挂牌企业30万元中介费用补助"。经过近三年的努力，湖南股权交易所累计推动360家涉农企业完成股改挂牌，覆盖全省122个县市区，实现全省县市区的"全覆盖"。对辖区内涉农企业的股份制改造，为现代农业发展提供了组织示范，也为现代农业企业进入资本市场提供了通道，是推进湖南农村经济资本化、现代化的重要途径，也是构建城乡要素统一市场的重要举措。

2018年10月，湖南省地方金融监管局在全省7个市州遴选12个县市区启动"资本市场县域工程"试点，推动试点县市区每年3~5家企业完成股份制改造并在湖南股权交易所挂牌。2020年发布的《湖南省资本市场县域工程行动计划（2020—2025）》（湘金监发〔2020〕43号），明确要求用三年时间实现全省资本市场县域工程全覆盖，新增区域性股权市场股改挂牌公司800家以上。上述政策极大地拓展了湖南省区域性股权市场的业务空间。

1.1.4 推动"股交所+"模式，支持重点产业发展

通过金融创新促进地方经济高质量发展，是地方党政部门的重要决策。一般来说，有效的金融市场和充满活力的金融中介机构可以帮助筛除不好的投资项目，合理地将资金分配到边际产出较高的企业，同时激励具有创新技术或者创新模式的新企业进入市场竞争，推动落后企业的退出，从而实现资源的优化配置。因此，通过区域性股权市场行业和地域专板，发挥平台的资源集聚作用，服务于湖南省重点优势产业的发展，实现湖南省域内资源的有效配置，促进实体经济高质量发展，就成为湖南省委、省政府的重点战略部署。

近年来，在湖南省地方金融监管局的指导下，在省农业农村厅、省商务厅、共青团湖南省委、长沙高新区及相关部门支持下，湖南省区域性股权市场建立了农业、移动互联网、智能制造、商贸服务、建筑行业、青年创新创业六个行业专板，在推动"乡村振兴""大众创业、万众创新"等领域发挥了作用。

为抢抓我国资本市场改革发展机遇，加速科技与金融高度融合，推动12大重点产业及20个新兴优势产业链转型升级，2019年11月，湖南省地方金融监管局、省科技厅、省工信厅、省财政厅、湖南证监局联合印发《湖南省区域性股权市场设立科技创新专板工作方案》（湘金监发〔2019〕52号），支持在湖南股权交易所设立科技创新专板。

科技创新专板定位于湖南省科技创新企业对接上交所（上海证券交易所）科创板和深交所（深圳证券交易所）创业板的"孵化港"与"加速器"，主要面向前沿科技、

面向经济主战场、面向重大需求，主要服务于符合战略目标导向、突破关键核心技术、市场认可度高的科技创新企业以及聚焦新技术、新模式、新业态的"独角兽""隐形冠军"企业。根据"部门协同，聚集资源；重点突破，梯次培育"的原则，科技创新专板充分发挥区域性股权市场的发现、培育、融资、转板等功能，为企业提供培训咨询、投融资服务、资源整合、转板上市等综合性的金融和科技服务。

自 2020 年 3 月正式开板以来，科技创新专板挂牌企业 34 家，分布于全省 10 个市州，主要集中在生物医药、新材料、新能源、新一代信息技术、智能制造等领域，普遍具有"科技硬核、高速成长、上市预期"等特点。该批企业有望登陆上交所的科创板、深交所的创业板，湖南省将再添一批"上市军团"。

根据规划，省级政府层面已明确复制推广"股交所+行业专板"模式，未来几年，将依托区域性股权市场，设立文化创意产业、军民融合等行业专板，并明确了工作目标和考核任务，其支持力度和决心可见一斑。随着新一代信息技术的普及，数字经济将成为一种普遍的经济形态。数字经济的竞争与垄断是动态的，零边际成本意味着社会流动性增加，从而有利于市场主体的创新与创业行为。因此，在数字经济时代，区域性股权市场将拥有更大的发展空间，其对实体经济与创新经济的市场功能也将进一步加强。

1.2 市州政府及重点园区对湖南省区域性股权市场的支持

区域性股权市场的功能定位决定了它必须扎根所在区域、服务地方经济发展。湖南股权交易所坚持"精干主业、精济实业、精耕湖南"发展方略，在促进地方中小企业规范发展、推动当地产业转型升级等领域发挥了重要作用，地方政府也需要依托区域性股权市场的平台优势和各类资源，更好地促进辖区内企业的发展，双方各取所需，相融相生，相得益彰。

近年来，湖南省各市州及重点园区在支持区域性股权市场发展方面，也采取了一系列举措，并取得了一定的成效。

1.2.1 投资入股参与区域性股权市场平台的建设

湖南股权交易所 2010 年 12 月成立时，7 家发起人股东中，除湖南省联合产权交易所、湖南兴湘投资集团等省属企业外，长沙、株洲、湘潭 3 个市通过所属国有平台入股，包括长沙先导投资控股有限公司、株洲市国有资产投资控股集团有限公司、湘潭高新科技园区开发有限公司等。

2015 年 7 月，湖南股权交易所增资扩股至 1 亿元，夯实了资本金；变更了股权结构，在部分股东退出的同时，部分股东进行了增资，并新增了国家级开发区长沙高新区、宁乡经开区、浏阳市经开区和省级开发区雨花经开区 4 个园区股东。地方政府通过投资等方式，积极参与区域性股权市场平台的建设，对增强其资本实力起到了积极作用。

1.2.2 配套出台"多层次"的扶持政策

区域性股权市场发展早期，地方政府的政策支持非常关键。近年来，在省级层面出台相关政策的基础上，省内市州及部分区县也结合自身发展需要，陆续出台了支持企业到区域性股权市场挂牌的配套政策。

截至 2020 年底，全省 14 个市州中，除衡阳、湘西、常德暂未出台相关政策外，其余 11 个市均出台了区域性股权市场的挂牌奖补政策，有 30 余个县市区（园区）出台了相关政策，有力地促进了市场的发展。

在这些市州中，岳阳等实现了"省市县"三级政策全覆盖，而且奖励力度很大、覆盖的板块较为齐全。例如：岳阳在市级层面奖励股改挂牌企业 20 万元/家，市县区层面再给予不低于 30 万元/家的奖励；株洲给予标准板挂牌企业 20 万元/家的奖励、科创专板挂牌企业 30 万元/家的奖励；在县市园区中，长沙高新区给予标准板挂牌企业 30 万元/家的奖励、科创专板挂牌企业 20 万元/家的奖励；株洲经济开发区对科技创新专板挂牌企业给予一次性 30 万元/家的补贴，对标准板挂牌企业给予一次性 20 万元/家的补贴；株洲市高新区给予标准板挂牌企业 50 万元/家的补贴。其他地区的奖补政策虽然力度不一，但地方政府都对区域性股权市场给予了高度重视，并通过政策引导，极大地推动了企业进入区域性股权市场挂牌。地方政府对挂牌企业予以补贴，是参与区域性股权市场建设的重要举措，也是培育现代企业的重要手段。

很多秉承新古典经济学思维方式的人不能够理解政府对区域性股权市场中的挂牌企业给予补贴的行为，认为这是政府对市场的过度干预。很显然，这里存在重大的理论分歧。经典的金融市场理论，无论是有效市场理论还是不完善知识经济学，均认为金融市场在有效配置稀缺金融资源的时候是没有成本的，因此，也就不存在对市场的构建、培育与发展问题。但是，在真实的世界中，人们发现，无论是主板市场，还是区域性资本市场，维系市场的运行都需要高昂的成本。只有认识到资本市场中交易成本的存在，才能够理解政府补贴挂牌企业、政府参与培育区域性资本市场的合理性。

1.2.3 通过资本市场服务外包等方式支持平台运营

作为湖南省区域性股权市场的唯一运营平台，湖南股权交易所承担大量企业孵化培育的公益性职能，且不以营利为目的，早期难以通过市场化手段实现平台的收支平衡。绝大部分地方政府或产业园区，由于体制机制等各方面原因，在服务企业方面存在人员配备不足、专业力量不强、资源整合能力较弱等"短板"，需要引入专业机构。

在此背景下，部分县市区及产业园区通过资本市场服务外包等方式，在解决自身服务"痛点"的同时，在客观上也支持了区域性股权市场平台的发展。外包是指企业动态地配置自身和其他企业的功能和服务，并利用企业外部资源为企业内部的生产和经营服务。企业实施外包战略的目的是维持组织的核心竞争力。企业通过外包，能够摆脱人力不足的困境，并将非核心业务委托给外部的专业公司，达到降低运营成本、提高品质、集中人力资源、提高市场效率的目的。

例如，自 2017 年开始，长沙高新区就通过资本市场服务外包等方式支持湖南股权交易所服务园区企业。每年年初，双方共同商量确定服务内容、考核指标、外包金额、评分标准，湖南股权交易所派出业务骨干，引入券商、推荐商、会所、律所及投资机构、银行等资源，举办"资本运营高级研修班""金牌董秘培养工程"系列培训，通过组织大型全国网上路演、运用私募可转债融资工具、对接银行贷款、实施股权激励等，帮助园区形成较为完备的企业资本市场服务体系。截至 2020 年底，长沙高新区已有 50 余家企业在湖南股权交易所挂牌，多家企业已启动 IPO（Initial Public Offering，首次公开募股）程序。近几年，湖南股权交易所帮助长沙高新区中小微企业实现 14.17 亿元融资。

再如，湘潭县与湖南股权交易所签约资本市场外包服务，以培育上市资源为目标，积极推进企业股改挂牌融资进入资本市场，并给予相应的费用补助，支持湖南股权交易所开展业务。经过一年多的努力，湘潭企业股改挂牌超过 20 家，有 2 家企业成功挂牌科技创新专板，多家企业启动 IPO。

地方政府在对区域性股权市场认同度逐步提高、支持力度逐步加大的同时，也通过湖南股权交易所集聚了金融要素，引导各类资源下沉到县市园区开展服务，极大地提升了中小微企业的服务能力，得到了市场与企业的普遍认可。

第2章
湖南财信金融控股集团支持区域性股权市场概况

湖南财信金融控股集团有限公司（简称"财信金控"）是经湖南省人民政府批准组建的国有独资公司，系湖南省唯一的省级地方金融控股公司、省属国有大型骨干企业。财信金控由省人民政府出资，省财政厅履行出资人管理职责，旗下拥有证券、寿险、信托、银行、资产管理、基金、期货、联合产权交易所、股权交易所、金融资产交易中心、保险代理、典当、担保、小贷14张金融牌照。截至2020年9月底，财信金控注册资本100亿元。

作为湖南股权交易所的实际控制人，财信金控主动承担省委、省政府赋予的推动湖南省区域性股权市场发展的历史使命，充分利用其金融业务"全牌照"等诸多优势，从战略引领、业务协同等方面加强对湖南股权交易所的支持与指导，不断推动湖南省区域性股权市场进入创新发展的新阶段。

2.1 强化顶层设计与战略引领

在财信金控的战略版图中，湖南股权交易所是集团拥有的14张金融牌照中较为特殊的一个，这不仅因为它是全省唯一的区域性股权市场运营平台、唯一的地方性证券交易场所，更为重要的是，它是财信金控"金融生态"闭环中提供普惠金融"资产端"的起点，以及集团业务协同中的关键环节。

2018年初，第十三届全国人大代表，财信金控党委书记、董事长胡贺波在调研湖南股权交易所时指出：要提高站位、找准定位，按照全国金融工作会议精神以及中央经济工作会议确定的打好"防范风险攻坚战"的要求，贯彻落实省委、省政府决策部署，服从大局，服务大局，把握大势，顺势而为；把严格遵循监管要求作为制度安排和行为约束的基本准则，牢牢抓住风险控制的生命线；善于突破技术路径和思维惯性，更加扎实地深入园区和企业，精耕细作，精益求精。在为湖南股权交易所"把脉"之后，他提出了加快实施区域性股权市场高质量发展的"三年倍增计划"，成为湖南股权交易所发展的"指针"。

2020年，财信金控聘请国际著名的波士顿咨询公司编制中长期发展战略规划。在确定集团发展战略时，财信金控将湖南股权交易所定位为"公益类"平台，不以营利为目的，并明确了"年度考核中降低营收和利润考核权重，重点考核挂牌及融资规模，以及服务地方中小企业等社会效益"的导向。

财信金控在整体战略规划中，更多赋予湖南股权交易所平台功能和社会价值，即以湖南股权交易所为重要"媒介"，在向市县园区提供资本市场服务过程中，以推动企业挂牌为起点，调动集团资源为中小微企业提供多元化、个性化的综合金融服务，打造衔接资产端和资本端的区域性金融闭环生态。财信金控服务实体经济，特别是要赋能湖南经济高质量发展，为中小微企业提供金融服务。中小微企业与初创企业经营存在较高风险，同时也会有潜在的投资机会，需要湖南股权交易所将私募股权投资者、天使投资者及各类金融组织聚集起来，形成有效的区域性股权市场。财信金控的高瞻远瞩与战略定位，为湖南股权交易所更好运营区域性股权市场、更好服务全省中小企业指明了前进的方向。

2.2 利用金融协同优势充分赋能

作为湖南省唯一的省属金融控股集团，财信金控最大的优势是金融业务"全牌照"下的各业务单元的协同作战。作为国内少有的由地方金融控股集团控股的区域性股权市场运营平台，湖南股权交易所最大的优势也是依靠集团的金融协同优势，不断获取金融工具和资源的赋能。这是湖南股权交易所能异军突起的关键。

在这方面，财信金控党委书记、董事长胡贺波有非常清晰的认识。在 2020 年 3 月湖南省区域性股权市场科创专板开板时，他曾专门强调集团作为控股股东对湖南股权交易所的增信与赋能。他表示："集团旗下的 14 张金融牌照，包括财信证券、财信产业基金、湖南股权交易所等，不是简单的物理叠加，而是可以协同'作战'，充分发挥政府增信和资源赋能作用，提供一揽子综合金融服务，为加速推进专板企业成功上市贡献财信智慧和财信力量。"

近年来，在财信金控及其旗下所属金融机构的支持下，湖南股权交易所通过业务协同，在市场拓展方面取得了优异的成绩。例如，为支持湖南省区域性股权市场科技创新专板的建设，2020 年 3 月，由财信金控发起，湖南股权交易所、财信证券、财信基金等参与设立"湖南财信岳麓山科创基金"，重点投资科创专板挂牌企业，规模 4 亿元，截至 2020 年 12 月底，首期出资款已到位，已组织 2 次投决会，审核 4 个项目，完成对迈克森伟项目的投资款支付，2020 年 12 月向创星科技、汇思光电等过会项目支付投资款，由此带动其他机构跟投，累计实现融资 7.45 亿元，10 家企业启动新一轮融资。集团旗下基金的参与，极大地激发了企业挂牌的动力，也进一步增强了区域性股权市场的吸引力。

为进一步扩大区域性股权市场的挂牌企业规模，财信证券作为财信金控旗下重要的金融机构，在业务力量配备、强化资源整合等方面主动作为、加强协同，主动参与区域性股权市场的挂牌业务，2018 年以来，累计推动 50 余家优质中小企业到湖南股权交易所股改挂牌，占新增股改挂牌规模的1/5，连续三年在50余家活跃推荐机构中排名第一，自身也积累了一批优质的储备项目。

除此之外，湖南股权交易所与华融湘江银行、财信小贷、湖南农信担保等兄弟公司建立了紧密的合作关系，开发出了"挂牌贷""粮食贷"等产品，在企业股改挂牌、股权投资、银行信贷、融资担保等领域主动推荐项目，在提升挂牌企业获得感的同时，创造更多业务协同机会。

在长沙高新区，湖南股权交易所协助集团所属公司财信证券、财信基金、财信小贷等机构与高新区建立紧密合作关系，共同协调资源，为高新区企业提供包括规范治理、直接融资、间接融资、并购重组、转板上市在内的综合金融服务，将长沙高新区打造成了各类金融产品和服务创新的"试验区"。

对于业务协同，财信金控内部也达成了共识：协同要成为价值取向，要有决策部署，要形成内生动力，要抓住关键并尽快破局，打开局面，并且建立协同的"三制三单"（三制，即工作机制、分润机制、考核机制；三单，即需求清单、指标账单、客户名单）。通过协同的常态化、机制化，各兄弟公司很好地实现了资源共享，更好地拓展了业务空间，也极大地增强了区域性股权市场的影响力。

2.3 精心谋划加强业务指导

作为湖南股权交易所的实际控制人，财信金控不仅加强顶层设计、战略引领及业务协同，在业务指导方面也殚精竭虑、不遗余力。

为推动区域性股权市场的良性发展，财信金控通过集团内部业务协同机制的建立，不定期就区域性股权市场的业务发展问题进行研究和调度，协调旗下证券、产业基金等金融资源加强业务协同；同时，集团主要负责人经常听取专题汇报，在重大业务推广、人力资源配备、考核指标等方面给予重点倾斜，协调解决湖南股权交易所发展中遇到的问题，并主动加强与省委、省政府、省财政厅、省地方金融监管局、湖南证监局等单位的沟通，为湖南股权交易所争取更多支持。例如：为高标准打造湖南省区域性股权市场科技创新专板，2019年下半年以来，财信金控主要负责人多次调度，从政策制定、制度设计、专审委组建、开板筹备、宣传推广等方面加强指导，确保了2020年初疫情期间顺利开板。为争取全国区域性股权市场创新试点，财信金控主要负责人多次组织专题研讨会，就方案的起草进行指导，并陪同省地方金融监管局、湖南证监局等领导前往兄弟省份调研学习，以及到证监会进行专题汇报等。

在财信金控的悉心指导和大力支持下，湖南股权交易所运营效率明显提升，各项业务指标逐年攀升，湖南省区域性股权市场也由此步入良性运行轨道。

第3章

湖南省区域性股权市场的发展沿革、运营理念及创新实践

湖南省区域性股权市场实际上是基于传统金融市场的制度变迁，而制度变迁往往是对制度不均衡的反映。制度的均衡是指在影响人们的制度需求和制度供给的因素一致时，制度的供给适应制度的需求，即人们对既定的制度安排和制度结构的一种满足或满意状态，不具有改变现状的动机或力量。当人们发现另一种制度安排带来的收益会大于现行的制度时，就会对现行的制度不满，产生改变它的愿望，进而打破制度的均衡状态。以银行为核心的传统金融体系难以满足中小微企业的融资需求，特别是难以满足初创型企业的融资需求，一种以区域性股权市场为代表的金融体系便应运而生。

3.1 湖南省区域性股权市场的发展沿革

制度变迁有两种方式，一种是诱致性制度变迁，另一种是强制性制度变迁。诱致性制度变迁是指一个人或者一群人在面临相应制度不均衡引致的获利机会时，自发倡导、组织和实施的变迁。与此相反，强制性制度变迁是由国家或者集团主导的通过政府命令和法律引入实行的制度变迁。从境外经验看，资本市场往往自场外开始发育，逐渐产生标准化产品和交易所市场。而从国内实际看，我国区域性股权市场虽然是激活我国多层次资本市场基础生态的重要突破口，但属于制度改革的增量部分，因此受到更多的关注和争议。湖南省区域性股权市场在其探索、发展过程中，也面临争议、质疑与不解，这个制度创新过程表现为强制性制度创新与诱致性制度创新的交互融合。

对制度的需求主要取决于一种感性认识：有了新的制度安排，就能够得到现存制度下所得不到的收益。而制度的供给却取决于政府提供新的制度安排的能力和意愿。我们可以说诱致性制度变迁以需求为主导，而强制性制度变迁以供给为主导。我国区域性股权市场起初表现为强制性制度变迁，是顶层设计的结果，受政策的影响非常大，湖南省区域性股权市场的发展也不例外。

3.1.1 艰难起步阶段（2010年底至2014年）

2008年4月13日，国务院印发《关于天津滨海新区综合配套改革试验总体方案的

批复》，从国家层面对区域性股权市场给予政策支持。以股权交易所为核心的区域性股权市场，由于恢复了金融的草根性和社区性，成为推动中小微企业发展的力量，得到各方的高度重视。2008年，我国第一家区域性股权市场运营机构——天津股权交易所成立，标志着我国区域性股权市场正式起步。

2010年，为了应对国际金融危机的影响，党中央和国务院提出要大力发展以区域股权交易中心为塔基的多层次资本市场，从而坚定不移地推动金融领域重点改革。在此指引下，各省市区域性股权市场建设的步伐明显加快。

湖南为内陆中部省份，虽未抢得国家试点政策的"头筹"，但在资本市场建设方面，表现出了湖南人"敢为人先"的精神。2010年12月，在省政府的大力支持下，湖南股权交易所正式成立，湖南省联合产权交易所等7家单位成为发起单位，注册资金2600万元，成为全国少数以"交易所"命名的区域性股权市场运营机构。

2011年，国务院出台《关于清理整顿各类交易场所切实防范金融风险的决定》（国发〔2011〕38号），明确提出除依法设立的证券交易所或国务院批准的从事金融产品交易的交易场所外，任何交易场所均不得将任何权益拆分为均等份额公开发行，不得采取集中竞价、做市商等集中交易方式进行；任何投资者买入后卖出或卖出后买入同一交易品种的时间间隔不得少于5个交易日；权益持有人累计不得超过200人。同时，国务院要求各省级人民政府随即对本地区各类交易场所进行一次集中清理整顿。

2012年7月，国务院办公厅再次印发《关于清理整顿各类交易场所的实施意见》（国办发〔2012〕37号），明确了包括区域性股权市场在内的各交易场所运行的最低要求。同年8月，中国证监会发布《关于规范证券公司参与区域性股权交易市场的指导意见（试行）》（证监会公告〔2012〕20号），从规范证券公司的角度，侧面对区域性股权市场的规范提出了要求，明确规定区域性股权市场原则上不得跨区域设立营业分支机构，不得接受跨区域挂牌，并对证券公司参与的区域性股权市场应当符合的条件做出明确规定。

受国务院及各级政府部门对交易所清理整顿的影响，2011年至2012年，刚刚起步的湖南股权交易所，业务基本陷入停滞状态。经过多方努力，2012年7月，湖南股权交易所通过国务院组织的清理整顿，虽然保住了平台的合法性，但业务拓展仍然非常艰难。当年，有6家企业在湖南股权交易所标准板挂牌，湖南省区域性股权市场迎来首批挂牌企业。

为拓展股权相关的业务空间，2012年11月30日，经湖南省人民政府批准，由湖南股权交易所与省政府金融办下属的湖南省资本运营中心共同出资设立湖南省股权登记管理中心有限公司（湖南股权交易所持股60%，为控股股东）。

2012年底，经省政府金融办湘政金发〔2012〕51号批准，湖南省股权登记管理中心有限公司全面承接了湖南省股权登记托管有限责任公司办理的非上市股权登记托管业务，成为湖南省唯一的专业股权登记托管服务机构，经营范围包括：非上市企业股权、债券、金融资产和其他权益类产品的登记、托管、结算及相关业务；企业重组及股改上市服务；金融信息服务、咨询培训服务等。[①]

由于没有可以借鉴的经验，湖南股权交易所的运营思路基本模仿深沪交易所，即低层次市场做高层次市场业务，意图在股权交易所挂牌交易股票，以实现资本市场的价值发现与融资功能。受多种因素影响，市场冷清且不专业，发展十分艰难，主要表现在以下三个方面：①挂牌企业质量低，合规性差。截至2014年底，湖南股权交易所共有挂牌及展示企业110家，其中完成股改的企业不到20家，挂牌企业内部管理非常不规范，还有1/3左右的企业存在非法发行证券的问题，这也成为潜在的巨大风险。②部分地方政府重视企业的改制上市，但对区域性股权市场认识程度不高，对企业在湖南股权交易所挂牌并不支持，也没有相关的政策配套支持，个别市州甚至将其列为非法交易场所，给予各方面的限制。③湖南股权交易所自身无品牌、无资源、无知名度，公信力差。此段时间，由于定位不准、功能不清晰，市场反应平平，交易成本极大。

3.1.2 快速发展阶段（2015年至2017年）

经过清理整顿，湖南省区域性股权市场逐渐得到了当地政府部门和股东单位的高度重视和支持。2015年7月，湖南股权交易所实现增资扩股，股东单位增至10家，注册资金增至1亿元，较大地增强了资本实力。

尽管资本实力得到提升，但市场的探索之路仍然非常艰难。2015年初，恰逢湖南股权交易所调整领导班子，在时任副省长张剑飞等省领导的支持，以及湖南省政府金融办的指导和带领下，湖南股权交易所对各地股交中心进行调研考察，最终确立"一平台四功能"的战略定位，即打造湖南省"中小微企业综合金融服务平台"，构建企业挂牌托管、投融资服务、培训咨询、股权交易四大功能，力争成为中小微企业的"成长助推器、资金加油站、上市孵化港"。

通过对国内其他交易所的考察调研，结合自身战略定位，湖南股权交易所领导班子深入思考后认为，企业到交易所挂牌的积极性不高，根本原因在于融资和交易仍然存在较大"瓶颈"，而这个难题，主要是以下原因造成的：①企业自身资质差；②投资者退出通道不顺畅。归根结底，在于企业的规范程度不够，而规范又是企业进入资本市场的基础。只有企业规范运营，才能在一定程度上降低投资者的投资风险，增强自身吸引力，区域性股权市场才能彰显平台的价值。

2015年底，湖南股权交易所在国内股交中心中率先成立专门服务中小微企业的小微商学院，将工作重心前移到企业的规范和培育领域。2016年至2017年，小微商学院成功举办10余期研修班、100余场次培训活动，参训企业家学员1000余人。小微商学院通过在自身运营过程中积累的资源，成功打造了湖南四板市场的资源生态圈，荣获

---

① 2016年因政企分离，湖南省资本运营中心退出，湖南股权交易所全资控股湖南省股权登记管理中心。

红网"2016年湖南金融创新力量"奖。

2015年至2017年,湖南股权交易所以小微商学院为起点,在企业规范化培育及服务模式拓展等多领域发力,创造了多项全国第一:2016年,在湖南股权交易所设立第一家地市分支机构——湖南股权交易所株洲服务中心,同年底,设立第二家地市分支机构——湖南股权交易所湘潭服务中心;2017年,在省市场监管局的大力支持下,湖南股权交易所率全国之先实现了工商系统互联互通,其业务系统与工商业务系统数据实现共享,提升了股权登记和股权质押业务的公信力;2017年,湖南股权交易所重点打造的线上投融资对接平台"投融直通车"正式上线。

此段时期,为与沪深交易所错位发展,湖南股权交易所为挂牌及展示企业设计了全新的服务价值链条:对100%的企业进行展示培育,通过企业的规范化发展,使其中20%的企业获得融资,并对这些企业中的一半进行股改,最终助力1%~3%的企业到沪深交易所或新三板挂牌上市。

在这一过程中,湖南股权交易所还加强了与投资机构、银行及担保机构等的合作,开发出了一系列融资类产品,如"定增易""股银通""股保通"等,并不定期组织融资沙龙、投融资对接及大型路演,服务效果非常明显。

截至2017年底,湖南股权交易所累计挂牌及展示企业3106家,市场规模在当年全国41个区域性股权市场中排名第7,4家托管企业实现转板,成功实现IPO,15家企业挂牌新三板。仅2017年,湖南股权交易所服务企业新增融资额达106.66亿元。湖南股权交易所进入快速发展阶段,综合实力跻身全国10强。

3.1.3 创新发展阶段(2018年至今)

2018年是湖南股权交易所发展历程中具有里程碑意义的一年。

2018年4月,湖南股权交易所通过中国证监会审核备案,成为全国首批21家通过监管备案的地方区域股权市场运营机构之一。

当年初,其实际控制人财信金控将湖南股权交易所纳入集团一级子公司管理,明确其为交易板块核心平台之一,确定了"精干主业、精济实业、精耕湖南"的发展方略,并提出"三年倍增计划",为湖南股权交易所未来发展锚定了"航向"。

在此基础上,湖南股权交易所进一步深化"一平台四功能"战略定位,明确了"三化一度"(即平台化、县域化、标准化和满意度)的战略路径,聚焦股改挂牌等核心业务,不断优化服务内涵和模式,进入创新发展的新阶段。

在此期间,湖南省出台多项政策,支持湖南股权交易所积极拓展业务,如2018年4月10日,湖南省人民政府发布《关于深入推进农业"百千万"工程促进产业兴旺的意见》(湘政发〔2018〕3号),明确"到2020年,推动100家以上涉农企业在省区域性股权交易市场挂牌"。2018年9月20日,湖南省正式启动"资本市场县域工程"试点,湘阴县等12个县(市、区)为首批试点单位,明确湖南股权交易所作为"资本市场县域工程"承接单位,推进试点工作。

2020年,湖南省地方金融监管局、省财政厅等厅局先后推动出台了《关于支持我省区域性股权市场发展的若干措施》(湘财金〔2020〕17号)等政策,湖南股权交易所作为地方政府扶持中小微企业政策综合运用平台的聚集效应不断彰显。

在政策环境不断优化的背景下,此段时期,湖南股权交易所苦练内功,创新举措不断推出,市场生态明显改善。

2019年以来,湖南股权交易所在小微商学院的基础上,首创四板市场深度服务企业的标准化"八步曲",打造了一批深度服务案例;聚焦"董事长""董秘"两个特殊群体,与财信金控、长沙高新区等合作推出"董事长资本特训营""金牌董秘培养工程",开启资本人才培养新模式,累计培养300名区域市场合格董秘,部分学员通过了沪深交易所董秘认证考试。特别是"金牌董秘培养工程",以其"导师制、实操性、重游学、接天线、人才库"五大特色,持续吸引了大批上市后备企业董秘报名,在省内"资本圈"形成品牌效应。

2020年,湖南股权交易所设立科技创新专板,聚集了一批具有"科技硬核、高速成长、上市预期"特点的优质拟上市后备企业,成为湖南省科技创新型企业进入上海证券交易所"科创板"和深圳证券交易所"创业板"的"加速器"和"孵化港"。

湖南股权交易所的核心业务规模实现"井喷"。其中,新增股改挂牌企业,从2017年的42家,到2018年的98家、2019年的125家、2020年的220家,股改挂牌企业三年净增443家;累计为挂牌及托管企业实现的股权、债权融资额,也从2017年底的400亿元左右,增至2020年底的983.93亿元;托管股份规模也从2017年的300余亿股,增至2020年底的868.34亿股。上述核心业务规模,年均增长率均超过100%。

机构参与市场的积极性大幅提升。截至2020年底,注册会员360家,其中推荐商141家、会计师事务所91家、律师事务所104家、评估机构24家。当前,湖南股权交易所"成长助推器、资金加油站、上市孵化港"三张名片不断擦亮,正朝着"中部领先、全国一流"的宏伟目标不断迈进。

湖南省区域性股权市场的制度创新,是湖南实施创新驱动战略的结果。随着我国经济发展过程中人口红利的逐步消失,中国提前进入老龄化社会,中小微企业融资难的问题日益突出,解决中小微企业融资难、释放民营企业活力及促进企业创新行为成为市场和政府的共同需求。区域性股权市场的制度创新是破解中小微企业融资难题、提高金融服务实体经济效率的制度选择,是在政府的主导下自上而下推动的,其在本质上属于强制性制度变迁。

3.2 湖南省区域性股权市场的运营理念

区域性股权市场的运营没有现成的经验可以借鉴,目前各省市股交中心大多处于

"摸着石头过河"的状态。作为湖南省唯一一家省级区域性股权市场运营机构,湖南股权交易所在具体实践中不断探索,形成了较为清晰的运营理念,并在诸多领域展开了一系列卓有成效的创新实践。这些创新实践虽然不一定"放之四海而皆准",但在行业内仍具有较强的借鉴意义。

近年来,湖南股权交易所坚持国务院关于"区域性股权市场作为地方政府扶持中小微企业政策综合运用平台"定位,充分领会和贯彻湖南省委、省政府赋予的"两大平台""五个角色"的战略导向,并结合财信金控有关战略部署及区域性股权市场的发展规律,在运营理念上不断完善,形成了鲜明的"湖南特色"。

3.2.1 聚焦中小微企业服务,打造"三张名片"

湖南股权交易所经过不断探索,逐渐对市场定位、运营模式及服务边界形成了比较清晰的认识,就是坚持服务全省中小微企业的价值使命,不断构建和完善服务体系,为全省中小微企业提供"一揽子"的综合金融服务,即打造湖南省"中小微企业综合金融服务平台",在服务体系的构建上,重点突出企业挂牌托管、投融资服务、培训咨询、股权交易四大功能,彰显其发现、融资、培育、转板的平台价值,努力打造"成长助推器、资金加油站、上市孵化港"三张名片。具体来说,包括以下三个方面:

(1)强化企业的规范培育,成为"成长助推器"。中小企业目前面临的最大问题是规范,区域性股权市场作为多层次资本市场的塔基,要解决企业的融资和交易问题,难度很大,也不现实;而早期介入和推动中小企业的规范,是必须有所为,而且是有所作为的。湖南股权交易所通过政策引导,发现并吸引一大批中小企业挂牌,引来"源头活水",再通过设立"小微商学院",引入专业中介机构,为挂牌企业提供"接地气"的资本市场培训和咨询服务,辅导企业实现技术进步、管理进步、财务规范,不断提升企业家的资本市场意识和规范意识,逐步减少了企业治理结构不规范、财务状况混乱的粗放式经营问题,从而增强了中小微企业的抗风险能力和融资能力。

(2)创新工具锻造融资链条,构建"资金加油站"。区域性股权市场的一个重要功能是融资,为小微企业获得进一步发展所需的资金提供支持。湖南股权交易所通过积极整合区域金融要素,将证券公司、商业银行、小贷公司、担保公司、创投机构等资源导入区域性股权市场,为挂牌企业提供"一揽子"的融资产品对接。在此基础上,进一步整合自身资源,打通上下游融资链条,为小微企业的融资提供增信措施,增加市场上各方对小微企业股权、债权的认可度。

(3)"分类分级"进行差异化赋能,打造"上市孵化港"。区域性股权市场作为我国多层次资本市场的重要组成部分,是企业进入资本市场的重要枢纽和"前哨"。湖南股权交易所通过建立多层次的挂牌体系、分层级的服务体系,为处于不同成长阶段的挂牌企业提供个性化的服务:一方面,为传统中小企业提供标准化的服务,包括股权托管、股权交易、政策支持、规范治理、路演融资等,满足不同挂牌企业和投资者的个性化需求；另一方面，发挥资本市场中介服务的延伸功能，重点聚焦优质企业，进行"高管联点"，提供更具有针对性的"一对一"服务，推动一批企业进入高层次资本市场，成为地方政府培育企业上市的"加速器"和"孵化港"。

3.2.2 践行"三化一度"理念，构建市场良好生态

在湖南省区域性股权市场建设中，湖南股权交易所坚持"地方政府扶持中小微企业政策综合运用平台"定位，坚持"有所为、有所不为"的理念，只做市场的组织者、裁判员，不做运动员，扮演好"政府政策的推动者、行业规则和标准的制定者、新业务模式的探索者、市场生态的构建者"四个角色，找到了"三化一度"（平台化、县域化、标准化和满意度）的战略路径，由此打开了更为广阔和更为包容的市场发展生态。具体来说，包括以下四个方面：

（1）"平台化"。湖南股权交易所坚持"平台"定位，通过平台集聚政策、机构、资金、媒体等各类资源，实现挂牌企业与各类资源的高效对接。在此过程中，湖南股权交易所作为平台的运营方，积极推动地方出台相关政策，并通过股交所平台挂钩投放；加强会员机构的引入和培育，帮助中介机构提高执业能力和专业服务能力，并放开平台、整合资源，扩大中介机构的服务增值空间；积极推动银行、担保、投资基金等金融机构开发与挂牌企业相匹配的融资产品；通过与主流媒体合作，发挥平台的价值发现功能，助力挂牌企业提高市场影响力。通过资源整合和集聚效应，不断提升平台的价值。

（2）"县域化"。湖南股权交易所发挥省级平台及资源优势，以"资本市场县域工程"为契机，通过在重点市州设立分支机构扩大服务半径，积极引导和推动金融服务资源下沉到县域和园区，并通过推动企业股改、挂牌及融资、培训等活动，增强县域中小企业的资本意识，推动一批企业登陆多层次资本市场，扶持当地重点产业转型升级和龙头企业快速发展。

（3）"标准化"。湖南股权交易所通过制度体系建设和业务流程设计，对内提供挂牌托管、路演融资、培训咨询等一系列服务，对外进行市场推广、机构展业及监管等的标准化动作，不断提升平台运营效率，以更好地服务中小企业。

（4）"满意度"。湖南股权交易所通过建立"市州合作备忘录""高管联点"，推出企业服务"八步曲"等方式，不断做精、做细，优化服务内涵，提升政府部门、投资者和专业机构、挂牌企业的满意度。

3.3 湖南省区域性股权市场的创新实践

区域性股权市场在中国大陆成立仅10余年，真正步入正常发展轨道也不过5年时间。在这段时间里，湖南股权交易所在区域性股权市场的监管框架下，不断进行业务

创新，以其特色服务赢得了市场的认可。

在创新实践方面，湖南股权交易所的创新举措主要涉及运营模式、板块设置、服务及产品创新、服务地方经济、内部管理等方面。本书第二部分有专题进行深入分析研究，这里就其重要创新点进行简要论述。

3.3.1 全国首创"小微商学院"

"小微商学院"成立于2015年，是全国首家由区域性股权市场创立，面向中小微企业，集培训、咨询及投资等功能于一体的专业型培训机构。2015年以后，山西、湖北等省市的股交中心先后也建立了类似的商学院。

小微商学院与深圳证券交易所、北大清华总裁班等合作，围绕"资本运作"等核心内容，开发推出了一系列涉及资本运营、宏观格局、法律、财税、精细化管理的课程体系，根据企业初创期和成长期的诉求，设计了"商业模式、资本运作、股权激励、业绩成长"等训练营，具有师资优质、体系完备、短期高效、集中训练、增值保质等特点；先后承办湖南省科技厅"银河培训工程"、长沙高新区资本市场培育外包服务、株洲市经信委创新企业领军人才高级研修班、湘潭市科技局科技金融人才研修班等，培育近15 000名企业家；多次荣获"湖南金融创新榜""金融创新力量"等荣誉，被誉为"最接地气"的商学院。其成果及经验被其他省份股交中心相继学习模仿，成为全国区域性股权市场培育企业的航标。

3.3.2 全国首创标准化服务"八步曲"

"八步曲"是湖南股权交易所深度服务挂牌企业的创新举措，在全国股交中心也属于首创。2019年，湖南股权交易所通过梳理企业刚性需求和痛点，按照先规范再融资、先债后股、股权先内后外的融资次序，创新性地推出深度服务企业的标准化服务"八步曲"，即按"挂牌托管、商学院培训、私董会、融资沙龙、股权激励训练营、商业计划书训练、融资路演、个性化服务（高管联点等）"八个标准步骤，分阶段帮助企业实现融资融智融资源，形成"挂牌有服务，服务显成效，成效促挂牌"的良性循环，大幅度提升了挂牌企业的获得感和满意度。

湖南股权交易所标准化服务"八步曲"推出以来，覆盖的挂牌企业超过80%，打造出了宏志达、普济生物、科锐股份、宝东农牧等30余个深度服务案例，挂牌企业的规范运作、融资能力大幅增强。湖南股权交易所的企业服务"八步曲"曾荣获"2019年湖南金融创新力量"奖，并在全国首次区域性股权市场座谈会上得到证监会的高度评价。

3.3.3 全国首家与工商系统实现"互联互通"的股权登记托管机构

作为湖南省唯一的非上市股份公司的股权登记托管机构，2017年，在湖南省市场监管局的大力支持下，湖南股权交易所全资子公司——湖南省股权登记管理中心有限公司，率全国之先实现了与工商系统的互联互通，其业务系统与工商业务系统数据实现共享，大幅提升了股权登记和股权质押业务的公信力。

鉴于湖南股权交易所在非上市公司及农商银行股权托管方面的成功经验，2018年，在中国银保监会湖南监管局、湖南省农村信用联合社的支持下，湖南股权交易所启动了全省农商银行的股权登记托管工作。此项工作在2020年底全面完成，全省农商银行及村镇银行的托管股权确权率达到98%，走在了全国前列。2019年6月，中国银保监会酝酿出台《商业银行股权托管办法》，在湖南进行了为期1周的深度调研，将湖南股权交易所作为全国唯一登记托管业务的被调研机构。2019年7月，该办法正式出台，明确将区域性股权市场运营机构列为商业银行的股权登记托管机构，湖南股权交易所为此办法出台提供了重要经验及建议，得到了中国银保监会相关部门的高度肯定。

3.3.4 全国首家在市州设立服务中心

为扩大区域性股权市场的服务半径和市场影响力，2016年，湖南股权交易所通过股权合作模式，在全国股交中心设立第一家地市服务中心——湖南股权交易所株洲服务中心，同年底，设立第二家地市服务中心——湖南股权交易所湘潭服务中心。

作为全国区域性股权市场首家市州服务中心，湖南股权交易所在当地的服务窗口，株洲服务中心在坚持监管"红线"的基础上，承接了部分服务职能，将区域性股权市场的服务重心前移，并与当地产业及中小企业发展紧密关联，极大地提升了区域性股权市场的运营效率。经过三年多的运营，效果初步显现。截至2020年底，株洲市有区域性股权市场挂牌企业62家，挂牌数量居湖南省第二，三年累计实现撮合融资9.62亿元。根据2019年初的统计数据，株洲地区2017年挂牌的17家企业2018年的主营业务收入、净利润、纳税额三项指标同比分别增长31.7%、79.9%、45.38%，与股改挂牌前相比，企业发展实现质的飞跃。

湖南股权交易所在市州设立服务中心，对活跃地方的资本市场、促进中小企业建立现代企业制度、拓宽企业融资渠道、形成股改上市梯队均产生了重要的推动作用，分支机构也成为当地政府金融主管部门服务企业的重要工作抓手，为国内区域性股权市场的运营模式探索提供了宝贵的经验。

3.3.5 全国首创中介机构分类监管评级

为不断提升市场的活跃度和会员机构的服务质量，2018年，湖南股权交易所率全国之先，出台了《湖南股权交易所会员机构分类监管评级办法》，建立区域性股权市场的中介机构分类监管评级体系。

按照评级办法，湖南股权交易所从市场活跃度、合规展业、服务质量、诚实守信四个维度，对推荐商、会计师事务所、律师事务所等会员机构进行综合评级。根据考评情况，共分三类九档，即A++、A+、A，B++、B+、B，C++、C+、C。其中：A类指在湖南股权交易所开展业务的市场开拓能力、持续合规状况、服务质量、诚实守信等方面均为优秀；B类指在湖南股权交易所开展业务的市场开拓能力、持续合规状况、服务质量、诚实守信等方面均为良好；C类指在湖南股权交易所开展业务的市场开拓能力、持续合规状况、服务质量、诚实守信等方面有待改进。2019年，湖南股权交易所调整优化了有关考核指标权重，加大了合规展业、融资案例、服务质量等分值占比，鼓励会员机构拓展增值服务，做好后续持续督导服务，并严格按照考核评分定级，涌现出了一批优秀的会员机构，如2019年有财信证券、赛诺咨询等11家推荐商，公众、瑞诺等10家会计师事务所，华略、盈科等11家律师事务所，共计32家会员机构获得A类评级，展示了湖南省区域性股权市场中介机构的良好实力。

在中介机构分类评级基础上，湖南股权交易所还扩大了评级结果的应用范围。例如：在展业资格、市场资源分配、政策支持、业务扶持等方面，给予优秀机构重点倾斜，吸纳部分优秀会员机构专家进入专审会，开辟审核"绿色通道"，在有关费用方面给予减免；对存在违规展业行为、持续督导不力、服务质量不高的机构，降低其评级，对评级靠后的机构予以惩戒及业务限制，将分类评级情况抄报省市金融监管部门，并在湖南股权交易所官网及合作媒体上公示；等等。

通过上述努力，让优秀的会员机构脱颖而出，让评级靠前的机构获得更多业务机会，真正实现了"扶优限劣"，提升了区域性股权市场中介机构的服务能力。

3.3.6 推进"资本市场县域工程"试点，打造县域服务样板

县域是经济发展的基础，也是资本市场建设的薄弱环节。为将资本市场资源引导到金融服务相对较弱的县域，围绕县域重点产业、特色产业和优质企业，按照"储备一批、培育一批、上市一批"的工作思路，推动资本市场更好服务县域经济发展，2018年9月，湖南省地方金融局首批确定长沙市芙蓉区、开福区、浏阳市、湘潭县等12个县市区为试点单位，启动"资本市场县域工程"试点。

以湖南省"资本市场县域工程"试点为契机，2018年以来，湖南股权交易所聚焦12个试点县域，积极开展资本市场的培训、走访、辅导、路演等工作，将各类金融要素、服务资源引导并下沉到县域，推动企业股改、挂牌、上市和融资，取得了良好的成效，并且打造了湘阴县、湘潭县、隆回县等多个"样板"。

湘阴县是较早与湖南股权交易所签订战略合作协议的县级政府，是湖南省"资本市场县域工程"的发源地之一。早在2017年6月，湘阴县人民政府就与湖南股权交易所签订了战略合作协议，开启了湖南省区域性股权市场深度服务县域经济发展的"先河"。签订合作协议之后，湘阴县出台了一系列企业挂牌上市政策，依托湖南股权交易所市场平台聚集的各类金融资源和中介机构资源，为湘阴企业提供股权交易、资本市场培训与咨询、登记托管、投融资等多样化的服务，促进湘阴中小微企业规范发展，拓宽湘阴中小微企业的融资渠道。经过近两年的努力，湘阴县有20家企业在湖南股权

交易所股改挂牌，7家路演企业累计收到1.46亿元的投资意向，1家企业获得了上市公司4000万元股权融资，2家企业启动A股市场IPO程序。通过"资本市场县域工程"，湘阴县建立了中小微企业信用体系，全面采集了县内30多个政府部门90多万条企业数据，通过大数据为企业精准画像，引导进入资源向守信企业倾斜。截至2019年8月末，湘阴县贷款余额110亿元，存贷比达68%，远高于全省县域平均水平。

湘潭县是与湖南股权交易所签订战略合作协议的第二家"资本市场县域工程"试点单位。2018年以来，湖南股权交易所通过湘潭服务中心，与湘潭县金融办一道，以培育本地上市资源为目标，积极推进企业股改挂牌融资进入资本市场。结合农业发展"百千万工程"，通过推出服务"八步曲"等方式，引导券商、投资机构等金融要素深入县域，帮助企业规范内部管理、建立现代企业制度、拓宽融资渠道，基本建立了覆盖县域的多层次资本市场体系。截至2020年12月底，湘潭县有23家企业完成股改并在湖南股权交易所挂牌，有2家企业登陆湖南省科技创新专板并启动IPO程序，实现各类企业融资3.58亿元，培训及深度服务企业300余家，股改挂牌及融资规模居全省县域前列，湘潭县也成为全省唯一拥有两家科技创新专板挂牌企业的建制县，各项工作指标均位列全省12个试点县之首，成功打造了"资本市场县域工程"的"湘潭模式"，并成为区域性股权市场助力湖南企业上市"破零倍增"的范例。

隆回县"资本市场县域工程"试点也颇具特色。作为首批"资本市场县域工程"试点县之一，2019年1月，隆回县出台《关于进一步加快我县中小企业挂牌上市的若干意见》，对企业进入资本市场的支持力度很大：企业主板上市最高奖励800万元、新三板挂牌最高奖励300万元、湖南股权交易所挂牌最高奖励40万元、进入省重点上市后备库奖励10万元。在湖南股权交易所的支持下，隆回县组织"政银企洽谈会""资本市场进隆回""股改挂牌宣讲培训"等多场大型活动，组织30多位隆回企业家参加全省"资本市场县域工程"中的"走进沪深交易所""资本前沿"讲座等活动，对100多家上规模企业上门走访，围绕企业挂牌上市进行咨询辅导，并建立了隆回企业上市挂牌后备库。短短一年多的时间，隆回县"四板"挂牌企业从无到有，累计达10家，占邵阳市的43%，一批隆回当地优势产业中的龙头企业跻身"挂牌企业"之列，且获得融资支持。例如：隆回最大的金银花加工销售企业湖南鸿利药业，挂牌后实现融资406万元；淳亿科技在挂牌后得到银行2000万元的贷款授信，从而激发了隆回县内企业对接多层次资本市场的热情。

鉴于"资本市场县域工程"试点的成效，2020年，省地方金融监管局印发《湖南省资本市场县域工程行动计划（2020—2025）》（湘金监发〔2020〕43号），提出"三年时间实现全省资本市场县域工程全覆盖，五年见成效"的工作目标；明确"2020年到2025年，我省县域新增上市公司80家以上，新增区域性股权市场股改挂牌公司800家以上"；提出"各县市区每年要新增1家以上股份有限公司在湖南股权交易所进行股份登记、挂牌，推动股份规范流转和股权融资"。

"资本市场县域工程"试点对全局性改革的示范、突破、带动效果突出。从湖南省的实践经验来看,"资本市场县域工程"试点要按照多层次资本市场体系建设和梯次培育的思路,加强资本市场理念、知识、机构、工具、资金全方位的供给,培育一批能够承载多层次资本市场融资工具的市场主体,通过股改、挂牌及融资等活动,对县域经济、民营经济、金融发展产生积极影响。

3.3.7 探索"股交所+产业"模式,服务"乡村振兴"战略

为深入贯彻落实"乡村振兴"战略,2018年4月,湖南省人民政府印发《关于深入推进农业"百千万"工程促进产业兴旺的意见》(湘政发〔2018〕3号)。文件明确,支持涉农企业对接资本市场,大力培育上市后备资源,"到2020年,推动100家以上涉农企业在省区域性股权交易市场挂牌","3年内每个县市区至少完成1家涉农企业股份制改造,并在省区域性股权市场挂牌"。

湖南股权交易所借此契机,突破技术路径和思维惯性,深入涉农企业,精耕细作,精益求精,通过"链条式"责任机制、"拉网式"巡回宣讲、"漏斗式"层层筛选、"标准化"服务举措等创新手段与措施,深度、精准服务涉农企业。经过两年多的努力,在湖南省农业农村厅、湖南省地方金融监管局的大力支持,以及财信金控的指导下,截至2020年12月31日,完成股改并挂牌企业达到360家,超额完成了100家的任务目标,其中,国家级、省级及市级龙头企业200家,占比55.56%;已股改挂牌的企业覆盖了全省122个县市区,覆盖率达到100%;提前实现了"挂牌规模不少于100家""全省县市区全覆盖"的目标。

推动涉农企业股改挂牌,是湖南股权交易所服务地方产业转型升级的重要尝试,也是对"区域性股权市场作为地方政府扶持中小微企业政策综合运用平台"的有益探索,其创新点主要包括:

(1)推动地方产业政策通过区域性股权市场挂钩投放。如根据文件规定,对完成股改并在区域性股权市场挂牌的涉农企业,省财政给予每家挂牌企业30万元补助,对股改挂牌的涉农企业,在专项政策扶持和省市级龙头资格评定方面优先考虑。这对内部治理规范、发展前景好的涉农挂牌企业来说,有了一个比较权威的"标签",既促进了涉农企业规范的积极性和主动性,也提升了财政涉农补助资金投放的精准性。此项政策推行3年,360余家优质涉农企业获得奖补资金近1亿元,极大地支持了涉农企业的发展。这也为其他行业通过区域性股权市场进行政策的综合运用提供了良好的借鉴。

(2)探索出了一条破解涉农企业融资困境的有效路径。涉农企业融资难只是涉农企业融资困境的表象。追根溯源,除了农业本身的行业特性外,资产确权困难、股权不清晰、内部管理不规范等是关键所在。通过股份制改造,建立现代企业制度,涉农企业可以提升资产质量、增强融资能力,并借助区域性股权市场的平台优势,提高股权流动性、拓展融资渠道,这从某种程度上可以说是涉农企业快速发展的新路径。在

此项工程中，湖南股权交易所通过为挂牌企业提供预路演、商业计划书培训、一对一辅导、正式路演等服务，帮助企业进行圈子融资或对接专业投资机构、产业基金等，较好地实现了股权融资和资源对接：累计为 169 家涉农企业实现融资 17.23 亿元；其中，股权融资 8.03 亿元，股权质押融资 5.02 亿元，可转债 0.36 亿元，债权融资 3.82 亿元。

（3）增强了涉农企业家的资本市场意识和规范意识。涉农企业大多为家族企业甚至"夫妻店"，企业未建立现代企业制度，企业负责人"一言堂"、家长决策，缺乏科学的公司治理制衡机制，内部管理极其不规范，存在较大的决策风险。股改挂牌，特别是湖南股权交易所组织的系统培训和服务，在一定程度上帮助企业规范了内部管理，增强了企业家的资本意识。2018 年以来，湖南股权交易所先后举办 100 余场大中型政策宣讲，走访的涉农企业超过 2000 家，为 360 家涉农股改挂牌企业组织 15 期私董会、8 期规范必修班，1000 余名高管参加相关培训。对全省涉农企业的负责人来说，这无疑是一场触及灵魂的"资本洗礼"。宝东农牧董事长王晚秋在接受媒体采访时，就曾发出这样的感叹："我这辈子吃的最大的亏，就是做个体户时间太久，如果我早一点从个体户思维中走出来并规范企业治理，我的企业发展规模和质量绝对比现在要大、要强。"其影响可见一斑。

3.3.8 构建高标准、多层次的挂牌及服务体系

经过多年的探索，湖南股权交易所在国内同业中率先建立了高标准的多层次挂牌及服务体系。在板块设置方面，湖南股权交易所形成了以科技创新专板为"塔尖"，标准板、成长板为主体，报价板、展示板为辅的多层次挂牌体系；在服务体系上，对不同的板块推出与之相匹配的服务内容，满足了不同类型、不同规模的企业进入区域性股权市场的挂牌、融资及其他多元需求。

在多层次的挂牌体系中，"科技创新专板"为湖南省区域性股权市场最高层次板块，定位于湖南省科技创新型企业上市的"孵化器"，挂牌标准对标上交所的科创板和深交所的创业板，挂牌企业必须具备"科技硬核、高速成长、上市预期"等属性，起点高、审核严。为确保专板挂牌企业质量，湖南股权交易所还组建了一支由两院院士、证监会发审委原委员、国内顶级投行及中介机构资深专家组成的 60 余人的专审委团队。对于专板挂牌企业，湖南股权交易所提供政策、资本、科技、协同"四大赋能工程"和"一对一"的贴身服务。例如：推动出台并落实专板综合政策，帮助挂牌企业做好政策衔接，实现"政策赋能"；帮助专板企业高效对接产业基金、银行、券商等渠道，设计并提供培训咨询及上市服务，实现"资本赋能"；为企业精准匹配各大科研院所等科技服务资源，提升企业科技"硬核"水平及科研成果转化能力，实现"科技赋能"；借助专板联席会议机制，推动研究讨论解决专板企业上市过程中面临的国土、税务、环保、社保、工商、行政处罚等相关问题，实现"协同赋能"，通过赋能，加快上

市"孵化"进程。

对于"标准板""成长板",湖南股权交易所按照高层次资本市场的审核规则,建立了"推荐商+会计师事务所+律师事务所"的推荐服务机制,以及"初审、复审、专审"三级审核制度。挂牌企业必须完成股份制改造,并有一定的准入门槛要求:其中,标准板的企业年营业收入需达到1000万元,或利润需达到100万元;成长板的企业年营业收入需达到500万元,或利润需达到50万元;"报价板"挂牌企业门槛相对较低,股份公司及有限责任公司均可,但必须满足股权托管、估值报价及信息披露等要求;"展示板"主要为企业提供展示服务。对于"标准板""成长板""报价板"的挂牌企业,湖南股权交易所除了提供股权登记托管、私募股权定向增发、私募可转债发行备案及股权交易、报价信息发布服务外,还按照不同的挂牌层次,为挂牌企业提供商学院培训、私董会、规范必修班、融资沙龙、股权训练营、商业计划书训练营、品牌宣传、专场路演、中高层联点及项目申报、产学研合作、营销、并购等多方资源对接服务。

湖南股权交易所通过科技创新专板、标准板、成长板、报价板、展示板五大板块,分层管理、分类服务,为湖南省中小微企业在区域性股权市场挂牌及展示提供了多样化的服务,也为企业进入高层次资本市场提供了可能性和操作方法。

3.3.9 组织"掘金四板"新闻路演,彰显平台价值发现功能

2019年初以来,为解决挂牌企业推广难、融资难,投资机构寻找投资标的难等问题,充分挖掘湖南资本市场"潜力股",由财信金控指导,湖南股权交易所携手红网证券频道,推出以"寻找资本市场'潜力股'"为主题的"掘金四板"大型新闻路演活动。

"掘金四板"旨在发现和提升湖南省中小企业的投资价值,彰显区域性股权市场的"企业展示"与"价值发现"等功能。该活动以"产融结合"为主线,以融资、融智、融资源为核心方向,组建了一支包括省内资深财经记者、券商投行专家、知名投资机构、交易所高管等在内的专业化调研团队,并依托财信金控金融业务"全牌照"的资源优势,引入财信证券、财信产业基金等专业机构,通过调研湖南省区域性股权市场的代表性龙头企业、创新型企业,深度解析公司的技术优势、商业模式、核心竞争力,深度挖掘公司的投资价值、市场前景,良好展现公司管理团队的精神,提升和优化被访公司的市场形象和企业声誉,提升公司资本市场估值水平,并推动其获得市场投资。

"掘金四板"以红网为核心传播平台,通过高管访谈、专题报道、微视频等形式,依托红网证券频道,推出深度报道、栏目专题、频道专栏,"网报端微视屏"、红网千屏等传播矩阵,并嫁接今日头条、学习强国、中国网、新浪财经、网易、和讯等国内重要媒体资源,进行多渠道链式强力推介,全面还原湖南股权交易所、投融资机构助

力企业成长的"线路图",并充分展示企业品牌力量和投资潜力。

"掘金四板"大型新闻路演活动有以下三个特点：

(1)"股交所+核心媒体"的模式,通过与核心媒体的平台资源嫁接,创新了企业的展示推广模式,在放大企业知名度、提升品牌溢价的同时,增强了区域性股权市场的"企业展示"功能。

(2)"投资专家+媒体记者"的模式,提升了区域性股权市场的"价值发现"功能。与传统媒体报道或路演不同,"掘金四板"调研团队中既有行业专家、投资机构,也有资深财经记者,通过"新闻路演"模式,既对企业投资价值和亮点进行深入挖掘,又从传播角度精心设计,既有"含金量",也有可读性,"潜力股"的信息传递更加精准有效,区域性股权市场的"价值发现"功能也得以彰显。

(3)"股交所+价值传播"的模式,形成了"挂牌+传播+投资"的良性市场生态。"掘金四板"活动,以"寻找资本市场'潜力股'"为切入点,在提升企业品牌溢价、挖掘企业投资价值的同时,加快传播湖南多层次资本市场建设的政策导向,积极引导更多优质企业到区域股权市场挂牌,从而形成"服务促挂牌、挂牌促发展、发展促宣传、宣传促融资"的良性市场发展生态,为湖南省企业上市"破零倍增"营造良好的资本市场氛围。

2019年以来,"掘金四板"已成功完成两季,调研团队足迹遍布长沙、株洲、湘潭、岳阳、常德、邵阳、怀化等市。在所调研的企业中,80%为国家高新技术企业或行业龙头企业,集中在生物医药、新材料、新能源、新一代信息技术、智能制造、农业等领域,既有国家重点实验室、博士后工作站,也有承担国家重点项目、填补国内行业空白的企业,相当部分为细分行业的"小巨人""隐形冠军""知名品牌"等。"掘金四板"每期内容平均曝光及点击数30万次,专题全网点击量超过5000万次。通过宣传报道,"掘金四板"所推介的企业,品牌影响力和知名度大幅提升,市场价值得以彰显,吸引到了国内50余家投资机构、产业基金的关注,多家企业获得资本青睐,或打开市场,或与上市公司洽谈并购事宜,如中晟全肽获得1.5亿元战略投资、普济生物获得机构2000万元投资、兴博食品获得株洲产业基金投资入股2000万元等。

2019年6月"掘金四板"入选红网品牌栏目《湖南资本力量》,得到国内区域性股权市场的广泛关注,成为湖南省区域性股权市场"价值发展"功能的重要载体。

3.3.10 探索"股交所+互联网"模式,打造"微力量"服务品牌

2020年,湖南股权交易所依托官网、官微等平台,将现有的培训咨询、投融资对接等服务,进行产品化和线上化,创新推出"微力量"线上系列服务品牌。

"微力量"线上服务包括微课堂、微路演、微宣传、微服务、微阅读五大服务板块。自2020年初启动以来,微课堂推出8期"战疫"公益系列直播课,上线"五分钟看懂私募可转债"等5期自制课程、合作"资本365问"等系列课程,观看量达1万

人次；微路演上线发布近 80 个项目商业计划书，注册投资人近 5000 人；微宣传上线 30 余期"掘金四板"企业报道，深度挖掘企业投资价值，探寻可创新性、成长企业背后的故事；微服务发布高端人才推荐、挂牌企业招聘、常态化服务及投融资活动报名征集等各类线上对接服务；微阅读发布法律专刊 18 期、财税专刊 15 期。

通过线上"微力量"服务，湖南股权交易所以其"响应快捷""简单方便""成本最低"等特点，较好地解决了挂牌企业的"个性化"需求，极大地增强了挂牌企业与区域性股权市场平台的黏性，运营效果初步显现。

3.3.11 "四力五维"，锻造人才培养特色模式

区域性股权市场作为新兴市场，专业化人才较为稀缺，成为市场建设的一大"瓶颈"。2015 年以来，湖南股权交易所基于当时的人力资源状况，推出"四力五维"的人才培养模式，进行"内部挖潜"，加速专业化人才队伍的培育。"四力"即自驱力、激发力、决断力、执行力，"五维"即专业培训、技能考试、业务比武、案例精讲、晋升导师"培、考、比、精、师"5 个维度，不断激发员工的内部潜能；同时，建立"逢提必竞、良性 PK"的人才选拔机制，建立了较为科学合理的人才梯队，一大批优秀员工脱颖而出。截至 2020 年底，湖南股权交易所员工队伍中硕士研究生及以上学历者占比 30.43%，具有注册会计师、律师及证券、基金等从业资格的员工占比 90%，并在政府、券商、银行、担保及基金等机构有丰富工作经验，为湖南省区域性股权市场的发展提供了人才保障。

在夯实内部人才基础的同时，湖南股权交易所还加强与高等学校及科研院所合作，在人才培养、创新研究等方面取得良好成效。例如，与湖南大学工商管理学院、长沙理工大学建立实习基地，与湖南工商大学建立金融学硕士研究生联合培养基地，承接科技部"长江中游城市群综合科技服务平台研发及应用"子课题、湖南省中小企业管理创新标准等项目，不断提升区域性股权市场的产学研能力。

第4章

湖南省发展区域性股权市场的战略意义、面临的问题及目标

湖南金融业增加值的 GDP 占比一直低于 5%，该数据在国内省市排名中一直靠后。2020 年，湖南实现金融业增加值 2126.44 亿元，同比增长 8.3%，占 GDP 的比重为 5.1%。这是一个标志性事件，意味着自 2020 年开始，金融产业成为湖南统计学意义上的支柱产业。作为金融业重要组成部分的湖南多层次资本市场，也呈现出良好的发展势头。截至 2020 年末，全省共有 A 股上市企业 117 家，其中 2020 年新增 13 家，新增企业数居全国第 8 位、中部第 2 位，实现首发上市融资 119.01 亿元，创历史新高。全省 A 股上市公司总市值由年初的 9866 亿元增长到年底的 1.75 万亿元，增长 77.7%，增幅居全国第 2 位。此外，全省共有新三板挂牌企业 165 家，区域性股权市场挂牌企业 614 家，挂牌企业规模居全国前列。

4.1 湖南省发展区域性股权市场的战略意义

在我国经济体系中，中小微企业发挥着重要作用。统计数据显示，截至 2020 年底，我国中小企业有 4000 万家，占企业总数的 99%，贡献了 60% 的 GDP、50% 的税收和 80% 的城镇就业。中小微企业正在成为培育我国经济新动能的重要源泉之一，是经济结构优化升级的重要支撑，也是保障和改善民生的重要依托。根据企业生命周期理论，处于不同发展阶段的企业，有不同的融资需求，而中小微企业的融资需求更加迫切。企业的这种生命周期规律，在客观上需要一种"金字塔"形的资本市场体系与之相匹配。

服务实体经济是我国资本市场发展的宗旨和本质。区域性股权市场是多层次资本市场"金字塔"体系的底座和塔基，是区域性中小微企业直接融资的主渠道，是地方政府扶持中小企业政策措施的综合运用平台，是资本市场服务实体经济的重要基础设施，在多层次资本市场上具有不可或缺的地位。湖南省区域性股权市场的发展，对于完善湖南多层次资本市场、服务创新型企业、缓解中小微企业的融资困境、促进普惠金融发展，具有十分重要的战略意义。

4.1.1 完善多层次资本市场体系，促进经济高质量发展

中小微企业是建设现代经济体系、推动经济实现高质量发展的微观基础。建设区域性股权市场，是政府利用金融手段促进中小微企业发展的战略选择，是国家实施创新驱动战略的金融选择。区域性股权市场的市场功能在于能够将金融与中小微企业的发展结合起来，推动地区经济发展、解决就业、促进产业结构调整。

我国的资本市场是分层的，不同层次资本市场的板块功能定位、服务企业和门槛都不一样。在塔尖的，是上海、深圳证券交易所的主板、中小板，服务的企业主要是大中型成熟企业，分别有1900多家企业和900多家企业挂牌。下一层，是深交所的创业板和上交所的科创板，分别于2009年和2019年设立，主要服务的企业为高成长、高增长性高科技企业，分别有800多家企业和100多家企业挂牌。塔身的部分，是全国股转系统，也就是新三板，它是在之前中关村高新园区企业股份转让系统基础上发展起来的，成立于2013年，主要服务于全国中小微企业，现有9000多家挂牌企业。

区域性股权市场作为多层次资本市场的塔基，相比高层次资本市场，具有门槛比较低、成本最低、允许逐步规范、信息定向披露、注重孵化和培育（包容性）、更强调个性化的服务等比较优势，恰好能满足中小微企业进入资本市场的基本需求。

区域性股权市场具有以下四个功能：

（1）股权交易与转让。企业的股权只有流动才有价值。企业完成股份制改造之后，从法理上来讲，可以突破有限责任公司股权转让的限制，实现股权的自由流动。区域性股权市场具备便利的交易系统和相应的设施条件，并且积累了大量的合格投资者，加上平台的信用背书，大大提高了股权成交的可能性。同时，根据定价原则，还可以充分发挥市场的价值发现功能，提高股权价值。股改挂牌后的企业，可以在区域性股权市场进行股份托管、挂牌交易，在价格合适时让渡股权，收回资金，在有需要时可以在市场上增持股权，做到"进可攻、退可守"，大大提升了股权的流动性和价值。

（2）私募定增发行股权。我国相当部分中小企业通过民间借贷等方式进行融资，往往因被定性为"非法集资"而受到查处。企业完成股份制改造并在区域性股权市场挂牌后，就可能通过合法平台实现股权募资。证监会明确，区域性股权市场是"私募股权市场"，是为中小微企业挂牌托管、股权债权及其他金融产品的非公开发行、转让及相关活动提供设施与服务的综合金融服务平台。完成股改挂牌之后，企业可以通过股交所的平台或路演等渠道，面向"圈子"（上下游、供应商及高管团队等）或合格投资者私募定向发行股权融资，吸引战略投资者入股，公司影响力和信用也会大幅提升。

（3）发行私募可转换公司债券。引入股权资金、股东增信后，企业的信用得到提升，加上公司的股权价值得到市场的认可，挂牌企业相比之前更容易获得银行的信贷支持——资产质量和经营效益优秀的公司可将其股权作为质押品获得银行的贷款，企业间接融资渠道也得以打通。目前，区域性股权市场还有一款融资工具可以使用，即私募可转换公司债券。对于希望获取稳定收益又不想放弃企业增长红利的投资者，挂牌企业可以通过股交所登记平台备案发行私募可转债（每年固定分红，约定可转换为公司股权）。

（4）利用区域性股权市场平台进行孵化培育。证监会明确区域性股权市场是地方人民政府扶持小微企业政策措施的综合运用平台。国内相当部分省级政府对辖区内的区域性股权市场有政策支持，对企业挂牌给予专项补贴，并且在工商、税务等环节给予重点支持和照顾，在区域性股权市场股改挂牌的企业，从某种意义上说，已被地方政府（特别是上市企业较少的县区政府）列入上市后备企业，会受到格外垂青。此外，各区域性股权市场为了吸引企业挂牌，获得政府的平台补助，在挂牌企业的规范治理、资本运作等方面配备了专业力量。对中小企业而言，进入区域股权市场进行孵化和培育，将得到更多实惠。

由此可见，区域性股权市场承担着培育、发展中小微企业的历史使命和重大责任，是促进形成实体经济、科技创新、现代金融、人力资源协同发展产业体系的"高速公路"，是促进互联网、大数据、人工智能与实体经济深度融合的"孵化器"。2017年1月，《国务院办公厅关于规范发展区域性股权市场的通知》（国办发〔2017〕11号）明确指出，"规范发展区域性股权市场是完善多层次资本市场体系的重要举措，在推进供给侧结构性改革、促进大众创业万众创新、服务创新驱动发展战略、降低企业杠杆率等方面具有重要意义"，为区域性股权市场的发展指明了方向。

4.1.2 推动中小微企业直接融资，缓解中小微企业融资困境

当前，尽管民营企业是市场经济中最为活跃的参与者，却在融资过程中受到一定程度的歧视，金融机构对民营中小微企业的惜贷行为，是民营中小微企业融资难、融资贵的根本所在。2018年8月20日国务院召开的促进中小企业发展工作领导小组会议要求："要完善资本市场，拓宽中小企业直接融资渠道，更好满足融资需求。"为了解决中小微企业的发展难题，我们需要大力发展区域性股权市场，积极拓宽中小微企业的融资渠道。

区域性股权市场是一个私募市场，是高质量发展的金融保障体系的有机组成部分，其体系内的私募股权投资能够降低创新者的风险，以及创新者所承担的成本。此外，私募股权投资所提供的资金是长期资金，而银行一般只会给这类借款人提供短期贷款，然后需要不断地再谈判和再贷款。由此可见，以股权交易所为核心的区域性股权市场，为企业的创新发展提供了金融基础。

与大企业相比，中小微企业普遍存在规范程度低、实力弱、信息披露机制不健全、信用等级低、融资难、融资贵等问题。发展区域性股权市场，对中小微企业进行孵化培育，可使企业经营、管理逐步规范化，改善企业的治理结构，增强中小微企业的盈利、抗风险等能力，提升中小微企业的公司治理水平，助力中小微企业走向"良性"发展的局面。在中小微企业规范化发展的基础上，区域性股权市场通过提供区域性的资本市场服务平台，设计个性化融资产品与融资方式，为中小微企业提供新的融资渠道，有效缓解中小微企业融资难、融资贵的困境。

区域性股权市场通过积极整合区域金融要素，对证券公司、商业银行、小额贷款公司、担保公司、创投机构产生聚集效应。此类市场没有任何垄断性的从业牌照，也不存在较高的业务门槛，其发展方向就是充分利用其"半官半民"的地位，走整合各类金融资源的平台运营之路。具体而言，区域性股权市场通过挂牌规范为小微企业进行增信，通过聚集各种金融机构，形成区域金融要素的聚集和整合效应。做法包括：与商业银行在挂牌企业推荐、银行贷款授信、理财产品投资等方面展开合作；与担保公司和信托公司开展中小企业担保、信托理财产品等方面的合作；建立合作担保机制，为小微企业提供贷款增信；与创投机构进行多方位合作，充分发挥投资机构价值发现和引领投资的作用。

此外，发展区域性股权市场，为特定区域内的企业，尤其是中小微企业，提供股权、债券转让和融资服务，对于促进中小微企业的发展、加强金融对实体经济的服务、促进我国普惠金融的发展都具有积极作用。

4.1.3 促进中小微企业数据库的构建，打造地方金融基础设施

当前，区域性股权市场是地方重要的金融设施和公共服务平台，主要由交易所、平台和服务三部分组成。对各组成部分进行功能细分，交易所代表牌照，平台代表客户，服务代表价值，这三者都能为区域性股权市场带来丰富的数据，使之成为一个有机整体。把全国 35 家区域性股权市场看作一个整体，该市场目前已有数十万家挂牌企业和展示企业，未来随着区域性股权市场的进一步发展，仍将有更多的高质量中小微企业进入。

区域性股权市场通过为挂牌企业及展示企业提供服务，直接掌握这些中小微企业发展的一手数据。伴随着企业及区域性股权市场的发展所累计的信息，可以构建一个有效的全国范围内的中小微企业发展数据库。一方面，详细的企业发展数据库可以为众多投资机构、银行及其他金融机构提供精准的客户画像，破解中小微企业信用"信息孤岛"困局，缓解信息不对称；另一方面，区域性股权市场自身也可利用这些信息为提供更多增值服务做铺垫，成为未来发展的重要突破口。由此可见，区域性股权市场中小微企业数据库的建立，具有十分重要的战略意义：一方面，能为国内宏观经济的战略决策提供数据基础；另一方面，区域性股权市场作为金融要素的集聚平台，会

集了大量金融专业人才，可以为区域经济的发展提供智力支撑，为区域的高质量发展提供战略咨询，具有智库的功能。

4.1.4 为创业投资、股权投资基金提供正常的退出渠道

作为不同金融要素聚集的平台，区域性股权市场包括创投基金、天使基金、各种VC（Venture Capital，风险投资，简称"风投"）及PE（Private Equity，私募股权投资）的活动，它与中小微企业之间的金融交易合约，体现了各参与方的利益均衡。私募股权投资基金投资或者购买一个股份有限公司，并不是为了永远地持有和经营这家公司，恰恰相反，PE等股权投资者的目标是利用自身的优势，帮助企业实现价值最大化后退出（即变现）。

区域性股权市场的发展，能够促进中小微企业股权转让的规范化、合法化，从而有利于推动创业投资、股权投资基金的进入，推动企业的成长。一直以来，湖南资本市场中的风险投资、股权投资基金发展速度缓慢，原因之一就是中小微企业的股权投资缺乏退出机制。区域性股权市场能够为中小微企业的股权提供流通、转让、登记的平台，为创业投资、股权投资基金提供正常的退出渠道。区域性股权市场的发展，对于市场体系的构建也具有重要的现实意义。

4.2 湖南省发展区域性股权市场面临的问题

区域性股权市场的主要功能是通过股交所及其会员机构对区域内中小微企业提供资本市场服务，发挥其融资功能与价值发现功能。湖南在中小微企业的孵化培育及融资等方面，取得了一定的成绩，在全国区域性股权市场中走在了前列。从现在的情况来看，由于受到资本市场体系及体制机制等方面的制约，其平台的功能并未得到充分的发挥。具体来看，湖南要大力发展区域性股权市场，仍然面临一些问题。

4.2.1 业务创新既受政策束缚，又严重依赖于政策赋能

2017年，国务院办公厅、证监会相继出台《关于规范发展区域性股权市场的通知》（国办发〔2017〕11号）、《区域性股权市场监督管理试行办法》（证监会令第132号），禁止区域性股权市场为省外企业提供服务，并暂停了区域性股权市场的"私募债"业务。这些政策的出台虽然有利于控制市场风险、规范市场发展，但同时也限制了市场活力。尽管各地方政府出台了一系列支持政策，对中小微企业挂牌给予必要的支持，但部分地区的优惠政策附带相关条件，且力度较弱。对小微企业来说，企业规范并挂牌需要大量成本，其积极性调动并不充分。此外，国务院办公厅、证监会的相

关文件进一步明确规定区域性股权市场业务发展的"五条红线"①，也在一定程度上限制了区域性股权市场的发展空间。

然而，区域性股权市场目前尚处于发展早期，其发展离不开政策的支持，近年来国内其他区域性股权市场的发展经验，也印证了其"政策性市场"的现状。就湖南而言，目前湖南股权交易所的核心业务——挂牌及股权登记托管业务，与政府补贴及相关政策直接挂钩，有奖补支持的地区或政策要求领域，企业挂牌及股权登记托管意愿就较强。例如：在挂牌业务方面，湖南股权交易所2018年以来实现"井喷"，挂牌规模年均增长100%，且在2020年底出现"排队"的"堰塞湖"现象，其主要原因在于2018年以来"百千万工程"涉农企业股改挂牌政策的推动；在企业股权登记托管业务方面，2017年之前纯托管的企业不到100家，到2020年底，该数据接近400家，其中一个重要原因就是，2018年，中国银保监会湖南监管局、湖南省农村信用联合社启动了全省农商银行股权登记托管工作，2019年11月，中国银保监会出台了《商业银行股权托管办法》，明确要求全省农商银行必须进行股权强制托管，从而推动全省102家农商银行及60余家村镇银行完成股权托管。

就目前掌握的信息来看，一旦取消相关奖补政策或者政策力度减弱，相关企业的挂牌及托管数量预计将出现回落。就湖南股权交易所来说，要找准自身的定位，通过创新驱动战略不断提升平台功能、增强服务能力、拓展市场边界，逐步摆脱"政策依赖症"；就地方政府来说，要进一步提升对发展区域性股权市场的认识，从战略高度来推动"区域性股权市场作为地方人民政府扶持小微企业政策措施的综合运用平台"的实现，优化对区域性股权市场的支持和赋能方式，包括但不限于挂牌、融资、金融创新及平台补助等，"扶上马、送一程"，推动区域性股权市场增强自身的"造血功能"，并逐步从"政策驱动型"向"服务驱动型"转型，从而更好地服务当地经济的发展。

4.2.2 金融生态"循环体系"薄弱，有效融资工具和手段缺乏

区域性股权市场作为地方性证券交易场所，定位于功能性、公益性平台，其自身不具备投融资所需要的资源，必须聚集多种外部金融要素（如银行、券商、基金、担保及小贷等），构建较为系统的金融生态机制和体系，才能逐步实现资本市场的交易、融资等基本功能，较好地为挂牌及托管企业提供多元服务。

从省外经验来看，部分省市股交中心通过参股、控股或组建股权服务集团等方式，

---

① 一是区域性股权市场不得为其所在省级行政区域外企业证券的发行、转让或者登记存管提供服务；二是区域性股权市场发行的证券持有人数量累计不得超过200人，法律、行政法规另有规定的除外；三是在区域性股权市场转让证券的，不得采取集中竞价、连续竞价、做市商等集中交易方式；四是投资者在区域性股权市场买入后卖出或者卖出后买入同一证券的时间间隔不得少于5个交易日；五是在区域性股权市场发行证券，应当面向合格投资者发行，其中合格投资者应是依法设立且具备一定条件的法人机构、合伙企业，金融机构依法管理的投资性计划，以及具备较强风险承受能力且金融资产不低于五十万元人民币的自然人。

聚集了与中小企业融资相关的担保、基金等金融工具或牌照，通过集团化运作形成了金融生态的"内循环"体系，如浙江、安徽等省份，以当地股交中心为核心，整合担保、小贷、融资租赁、商业保理等平台组建股权服务集团，虽然规模较小，能运用的金融工具不多，但具备便捷性和匹配性，效果显著。这些省份的经济条件富庶，民营中小企业发达，股交中心"内循环"的金融生态再嫁接"外循环"，极大地丰富了金融工具和手段，自身也获利不少。

从湖南省的情况来看，由于地处中部，金融资源相对缺乏，特别是偏早期的 VC 等私募类投资机构不多，其他金融机构大多聚焦较为传统的贷款、担保业务，加上中小微企业自身实力不强、规范程度不高等特性，影响了金融机构主动介入区域性股权市场、加入"外循环"的积极性。湖南股权交易所依托控股股东财信金控的金融"全牌照"优势，加上财信金控在协同领域逐渐发力，湖南省区域性股权市场的"赋能"工具不断增强，如设立了"两山基金"、开发了"四板贷"等，其效果日渐显现。但这种有效的"内循环"金融生态体系发挥的作用仍然有一定的局限，其中一个基本的逻辑就是，作为统一集团旗下的不同业务单元，每个金融机构均有差异化的考核指标体系，"协同"占比不可能很高。此外，真正能够可持续的协同机制的建立，必须是以利益满足为"纽带"的，而一旦协同的投入产出比不匹配，势必减弱动力，难以收到预期效果。当前，区域性股权市场定位于公益性平台，且市场发育并不充分，各类中介机构从中获利有限，银行、基金及券商等从中能获取的有价值的客户不足，这在某种程度上也削弱了基于控股股东金融业务协同次级"内循环"的有效性。

基于上述考虑，若要增强湖南省区域性股权市场金融创新机制的系统性，不断丰富其赋能工具和手段，有必要通过一定的体制机制优化，适当增加其可以充分运用的资源和工具，如参照安徽、江西等省份的做法，由区域性股权市场控股设立专注区域性股权市场的小贷、担保、创投基金等公司，以提升其"核心内循环"的正相关性；与此同时，控股股东从战略层面建立"强约束"的协同机制，推动其他相关金融机构主动参与市场协同，在投入产出不匹配时，从考核等维度予以豁免，或者给予专项奖励，从而使次级"内循环"逐渐进化到核心"内循环"，提升区域性股权市场的内部赋能。在此基础上，地方政府通过设立政策性基金、鼓励银行等金融机构提供信贷支持、加大风险补偿力度等方式，赋予区域性股权市场一定的政策红利或工具手段，从而提高市场的金融创新能力，设计出一系列与中小微挂牌企业融资需求相匹配的金融工具，打通"内外循环"。

4.2.3 由于政策限制及机制创新不足，交易功能发挥极其有限

资本市场的主要功能是融资与资产定价，但我国区域性股权市场在这两个方面的功能均没有得到有效发挥，特别是资产定价（即交易），它其实是区域性股权市场作为地方性证券交易场所的核心功能，不得不说这是一种遗憾。

从国际经验来看，资本市场比较发达的国家和地区，如美国的区域性股权市场——"粉单市场"，一般采用做市商或者混合做市商的交易制度，这种制度能够有效活跃市场。在我国，2011年11月，国务院发布《关于清理整顿各类交易场所切实防范金融风险的决定》（国发〔2011〕38号），明确规定，包括区域性股权市场在内的场外交易市场，禁止采用集中交易方式进行交易。中国证监会发布的《区域性股权市场监督管理试行办法》（证监会令第132号）又明确提出，区域性股权市场的交易模式为T+5、不可连续竞价交易，报价模式为定价申报、协议转让，不能实行做市商制度。此外，对投资者也做出了限定：投资者要进行适当性管理，具有50万元金融资产、2年投资经验等。

受政策限制，当前我国区域性股权市场的交易主要采取协商定价的方式。协商定价以协议交易为准，线上点选成交。因此，市场的价格发现功能在协议转让交易中，并不能够起到很大的作用。从统计数据来看，累计成交股数与累计成交金额大多在300万股或300万元以下，交易规模较小，市场上买卖方数量显著不均衡，交易不活跃，从而对投资者缺乏吸引力。为了规避政策，同时避免交易机制的限制对挂牌企业股权转让的影响，国内相当部分区域性股权市场默许了投资者通过线下协议转让的形式交易股权，然后交易双方通过临柜办理过户手续，而通过线上交易的寥寥无几。在这种模式下，区域性股权市场作为交易场所，既不涉及股权的交割，也无法参与资金的结算，从某种意义上说，只是扮演了办理股权过户登记手续的角色，市场的价值发现功能更是无从谈起。

与国内其他股交中心一样，湖南股权交易所也存在同样的情形，托管及挂牌企业的股权交易（过户）较为冷清，每年不足1000笔，且98%以上属于线下过户交易。然而2018年以后，过户交易量有所上升，交易有进一步激活的趋势。例如：2019年，湖南股权交易所的股权交易（过户）股权达到6.93亿股，交易金额9.86亿元；2020年，股权交易（过户）股数56.58亿股，同比增长716.45%，交易金额24.01亿元，同比增长143.51%。通过深入分析发现，恰好是此段时间，全省农商银行股权陆续登记托管到湖南股权交易所。由于农商银行的股权相对较为优质，价值量比较高，投资者较为认可，交易活跃度增强。

进一步分析上述数据可知，区域性股权市场交易之所以冷清，除制度约束外，还包括以下四方面因素的影响：①挂牌及托管企业的质量不高；②在区域性股权市场挂牌的中小微企业存在信息披露不完善的问题，让投资者望而却步；③区域性股权市场交易不活跃，无法形成具有权威性和代表性的企业市场估值方法；④优质的挂牌企业惜售股份，转让意愿低。

截至2020年12月底，湖南股权交易所挂牌及托管企业接近1000家，农商银行、科技创新专板等一批优质企业股权登记托管，企业的整体质量明显提升，且开立账户的投资者接近30万户，交易系统平台和流程正逐步优化升级，具备了一定的市场基础。如果国家政策对区域性股权市场的交易制度进行变革，投资者并不缺乏参与交易的热情；即便短期内无法实现制度的突破，也可以从完善股权交易信息发布系统、加强挂牌企业信息定向发布机制、股权交易税费政策优化、扩大投资者群体等方面着手，逐步优化现有的交易撮合机制，交易功能有可能得到有效的恢复。

4.2.4 平台的信息化程度不高，金融基础设施建设较为滞后

区域性股权市场定位于地方重要金融基础设施，承担着市场体系建设的重任，在大数据时代，进一步提升平台的信息化程度已经刻不容缓。对区域性股权市场来说，信息化和智能化的构建可以说是"决胜未来"的关键。

湖南股权交易所在系统投入方面较为薄弱，信息化程度较低。例如：挂牌企业所提供的资料录入系统的信息不齐全且更新不及时，财务数据等核心信息经常"躺在档案室睡大觉"，无法形成有效的线上数据集群，更无法有效利用；企业挂牌、股权托管、会员管理等线上办理尚未起步，大量的数据录入和管理还停留在"纯手工"状态，而沪深交易所及新三板等高层次资本市场已经实现了在线审核和"无纸化"；服务方面，尽管湖南股权交易所启动了线上"微力量"平台建设，建立了基于互联网的"投融资直通车"平台，并且与深圳证券信息公司的"燧石星火"线上平台紧密关联，但相关的投融资服务大部分还是在线下完成，对接的效率不高，也无法满足未来"海量"投融资信息的集约化处理和对接；核心交易系统还是沿用2015年版本的金证系统，更新迭代较慢，且界面陈旧、功能缺失，不能满足线上远程办理业务的实际需要，如2018年以来全省农商银行股权登记托管后，要服务全省14个市州近8万户农商银行股东，如果不能通过线上远程办理业务、提升效率，遍布全省的投资者将不得不往返市州县区和省会长沙，临柜办理业务，湖南股权交易所将面临极大的运营压力。

信息化的"短板"对区域性股权市场的影响，不只是制约日常运营效率，更使其平台投融资功能无法有效发挥。在数字化时代，所有平台的功能和价值均基于流量，以及流量带来及沉淀的"数据"，即形成宝贵的"数据资产"。如果加大挂牌及托管企业的数据集聚，可以据此建立"大数据库"，不断丰富和完善中小微企业的信用体系，通过大数据为企业精准画像，引导进入资源向企业倾斜，更好地满足企业的投融资需求，从而提升平台价值。

随着全球信息化进程加快，未来越来越多的业务场景将在互联网上完成，这是区域性股权市场未来发展的重要基础。就湖南而言，下阶段必须尽快启动"数字化"转型，在数据系统、网络平台等方面加大投入，提升平台的信息化水平。

4.2.5 存在准公益性与市场化运营之间的冲突，专业人才供给不足

区域性股权市场运营机构盈利难是一个普遍的现象。在服务手段不足、转让不活跃、业务跨区受限的情况下，各市场主体的生存和发展面临着严峻的挑战。

在全国区域性股权市场中，湖南股权交易所是为数不多有盈利的运营机构，收入主要来源于挂牌服务费、融资服务费、交易手续费及财务顾问费等，其中财政补贴、

政府服务外包占比超过50%，市场化程度较低。湖南股权交易所作为准公益平台，主要定位于低收费普惠服务，甚至部分业务为纯公益性服务，要在准公益性平台和市场化运营中实现平衡，实现稳定的盈利模式，难度较大。

准公益性平台与市场化运营之间的冲突，会衍生两个问题：一个是持续性的政策支持及平台补助依赖，无法实现自身的"造血功能"，会影响平台的持续稳健运营；另一个是非营利的准公益性平台无法提供具有竞争力的薪酬，难以吸引高素质的专业化人才，也难以充分激发员工的积极性。实际上，作为湖南股权交易所服务对象的中小微企业数量庞大、类型丰富、个性化特征突出，需要根据实际业务量身定制服务方案与产品，缔结各种个性化的服务合约，这对员工的专业能力要求较高。现有的盈利模式、薪酬体系和激励机制不可能与之相匹配，从而导致区域性股权市场的人才供给不足矛盾突出。

在此背景下，地方政府及业务主管单位要从扶持区域性股权市场长期稳健发展的战略高度，统筹解决两大问题：①进一步明确区域性股权市场的功能定位，在准公益性平台与市场化运营之间做好平衡，在一个相当长的时期内继续给予其政策支持和平台补助，解决其"后顾之忧"，让其能安心履行一定的公共服务职能，抓好市场建设的基础性工作，同时创造良好的政策环境，支持其逐步通过市场化手段增强"造血功能"；②对其薪酬体系、激励机制进行优化指导，对关键岗位及市场化的专业人才，在薪酬上给予重点倾斜和区别对待，而不是简单地按照准公益性平台的规定给予相应的薪酬待遇，从而真正吸引一批高素质的人才，为区域性股权市场提供坚实的人才保障。

4.3 湖南省发展区域性股权市场的目标

诺贝尔经济学奖获得者罗伯特·希勒认为，金融产业者的工作之一是撮合交易，也就是创造新的项目、构建新的企业甚至塑造一套新的体系，将散落在各处的个人目标结合在一起。区域性股权市场作为所在区域内资本市场的重要"枢纽"，能够将该区域内不同的金融要素聚集在一起，通过成功地撮合各交易方来实现采取共同行动。如果区域性股权市场不能有效地达成各方合作，那么就不可能创造持久的市场价值，自然也就难以实现经济的可持续增长。

区域性股权市场作为我国多层次资本市场的重要组成部分，既具有资本市场自身独有的发展规律，又根植所在区域，具有鲜明的地域特点。就湖南而言，发展区域性股权市场，充分发挥其作为地方政府扶持中小微企业政策措施的综合运用平台功能，必须从湖南省的实际情况出发，主动融入湖南社会经济改革发展的大局，统筹谋划，同时结合当前湖南省区域性股权市场发展所处的阶段和运营实际，因地因时制宜，走一条具有"湖南特色"的创新发展之路。

2020年12月，中共湖南省委十一届十二次全体会议审议通过了《中共湖南省委关于制定湖南省国民经济和社会发展第十四个五年规划和二〇三五年远景目标的建议》（以下简称《建议》），旗帜鲜明地把实施"三高四新"战略纳入二〇三五年远景目标和"十四五"时期主要目标。作为湖南多层次资本市场的重要组成部分，区域性股权市场将是湖南省落实"三高四新"战略、扶持重点优势产业发展、提高社会直接融资比重的重要抓手。

当前，湖南省区域性股权市场确定了"两个平台，五个角色"的战略维度，"中部领先，全国一流"的建设目标。下一阶段，就是要紧紧锚定这个航向，通过改革创新，不断构建区域性股权市场的良好生态，实现区域全覆盖、生命全周期、业务全链条、服务全要素，力争成为全国最具特色的区域性股权市场，以此带动并形成促进经济高质量增长的金融创新体系，促进湖南区域经济的高质量发展。

4.3.1 推动各类政策资源聚集，持续提升平台的政策综合运用效能

区域性股权市场是地方政府扶持中小微企业政策措施的综合运用平台，也是地方政府能充分利用的区域性资本市场平台。要充分认识区域性股权市场的平台功能，推动各类政府资源聚集，持续提升平台的政策综合运用效能。

（1）加强宣传引导，普及区域性股权市场知识。理念的宣贯和落地尤为重要。尽管国务院和证监会对区域性股权市场的功能定位有明确规定，但由于区域性股权市场属于新生事物，市场建设起步较晚，地方政府缺乏对市场深入和系统的认知，在政策制定和引导方面认识不高、动力不强。为普及区域性股权市场相关知识，地方政府可将其列入工作安排，通过不定期举办地方金融管理干部培训班、组织资本市场政策宣讲会和专业培训、组织当地主流媒体集中报道服务案例等，广泛宣传区域性股权市场的功能定位、特殊作用及经验成效，提升挂牌企业信息、政策信息及企业数据的互动性，形成明显的示范效应。

（2）建立地方政府支持区域性股权市场发展的政策协调机制。地方政府出台新的政策，势必打破原有的"利益格局"，各相关部门的变革动因不强、动力不足，来自相关部门的"阻力"会很大。目前，出台了融资、税收、产业扶持、就业等一揽子中小微企业支持政策，但是由于政出多门、政策碎片化，没有形成政策合力，企业政策知晓度不高，政策实施效果也不佳。此外，当前地方政府尚未将工商、司法、税收、人社等政府部门数据导入区域性股权市场进行有效整合，区域性股权市场运营机构对挂牌企业信息掌握不充分。因此，地方政府应建立支持区域性股权市场发展的政策协调机制，加强区域性股权市场与地方经济发展的互动研究。在地方经济发展规划中，将区域性股权市场的发展主动融入地方经济发展政策研究的体系，给予必要的重视和规划，特别是在服务中小微企业发展领域，要充分发挥区域性股权市场的作用。

（3）将区域性股权市场发展纳入地方政府的绩效考评范围。在绩效考评成为地方

政府施政"指挥棒"的情况下，要提升地方政府对区域性股权市场的认识程度和支持力度，将其纳入绩效考评是一个非常重要和非常有效的手段。地方政府可以将区域性股权市场与企业改制上市、上市后备梯队建设及中小企业规范发展等有效关联，设置一系列行之有效的关键指标，提升政府相关部门对发展区域性股权市场的工作主动性，从而形成发展区域性股权市场的良好氛围。

4.3.2 推动金融要素聚集，打造区域内中小企业直接融资的重要"枢纽"

在湖南省区域性股权市场的"两大平台"定位中，"小微企业以直接融资为主的综合金融服务平台"是区域性股权市场功能的集中体现，也是其作为地方重要的金融基础设施，相比其他平台最核心的价值所在。要通过平台的集聚效应，推动区域内金融要素加速聚集，构建以区域性股权市场为中心的区域内中小企业直接融资的主平台，发挥枢纽功能，提升企业融资效率及获得性。

（1）推动地方金融机构加强与区域性股权市场合作。在地方金融行业内，存在一个普遍的现象，即地方农商银行吸纳了当地资金，但找不到合适的信贷主体，导致存贷比过低，只得通过上级行的资金归集，投放到其他地域，支持外地企业的发展；而本地企业由于信息不对称或现有信贷审核机制限制，无法获得当地农商银行的信贷支持，也无法通过上市在资本市场获得融资，造成"资金错配"。这种状况严重制约了地方经济的发展。其实，以直接融资为特点的区域性股权市场与以间接融资为特点的地方金融机构，如农商银行，在区域内可以通过机制创新、产品和服务创新，实现有序错位、包容发展，即通过区域性股权市场的平台发现功能，筛选出相匹配的信贷投放主体，实现信贷资金的精准投放；同时，通过区域性股权市场的融资工具和手段，为地方农商银行的高净值客户群体对接具有投资价值的企业标的，如私募股权定向增发、私募可转债等，提高高净值客户的投资回报率。这种模式可以归纳为"用地方的钱，办地方的事"。

（2）推动政府引导基金、私募股权投资基金参与区域性股权市场。区域性股权市场属于私募市场，聚集并沉淀了大量具有高成长性的中小企业的信息和数据，相当部分企业通过了推荐机构的尽职调查，管理相对规范，可以较好地降低投资机构甄别企业的成本，控制风险。证监会在2019年发布的《关于规范发展区域性股权市场的指导意见》（清整办函〔2019〕131号）中提到，要充分发挥区域性股权市场作为交易场所的功能优势，有重点地将场外优质企业的A轮、B轮、C轮等私募股权融资引导到区域性股权市场规范进行。此外，创投的基金份额、股权投资项目的转让问题，可以转换成"基金份额"或"股权"交易，为创投机构或投资者的投资退出提供除上市、回购之外的又一道"方便之门"。在监管层的支持下，着眼未来，区域性股权市场与私募股权融资市场有可能产生业务联动，为增强市场的广度和深度注入新的活水。

（3）推动担保、保理、供应链金融等金融要素参与区域性股权市场。此类金融要素在大金融体系中属于"毛细血管",却与中小微企业的发展息息相关。区域性股权市场作为中小微企业的重要服务平台,与其具有天然的匹配性。将此类金融要素引入区域性股权市场,植入市场综合服务的"大链条"中,一方面可以提高市场服务的广度和深度,延长服务的价值链条,另一方面可以有效满足中小微企业多元化的需求,提升响应的及时性和便捷度,意义重大。

4.3.3 扮演"五个角色",落实"四项重点",聚焦优势产业和重点园区,构建"产融结合"的良好生态

湖南省区域性股权市场"小微企业的孵化摇篮、企业人才的培训基地、社会资本的汇聚平台、地方金融的基础设施、综合服务的优势高地"五个角色,以及"实现区域全覆盖、生命全周期、业务全链条、服务全要素"四项重点的出发点和落脚点,都是为区域内中小微企业的发展提供深度服务。中小微企业的发展必须依托产业这块土壤,以及园区这个物理空间,而聚焦优势产业、重点园区,构建"产融结合"的良好生态,是湖南省区域性股权市场未来的着力方向。

(1)以特色"专板"建设为引领,服务优势产业新业态。聚焦湖南省内优势产业,将重点产业与专业板块建设相结合。结合湖南省"三高四新"战略以及12大重点产业与20个新兴优势产业链,聚焦一批有基础、有龙头企业、有基础研究力量,并具有突破性、颠覆性技术的科技创新企业,使之形成湖南经济高质量发展的创新生态系统。具体来说,要以"科技创新专板"为样板,升级乡村振兴专板,逐步推出文创、军民融合等板块,将重点产业与专业板块建设相结合,复制推广"股交所+特色专板"的模式,重点聚焦于高科技、数字文化创意等产业。

(2)以扮演"五个角色"为抓手,构建重点园区新生态。要不断伸长区域性股权市场的服务触角,将区域性股权市场平台延伸至全省各市州特别是重点园区,通过股改挂牌、规范治理等业务模式加快区域内中小微企业的孵化,通过小微商学院等载体做好企业家群体的培训,通过融资、交易等平台功能的发挥促进区域内社会资本的汇聚,通过平台"大数据"加速区域企业信息数据的整合及融资应用场景的拓展,通过"一揽子"解决方案提升综合服务效能。通过"五个角色"的扮演,推动区域性股权市场与重点园区生态深度关联。

(3)以落实"四项重点"为着力点,提升平台服务新动能。围绕"区域全覆盖、生命全周期、业务全链条、服务全要素"四项重点,区域性股权市场要不断扩大服务半径和辐射能力,实现区域全覆盖;充分依托控股股东财信金控的"全牌照"优势,加大与证券、银行、基金、小贷等兄弟单位的业务协同,努力构建多元化、个性化、全周期的中小企业综合金融服务体系;推动挂牌、托管、投融资、交易等业务板块和流程的梳理和再造,推动业务链条向在线、远程、智慧、生态方向发展;引入中介机构并压实责任,升级打造"微力量"线上服务体系,不断充实服务要素。通过上述努

力,不断增强区域性股权市场的服务能力。

4.3.4 实施创新驱动战略,不断提升和彰显平台的价值与功能

创新是金融生存与发展的根本,也是中小微企业最为显著的特征。区域性股权市场作为区域金融生态中的重要环节,需在平台治理、运营模式、金融服务及产品构建等方面加强创新,不断彰显和提升平台的基础性功能。

(1)平台治理的创新。湖南股权交易所目前属"单平台"运作模式,自身可以运用的工具和手段较为单一,这也成为其发展的重要制约。在现有的体制和机制条件下,应加强平台治理的创新,通过积极主动融入控股股东——财信金控业务协同的"大循环",在其中扮演"有效资源链接点"的角色,加强兄弟单位之间的"横向"合作。这样,既能解决自身平台金融工具和手段不足的问题,也能为兄弟单位业务拓展提供助力,为中小微企业提供"一揽子"综合服务。与此同时,还可以加强与省内其他平台的深度合作,如湖南省中小企业公共服务平台、湖南省技术产权交易所、湖南省中小企业担保公司、湖南省中小企业融资服务公司等,通过签署战略合作协议、投资入股等方式,从外部嫁接一些有价值的资源,从而进一步丰富服务工具和手段,提高政策综合运用平台的"话语权"。

(2)运营模式的创新。近年来,湖南股权交易所在运营模式上进行了一些新的探索,如在市州设立服务中心、扩大办事处服务半径,有效提升了市场的覆盖率和影响力,做好了"面上的文章";通过"资本市场县域工程""百千万工程"和科技创新专板,形成"股交所+县域""股交所+专板"等运营模式,在行业垂直领域构成了纵深的生态。在之前经验的基础上,还可以按照"急易先推、逐步推进"的思路,结合创新试点,逐步推进"股交所+担保""股交所+贷款贴息""股交所+重点园区"等合作模式落地,加强与岳麓山大科城、马栏山文创园等重点园区的合作,探索新的合作领域,嫁接更多资源,推动湖南股权交易所成为各类资源和政策的聚集地,形成以湖南股权交易所为核心的小微金融生态体系。

(3)金融服务及产品的创新。区域性股权市场是资本市场的重要组成部分,其最为核心的功能是交易与融资,这也是未来金融服务和产品创新的方向。未来,湖南股权交易所可以在原有基础上,与相关银行、担保、保理及融资租赁等机构深入合作,开发出更多应用场景的融资产品和服务模式,如"供应链金融""圈子融资""产业基金+私募可转债"等;与此同时,可以积极引导投资机构、承销商等机构介入融资对接,提升中介机构的撮合能力和达成率;引入私募股权基金,加强与私募基金、风投基金、天使基金的合作,加强路演的制度性建设,提高路演的效率,从而降低挂牌企业与投资方之间的信息不对称程度,提高股交所在金融合约缔结中的撮合能力。

当前我国资本市场的创新正走向深入,区域性股权市场的创新试点已经"箭在弦上"。湖南股权交易所应在前期工作的基础上,在创新融资产品、优化交易规则及服务

特色创新等领域展开力度更大的创新探索，做好顶层设计，在重构区域股权市场的市场制度和业务体系方面走出一条新路，争取获批全国区域性股权市场创新试点，从而打开更为广阔的创新的发展空间。

4.3.5 启动"数字化"转型，全面提升平台的信息化水平

区域性股权市场是以数据为基础的创新金融生态体系的重要组成部分。在数据信息时代，大数据将成为金融科技的基础部分，是信息时代的战略资源。作为地方重要的金融基础设施，区域性股权市场应以技术与数据为驱动力，推动平台建设向"数字化"转型，从而降低服务成本、提升服务效率。

（1）推动建设中小微企业"大数据"平台。目前，湖南股权交易所对挂牌企业的信息收集与数据库的构建没有进行专业的处理与分析，这不利于中小微企业与资金方进行多维度的匹配。因此，要进一步加强企业有效信息的获取，搜集挂牌企业的格式化数据与非格式化数据，沉淀并累积挂牌企业数据，构建以挂牌企业为核心的大数据库。湖南省区域性股权市场现有4000家中小微企业、30万户投资者、200余家投资机构及金融机构的基础数据，还可以推动地方政府整合市场监管局的登记数据、税务部门的纳税数据、社保部门的社保缴纳情况、银行的征信系统及电力部门的用电数据等信息，在此基础上完善"数据库"，进行整合、提取和数据脱敏处理后，为区域性股权市场创新融资产品及服务等提供后台支持；同时，还可以利用大数据平台对企业生产经营、信用等实施动态监控，为地方政府部门加强经济运行管理、中小微企业政策支持与资金投放等提供决策支撑。因此，建立挂牌企业大数据库，是未来重要的基础设施工程。

（2）加强"大数据"的开发及应用场景的拓展。数据库的建立主要还是为了应用，在这方面，湖南省区域性股权市场还存在明显的"短板"。湖南股权交易所应加大数据基础设施的投入，形成自己坚实的"数据底座"，为中小微企业金融服务提供高性能的计算平台，同时依托自身强大的存储能力，加速数据协同，最终将数据创新纳入区域性股权市场的运行体系，动态掌握挂牌及托管企业在董监高信息、商业模式、盈利状况、投融资需求等方面的关键数据，形成大数据资源。在此基础上，通过筛选优质潜力企业，进行数据分析和转化应用，不断优化企业画像，对交易链上下游企业进行交易前与交易后的针对性推送、方案设计与资金匹配，延伸价值链，优化价值链服务，撮合股、债融资、转板上市及并购，为企业精准化地匹配金融资源提供支持，从而提高区域性股权市场的活跃度。

（3）在"区块链"等前沿技术领域展开探索。区域性股权市场的功能与区块链具有天然的契合性。区块链具有公开、透明、可回溯、难篡改等特点，解决了信息的真实性问题。通过区块链，可以实现可靠的信任传递，这有利于将各种金融资源集聚在区域性股权市场平台。完整的链上交易平台，可以从股权托管上链开始，运用万物互

通交换平台在全链上运转，同时实现链上的可信交易与高效率。此外，在技术上，区块链可以与人工智能、大数据、5G、量子计算等实现融合发展，从而为形成湖南的创新生态金融体系提供技术与组织保障。启动区域性股权市场的区块链底层构建，一方面有利于实现中小微企业与投资机构的直接对接，为中小微企业提供一种费用更低、速度更快的融资方式，提高中小微企业的融资效率与成功率，另一方面有利于促进中小微企业的信息披露，使企业有条件地进行信息的透明公开公示，方便市场平台、中介机构、投资者等监督，有效降低信息不对称。可以说，区块链的建设将是未来湖南省区域性股权市场体系建设的一场"革命"。

4.3.6 探索建立"联动转板"机制，推动企业进入高层次资本市场

目前，我国多层次资本市场框架已经初步搭建，各层次资本市场可以满足不同发展阶段的企业融资和发展需要，且各层次的市场有明确的定位和递进性，因此，灵活的转板制度必将成为市场未来不断演进的方向。

根据企业生命周期理论，上市企业所处的生命周期的变化会导致其原来的均衡状态偏离，而处于信息不对称的情况下，市场无法通过其价格调节机制来重构新的市场均衡。因此，在多层次市场中引入转板机制，可以在资本市场体系中形成动态的具有分离效应的市场调节机制，提高多层次资本市场的甄别功能，从而降低市场投资风险。区域性股权市场应充分发挥其培育企业的作用，逐步实现与各资本市场之间的互联互通，尽早构建挂牌企业批量对接机制，为具有发展潜力的高新技术企业开通绿色通道，避免同股不同权等问题阻滞具有发展潜力的企业进入高层次资本市场。

当前，湖南省区域性股权市场与沪深交易所、新三板建立了较为密切的合作关系，部分挂牌或托管企业通过孵化培育实现了IPO上市，且湖南省区域性股权市场"科技创新专板"聚集了一批未来3~5年有望上市的后备资源，但受现有资本市场体制的限制，区域性股权市场与沪深交易所等高层次资本市场事实上是相互割裂的。未来，可以在"三四板互转""全国市场+区域市场"培育联动等领域展开探索，形成向上转板、往下承接的互转机制，发挥区域性股权市场的地域与特色服务优势，推动更多优质企业通过区域性股权市场实现转板上市。

02

第2部分
专题研究

在长期的服务过程中，湖南股权交易所积累了区域内成长性企业的大量信息，但如何将其所掌握的信息进行商业化、资本化，并赋能股交所的自生能力呢？人力资本理论认为，教育和培训是最重要的投资方向。中小微企业的创始人，一般具有某个领域的技术特长，但缺乏资本市场的相关知识。湖南股权交易所首创"小微商学院"，为中小微企业的创始人和主要高管进行公司治理与资本市场的相关培训，提高了这些企业家应对资本市场的能力。而股权登记管理中心，则为湖南区域内的企业提供了资产确权的机制，使得托管企业的资产具有交易资格。因此，必须不断完善股权交易所的服务体系，以及股权登记管理中心的功能，使其为中小企业股改提供服务。

作为湖南省区域性股权市场的唯一运营平台，湖南股权交易所荣获"2020湖南最具影响力投资机构"、2019年"湖南金融普惠力量"、金融创新奖，其金融创新行为连续两次入选"湖南十大金融新闻"。湖南股权交易所无论在债权合约还是股权合约方面，都有为中小微企业量身打造的金融产品推出，从而降低了中小微企业的融资成本。特别是推出科技创新专板，打造了中小企业"资金加油站"，将"金融+科技"落到了实处，为湖南科技企业对接科创板提供了新的渠道。此外，湖南股权交易所的企业服务"八步曲"，是在多年的服务基础上总结出来的对中小微企业的"全周期"一站式服务体系，体现了湖南省区域性股权市场的服务功能。这是我国区域性股权市场与经典的场外市场根本不同的地方。至于为提高湖南中小微企业创新能力而专设的"两山基金"，是为了引导湖南创投基金的进一步发展，推动湖南"创新能力"进一步提高而做出的决策。提高湖南中小微企业的创新能力，不但需要人才、资金等生产要素量的增加，而且需要新的能够分担创新风险的金融组织的产生。湖南"两山基金"的尝试，目的就是探索出政府资金直接服务创新型中小微企业的新模式。

第1章

小微商学院：中小企业"成长助推器"

教育和培训是人力资本最重要的投资。中小微企业的创始人，一般具有某个领域的技术特长，但缺乏资本市场相关知识。对中小微企业创始人进行资本市场相关知识（资本市场的运作模式、风险投资理念与实践、多层次资本市场、财富管理与金融投资组合、企业并购重组以及公司治理等）的普及和培训，可以提高他们对党和国家相关政策的认识与把握，以及对资本市场的利用能力，在短期内提高中小微企业的人力资本水平。

1.1 小微商学院概况

湖南股权交易所"小微商学院"是全国首家由区域性股权市场创立，面向中小微企业，提供培训、咨询及投融资服务的专业型培训机构，于2015年10月29日挂牌成立，2017年品牌升级为"崀曦商学院"，实行小微（崀曦）双品牌运营。

湖南股权交易所小微（崀曦）商学院通过持续不断地吸收优质师资、优化培训课程体系，现拥有一支来自深交所、北大清华总裁班、省内外一流机构且实战经验丰富的超过30人的专家导师团队；建立了由40门实战型课程构成的课程体系，覆盖中小微企业发展战略、资本运营、财税、法律、精细化管理等专题；形成了"1+N"的培训体系，即"一个规范必修班+多个专题班"的培训模式。在小微商学院，企业家们能及时了解市场经济的各项规则，掌握并利用中小企业的优惠扶持政策，熟悉各类金融服务产品，破解企业在不同发展阶段所面临的困局。

自成立以来，小微商学院不断探寻发展特色，形成了一系列明星培训产品，包括"挂牌企业规范必修班""资本经营高级研修班""董秘班""董事长资本特训营""股权激励"系列专题训练营等。依托商学院，湖南股权交易所还探索出了标准化的"八步曲"服务路径，即通过八个关键步骤——挂牌托管、商学院培训、私董会、融资沙龙、股权激励训练营、商业计划书训练、融资路演、个性化服务（高管联点等），对学员企业进行深度辅导，满足企业在不同阶段的需求。

小微商学院成立以来，品牌效应迅速提升，荣登"2016年湖南金融创新榜"，并获得"金融创新力量"等荣誉。截至 2020 年底，小微商学院先后承办湖南省工信厅银河培训工程 3 期主题班，连续三年承接长沙高新区资本市场培育外包服务，株洲市工信局创新企业领军人才高级研修班 2 期，湘潭市科技局科技金融人才研修班 1 期；自主举办系统培训班 5 期、"挂牌企业规范必修班" 8 期、资本类专题班"资本经营大讲堂" 16 期，设计了"股权激励、路演融资、商业模式"三大核心训练营，累计举办培训课程超 400 场次，培训咨询超过 1.8 万人次。湖南股权交易所高管团队带队走访上百家学员企业，被誉为"最接地气"的商学院。

小微商学院承载着中小企业"成长助推器"的核心功能，是湖南股权交易所孵化培育中小企业的有力抓手，也是湖南省中小微企业的成长"摇篮"，在创新创业发展的时代大潮中做出了贡献。

1.2 小微商学院"1+N"培训体系

小微商学院形成了"1+N"培训体系（见表 2-1-1）："1"即 1 个挂牌企业规范必修班，围绕挂牌企业如何规范治理结构等主题开展培训，课程内容设计成一门主课"挂牌企业如何规范治理结构"+一门副课"挂牌企业如何做好风控管理"（副课每期选择不同主题）+三门线上课"挂牌企业股权交易规则""自律要点及信息披露""投融资服务体系"；"N"即 N 个特色班，主要包括资本运作特训班、董秘班、资本经营大讲堂、银河培训工程、专题训练营。小微商学院对中小企业的高管进行系统培训，帮助他们掌握企业运营中需要的关键能力，从而助力中小企业可持续发展。

表 2-1-1 小微商学院"1+N"培训体系

分类	课程设置	特点描述
"1"——1 个规范必修班		
挂牌企业规范必修班	1. 企业如何规范治理结构 2. 挂牌企业股权交易规则 3. 自律要点及信息披露 4. 投融资服务体系 5. 挂牌企业如何做好风控管理（每期可选择不同主题） 6. 融资沙龙对接	湖南股权交易所挂牌企业必须完成的培训课程，旨在帮助挂牌企业规范治理结构，迅速掌握在区域性股权市场规范运作的基本规则和要求，熟悉湖南股权交易所的服务内容和服务产品，并组织相关金融机构与企业进行融资对接

续表

分类	课程设置	特点描述
"N"——N个特色班		
资本运作特训班	1. 宏观经济分析与政策展望 2. 商业模式创新与资本运营 3. 创业企业股权架构顶层设计及股权激励 4. 企业价值评估 5. 商业计划书：本质、误区、要件与写作技巧 6. 企业如何通过并购手段扩张规模，实现快速上市 7. 企业多渠道低成本融资创新 8. 企业股权融资与资本转型 9. 创业企业应懂得的税收风险与税务筹划 10. 公司法与公司治理 11. 中小企业实用管理方法 12. 分钱游戏——绩效激励、共享共创	以企业核心高管为培训对象，通过整合来自深交所、北大清华总裁班及省内外一线服务机构的实战专家资源，打造涵盖宏观经济、资本运营、财税、法律、精细化管理等的系统专题课程。就经济新常态下企业如何对接资本市场、企业股权融资与资本转型、商业模式创新与资本运营、企业战略并购与重组的路径等进行系统专项培训，并组织沙龙交流、投资机构对接、企业互访等多种形式的活动，打造一个"同频共振""跨界合作"的学习交流平台
董秘班	1. 董秘应具备的资本市场法律体系及法律思维 2. 融资、并购、上市过程中面临的财税问题 3. 企业成长生命周期中资本的利用及重要性 4. 企业上市之路 5. 商务谈判策略与谈判技巧 6. 企业并购重组 7. 宏观经济分析与政策展望 8. 企业市值管理 9. 企业融资前后那些事 10. 金牌董秘成长训练营之董秘职业进阶	以名师亲授、导师带队、PK制与积分制、权威课程、走访交流与平台互助相结合的方式进行；在课程体系上，规划了法律、财务、资本运营、宏观经济等理论课程，并组织游学活动，如走进上市公司、走进深沪交易所
资本经营大讲堂	1. 企业资本转型与股权估值 2. 股权融资及并购重组 3. 资本运营与融资战略 4. 企业价值倍增与市值管理	涵盖经济形势、金融政策、股权融资、资本运作、企业投融资实践、金融创新及产融结合的全方位专业课程；针对中小企业高管举办的大型培训讲座
银河培训工程	1. 股份制改造和建立现代企业制度专题培训班，包括战略规划、商业模式、股权架构、公司治理、财税规范、股份制改造、资本运作等 2. 中小企业管理创新培训班，包括企业产权规范与多元化、企业治理结构优化、企业发展战略、企业文化、人力资源管理、财务管理、精益生产、营销管理等内容 3. 中小企业融资能力提升专题培训班，包括宏观经济、金融支持政策解读、资本经营、企业金融工具选择、企业商业计划书编制与路演技巧、中小企业债权融资工具和方法等内容	银河培训工程是由国家工信部、财政部组织实施的，旨在提高中小企业经营管理人员素质的公益性、基础性培训项目。"湖南省中小企业银河培训工程"是湖南省工信厅组织实施、省财政全额资助的企业人才建设公益性培训项目。每年，银河培训工程会开设不同主题的培训班，涉及提高企业运营水平的各个方面

续表

分类	课程设置	特点描述
专题训练营	1. 股权激励训练营：通过1~2天"专家授课+现场问诊演练+一对一辅导"的训练，帮助企业将家族传承、资本规划等顶层设计与股权激励全面结合，构建合理可控的股权治理结构 2. 路演融资训练营：针对企业开展商业计划书撰写、路演呈现技巧、投资机构对接技巧等内容的培训，帮助企业进行完美的路演展示 3. 商业模式训练营：通过现场实战研讨和咨询辅导，让学员创新出一套适合自己企业的商业模式创意案	邀请省内外在相关专题具有实战辅导经验的专家团队作为训练营教练，以实操落地为特点，通过"专家授课+现场问诊演练+一对一辅导"的训练方式，带领企业针对自身实际发展情况，拓宽思路，为学员企业制定专业化、有针对性的实施方案。经过多次论证，形成三大核心训练营产品

1.3 小微商学院打造"微力量"线上平台

为了更好地服务挂牌企业，小微商学院重磅推出"微力量"系列服务，对现有的培训咨询、投融资对接等服务进行线上化制作，打造五大服务板块，即微课堂、微路演、微宣传、微服务、微阅读。

"微课堂"通过移动互联网创新培训形式，引进新型教学资源，建立在线培育资源平台。

"微路演"依托湖南股权交易所"投融直通车"服务功能，搭建企业与资本线上对接平台，加速企业股权融资落地。

"微宣传"通过股交所与红网共同打造的"掘金四板"栏目，为湖南省区域性股权市场挂牌企业提供服务，并未具备发展潜力和投资价值的"明星企业"宣传发声。

"微服务"为企业提供两套深度咨询工具——在线估值工具、股权体检工具，并及时征集和发布企业相关需求。

"微阅读"提供财税、法律、融资、公司治理等方面企业关注的主题文章，并对区域性股权市场、资本市场的政策进行解读。

湖南股权交易所在服务挂牌企业的道路上不断探索创新，将其"接地气"的线下服务打包复制到线上，打造了线上"微力量"服务，通过线下+线上全面发力，突破企业发展瓶颈，解决企业面临的融资难题，为企业插上腾飞的"资本翅膀"。

1.4 小微商学院案例成果

1.4.1 成功打造"金牌董秘培养工程"

随着中国多层次资本市场的逐步推进，越来越多的企业走向资本市场，对董秘等产业人才的需求也日益旺盛。2019—2020 年，在长沙高新区管委会的指导下，长沙高新区科技金融服务中心和湖南股权交易所共同主办了两期"金牌董秘培养工程"，这是为长沙高新区重点企业培养董秘精英而量身打造的系统培训工程。

2019 年首期"金牌董秘培养工程"特邀上市公司"金牌董秘"爱尔眼科副总裁兼董秘吴士君、景嘉微董秘廖凯、开元股份原董秘郭剑锋及湖南股权交易所董事长易卫红等组成导师团。"金牌董秘培养工程"以大咖云集的导师团队、实用落地的课程体系、丰富多彩的组织形式，吸引了高新区众多企业学员报名参加。首期"金牌董秘培养工程"收到 150 余位企业学员的报名信息，由于固定学员名额有限，最终优选 95 位有上市规划企业的董秘学员进入班级。此次培训设置了法律、财务、资本运营、宏观经济等理论课程，3 个金牌董秘成长训练营包括董秘职业进阶、股权激励、融资训练营。除了理论课程的学习外，培训班还组织学员走进深交所参观，走进上市公司爱尔眼科、景嘉微进行访问交流。

2020 年第二期"金牌董秘培养工程"吸引到更多上市公司董秘加入导师团队，爱尔眼科吴士君、景嘉微电子廖凯、威胜信息钟喜玉、蓝思科技钟臻卓组成固定导师团队，力合科技董秘侯亮、绝味食品董秘彭刚毅等上市公司董秘组成助力导师团队，从而形成了"固定导师+助力导师"团队，吸引了更多的企业学员报名，招生情况异常火爆，半天时间就超过原定招生人数，教务组最后采取"正式学员+旁听学员"的机制，优中选优录取了 120 位学员。第二期"金牌董秘培养工程"根据上市公司董秘应具备的综合素质，围绕工作过程中涉及的如何成为金牌董秘、规范运作、"三会"治理、股改及 IPO 过程中的财务、法律等知识，并结合大量实际案例进行深入分析，同时讲解核准制及科创板、创业板上市最新规则及案例，以及新三板深化改革制度等。课程内容具体包括资本运营篇、宏观经济篇、法律知识篇、融资实务篇、公司治理篇、金牌董秘实战分享篇等，并组织学员走进上市公司景嘉微、威胜信息、蓝思科技进行游学，四个导师团队还分别组织了小组茶话会、沙龙活动及精彩的结业路演活动。

两期董秘培养工程共培育了两百余位董秘，各位导师分别带领学员进行 PK 制学习，帮助高新区企业培养了一批具备产业、管理、资本等复合知识结构的董秘精英，为借助资本实现企业跨越式发展打下坚实的人才基础。学员们纷纷表示，经过系统的学习，对企业资本运营和规范治理等的认识和理解有了很大的提升，加上上市公司导师带队，除了理论学习外，更有各位"前辈"们的经验分享，为自己的职业道路指明了方向。学员们还表示，这是有史以来最落地、最实战的董秘培训。

1.4.2 "董事长资本特训营"创协调效应

财信金控通过整合各子公司优势资源，组建了"财信资本专家组"，在各地市州巡回组织"董事长资本特训营"，成为地方金控充分发挥专业和协同优势，服务地方政府、服务中小微企业的亮点与特色。

董事长资本特训营根据各地市州的不同需求，设置不同的课程体系，包括多层次资本市场体系、企业上市路径选择、企业股权架构设置、股权激励、股权融资等多维度内容，邀请了沪深交易所、券商、律所、基金等专业机构的老师授课。在形式上，也很注重多样化，设置了大班培训授课、分组学习交流、重点企业座谈、一对一专家问诊、企业上门巡诊等，让企业负责人在训练营里带着问题来、带着答案走，真正帮助企业解决实际问题。目前，专家组已成功在湘潭市、湘潭县、湘西州举办三场特训营，共计培训300余人，对推进县域资本市场建设、帮助企业实际控制人进行资本规划和股权激励、构建合理可控的股权治理结构起到了积极的作用。

1.4.3 "银河培训工程"影响力显著

"银河培训工程"是由国家工信部、财政部组织实施的，旨在提高中小企业经营管理人员素质的公益性、基础性培训项目。"湖南省中小企业银河培训工程"是湖南省工信厅组织实施、省财政全额资助的企业人才建设公益性培训项目。每年，银河培训工程会开设不同的主题培训班，涵盖了提高企业运营水平的各个方面。湖南股权交易所通过公开招标形式，成功获得了三次承办资格，分别于2017年、2018年、2020年举办了"股份制改造和建立现代企业制度专题培训班""中小企业管理创新培训班""中小企业融资能力提升专题培训班"。

银河培训班具有以下四个特点：

一是公开课程、分组辅导。培训采取"公开课程+现场辅导训练"的模式，进行现场分组竞赛式学习。每组配备一个指导老师，以"主持人+授课老师+各组指导老师+企业家学员共同探讨"的方式进行学习。团队参与学习，充分达成共识；学习与训练相结合，提升实战能力。

二是现场考察、对标学习。组织学员走进标杆企业，与标杆企业高层进行交流，探讨学习优秀管理经验；组织班级内部企业学员互访，加强交流互动。

三是线上课程、随时学习。线上、线下课程相结合，提供课前、课中、课后的全程专享优质内容服务，对课程全程进行微信直播，并提供现场课程录播回看等贴心服务，使学员能够随时、随地、随需学习。

四是跟踪辅导、增值服务。学员可参加湖南股权交易所组织的路演辅导、商业计划书辅导、一对一商业模式梳理、正式路演辅导"四部曲"，获得专家团队的深度跟踪辅导。

1.4.4 "私董会"聚集最强大脑谏言献策

湖南股权交易所股改挂牌企业私董会以"身份共鸣、非利益冲突、私密性"为基本原则，每期固定成员，由同频共振的企业家构成，不定期召开会议，共同讨论大家感兴趣的话题或是困扰企业的问题，包括企业战略发展、顶层设计、知识产权布局、税收筹划、股权激励、融资方式等方面问题。现已成功举办十几期私董会。私董会的核心思路是共享彼此的思想、经验和资源，可以说是"智慧+资源"的企业家"圈子"。企业家们纷纷表示，在一个企业中，老板始终是孤单一人，但老板也可以是一个团队，前提是选对圈子。湖南股权交易所挂牌企业私董会就为挂牌企业提供了这样一个务实、有深度的实战分享交流平台。在这里，大家畅所欲言，把困扰自己的难题甚至是决定企业发展方向、生死攸关的重大问题，与这群同频共振的企业家进行交流，进行思想的碰撞，获得更多的灵感。私董会不仅是一个能够学到东西的地方，更是一个致力于解决问题、能够凝聚行动力的地方。

第2章

投融资服务体系：打造中小企业"资金加油站"

中小企业是推动我国经济社会发展的重要力量。Weston 和 Brigham 在 20 世纪 70 年代提出的企业金融成长周期理论认为，企业成长周期可以划分为四个阶段，即初创期、成长期、成熟期和衰退期，企业在各阶段所需的融资结构不尽相同。在初创期，中小企业各方面的发展均处于初始阶段，很难从银行等传统金融机构获得融资，贷款成本、所需抵押物也普遍高于成熟企业或者大型企业，这个时期的中小企业通常只能依赖内部融资。在成长期，中小企业已经有了一定的经营业绩，开始进入依赖外部投资扩大生产经营规模的阶段，此时可以采用短期债务融资、风险资本等融资手段。在成熟期，中小企业的生产经营已步入正轨，可供抵押的资产较多，现金流正常，此时企业可以从实现企业利润最大化的角度出发，搭配使用直接融资等方式，优化融资结构。在我国这样一个信贷市场以大型国有银行为主导且资本市场建设尚不完备的国家，中小企业很难根据自身所处的现实发展阶段选择适宜的融资产品，融资难这一世界性、普遍性难题显得格外突出，所以优化中小企业的融资环境迫在眉睫。区域性股权市场为中小企业进入资本市场提供了新的路径选择，可充分发挥其促进企业特别是中小微企业股权交易和优化企业融资结构的作用，提升中小微企业的融资能力。

作为湖南省区域性股权市场的唯一运营平台，经过多年的实践累积，湖南股权交易所根据不同发展阶段企业的核心需求，不断丰富融资产品、完善服务体系，打磨出一套债权类、股权类产品相结合，名目分明，包含各类特色的投融资产品体系，与湖南股权交易所的全周期一站式服务"八步曲"相互补充，落地性极强。挂牌企业可以根据自身生产经营需要，选择对应的融资产品，从而享受到湖南股权交易所带来的融资服务便利。

2.1 湖南股权交易所的债权类融资创新

湖南股权交易所发挥平台的聚集功能，与各大银行、担保机构紧密合作，针对中小微企业的行业特性，开发了一系列债权类融资产品，积极促进挂牌企业获得融资。目前，湖南股权交易所推出的债权类融资产品包括"股银通""股保通""私募可转债"等。

2.1.1 "股银通"系列产品：银行合作类融资产品

"股银通"是湖南股权交易所联合华融湘江银行、长沙银行、建设银行、浦发银行等 10 余家银行为挂牌企业设计的贷款产品。主要有税 e 融、长湘贷、投贷跟、银税贷、小微快贷等。

2.1.1.1 税 e 融

"税 e 融"产品以湖南小微企业在税务部门的缴税情况为授信依据，采用线上模式向小微企业法定代表人发放，是支持生产经营周转全流程在线申请的可循环信用贷款。作为一款以缴税为依据、以小微企业为主要授信对象的融资产品，"税 e 融"具有免担保、无须提供资料、在线申请、网银实时提款等特点，一次授信额度有效期最长 12 个月，单笔贷款最长期限为 6 个月，授信额度最高可享 100 万元，授信利率低（最低可至万分之二）。正常缴税两年以上且前 12 个月缴税总额大于 1 万元、无不良信用记录及欠缴税记录、纳税信用为 B 级（含）以上的小微企业均有机会申请。

全流程在线申请打破了企业对贷款复杂审批流程的旧印象。例如：长沙某科技企业 2015 年应税销售额超过 500 万元，企业所得税和增值税纳税额合计约 8 万元，2016 年全年应税销售额超过 1000 万元。随着公司业务的迅速扩张，流动资金越发紧张。该企业在湖南股权交易所的指导下，通过线上操作，短短几分钟即申请到了贷款。

2.1.1.2 长湘贷

为满足湖南股权交易所挂牌企业的短期、临时性资金需求，湖南股权交易所与长沙银行合作推出"长湘贷卡"贷款产品。该产品授信额度最高可达 100 万元，授信利率为万分之二点五五/日，并支持多种方式担保。

"长湘贷"具有易审批、多担保、随借随还的特点。凡是经营年限在一年以上，有持续稳定现金流，信用记录良好，能够提供信用、保证、抵押等多种方式担保的湖南股权交易所挂牌企业，均可申请贷款，其中以抵押方式贷款的利率最低。

"长湘贷"还具有股权交易所的渠道优势：①按日计息的产品，其他渠道客户日利率为万分之五，股交所挂牌企业日利率为万分之四（抵押类和信用类除外），优惠万分之一；②等额本息还款产品，年利率减少 3%～4%。这款产品较为适合缓解短期的现金流动性压力，有效地契合了微型企业尤其是县域特色农商的资金需求。例如，湖南省第一批移动互联网重点企业"农商通"为缓解年底批货、卖场回款的现金流压力，在湖南股权交易所的帮助下，选择了"长湘贷"产品。

2.1.1.3 投贷跟

"投贷跟"是长沙银行根据股权投资机构投资入股资金的情况，发放的最高不超过入股资金 50% 的贷款产品。该产品适用于重点支持高新技术或战略性新兴行业的科技型企业。除此之外,"投贷跟"产品还制定了详细的企业申请准入条件。

申请"投贷跟"产品的公司必须成立 2 年以上,且实际办公经营及注册地址均在湖南省内;原则上,公司的营业收入应超过 500 万元,并经认定的会计师事务所审计;所处行业符合国家产业政策扶持方向,掌握企业发展的关键技术、资源,或有创新的商业模式、管理模式、服务模式等;股权投资机构的股权投资资金已到位,且相应的股权已完成过户登记手续(股权投资机构应为长沙银行认定合作机构)。

企业可以采用信用、股权质押、专利权质押三种担保方式进行授信申请。信用方式是指长沙银行按股权投资机构实际股权投资金额的一定比例(最高不超过 30%),以信用方式向其投资企业授信的业务模式;股权质押方式是指以企业主要股东所持有的股权质押的业务模式,按股权投资机构实际股权投资金额的一定比例(最高不超过 50%)向其投资企业授信;专利权质押方式是指对风险投资机构已完成股权投资并登记过户的企业发放纯专利质押贷款。

"投贷跟"产品较为适合高新技术或战略性新兴行业的科技型企业,其融资成本较其他融资产品低,适宜于这些企业的股权融资方案。例如:湖南进芯电子科技有限公司(简称"进芯电子")是一家专注于数字信号处理器芯片(DSP)的研发和解决方案开发的集成电路设计企业。进芯电子生产的数字信号处理器,打破了中国工业智能核心芯片完全依赖进口的局面。2016 年 9 月,该公司获得高新创投股权投资,完成 A 轮融资。进芯电子完成股权融资后,湖南股权交易所及长沙银行利用"股权质押+风险补偿基金"的风控方式,对其发放 200 万元贷款,实际融资成本仅为 3.5%,远低于市场平均水平。

2.1.1.4 银税贷

"银税贷"是浦发银行在业内首创的真正意义上的互联网银税合作小微贷款产品,是以企业的增值税信息为主要授信依据,由浦发银行放款的全线上小微企业信用贷款,客户可以通过诺诺金服平台全程在线申请办理该融资业务。

"银税贷"产品具有还款灵活、等额本息、按月还款等特点,授信额度可达 100 万元,授信期限最长 12 个月,3~5 分钟实时审批放款,适合企业紧急小额融资需要,是企业多样化融资的重要渠道。使用航天信息系统缴纳增值税是申请这项贷款的最基本条件,企业在诺诺金服平台注册并完成企业及法人实名认证。申请企业必须满足以下条件:具有 1 年及以上增值税开票记录且最近一年度的增值税有效开票金额大于 100 万元,连续每月缴纳(最近 12 个月内最少有 11 个月缴税记录),在工商、税务、法院、质检等相关部门的记录中无实质性不良信息记录。例如:长沙某农业公司是湖南股权交易所标准板挂牌企业,2017 年,该公司在获得 2700 万元银行贷款的情况下,仍有 100 万元的资金缺口,但无法提供任何资产进行抵押。湖南股权交易所在全方位了解该企业的情况后,得知其使用的是航天信息纳税系统,契合浦发银行"银税贷"产品的要求，便立即联络浦发银行与该企业对接，在线上完成"银税贷"产品申请，10分钟内，该农业公司便得到了100万元的资金放款。

2.1.1.5 小微快贷

"小微快贷"是湖南股权交易所与建设银行合作推出的银行融资产品。该款产品适用于经营效益好、有稳定现金流且信用记录良好的企业。"小微快贷"包括信用快贷和房抵快贷两大类。

信用快贷包括"快e贷"产品和"云税贷"产品。"快e贷"产品门槛低，只要征信良好、建行存款超过10万元，即可申请办理。该产品具有以下特点：①流程快，办理流程一共三步——企业授权、贷款申请、贷款支用，全程网上自动审批，最快5分钟贷款到账。②用款活：用快e贷产品贷款额度最高200万元，年利率7.39%，按实际支用额计息，按实际支用天数计息；一年内贷款额度可随时支用、随时归还。"云税贷"产品的办理流程和贷款方式与"快e贷"产品一样，信用额度约为建行年代扣税额（增值税+所得税）的5倍，额度最高500万元，能够快速提升小微企业的信用额度。

房抵快贷即有房就可贷。征信良好、有抵押物就可办理贷款，无须提供更多材料，长望浏宁地区的住宅、公寓、别墅、企业、个人、第三方名下抵押物均可；贷款迅速，最快一天即可，办完抵押登记立即放款；额度高、利息低，额度最高500万元，月息不到5厘，年利率5.8725%，按实际支用额计息，按实际支用天数计息，且一年内贷款额度可随时支用、随时归还。

"小微快贷"产品显著突出一个"快"字。例如：湖南某商务咨询公司亟须补充流动资金，湖南股权交易所了解到该企业可提供住宅一套，立即帮助该企业匹配了建设银行的"房抵快贷"产品。经过评估，该公司提供的住宅评估价为157.64万元，建设银行以评估价的七折放款，共计100万元。长沙某光电科技有限公司也成功通过"云税贷"产品获得贷款。该公司前两年缴纳增值税12.0722万元、所得税0.3923万元。该公司在成功开立建设银行账户后，无须提供任何资料，建设银行仅用一天时间便完成审批放款手续，直接对其放款31.5万元。

2.1.2 "股保通"系列产品：担保公司合作类融资产品

"股保通"是由湖南股权交易所与第三方担保机构合作开发，充分发挥交易所平台聚集功能，专门针对挂牌企业的担保融资业务，适用于经营效益好、有稳定现金流、企业信用记录良好且融资需求在300万~3000万元的企业，产品主要包括股权质押贷、订单贷、保函贷、粮食贷等（见表2-2-1）。

表 2-2-1 "股保通"系列产品简介

融资产品	适用对象	融资额度	产品特点或细则
股权质押贷	非上市金融机构股东	按持有股份,以每股净资产价值1.2~1.5倍质押率向银行担保借款,额度为50万~3000万元	流程简单快捷、质押率高、成本较低
订单贷	企业下游客户	融资额度为合同总金额的七成	适用面广,无须提供抵押物和其他担保,切实解决了中小企业担保难的问题。授信期内可循环使用,随借随还,使用方便,成本较低
保函贷	贸易和建筑行业企业	视担保公司资产比例而定	保函易得、费用低廉、出函快速
粮食贷	新型粮食生产经营主体	每亩借款总额担保额度不高于800元(含本次借款额度),每户贷款额度原则上在10万元到300万元(含)之间。对辐射面广、带动力强、与农户利益联结紧密的农业产业化龙头企业、单个经营主体贷款额度不超过1000万元	适用范围广;额度合理、期限灵活、还款自由;费用低廉、明码实价

资料来源:根据网络资源整理。

保函贷主要面向贸易和建筑行业企业,申请企业需提供资产抵押,抵押物可为企业在银行抵押物的剩余价值。由担保公司向上游供应商出具保函,承诺在申请人未履行付款责任时代其支付或赔偿。

粮食贷是为了扶持新型粮食生产经营主体快速、健康发展,有效解决其融资难、融资贵问题而推出的融资担保金融产品。粮食贷有独特的"利农"属性,申请人须突出其粮食生产经营的真实性。申请人或主要经营人员需从事粮食种植生产经营时间不低于3年,签订了土地流转协议,且粮食种植土地流转面积一般不低于100亩[①]。

在贷款的成功率与事后风险释放方面,担保贷款方式拥有无可替代的优势。例如:湖南同恒信息技术有限公司(简称"同恒信息")在企业中标了新的项目工程后,因需要垫资,资金紧张。企业通过应收账款质押从银行获得了贷款,因采取轻资产运作,无其他抵押物,无法继续从银行获得贷款,因此找到湖南股权交易所。湖南股权交易所组织专业团队上门对企业的整体情况进行了调研,对企业的业务发展和融资需求进行了梳理和分析,认为该企业有较强的核心竞争力和盈利能力,于是根据企业的经营情况,为其设计了担保融资方案。最终,长沙经济技术开发区投资担保有限公司通过信用担保方式为同恒信息授信300万元,解了其燃眉之急。

2.1.3 私募可转债:探索创新金融工具融资新渠道

私募可转债是指符合条件的股份制企业,以非公开方式在区域性股权市场发行、

---

① 1亩≈666.7平方米。

转让可转换为普通股票的公司债券。该产品是兼具债务性和股权性的中长期混合投融资工具。私募可转债是国务院、中国证监会为鼓励区域性股权市场发展而开展的一项新型融资业务。作为湖南股权交易所针对中小微企业重点推出的一款直接融资工具，私募可转债具有以下优势：①实行备案制，审批速度快；②发行门槛较低，成立满1年的股份制公司即可发行；③募集资金成本低（湖南省财政厅针对在湖南股权交易所备案发行私募可转债的企业，根据票面利率贴息30%，每年最高不超过50万元，连续补贴3年）；④资金使用灵活，无明确限制；⑤期限灵活，可长可短；⑥交易性，挂牌后可交易，保持流动性。

对于私募可转债的发行人，湖南股权交易所做了详细的规定：拟申请发行私募可转债的发行人，必须是在湖南省境内合法设立并在湖南股权交易所挂牌的股份有限公司，符合《中华人民共和国公司法》规定的治理结构，最近一年审计报告无保留意见。除此之外，发行人应当对还本付息的资金安排有明确方案，发行利率符合法律法规的规定。

经营持续向好、现金流及利润回报也很稳定的企业可以尝试发行私募可转债。例如：长沙某新材料挂牌企业，创立于1999年，是一家集科研、生产、销售于一体的高新技术企业。公司近年来经营持续向好，现金流及利润回报也很稳定，正在加紧研发技术含量高、节能环保的新型产品，将重点推向东南亚、中亚、非洲和俄罗斯等海外市场。为积极开拓市场，公司亟须补充流动资金。经过与企业负责人沟通，湖南股权交易所认为企业目前的融资需求与私募可转债比较契合。投资人以可转债的方式对企业进行直接投资，前期以债权形式投资，通过一段时间的观察决定是否转为股权投资。一方面，投资人能享受固定的利息收益；另一方面，投资人可以通过一定期限的考察，了解企业相关信息后再决定是否转股，握有主动权。从投资人的角度看，可转债投资比股权投资风险小，收益稳健，而且拥有转股的权利，可以分享企业发展的红利。对该公司来说，可转债的发行可以有效降低其融资成本，若经营持续向好，就有可能获得理想的长期投资者，可谓一举两得。

2.1.4 其他债权渠道融资产品

除"股银通""股保通"与私募可转债以外，湖南股权交易所还与融资租赁、消费金融机构等合作，推出了科来贷、助保贷、融资租赁产品及幸福快贷等金融产品。

2.1.4.1 科来贷

科来贷是湖南股权交易所与湖南新诤信知识产权服务有限公司共同推出的金融产品。该产品将金融、科技与知识产权运营相结合，是基于国内纯知识产权而设计的金融合约，适用于合法、合规的具有知识产权（最好是发明专利）的企业。

科来贷以发明专利为主，无须捆绑有形资产，审批速度较快，授信额度可达500

万元。该产品视知识产权层次，授信期限可分为 1~36 个月，贷款利率为 8%~18%。因此，申请企业须为一项或几项使用中的知识产权权利人或知识产权独占许可人。同时，企业需拥有固定的经营场所，且连续经营满 24 个月，最近 12 个月经营收入达到 300 万元，经营状况稳定，企业合法合规经营，实际控制人征信良好，无未结诉讼；企业核心团队稳定，专注主业经营，核心产品具有市场竞争力。

科来贷为企业融资开辟了全新的渠道。例如：娄底市乐开口实业有限公司（简称"乐开口实业"），主营业务为预包装食品、散装食品、乳制品、糕点类食品、自制饮品、酒等的加工与销售。2017 年，该公司因流动资金短缺而难以为继，其厂房及土地已经通过银行进行抵押贷款，无法再从其他渠道融资。该公司拥有一项米粉机的发明专利，其评估价在 1900 万元左右。于是，该公司利用该项发明专利，通过科来贷实现了纯知识产权质押融资，金额达 500 万元。

2.1.4.2 助保贷

助保贷由建设银行向"中小企业携手增信营"中的企业发放，是在企业提供一定担保的基础上，将企业缴纳的一定比例的助保金、增信保证金与湖南省中小企业融资服务股份有限公司提供的风险补偿资金共同作为增信手段的信贷业务。

企业提供不低于贷款额度 40% 的抵、质押物或保证进行贷款担保，授信期限可达一年。助保贷以金（助保金、增信保证金、风险补偿资金）增信，撬动银行信贷资金，可有效缓解抵押物不足问题，助力挂牌企业发展，授信额度最高可达 1000 万元，贷款整体审批流程快，适用于经国家工商行政管理机关核准登记的中小微企业。

2.1.4.3 融资租赁产品

传统观点认为，资产的所有权是一切商业规划和商业实践最主要的考虑因素，而融资租赁 50 年的发展实践颠覆了这一传统观点。

湖南股权交易所现存融资租赁产品主要有直租和回租。直租是湘江时代融资租赁公司（简称"湘江时代"）为解决企业生产设备需求，向指定厂商购买承租人选定的设备并支付货款，再将设备租赁给承租人使用，并收取租金的融资服务方式；回租是承租人将自有的生产设备出售给湘江时代，湘江时代再将设备租赁给承租人使用，并向承租人收取租金的融资服务方式。两种产品授信额度为 200 万~3000 万元，授信期限可达 12~36 个月。申请企业需满足以下条件：生产经营两年以上，近两年无亏损，有固定的生产经营场所且主营业务突出，有持续稳定的现金流，营业收入达 1500 万元以上，企业、法定代表人或实际控制人无不良信用记录，有机器设备或其他动产或专利权作为租赁标的物。

直租和回租是企业多样化融资渠道的组成部分。一方面，这两种方式放款及时，成本透明，无"留存款、过桥、续贷"等隐性成本；采用动产融资形式，既不受贷款

"不动产抵押率低"限制，又不占用银行授信额度，从而使企业实现更多资金融通。另一方面，直租业务可抵扣更多增值税进项，比贷款降低6%的税负，在解决企业流动性需求的同时，可减轻企业负担。

使用创造价值是融资租赁存在和发展的核心理念。长沙某汽配公司2015年营业收入将近1.7亿元，其客户较为强势，结算周期长，资金紧张，公司的土地、厂房已全部抵押给银行，难以再从银行获得贷款。湖南股权交易所了解到该企业的情况后，向其推荐了湘江时代的融资租赁产品，在1个月内，该企业采取售后回租方式，以存量设备作为租赁物从湘江时代获得资金1000万元，补充了流动资金。

2.1.4.4 幸福快贷

幸福快贷是湖南长银五八消费金融股份有限公司推出的满足湖南股权交易所挂牌企业主个人日常消费需求的产品。该产品采用按日计息方式，随借随还，不用不计息，利率为万分之三点五至万分之五，授信额度最高可达20万元/人，湖南股权交易所挂牌企业可由实际控制人及其配偶共同申请，最高额度为40万元。

2.2 湖南股权交易所的股权类融资创新

通过湖南股权交易所的贴身辅导完成股改挂牌的企业，其内部治理逐步规范，股权实现了可确权、可定价、可交易、可退出等功能。股权交易所在市场上的品牌知名度和影响力逐渐彰显，初步具备了通过股权交易等手段进行直接融资的基础。

为推动和促进挂牌企业的直接融资，湖南股权交易所根据挂牌企业的融资需求，针对不同的投资主体开发了"定增易"融资产品和服务，如针对企业上下游、高管团队核心"圈子"的"内源融资"产品，以及针对专业投资机构（天使投资、VC/PE等）的"资本机构融资"产品等。此外，针对挂牌企业对接高层次资本市场的需求，湖南股权交易所还与券商、会计师事务所、律师事务所等中介机构合作，积极推进挂牌企业的并购、重组及转板服务。

依托良好的服务体系，以及与全国超过200家专业投资机构建立紧密关系，湖南股权交易所专业化团队通过商业计划书辅导、股权激励、大型路演等方式，积极协助挂牌企业进行股权融资，截至2020年底，累计实现股权类融资（含托管企业增资）112.2521亿元。

2.2.1 "定增易"融资服务

湖南股权交易所的股权类融资产品取名"定增易"，旨在帮助挂牌企业更好地梳理自身的商业模式，对接合格投资人，实现股权融资。

"定增易"融资服务标准化体系主要包含三部分，即商业计划书服务、路演服务、财务顾问服务，如图2-2-1所示。其中，商业计划书服务及路演服务为基础服务，根据企业需求响应，全面覆盖；财务顾问服务为精选服务，面向企业提供深度、个性化服务。这三部分构成一个完整的体系，每部分又可以单独操作。

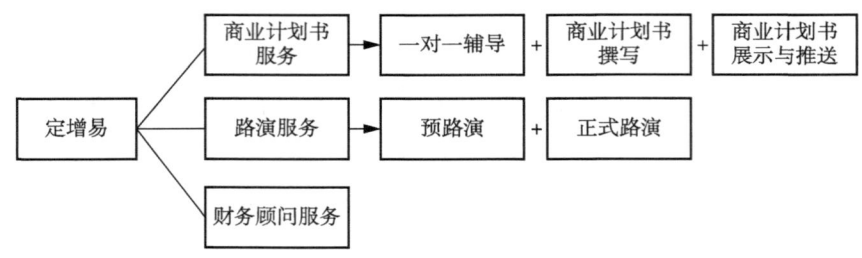

图2-2-1 "定增易"融资服务标准化体系

针对融资对象的不同，"定增易"产品可分为面向企业核心圈子资源的内源融资服务，以及面向资本机构的融资服务。

2.2.1.1 "内源融资"产品

"内源融资"产品主要面向湖南股权交易所挂牌企业，通过"企业提出申请、参加股权激励训练营、制定股权激励方案、实施方案"四个步骤实施，旨在帮助挂牌企业更好地梳理自身的商业模式，对接自身核心圈子资源，用股权激励提升企业融资能力，发挥上下游整合协同效应。

"内源融资"是一条龙+诊断式服务，产品定位于湖南股权交易所创设的"资本生态圈"，看重企业负责人在行业内的声誉和口碑，凡是在湖南股权交易所挂牌、财务运行规范、具有良好经营现金流和持续经营能力的企业，均可申请。"内源融资"在搭建股权激励训练营、制订股权激励方案、方案实施的全流程服务体系的同时，从挂牌企业实际情况出发，为企业量身打造具有针对性和落地性的股权激励服务解决方案，帮助企业解决与核心团队、产业链合作伙伴的价值沟通及信任问题，以更好地对接潜在的投资对象。

"内源融资"产品更多的是指其附带的融资服务体系。2014—2015年，为了提高市场占有率，湖南宏志达科技股份有限公司（简称"宏志达"）投入大额资金在麓谷高新区购置了6000平方米全新的厂房和全自动打印复印纸生产线。随着2015年国内信贷收紧，宏志达面临巨大的流动资金压力和市场困难。随后，宏志达找到了湖南股权交易所，试图在困境中找到出路。湖南股权交易所及中介机构与公司董事长进行了多次交流。湖南股权交易所建议，民营企业应尽早建立现代化的企业治理结构，进行产业整合及股权融资，以股权融资代替债权融资，降低企业的财务杠杆。宏志达在湖南股权交易所和中介机构的辅导下进行了股份制改造，并成功实现股权融资430万元。2016年9月，宏志达正式登陆湖南股权交易所标准板，挂牌之后，湖南股权交易所和中介机构一道通过"定增易"产品帮助企业融资。最终，湖南股权交易所与中介机构帮助企业以定向增发的方式分别在 2016 年 12 月和 2017 年 2 月共实现股权融资 505 万元。

2.2.1.2　资本机构融资产品

资本机构融资产品主要面向湖南股权交易所优质挂牌企业，通过"企业提出申请—对接机构制作商业计划书—预路演辅导—正式路演—机构尽职调查确定是否投资"等步骤，帮助挂牌企业更好地梳理商业模式，对接全国范围内的各类投资机构，实现融资。

湖南某化工企业是湖南股权交易所优选板挂牌企业，其产品在下游行业应用广泛，多个行业终端需求保持着非常高的增长速度。为扩大产能，提高市场占有率，该企业有意引入外部机构投资者。因很少与专业投资机构接触，该企业的融资对接工作一直难以推进。2016 年，湖南股权交易所在回访客户过程中，了解到该企业的融资需求，便邀请企业相关负责人参加湖南股权交易所免费向挂牌企业推出的"预路演"服务活动，帮助企业提炼投资亮点。随后，湖南股权交易所专家团队与企业负责人先后进行了多轮一对一深度辅导。2016 年 9 月 28 日，湖南股权交易所邀请该企业参加湖南股权交易所与长沙高新区管委会共同组织的全国大型线上路演活动。路演现场，企业董事长罗总精彩的阐述引起了现场投资者的热烈反响，获得数千万元的投资意向。路演活动后，经过与意向投资机构的紧密交流及投资谈判，该企业最终与湖南本土一家投资机构达成了 1000 万元的投资协议。2016 年 12 月，该投资机构对这家化工企业实现注资。

2.2.2　并购重组服务

并购重组是扩大企业规模、盘活企业资产的重要途径。近年来，国内上市公司并购动力充沛，纷纷寻求合适的并购标的，积极谋求规模协同效应和财务效应。一大批尚未上市的公司也在积极谋求"被并购"，希望通过与上市公司"联姻"或者行业强强联合，实现快速发展，提高竞争力。

经过几年的发展，湖南股权交易所的挂牌企业数量增长迅速，已形成拥有 3000 家以上企业的企业池，行业涵盖新能源、新材料、智能制造以及其他新兴产业，为行业并购提供了充足的并购标的。为帮助挂牌企业与上市公司对接，创设"四板"间接转"主板""创业板"的市场联动效应，湖南股权交易所在并购重组方面也不断进行探索，并且取得了初步的效果。

湖南鸿跃电池材料有限公司（简称"鸿跃公司"）是一家国内领先的新材料企业，主要生产磷酸铁锂前驱体磷酸铁，产品具有很强的竞争优势。从 2016 年开始，随着新能源汽车市场的爆发式增长，磷酸铁锂正极材料需求猛增。要扩大生产规模、延伸产业链，鸿跃公司未来 1~2 年至少需要 3 亿~5 亿元的资本投入。尽管鸿跃公司近年来效益不错，有一定的资金积累，但是仅仅依靠自有资金不足以支撑上述投入；同时，因公司固定资产有限，银行能给予的贷款额度不高。2017 年 9 月，湖南股权交易所在得知鸿跃公司的融资需求后，主动找到鸿跃公司，组织专业团队对其进行深度辅导，帮助鸿跃公司与投资者进行对接。2018年12月21日，鸿跃公司在路演现场赢得众多投资机构的青睐。2018年1月31日，国内知名的某锂电池创业板上市公司发布公告称，将向鸿跃公司投资4000万元。未来，该上市公司可能继续追加对鸿跃公司的投资，不排除并购的可能。

2.2.3 转板服务

作为多层次资本市场中的基础层级，湖南股权交易所一直在努力发挥"上市孵化港"的功能，助推企业转板至全国资本市场。

2016年，湖南股权交易所推出了"三四板直通车"，为有新三板挂牌意向的企业提供"预科班"辅导，提前享受资本市场服务。此外，湖南股权交易所与深圳证券交易所在组织培训、举办路演、专家辅导、共建基地等方面达成了战略合作协议，并定期组织活动。

服务企业中已有金贵银业、湘机油泵、科创信息、长沙银行等5家公司在A股上市，顺泰钨业等15家公司挂牌新三板，创星科技、晶易医药等22家公司启动了创业板及科创板上市进程。

"山猫吉咪"是一家在长沙高新区注册的动漫企业，2013年被文化部列入"国家动漫品牌建设和保护计划"。2012年以来，"山猫吉咪"原创动画片及衍生产品率先远销全球70多个国家和地区。"山猫吉咪"被认定为国际知名品牌，但它在国内并未红遍大江南北。2016年5月，湖南股权交易所在与"山猫吉咪"进行深度沟通后，找到两大症结：一是动漫产业存在自身规律，需要长时间积累；二是公司战略方向存在问题。随后，湖南股权交易所组织省内知名咨询专家对"山猫吉咪"进行现场把脉问诊，确定了企业发展战略的优化调整方向。2016年6月初，结合专家团队对商业模式的重新梳理，"山猫吉咪"撰写了公司商业计划书，项目组组织了多轮讨论与辅导，并参加了湖南股权交易所在长沙高新区组织的全国大型路演，借机寻找优秀的战略投资者。经过多方共同努力，同年12月底，"山猫吉咪"与某投资机构达成合作，成功引入战略投资者。2018年3月，"山猫吉咪"成功登陆"新三板"，成为动漫湘军第一股，为公司走向资本市场迈出了第一步。

金融创新是金融组织基于利益而推行的"金融生产函数"创新，其目的是通过降低融资成本获取经济利益。当然，由于约束条件不同，金融创新一直有两条路径：一条是服务实体经济，为实体经济融资提供便利、降低成本；另一条是脱离实体经济，形成金融"泡沫"，通过空转获取利益。湖南股权交易所的金融产品创新行为，出发点是满足中小企业的融资需求，合约缔结的内在依据是企业的发展与创新，通过股权交易所的信用背书及信息补偿，将金融资源配置到实体经济。因此，从理论上说，湖南股权交易所的融资产品创新对区域性经济发展来说是有效的；从实际效果来看，通过5年多的实践，运用这些金融创新合约，解决了不少中小微企业的融资难题。

第3章
科技创新专板：中小企业"上市孵化港"

3.1 湖南省区域性股权市场科技创新专板

3.1.1 设立背景

2018年11月5日，国家主席习近平在首届中国国际进口博览会开幕式上宣布"将在上海证券交易所设立科创板并试点注册制"。时隔一个月，国务院常务会议决定"推广区域性股权市场设置科技创新专板"。中国资本市场全面深化改革新动能涌现。2019年1月8日，国务院办公厅印发《关于推广第二批支持创新相关改革举措的通知》，进一步明确了在区域性股权市场推广科技创新专板，由中国证监会负责指导。根据科技型中小企业的特点，在区域性股权市场推出"科技创新板"，提供挂牌展示、托管交易、投融资服务、培训辅导等服务，开拓融资渠道，缓解科技型中小企业融资难问题。2019年，全国"两会"对规范发展多层次资本市场热切关注，区域性股权市场科技创新专板的脚步越来越快。

强化多层次资本市场对科技创新的支持，是湖南建设创新型省份的需要。2019年11月28日，湖南省人民政府办公厅出台了《关于加快推进企业上市的若干意见》，启动"破零倍增"计划。该文件提出，要在区域性股权市场设立"科技创新专板"，鼓励和支持科技创新型中小企业挂牌、融资，为专板企业提供培训咨询、投融资对接、上市辅导等综合孵化服务。在此文件指引下，由湖南省地方金融监管局牵头，省科技厅、省工信厅、省财政厅、湖南证监局共同推出的湖南股权交易所科技创新专板于2020年3月20日正式开板，首批16家优质科创企业集体挂牌。科技创新专板的开板，是湖南加速科技金融融合、孵化湘企上市梯队的重要举措，也是湖南推进多层次资本市场体系建设的关键步伐，对推动科技与金融深度融合意义重大。

3.1.2 科技创新专板的内涵

科技创新专板定位于湖南省科技创新企业对接上交所科创板和深交所创业板的"孵化港"与"加速器"，主要服务于符合战略目标导向、突破关键核心技术、市场认可度高的科技创新企业，以及集聚新技术、新模式、新业态的"独角兽""隐形冠军"企业。科技创新专板与其他板块相比，具有建设定位高、支持力度大、挂牌企业优、入围门槛高等优势和特点。湖南股权交易所通过为挂牌企业提供培训咨询、投融资、资源整合、培育上市等综合性金融科技服务，助推湖南科技创新企业精准对接上交所科创板和深交所创业板。

3.1.3 科技创新专板设立的意义

在区域性股权市场蓬勃发展的情况下，各地股交中心纷纷对其所服务的挂牌企业做出细分市场的业务资源整合，科技创新专板作为金融创新的产物应运而生。区域性股权市场设立科技创新专板，是提升区域性股权市场综合服务功能、促进科技金融融合发展的重要举措。

一方面，设立专板对上交所设立科创板对接方面具有重大意义。两者的目的都是重点支持科技创新型企业发展，科创板的重点在于上市公司，而科技创新专板的受众面更广，主要面向有潜力的科技创新类企业，利用私募证券市场的功能，为科创类企业提供服务。"两个功能，一个是服务，一个是培育。"科技创新专板就是"苗圃"，为科创板提供"好苗子"。另一方面，设立科技创新专板，对于推动科技创新型中小企业发展意义重大。科技创新型中小企业是我国科技创新的核心主体，但在高投入与低融资满足率的困境中，科技创新型中小企业面临较为严峻的融资难、融资贵问题。设立科技创新专板，可以更好地服务科技创新改革和经济高质量发展，符合资本市场供给侧结构性改革的方向。对企业而言，设立科技创新专板，对于各地科技型、创新型中小企业的发展意义重大：①为中小企业筹集资金开辟了一条新渠道，有助于避免市场失灵和政府失灵导致科技型、创新型中小企业陷入融资困境；②企业可借助科技创新板提高企业知名度；③可增大中小企业的股权流动性，有利于实施股权激励战略，激发企业员工的创造力和生产力，为企业持续发展注入动力，不断提升资本价值；④有助于提高企业的经营管理能力。

对湖南股权交易所而言，科技创新专板有助于促进初创期科技企业的规范治理，起到科技企业孵化摇篮、企业上市培育基地的作用。

3.2 "重金"打造"科技创新专板"

"科技创新专板"是湖南省区域性股权市场的最高层次板块，挂牌企业必须为高新技术企业，符合湖南省战略性新兴产业方向，突出研发费用投入、自主知识产权、核心技术等"硬科技"指标，省财政配套每家 30 万元挂牌补助，政府部门运用专项计划重点支持专板企业，金融机构和中介机构给予融资支持、咨询辅导等，在专板企业服务上"精耕细作"，为高质量科创类企业挂牌，扶持科创类产业发展，将科技创新专板打造成"样板工程"，将科创专板挂牌企业打造成"明星企业"。

3.2.1 各类资金支持

（1）企业挂牌及转板上市分段补助。对符合《湖南省金融发展专项资金管理办法》

中直接融资补助专项资金规定的科技创新专板挂牌企业，省财政优先进行安排；对在科技创新专板挂牌的企业，给予 30 万元/家的补助；对已完成股份制改造并在湖南证监局辅导验收的企业，给予 200 万元的一次性补助资金；对完成注册程序并在科创板首发上市的企业，再给予 100 万元的补助资金，每家企业累计不超过 300 万元；对发行私募可转债的挂牌企业，给予贴息补助，按企业发债利息的 30% 进行补助，每家企业最高不超过 50 万元/年，补贴期限不超过 3 年。

（2）科技专项资金支持。对符合省重点研发计划项目、省战略性新兴产业科技攻关和重大科技成果转化项目、省科技创新平台与人才计划等创新型建设专项资金申报条件的科技创新专板挂牌企业，按照有关政策给予科技专项资金支持。

（3）企业发展专项资金支持。对符合省制造强省专项资金、省军民融合产业发展专项资金、省移动互联网产业发展专项资金，以及省中小企业发展专项资金申报要求的科技创新专板挂牌企业，在企业发展专项资金方面给予倾斜。

（4）风险补偿资金支持及其他支持。对按规定为科技创新专板挂牌企业直接发放非固定资产抵押、无担保贷款的银行机构，出现贷款本金损失情况的，纳入省金融发展专项小微企业信贷风险补偿；为科技创新专板挂牌企业提供非固定资产抵押类融资担保的融资性担保公司发生代偿，符合相关规定的，纳入省金融发展专项融资担保代偿补偿；对参与科技创新专板挂牌企业股权投资的私募股权投资机构，纳入省金融发展专项新设金融机构奖励。

3.2.2 各地区政策赋能

湖南省各地区纷纷出台相关政策来支持科技创新专板挂牌企业的发展。2020 年 3 月 21 日，株洲经济开发区管委会、株洲云龙示范区管委会联合印发《株洲经开区、云龙示范区鼓励和扶持企业上市（挂牌）实施办法》（株经开管发〔2020〕2 号），对在湖南股权交易所科技创新专板挂牌的企业给予一次性 30 万元的补贴。5 月 12 日，长沙经济技术开发区管委会印发《长沙经济技术开发区鼓励和扶持企业上市（挂牌）实施办法》（长经开管发〔2020〕31 号），其中，对在湖南股权交易所科技创新专板挂牌的企业给予一次性 30 万元补贴。7 月 30 日，张家界市人民政府印发《张家界市人民政府办公室关于进一步促进企业上市的意见》（张政办发〔2020〕8 号），对在湖南股权交易所科技创新专板挂牌的企业给予一次性 10 万元的补贴。另外，长沙高新区管委会印发《长沙高新区关于进一步推进企业上市及并购的实施办法》（长高新管发〔2020〕25 号），对在湖南股权交易所科技创新专板挂牌的企业给予 20 万元补贴。长沙县政府印发《长沙县鼓励和扶持企业上市（挂牌）实施办法》（长县政发〔2020〕20 号），对在湖南股权交易所科技创新专板挂牌的企业给予 30 万元补贴。益阳市资阳区政府印发《益阳市资阳区人民政府办公室关于加快推进企业上市工作》（益资政办发〔2020〕14 号），对在湖南股权交易所科技创新专板挂牌的企业给予 20 万元补贴。

未来，湖南股权交易所将倾注更多的资源和力量，通过加强与"岳麓山大学科技城"及长沙高新区等国家级园区的合作，整合省科技厅的高新技术企业、省地方金融监管局的上市后备库及相关资源，重点打造科技创新专板。

3.3 "金融+科技"，多维度服务

湖南"科技创新专板"通过政策、资本、科技、协同"四大赋能"工程，为挂牌企业提供培训咨询、投融资服务、资源整合、转板上市等综合性金融和科技服务。推动企业登陆科创板、创业板，并持续建设科技创新专板培育企业库，形成梯次培育机制，为湘企登陆科创板、创业板提供源源不断的后备资源。

3.3.1 资本市场培训咨询服务

针对科技创新专板挂牌企业的实际需求，湖南股权交易所依托崴曦商学院，分层次开展资本市场培训咨询服务。定期举办董事长班或总裁班，培训战略管理、资本运作、规范治理等内容；定期举办董秘班或财务总监班，培训融资规划、财务税收、资本市场法律法规等实务；定期举办股权激励训练营，以"授课+演练+现场问诊"的模式推动实施战略与战术有机结合的股权激励机制；定期举办融资路演训练营，以"授课+现场问诊"的模式，指导企业梳理资本模式、管理模式和商业模式，制作商业计划书。

3.3.2 投融资对接服务

湖南股权交易所和省技术产权交易所逐一对科技创新专板企业进行走访，针对企业的融资需求，组织专家团队帮助企业梳理商业模式、出具专业估值报告，联合沪、深交易所每年举办专场路演活动，组织银行、担保、融资租赁、保理机构等各类金融机构每年举办债权融资专场活动，帮助企业对接债权、股权融资业务。

3.3.3 产业基金集中投资

财信金控对接省新兴产业投资基金，单独设立科技创新专板子基金，专门投向科技创新专板挂牌企业，并积极将科技创新专板挂牌企业推荐给省新兴产业投资基金的其他子基金。

3.3.4 金融工具及协同创新支持

财信金控发挥旗下银行、信托、证券、保险、产业基金、资产管理及研究院的协同创新优势，为科技创新专板挂牌企业提供全链条、全周期、全功能的综合金融服务。湖南股权交易所通过与银行合作的"股银通""股融通"产品，与担保公司合作的"股保通"产品，帮助科技创新专板挂牌企业盘活资产，拓展间接融资渠道；支持科技创新专板挂牌企业在湖南股权交易所备案发行私募可转债；推荐科技创新专板挂

牌企业在湖南信托发行信托计划，证券公司发行资产证券化产品，打通资本市场融资渠道。

3.3.5 上市辅导及并购重组等投行服务

湖南股权交易所组织证券公司、会计师事务所、律师事务所及其他第三方财务顾问公司等服务机构，对科技创新专板挂牌企业展开上市辅导及并购重组等投行服务，支持企业结合自身优势收购兼并优质企业和优质资产，实现整体上市，或参与上市公司收购兼并。

3.3.6 转板资源对接

湖南股权交易所每年组织科技创新专板挂牌企业开展"走进上交所""走进深交所"等活动，实时提供沪、深交易所信息动态并进行资源对接，邀请沪、深交易所专家走访优质项目。

3.3.7 科技服务匹配

湖南股权交易所组织熟悉科技创新政策的行业专家和科技专家与企业开展"面对面"交流，采取政策宣讲、精讲、训练营等方式，为科技创新专板挂牌企业答疑解惑；组织各类计划项目评审专家开展"点对点"服务，指导科技创新专板挂牌企业关注项目申报要点，编制项目申报、招标文件，帮助科技创新企业获得财政项目资金支持；组织技术专家开展"一对一"服务，根据科创企业的技术人才需求，提供联合研发、成果转化、专利许可、人才导入等精准服务，进一步提升企业新技术、新产品的开发能力和市场竞争力。

在省地方金融监管局等厅局部门及财信金控的指导下，湖南股权交易所围绕"上市路径规划"和"企业转型升级"，立足企业的共性需求和个性需求，制订工作计划，邀请财信证券、财信产业基金兄弟单位参与，组织专业服务机构专家团队，加速对挂牌企业进行孵化培育，组织开展了1期走进上交所、1期政策与科技赋能圆桌会议、2期专题私董会、2期规范必修班培训、3期融资路演、走进省内3家明星上市公司、4个月董秘班系统培训、10余期掘金四板专题宣传等系列服务活动，实现了对挂牌企业服务需求的全面覆盖，以及企业之间的高频互动，获得了企业的积极参与和一致好评。

3.3.8 其他资源对接

湖南股权交易所及时收集企业需求、协调各方资源，为企业提供产学研合作资源对接、营销渠道、宣传资源以及并购重组资源对接等服务，以满足各企业发展过程中的个性化需求。除展开精准投融资对接服务以外，针对企业提出的政策对接、战略咨询等个性化需求，湖南股权交易所为创星科技、云港生物、东映碳材、康润药业等9家企业提供了一系列"一对一"服务。例如：再度走访兴元科技，参与企业与央企子公司中电互联的战略合作洽谈，促使双方达成合作；为安信生物对接省科技厅，成功申报"新冠肺炎疫情防控应急科技攻关专项"项目；为东映碳材、湘潭电机、惠瑞生物等匹配股权激励、税务咨询服务机构；组织康润药业与创星科技高层进行合作洽谈，探讨业务捆绑合作；积极引荐精正设备与东映碳材进行业务合作，发展上下游合作伙伴关系；组织财信证券启元律所、中审众环两家中介机构负责人对接精正设备，为企业进行上市规划；帮助创星科技、兴元科技协调沟通上市过程中遇到的股权架构调整、股份转让受限问题；协助湖南发展与五洲通药业董事长沟通并购投资方案，成功说服企业同步启动IPO工作。

上述系列服务，成功打造了创星科技（成功实现融资1.5亿元、科创基金参与投资）、中晟全肽（估值翻倍、科创基金参与投资）、云港生物（全程牵头、帮助企业实现融资6500万元）、五洲通药业（推动企业启动上市进程）、兴元科技（参与企业与中电互联谈判，获得其战略投资）等一批典型案例。

3.4 企业挂牌科技创新专板

3.4.1 挂牌条件

目前，科技创新板挂牌标准由各地股权市场自主确定。根据《湖南省区域性股权市场设立科技创新专板工作方案》，企业申请在湖南省区域性股权市场科技创新专板挂牌，应当同时符合以下条件：

（1）行业属性：符合国家战略，拥有自主知识产权和核心技术，具有一定市场认可度，属于互联网、大数据、云计算、人工智能、软件和集成电路、高端装备制造、生物医药、新材料、新能源等高新技术产业和战略性新兴产业；湖南省12大重点产业及20个新兴优势产业链企业优先。

（2）业绩方面：①连续2年盈利且合计净利润超过2000万元；②最近一年盈利且营业收入超过8000万元；③最近一年营业收入超过8000万元且最近三年累计研发投入占最近三年累计营业收入的比例不低于10%；④最近一年营业收入超过5000万元且估值超过3亿元；⑤具有高成长性且经省地方金融监管局、省科技厅、省工业和信息化厅联合评估后推荐。

（3）科技创新认定条件：①已通过国家高新技术企业认定；②完成科技部科技型中小企业评价入库；③进入国家或省制造业创新中心名单；④获得国家技术创新示范企业称号；⑤经省地方金融监管局、省科技厅、省工业和信息化厅联合评估后推荐。

（4）规范要求：①治理机制健全；②财务管理规范；③企业及其控股股东、实际控制人最近两年无重大违法行为。

（5）企业性质：股份有限公司或有限责任公司。

（6）依法设立且持续经营两个完整的会计年度。

（7）业务完整，能够面向市场独立持续经营。

（8）最近一年内主营业务和董监高核心人员没有发生重大不利变化，实际控制人没有发生变更。

从挂牌条件来看，"科技型"和"创新型"是科技创新专板所服务的挂牌企业最为鲜明的"旗帜"，对这些企业的准入主要遵循的是"四新"（新技术、新业态、新模式、新产业）标准，其财务状况和企业规模则是次要标准，相比于其他对财务状况和企业规模要求严格的市场板块来说，这是不可想象的。因此，科技创新专板与其他市场板块相比，更加关注挂牌企业的成长潜力，为尚处于初期的科技创新型企业提供良好的"孵化市场"，同时为科创板和创业板输送企业资源。

3.4.2 挂牌规模及质量

湖南省区域性股权市场科技创新专板首批挂牌的16家企业分布在全省9个市州，主要集中在生物医药、新材料、新能源、新一代信息技术、智能制造等领域。首批挂牌企业有国家重点实验室、博士后工作站，部分承担着国家重点项目，普遍具有"科技硬核、高速成长、上市预期"等特点。截至2020年12月31日，科技创新专板挂牌企业累计34家，其中，"小巨人"企业20家，年营收过亿元的20家，净利润过千万元的21家，10余家已获得多轮融资，22家已启动或明确上市规划。这些湖南"科创新星"企业，通过湖南省区域性股权市场，按下了发展"快进键"，同时也给创新开放的湖南注入了发展新活力。

3.4.3 首批挂牌企业资质情况

（1）科技创新专板挂牌企业均拥有自主知识产权和核心技术，主要集中在生物医药、新材料、新能源、新一代信息技术、智能制造等符合国家战略及湖南省重点支持发展的12大重点产业及20个新兴优势产业链产业，科技创新属性明显。例如：东映碳材公司生产的高性能沥青基碳纤维产品，主要应用于航空航天领域，是国家重大战略武器装备发展所迫切需要的关键原材料，解决了国防工业"卡脖子"难题，目前已成为世界第四家、中国第一家可以稳定提供连续高性能沥青基碳纤维产品的企业，公司目前已获受理申报48项专利、已获授权11项专利；康润药业承担了国家"863"计划、"重大新药创制"、"国家战略性新兴产业蛋白类生物药发展专项"等重大国家科技项目，开发了中国第一个丙型肝炎病毒抗原检测试剂盒，第一个四代丙型肝炎病毒抗体检测试剂盒，国内唯一含气微球造影剂、国家一类新药重组葡激酶、国内首台无线掌上超声成像系统等产品；云港生物拥有专利20余项，发明专利9项，率先突破生物酶法合成熊去氧胆酸技术，转化率高达99.99%以上，远超化学法，为全球第一家从猪胆、鸭胆中提取合成熊去氧胆酸的企业。

（2）有一定的规模，成长性突出。2020年底，拟挂牌企业已有34家，既有上了一定规模、体量较大的企业，也有目前还处于发展期但成长性突出的企业。

（3）有明确的上市规划。在2020年底拟挂牌的34家企业中，22家企业已启动或明确上市规划。例如：康润药业、创星科技已完成股改，计划两三年内申报IPO；东映碳材、中晟全肽、云港生物、安信生物、佳鸿机械等计划在2022年前后启动IPO。

"在湖南股权交易所设立科技创新专板，培育科创板上市后备资源"已写入政府工作报告，被列为省政府2020年金融重点工作。可以预见，着眼未来3~5年，在省政府、各厅局的指导支持下，通过政策赋能、资本赋能、科技赋能、协同赋能"四大赋能工程"，湖南股权交易所科技创新专板必将培育孵化一批登陆科创板、创业板的上市企业，并由此带动湖南省12大重点产业发展及20个新兴优势产业链转型升级。

3.4.4 挂牌企业融资情况

截至2020年12月31日，科技创新专板挂牌企业累计实现融资7.45亿元，包括股权融资3.81亿元、债权融资2.59亿元、股权质押融资1.05亿元。其中，东映碳材实现股权融资1.45亿元、中晟全肽实现股权融资1.0158亿元、创星科技实现股权融资0.69亿元、云港生物实现股权融资0.65亿元；宏旺环保实现股权质押融资1.05亿元。2020年12月，创星科技获得了由湘医投资基金领投、财信产业基金、中盈投资等六家机构跟投的A轮1.5亿元的融资。2020年底，中晟全肽A+轮融资为2亿元，投后估值达12亿元，公司正在与高瓴资本、鼎晖创投、IDG、达晨、深创投、财信产业基金科创子基金等股权投资机构进行密集对接，私募股权市场非常看好这一生物医药类创新企业的前景，科创子基金已完成投资决策流程，将对企业投资1000万元。

3.5 精准对接科创板

科技创新型中小企业是我国科技创新的核心主体，但在高投入与低融资满足率的困境中，科技创新型中小企业面临较为严峻的融资难、融资贵的问题。科技创新的特征是培育慢，但更新迭代的速度快、经营风险高，需要与之相匹配的风险资本和资本市场进行精准支持，才能更好地发展。湖南省区域性股权市场科技创新专板专门服务尚未进入成熟期但具有成长性的科技创新型中小企业，聚集新模式、新业态的"独角兽""隐形冠军""单项冠军"企业，为湖南省企业登陆上海证券交易所科创板和深圳证券交易所创业板培养后备资源。

3.5.1 对接科创板

目前，企业登陆上交所科创板还是有一定门槛限制的，许多处于创业阶段的中小企业在规模上很难达到科创板准入条件，可以通过科技创新专板对企业进行进一步培育，使其达到转板上市要求。

表 2-3-1　科技创新专板挂牌与科创板上市差异化财务指标对比

板块名称	净利润水平	营收水平	研发投入与现金流水平	市值估值水平	成长性与市值评估
科技创新专板	连续 2 年盈利且合计净利润超过 2000 万元	最近一年盈利且营业收入超过 8000 万元	最近一年营业收入超过 8000 万元且最近三年累计研发投入占最近三年累计营业收入的比例不低于 10%	最近一年营业收入超过 5000 万元且估值超过 3 亿元	具有高成长性且经省地方金融监管局、省科技厅、省工业和信息化厅联合评估后推荐
科创板	上市后的预计市值不低于 10 亿元，最近两年净利润为正且累计净利润不低于 5000 万元，或最近一年净盈利且营业收入不低于 1 亿元	上市后的预计市值不低于 15 亿元，最近一年营业收入不低于 2 亿元，且最近三年研发投入合计占最近三年营业收入的比例不低于 15%	上市后的预计市值不低于 20 亿元，最近一年里，公司的营业收入不低于 3 亿元。同时，在最近三年里，公司产生的累计现金流量净额不低于 1 亿元	上市后的预计市值不低于 30 亿元，最近一年营业收入不低于 3 亿元	上市后的预计市值不低于 40 亿元，同时，公司的主要业务或产品需要经过国家有关部门批准，确认产品的市场空间大，目前已取得阶段性成果

资料来源：根据相关资料整理。

从表 2-3-1 中可以明显看出，科技创新专板和科创板对企业的准入要求具有一定的相似性和衔接性，且科技创新专板在挂牌准入标准设置上较为严格。科技创新专板的设置，旨在搭建企业从四板市场进入主板市场的跳板。企业在科技创新专板的培育下，可较为快速地达到科创板的上市要求，进一步提升资本市场的资源配置效率。

3.5.2　科技创新专板与科创板实施对接的意义

（1）有利于完善中国多层次资本市场体系。打通多层次资本市场体系之间的转板通道，可形成层次分明、可上可下、进退有序的市场格局，有助于厘清各自的市场特色定位，缓解不同板块之间的挤压效应，促进各层次市场优胜劣汰作用的发挥，减少资本市场中的信息不对称及逆向选择行为，在保护投资者利益的基础上提升资本市场的资源配置效率，尤其对吸引更多合格投资者进入区域性股权市场进行投资交易具有重要意义。

（2）有利于促进科创板良性发展。区域性股权市场拥有庞大的中小微企业客群，科技创新专板与科创板建立转板机制能发挥以下作用：一是能够为科创板源源不断地孵化、培育并输送上市后备资源，成为科创板后备力量的源头活水；二是能够为科创板提供大量专业投资者资源，有助于科创板进一步良性发展；三是作为中小型科创企业信息披露的平台，科技创新专板能够为科创板提供风险释放的前置窗口；四是能够发挥区域性股权市场的"双峰"监管优势，为科创板提供退市渠道。

（3）有利于区域性股权市场科技创新专板良性发展。一是能够吸引大量优质中小企业在科技创新专板挂牌，增强企业发展信心，增强企业主动规范的意识。二是有利于吸引更多银行、券商、创投、担保等主流金融机构参与区域性股权市场建设，促进地方金融要素进一步集聚，更好地发挥区域性股权市场的服务功能。三是能够吸引并培育更多合格投资者，助推投资资金布局不断从后期向早期移动。四是从科技板及科技创新专板两个增量板块试点做起，有利于探索可复制的机制、模式和经验，在更大范围内推广。

第4章

企业服务"八步曲"：中小企业"全周期"一站式服务体系

湖南股权交易所先后经历了模仿场内市场的初创阶段、跳出传统交易所模式的探索阶段，目前进入"轻交易、重服务"的综合金融服务转型升级阶段。近年来，湖南股权交易所紧紧围绕证监会对四板市场提出的四大功能定位——"小微企业培育和规范的园地、小微企业的融资中心、地方政府扶持小微企业各种政策和资金综合运用的平台、资本市场中介服务功能的延伸"，持续为湖南的中小微企业提供改制辅导、融资转让、财务顾问、信息咨询、管理培训、路演宣传、培育孵化等一揽子服务。湖南股权交易所一方面积极与湖南省委、省政府及各部门进行汇报沟通，推动相关政策落地，另一方面持续打造服务中小微企业的综合金融服务体系。经过多年的经验积累，湖南股权交易所创新整理出了企业服务"八步曲"。

湖南股权交易所企业服务"八步曲"推出以来，覆盖的挂牌企业超过80%，打造出了宏志达、普济生物、科锐股份、宝东农牧等30余个深度服务案例，由中国证券业协会区域性股权市场专业委员会重点推荐，获评"2019年湖南金融力量"。

4.1 企业服务"八步曲"介绍

湖南股权交易所根据企业刚需及融资次序，按照"培育规范助提升—先债后股、由内及外促融资—高管联点连资源、解难题"的服务思路及逻辑顺序，建立了由挂牌托管、商学院培训、私董会、融资沙龙、股权激励训练营、商业计划书训练、融资路演、个性化服务（高管联点等）组成的中小企业"全周期"一站式服务体系。

4.1.1 第一步曲——挂牌托管

企业进入股交所挂牌，虽然进行了股份制改造和股权的登记确权，但是相关管理人员对于如何规范治理结构并没有较为深刻的认识。湖南股权交易所组织挂牌企业进行股改必修班培训，让相关管理人员学习"三会一层"如何建设、董监高的权责利如何匹配、内部控制如何建立等，有助于企业尽快建立现代企业制度并有效运行。

4.1.1.1 规范必修班介绍

资本市场的良好运行离不开"规范"与信息披露。"规范"以治理结构要规范、"三会一层"的机制要健全、"董监高"的责权利要匹配为基本要求。为使股改挂牌企业迅速掌握在湖南省区域性股权市场规范运作的基本规则与要求，熟悉湖南股权交易所的服务内容和服务产品，建立起股改挂牌企业与湖南股权交易所的连接纽带，湖南股权交易所向股改挂牌企业的实际控制人、董事长、总经理、董秘、财务总监等高级管理人员开设必修班。必修班课程共安排了三个环节，分别是企业治理结构优化授课环节、挂牌企业注意要点分享环节和金融机构融资产品对接环节。同时，湖南股权交易所邀请股改挂牌企业的推荐机构参加为期一天的股改企业规范必修班。

4.1.1.2 规范必修班课程

规范必修班课程以《中华人民共和国公司法》（2018年第四次修正）为起点，深入分析该法对公司治理的重要影响，探讨企业治理的种种"门道"，并与目前国内企业存在的诸如董事会职权不明、董事和经理职权混淆、公司对经理层制约与激励不完善、独立董事"不独立"等缺陷相对接，从而使企业的股权结构合理化，加强企业的内部控制，降低企业的成本，增强企业的核心竞争力，提高企业的经营业绩，实现企业的可持续发展；由登记结算部分享挂牌企业的交易规则，从合格投资者、股权转让规定、资金管理、交易方式、暂停交易和终止挂牌等挂牌企业在股权交易中需了解的多个方面进行分享；在了解了交易规则之后，内核风控部将会为企业介绍挂牌企业信息披露和行为规则，主要介绍挂牌企业在从事股权交易、融资产品发行等事项上应遵守的法律法规，违法违规行为，以及企业信息披露的目的、依据和形式等内容。在为挂牌企业介绍完企业作为湖南股权交易所挂牌企业应尽的义务和应遵守的规则后，由投融资服务部进行现场分享。

4.1.2 第二步曲——商学院培训

宬曦商学院与深圳证券交易所、和君商学院、博商学院等合作，引入深交所董秘班、北大清华总裁班等师资资源，紧扣资本与股权核心主题及配套模块财务、法务，开发推出了涉及资本运营、宏观格局、法律、财税、精细化管理5个模块的24门实战型课程，针对中小企业和政府、园区的需求进行专业培训，帮助挂牌企业全面提升运营管理水平，如今已形成"1+N"的专业培训体系，即"一个系统班+多个专题班"的培训模式。

4.1.3 第三步曲——私董会

私董会是为整合湖南股权交易所挂牌企业资源，以精确化企业自身需求为目标，汇集跨行业企业家群体智慧组织的"私人董事会小组"活动。

私董会以"身份共鸣、非利益冲突、私密性"为基本原则，每次组织6~8位挂牌企业董事长组成一个"私人董事会小组"，每期固定私董会成员，组建老板私密智囊团，不定期就成员面临的重要问题展开讨论，深入剖析问题核心，分享经验与创意，共同应对挑战，共同成长，会上提出建议，会后跟进解决，帮助企业家解决自身和企业经营管理中的实际问题。

4.1.3.1 私董会组织流程

私董会组织流程如图 2-4-1 所示。

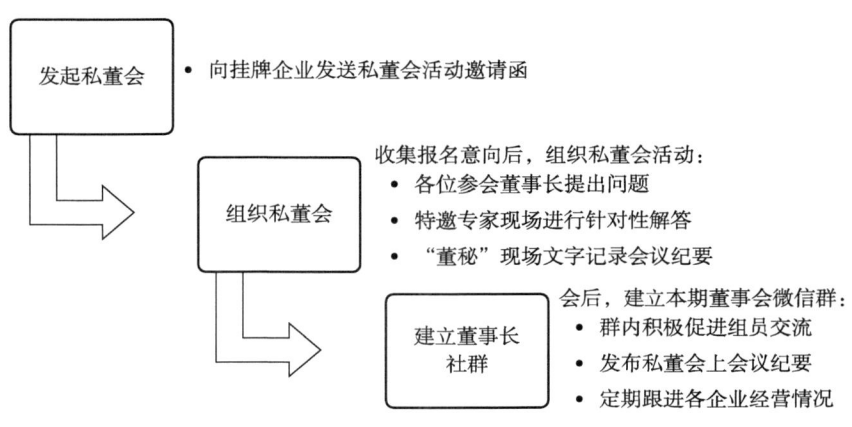

图 2-4-1　私董会组织流程

4.1.3.2 私董会活动议程

私董会活动议程见表 2-4-1。

表 2-4-1　私董会活动议程

时间	活动流程
13：30 — 14：00	签到
14：00 — 14：10	开场：私董会教练开场、私董会成员自我介绍
14：10 — 14：40	阐述：教练引导每个成员向大家详细阐述目前困扰自己的具体问题。阐述问题标准格式："我的问题是_____。这个问题很重要，因为_____。为了解决这个问题，我已经做了_____。我希望得到的帮助是_____。"
14：40 — 17：20	讨论：从第一个问题开始，所有参与嘉宾可提出建议或解决方案
17：20 — 17：30	总结：教练对今天的讨论进行总结陈词及点评
会后	股交所根据大家提出的问题，对接相关资源，解决相关问题，并跟进问题解决进度

4.1.3.3 私董会案例：第四期私董会顺利举行

智慧共享、携手前行是私董会创设的核心宗旨。2019 年 3 月 21 日下午，湖南股权交易所股改挂牌企业第四期私董会顺利举行。私董会事先收集参会企业现阶段的核心需求及问题，然后邀请湖南股权交易所董事长易卫红、湖南华略律师事务所主任郑日果、律师廖斯三位专家担任教练，现场为企业答疑解惑。湖南大唐机械锻造有限公司、湖南大溪地生态油茶发展有限公司、湖南恒星科技股份有限公司、湖南源安科技股份有限公司、湖南林泽科技发展有限公司五家湖南股权交易所挂牌企业的董事长参加本期私董会。

私董会上，五名企业家在企业战略发展、股权设计、融资方式等方面提出问题并展开详细讨论。大家纷纷出谋划策，分享彼此的经验和创意，总教练和两位专家从专业角度为企业提出中肯的建议，现场讨论十分激烈。企业家们都表示，私董会这种形式非常新颖，同道携手、专家指路，通过集思广益，从别人的分享中得到启发，拓宽了解决问题的思路。

股改挂牌企业私董会现已成功举办十期活动，会上提出问题，会后跟进解决。未来，私董会将作为一种为挂牌企业服务的重要形式，为企业提供一个务实、有深度的实战经验分享平台，为企业家们建设有智慧、有资源的人脉圈，着力为企业解决实际问题，帮助企业应对挑战，实现更好的发展。

4.1.4 第四步曲——融资沙龙

近年来，湖南股权交易所联合各银行、担保公司、知识产权交易中心及其他金融或类金融机构，先后为挂牌及托管企业举办10余场融资产品对接会、超20场融资沙龙及融资培训活动，为全省超200家中小微企业精确提供债权融资对接服务，债权融资累计超20亿元。

债权融资服务产品包括"股银通"、"股保通"、其他债权融资渠道产品及私募可转换公司债券产品，已在本部分第2章中详细介绍。

4.1.5 第五步曲——股权激励训练营

股权激励是指通过企业员工获得公司股权的形式，使其享有一定的经济权利，能够以股东身份参与企业决策、分享利润、承担风险，从而尽心尽力地为公司的长期发展服务的一种激励方法，是公司发展必要的一项相对长期的核心制度安排。

湖南股权交易所以"股权激励训练营"的模式，帮助企业进行股权激励。通过1~2天的时间，由教练团队以"授课+演练"的方式进行辅导，帮助企业团队认识和掌握自身股权激励工具，形成基于企业自身实际情况的股权激励方案，并与专业服务机构合作，对企业提供一对一定制化落地服务，全流程帮助企业实现股权激励方案落地。

股权激励的核心在于激励未来，其价值在于股权增值和兑现，激励的模式与方法要服务于公司发展战略，并且根据具体业务制定合适的激励模式及对应的考核办法。湖南股权交易所以企业的业绩增长作为激励前提，在保持业绩导向的同时，兼顾稳定和吸引人才，充分考虑股权激励模式及股份支付的影响等，推出了一套以股权激励训练营（见表2-4-2）为基点的股权激励标准板流程。

股权激励流程如下：

（1）提出申请。湖南股权交易所不定期发送股权激励训练营线上报名链接，有股权激励需求的公司可报名参加。

（2）现场组织。湖南股权交易所与中介机构达成战略合作，共同为湖南股权交易所服务企业进行股权激励辅导，开展1~2天的股权激励训练。前期通过训练营方式，15~30家企业的实际控制人带领高管团队参加，通过授课+演练相结合的方式，帮助企业发掘自身股权架构问题所在。

表2-4-2 湖南股权交易所股权激励训练营方案

第一天	股权激励总纲	1. 厘清思路，探讨股权激励的核心价值
	股权立体剖析	2. 如何设计合理的股权结构，确保在股权稀释后，老板还能保持对企业的控制权 3. 如何做到有效股权无限分配
第二天	股权激励方式的选择	4. 激励三种境界：花钱的激励、不花钱的激励、得钱的激励 5. 干股、期权、期股增值权、虚拟权、实股方式匹配何种类型的企业
	股权激励对象的甄选及典型案例	6. 企业如何实现"利益共同体—事业共同体—命运共同体"的转换 7. 激励对岗还是对人 8. 从精英到员工，多大范围内的股权激励比较合适 9. 如何打造投人又投钱的股权回流机制 10. 股权架构体系搭建典型案例剖析

（3）一对一服务落地。后期，湖南股权交易所与专家团队对有股权激励需求的企业进行上门一对一辅导，帮助企业量身打造股权激励实施方案，如图2-4-2所示。

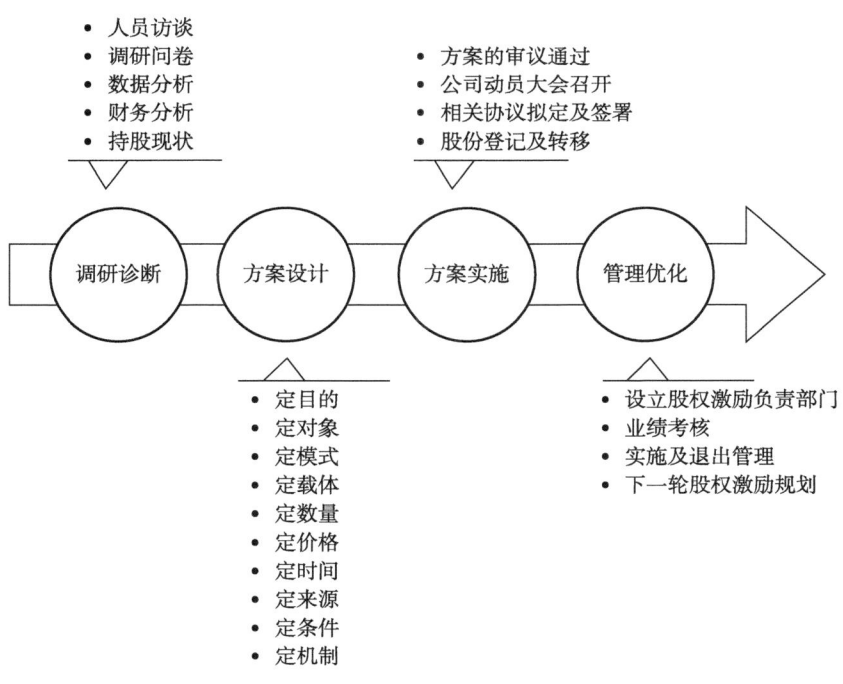

图2-4-2 股权激励具体操作流程

调研诊断：需要对公司现有拟激励的核心人员做充分的访谈（也可通过调研问卷辅助了解），了解其对股权激励的了解程度、相关诉求，以及对股权激励定价有什么建议、是否愿意出资，如出资有困难，更愿意接受哪种方式去解决出资问题，等等。同时，需要了解公司现有的股权结构、未来资本运作的规划、公司目前的财务状况（如每年净利润水平、是否有投资机构进入、现有投资估值多少、现有每股净资产多少）。

方案设计：方案设计是股权激励的核心内容。应根据前期的调研诊断，并结合公司所处的行业、未来资本运作规划、实际控制人的想法，制订出公司股权激励的初步方案，并将其提供给公司核心股东、董事会（如有）等决策层进行讨论。股权激励方案按照10D模型（定目的、定对象、定模式、定载体、定数量、定价格、定时间、定来源、定条件、定机制）制定。

方案实施：前期的股权激励方案经公司决策层讨论通过后，即在公司内部召开动员大会，让拟授予对象和未授权对象都清楚公司的股权激励规则，为后续激励对象签署协议打下基础。在实际案例中，很多公司在前期没有通过会议对股权激励的内容进行解释，导致员工对协议内容认识欠缺，以致达不到预期效果。因此，动员大会是一个必不可少的流程，开完动员大会后，应给出一定的时间期限让拟激励对象进行思虑，并对相应问题进行反馈。

管理优化：方案的实施完成仅仅是股权激励的开始，后续仍需管理与优化。有条件的公司可以成立相关负责小组，初创或小规模企业就由实际控制人直接负责，要对股权激励的实施过程进行动态调整，如有些激励对象的辞职或新的激励对象的加入、每年绩效考核结果对应的股权激励层面的授权标准调整等，以及在原有方案的基础上考虑下一期的股权激励事宜。

4.1.6 第六步曲——商业计划书训练

资本与企业的结合，是投资的开始。随着中国风险投资市场的逐渐扩大与完善，面向中小企业的风险投资蕴藏着巨大潜能。虽然国内大部分中小企业已经充分认识到获得风险资金对企业发展的重要性和紧迫性，但由于和投资机构缺乏有效的沟通，能够获得投资的中小企业微乎其微。这其中一个重大问题是企业要撰写风险投资商业计划书。一份好的商业计划书，不但能在投资者和创业者之间架起一座桥梁，而且是企业获得投资后开展后序工作的指导书。

4.1.6.1 商业计划书撰写服务模式

根据定义，商业计划书（Business Plan）是公司、企业或项目单位为了达到招商融资和其他发展目的，根据一定的格式和内容要求而编辑整理的一份向受众全面展示公司和项目目前状况、未来发展潜力的书面材料。湖南股权交易所针对企业的不同需求和是否挂牌，提供免费或低费的商业计划书撰写服务（见表 2-4-3），服务内容主要包括一对一辅导、集中辅导、商业计划书撰写及展示推送四部分，所有商业计划书内容（PPT 版本）最终将通过深交所全资子公司——深圳证券信息公司"燧石星火"平台及股交所投融直通车面向全国近万家投资机构进行展示与推送。

表 2-4-3　湖南股权交易所商业计划书撰写服务详情

服务内容	企业类型	服务内容	收费模式
一对一辅导	从来没有接触过商业计划书	提供商业计划书模板及思路	免费
集中辅导	有商业计划书初稿，需要进一步完善	3 家以上企业集中辅导，并邀请外部专家参与点评	免费
商业计划书撰写	希望找专业机构付费撰写	推荐专业合作机构	挂牌企业可享渠道最优价格；非挂牌企业可享一定折扣
商业计划书展示与推送	有完善的 PPT 版本商业计划书	通过深交所子公司平台及股交所投融直通车，面向全国近万家投资机构进行展示与推送	免费

4.1.6.2　商业计划书撰写服务流程

商业计划书撰写服务流程如图 2-4-3 所示。

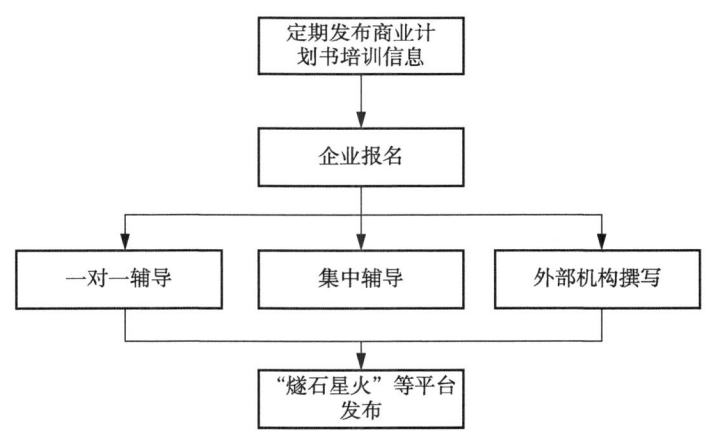

图 2-4-3　商业计划书撰写服务流程

4.1.6.3　开展商业计划书专题训练营

湖南股权交易所牵头发起或通过与专业服务机构合作的方式，组织开展商业计划书专题训练营，通过 1~2 天"专家授课+现场问诊演练+一对一辅导"的训练，解决企业商业计划书撰写中的商业模式、资本模式、盈利模式问题。

集中辅导训练营主要以普惠公益形式展开，核心流程如下：

（1）授课：建立资本思维，实现从经营产品到经营资本的转变，掌握全新融资思路，提升融资能力。

（2）授课+演练：商业计划书的撰写及路演演练。

（3）授课+辅导：通过商业计划书，解析商业模式，重新构建企业价值，掌握低成本获得高融资的融资技巧。

4.1.7 第七步曲——融资路演

当下，融资路演已经成为创业者成功融资的重要方式。2016年以来，湖南股权交易所牵头发起，联合深圳证券信息有限公司、湖南省股权投资协会等省内外多家投资机构及金融机构等，与长沙高新区、省工信厅、株洲市政府、湘潭市政府、湘阴县政府等单位多次合作举办大型全国网上路演大会，开展常态化投融资对接活动，为优秀企业提供与资本紧密对接、实现产融互动、展示自身形象、提升知名度和影响力的宝贵契机。

每次大型路演活动筹备期3个月，每次活动邀请全国范围内100余家知名投资机构到达现场，后续6~12个月持续跟进。以举办活动为载体，通过"项目筛选—集中专题培训—预路演辅导——对一现场跟进—多轮专家辅导—大型线上线下路演—投融资对接会及沙龙—重点机构精准匹配—尽职调查及投资谈判协助"全链条式股权融资整体解决方案，融资路演已形成"基础服务广覆盖、精品服务更精准"的服务体系。

4.1.7.1 路演服务模式

路演服务与商业计划书撰写服务都是湖南股权交易所提供的基础服务，并且针对企业的不同需求和是否挂牌提供免费及收费服务，服务类型包括集中路演和专场路演两种，服务详情见表2-4-4。

表2-4-4 路演服务详情

服务类型	服务对象	面向对象	服务内容	备注
集中路演	5家及以上企业	专业投资机构	邀请投资机构、现场组织、协助制订融资方案等	
专场路演	单个企业	专业投资机构	邀请投资机构、现场组织、协助制订融资方案等	
		产业链上下游、股东朋友圈	邀请投资人、现场组织、协助制订融资方案等	圈子融资

4.1.7.2 路演服务流程

路演服务流程如图2-4-4所示。

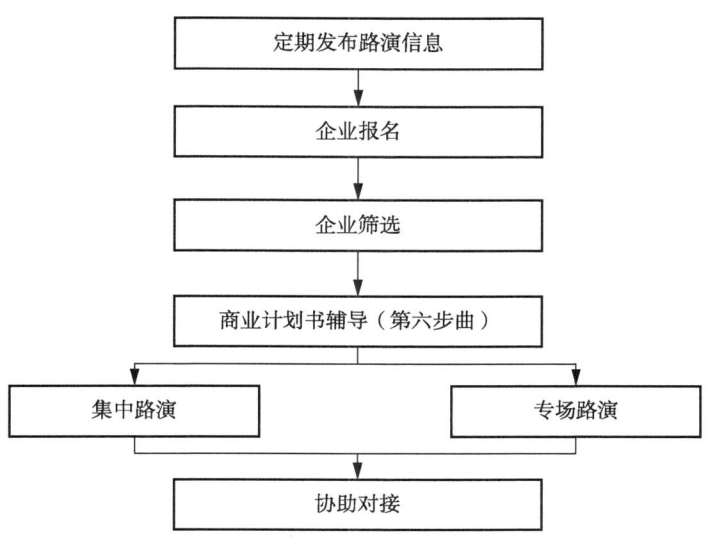

图 2-4-4　路演服务流程

4.1.7.3　融资路演成果

活动现场融资路演通过企业融资需求和投资机构偏好之间个性化、定制化的智能匹配和精准推送，搭建经济、高效、透明的投融资信息对接平台，解决了信息不对称的问题，促进了投融资信息对接。每次路演活动现场，都会有多位行业专家及资深投资人对路演项目进行专业点评，实现了创业者与投资人全方位的深入交流。湖南股权交易所的路演活动自举办以来，经过后续持续组织投资机构进行一对一对接，获得了不错的成效，见表 2-4-5。

表 2-4-5　湖南股权交易所融资路演成果

时间	举办规模	融资成果
2016 年 9 月	湖南股权交易所秋季路演会在长沙高新区举行，邀请到全国范围内 120 余家投资机构现场参会，从 100 余家目标企业中筛选及辅导出 10 家优质企业参加路演	获得现场意向投资金额 6.76 亿元；山猫吉咪、星邦重工、广成化工、林泽科技、方恒复合等多家企业陆续获得累计过亿元融资
2017 年 3 月	全国网上路演会暨"投融直通车"发布会在株洲举行，邀请到全国范围内 100 余家投资机构现场参会，从 100 余家目标企业中筛选及辅导出 6 家企业参加路演	获得现场意向投资额 4.25 亿元；澳维环保等企业获得融资
2017 年 7 月	全国网上路演大会第 2 场暨湘潭智造谷专场路演会在湘潭举行，邀请到全国范围内 100 余家投资机构现场参会，从 60 余家目标企业中筛选及辅导出 7 家优质企业参加路演	获得现场意向投资额 6.34 亿元；华联电机、众满轮胎等多家企业获得融资

续表

时间	举办规模	融资成果
2017年12月	湘阴县人民政府和湖南股权交易所联合举办"美好湘阴资本盛宴——'资本服务进湘阴'企业挂牌签约仪式暨路演培训活动",邀请到全国范围内60余家投资机构现场参会,从50余家目标企业中筛选及辅导出湘阴本土7家优质企业进行路演展示	获得现场意向投资额1.46亿元 鸿跃电池获得上市公司投资
2018年4月	"长沙高新区科技金融路演平台科技企业投融资常态化路演第五期"在长沙高新区举行,现场共有80多家投资机构、20多家证券公司及银行等金融机构参与	获得现场意向投资额1.95亿元 云中科技等企业获得后续融资
2019年6月	省工信厅"湖南省新兴优势产业链企业股权投融资撮合对接会"顺利举行,现场约400人参与,湖南股权交易所辅导的5家企业参与了现场路演	华腾制药、云中科技等企业获得后续融资
2019年6月	高新区瞪羚企业路演暨"我要投资"财信·2019麓谷创投大会发布,湖南股权交易所辅导的6家企业参与了现场路演,现场约200人参与	晶易医药等企业获得5000万元以上融资
2019年12月	长沙高新区金牌董秘培养结业路演在长沙高新区举行,创星科技、宏博教育、地球仓科技、软神科技公司代表参加路演,现场约100人参与	创星科技近期完成1.45亿元融资
2019年12月	资本市场县域工程之资本对接路演活动顺利举行,现场有来自省内外的60余家机构参与。本次路演也通过线上平台面向全国2000余家机构进行直播,吸引了12万人次线上观看	获得现场意向投资额2.46亿元
2020年3月	高新区重点企业融资对接路演第一场,品胜生物、泰通能源、安智教育三家公司参加现场路演	安智教育正在与腾讯资本洽谈投资条款
2020年3月	高新区重点企业融资对接路演第三场,湖南智来教育科技有限公司、湖南宜通华盛科技有限公司、湖南泛耀中创科技有限公司、湖南医家智烯新材料科技股份有限公司四家公司参加现场路演	宜通华盛等企业即将完成融资落地
2020年7月	麓谷基金广场·"我要投资"2020麓谷创投大会活动启动仪式暨Pre-IPO企业资本对接会活动在长沙高新区举行,华诚生物、易净环保、创星科技、强智科技、麦融高科、江河机电参加现场路演	华诚生物、创星科技等企业获得过亿元融资
2020年10月	湖南股权交易所科技创新专板&长沙高新区金牌董秘培养工程企业路演活动圆满举行。中晟全肽、精正设备、安信生物、富士电梯等来自湖南股权交易所科技创新专板的企业及长沙高新区金牌董秘培养工程的学员企业进行了现场路演	中晟全肽已通过岳麓科创基金投决会,与国内头部股权投资机构密集接触,本轮有望实现1.5亿~2亿元融资
2020年12月	长沙高新区金牌董秘培养工程结业路演顺利举行,安智教育、中晟全肽、精正设备、天骄物流四家企业进行路演	安智教育、中晟全肽本轮将达成过亿元融资
2020年12月	2020年湖南省科技金融服务总结表彰暨投融资路演顺利举行。睿朋智能、京能新能源、瑞和数码、中部创新、精正设备、通诺信息、江冶新能源七家公司参加现场路演	获得现场意向投资额2.32亿元

4.1.7.4 组织投资机构走访对接

路演结束后,通过现场收集参会投资机构的投资意向,持续从深圳证券信息有限公司平台获得投资机构对接意向,并在线下向投资机构进行精准定向推送,股交所组织意向投资机构走访企业,进行现场对接,并根据机构后续意向,全程跟进,协助企业与投资机构进行尽职调查、估值谈判,尽最大努力促成投融资落地。

4.1.8 第八步曲——个性化服务（高管联点等）

中小微企业在成长过程中,除了规范、融资的普遍需求,也存在大量的个性化需求。湖南股权交易所创新推出"高管联点"实现"五大资源"对接,目的就在于满足企业的个性化需求。

"高管联点"是指由湖南股权交易所每位高管确定联系一批挂牌企业,分批带领专业团队逐一上门进行联点帮扶,问诊把脉,帮助企业解决具体问题。2018年以来,湖南股权交易所"高管联点"每季度分批走访,走访重点股改挂牌企业共计200余家,覆盖面达到60%,每位高管所联点的企业均做到了"建档立卡"、跟踪服务,解决了过往企业挂牌后续服务"跟不上"的问题,助力企业与政府资源、产学研技术、并购资源、营销渠道、宣传资源五大方面的个性化资源对接,得到相关企业的高度肯定。

（1）政府资源协调。

中小微企业在发展中存在许多对接政府资源的情况,如对接税务、工商、财政、金融局及工业园区管委会等各类政府部门。湖南股权交易所作为省级资本市场运营机构,与各政府部门联动密切,可帮助服务的挂牌企业协调各类政府部门资源,满足需要"一事一议"的个性化需求,如为挂牌企业嘉盛德新材持续对接工业园区资源,努力帮助该企业解决场地搬迁问题。

（2）产学研技术对接。

企业界与学术界是两个完全独立的系统,高校是科研成果的主要提供者,企业是科研成果的需求者,两者可建立合作关系。企业以市场需求为导向,对科研成果有强烈的需求却不知从何下手,而高校定位前沿科学研究,得出的成果因无法满足市场需求而出现转化难的问题,双方在需求对接上严重失调。

为解决服务企业与高校之间长期存在的信息不对称问题,湖南股权交易所与湖南省内各大高校建立联系,帮助有产学研需求的服务企业直接对接高校课题组。目前,湖南股权交易所已与中南大学、湖南大学、湖南工商大学等高校建立紧密联系,帮助一批企业对接产学研项目。

（3）并购资源对接。

企业并购与被并购是企业资本经营的重要方式。通过并购,企业可以有效实现资源合理配置,扩大生产经营规模,实现协同效应,降低交易成本,还可以提高企业的价值。四板市场的中小微企业由于受自身规模与资源限制,无法直接实现转板预期,转而选择寻找被并购机会。

为帮助服务企业链接并购资源，湖南股权交易所主要做了以下两方面工作：一方面，与全国各大券商投行部建立紧密联系，如财信证券、中信证券、方正证券、银河证券等，定期梳理上市公司并购需求，再精准匹配服务企业；另一方面，与上交所下属子公司上海证券信息有限公司及深交所下属子公司深圳证券信息有限公司签订战略协议，推荐并购标的，形成资源共享机制。

上海证券信息有限公司以服务资本市场主体为己任，整合政府平台、上市和拟上市公司、金融服务机构、中介服务机构等各类市场主体资源，并将其汇聚于"上证云平台"，向市场提供持续、特色、高效的财经资讯服务，为市场投融资、产业并购提供资源匹配服务，努力成为资本市场有影响力的金融信息产品供应商和服务商。深圳证券信息有限公司是国内最早从事互联网证券信息服务的专业机构，成功构建了以数据库为基础、以信息披露为核心、集网站和新媒体终端等于一体的多层次资本市场跨媒体信息传播体系，打造出巨潮网、深证、国证系列指数等财经知名品牌，成为中国资本市场信息服务领域的领先企业。根据合作协议，两家公司将为湖南股权交易所的挂牌企业重点提供股权融资、并购重组、路演活动等多元化的投融资信息咨询服务。湖南股权交易所利用其区域平台优势，向上述两家公司提供项目信息。

（4）营销渠道对接。

对大部分中小企业而言，除了融资需求外，销售渠道的拓展也是重要发展诉求，尤其是线上销售渠道。在互联网时代，中小微企业受限于自身资源及能力，难以自建线上销售平台。为帮助服务企业实现营销转型，湖南股权交易所与多个线上电商平台达成紧密合作，帮助传统企业建立互联网发展思维，提供线上销售模型，助力服务企业开拓线上渠道。目前，湖南股权交易所合作的线上第三方平台有京东商城、天猫、苏宁易购、阿里农村、惠农网、搜农坊等。湖南股权交易所定期举办平台与企业对接会，搭建互动平台，已推荐十几家企业至各大电商平台，快速实现了销售突破。

（5）宣传资源对接。

"无湘不成军"是湖湘历史的生动写照，而广电湘军、文化湘军、企业湘军诸多行业现象已然成为湖南"创新创业"的最好诠释。为寻找资本市场"潜力股"，激活湘商"创业激情"，湖南股权交易所联合红网推出"掘金四板"企业调研活动。"掘金四板"企业调研活动以"产融结合"为主线，以融资、融智为核心方向，通过调研专访代表性龙头企业、创新型企业，挖掘行业"小巨人"和"独角兽"公司，以提升湖南挂牌企业的资本市场投资价值。

宣传资源对接服务活动主要可分为"线下活动"和"线上宣传"两部分。

线下活动是指湖南股权交易所联合投资机构、中介机构、媒体一同走访优质挂牌企业，了解企业基本情况，挖掘企业成长价值，投融资机构从股改、融资、商业模式、发展战略等角度为企业发展把脉，媒体从品牌价值和投资价值等维度解读企业的未来发展逻辑，共同为企业提供一揽子解决方案，并通过"掘金四板"线下活动，向广大投资者全面推介湖南股权交易所及其挂牌企业，为湖南股权交易所和挂牌企业打造了一个全新的形象展示平台、投资者关系平台、投融资推介平台及品牌宣传平台。

线上宣传以红网证券为主要媒介，专题打造"掘金四板"品牌栏目，宣传湖南股权交易所多板块业务、发布湖南股权交易所和企业软文资讯、推介优质企业，使湖南股权交易所成为企业对外展示的重要窗口。

红网证券频道依托红网新媒体集团"网报端微视屏"的传播矩阵，多渠道推介"掘金四板"大型巡礼活动。其价值服务包括红网网站刊登、时刻新闻推送、红网 LED 小屏联播网优质展示三种方式。其中：红网网站刊登是指红网证券频道依托红网在全国新闻网站中的较高新闻传播转载权重，以新闻、图片、视频、专题等形式，对湖南股权交易所的重要动态、活动、深度走访的挂牌企业等进行展示；时刻新闻是红网证券时刻页卡开设的"掘金四板"专题，以焦点图或头条的形式，对专题进行推荐，对湖南股权交易所的相关软文等资讯也进行同步推送；红网 LED 小屏联播更多的是对优质企业的独家放送，在"掘金四板"全年的活动中，红网证券将择机从走访的四板企业中选择有投资价值、具有"独角兽""小巨人"等特质的企业，通过小屏推荐的形式，展示湖南股权交易所孵化的优秀企业的风采。

4.2 企业服务"八步曲"案例介绍

4.2.1 挂牌企业——长沙普济生物科技股份有限公司概况

长沙普济生物科技股份有限公司（简称"普济生物"），挂牌代码 600097HN，2010 年 10 月成立于国家级浏阳经济技术开发区，是一家集国内专业氨基酸表面活性剂研发、生产、销售于一体的国家高新技术企业，也是长沙市重点支持企业。普济生物产品质量稳定，各项指标均达到国际水平，在行业内具有较高知名度。

普济生物始终坚持以人为本，成立了拥有众多科技人才的氨基酸表面活性剂研究院，打造了一支以博士和硕士为主体的研发团队，与江南大学、湖南省食品药品职业学院、湖南省化工研究院等多所高校及科研机构建立了长期战略合作关系；目前，已在氨基酸表面活性剂领域获得 21 项专利（4 项发明专利，17 项实用新型专利），拥有成熟的应用配方技术 200 余项，过硬的产品品质赢得了消费者的信赖。

截至 2020 年底，普济生物为国内外 800 多家化妆品及日化品牌公司提供原材料，覆盖全国市场及东南亚、韩国、澳大利亚、美国和欧洲市场。2018 年，普济生物在浏阳经开区购买了 92 亩地，建设新厂房，计划以现在普济生物为核心企业，扩大生产规模，建立 6 条标准的生产线。预计项目于 2021 年竣工验收。该项目建成后，将主要从事氨基酸表面活性剂原材料研发生产、氨基酸下游衍生品代加工生产、氨基酸下游衍生品牌运营销售，致力将其打造成为国际上最大的氨基酸大健康洗护产业基地。

4.2.2 湖南股权交易所为挂牌企业普济生物提供的深度服务介绍

自普济生物2017年8月在湖南股权交易所标准板挂牌以后，湖南股权交易所董事长易卫红带领业务骨干团队对普济生物进行了高管联点走访，随后针对普济生物开展了一系列服务活动：①邀请普济生物高管团队参加湖南股权交易所于2017年12月组织的第一期规范治理结构必修班培训活动。②为普济生物积极对接建设银行、浦发银行、长沙银行等贷款渠道。③组织普济生物高管团队参加2017年12月举办的第三期股权激励训练营。④帮助普济生物对接专业的商业计划书撰写服务机构。⑤为普济生物提供路演融资专家一对一辅导。2018年4月，为其组织专场路演活动暨新产品发布会，成功协助普济生物举办了路演大会，现场融资8000万元，顺利打通上下游产业链，建立战略合作关系。⑥通过湖南股权交易所平台的合作资源，成功帮助普济生物入驻京东自营、天猫自营等主流电商渠道。⑦帮助普济生物对接本省官方媒体频道及国内主流经济媒体，进行深度价值挖掘报道。⑧邀请普济生物董事长李今微女士参加"湖南股权交易所挂牌企业首期私董会"，与其余几位企业家共同就股权激励、家族企业股权纠纷、企业品牌提升、关联企业等问题展开讨论，并给出相应解决方案，为挂牌企业建立了同频共振的交流平台和社群服务平台，取得了很好的示范效应。⑨2018年8月，协助普济生物成功举办"2018中国氨基酸型表面活性剂高峰论坛"。此次高峰论坛是国内就绿色的氨基酸型表面活性剂进行研讨的大型会议，有逾200位业内权威科研机构、高等院校及国内外主要日化龙头企业的核心研发成员参与，共同打造行业绿色健康新名片，谱写安全环保新篇章。

通过上述一连串的标准服务动作及个性化服务方案，普济生物现在的品牌美誉度和知名度均大幅提升。目前，普济生物在国内原料市场布局了5家独家代理商、8家战略合作商，基本覆盖全国市场；在国外有5家代理商、2家战略合作客户，覆盖东南亚、中国台湾、韩国、澳大利亚、美国及欧洲市场；路演大会暨产品发布会达成了成品品牌与京东、天猫线上三年包销的销售合作，2020年的销售业绩兜底保障实现翻几番。未来5年，普济生物将立足于植物原料产品市场，启动终端产品市场计划，年营收目标为9亿元，计划2022年递交IPO申报材料。

4.3 企业服务"八步曲"的特点及创新

湖南股权交易所推出的企业服务"八步曲"极具创新性，逻辑严谨、链条衔接，以短期高效的课程体系为挂牌企业展开服务画卷，尤其注重微观需求，着力打造董事交流平台，并以"高管联点"的新颖方式跟进服务，通过所媒结合，主动挖潜优质企业。企业服务"八步曲"以严谨、科学的服务态度赢得了广泛好评。

4.3.1 逻辑严谨，链条衔接

"八步曲"是精准化、系统化、科学性、链条式服务范式的特色体系，拥有严谨的逻辑基础。在逻辑顺序上，它秉承"先培育，后提升"的服务理念：以小微商学院为鼎基，培育高管的经营管理素质并基于此构建湖南资本运营的"生态圈"；以"规范治理"为鼎壁，规范挂牌企业自身治理结构，"规范""正规""权责匹配"的完善结构更具引资力；以"股权激励聚团队"为鼎梁，牢握"宁缺毋滥"的基本原则，帮助企业以股权激励的方式留住战略性人才并激发其工作热情，铸造企业的利益共同体；以"私董会"为鼎耳，通过整合湖南股权交易所挂牌企业资源，汇集跨行业企业家群体智慧，以交流讨论的方式精准化挂牌企业需求，帮助解决企业家自身和企业经营管理中的实际问题。在融资思路上，按"先债后股、由内及外促融资"的科学化指导理念，以降低企业融资成本为基本点，以由"内"规范企业内部治理运营结构到"外"融资路演促融资的内外结合方式满足挂牌企业的资金需求。链条衔接体现在服务顺序的连接完整性上，"八步曲"的股权激励、商业计划书撰写、融资路演、个人化资源对接都分门别类地针对挂牌企业特殊需求进行配给，力求保持服务链条的衔接有序。

4.3.2 首创商学院培训，助力企业管运水平提升

湖南股权交易所"宬曦商学院"是全国首家由区域性股权市场创立的，面向中小微企业，集培训、咨询及投资于一体的专业型商学院。

4.3.2.1 师资优质，体系完备

湖南股权交易所宬曦商学院通过持续不断地吸收优质师资、梳理培训课程体系，已拥有一支来自深交所、北大清华总裁班、省内一流机构的实战经验丰富的专家导师团队。培训服务体系紧扣中小微企业的特征及成长过程中必须直面的关键问题，打造了24门实战型课程，涉及资本运营、宏观格局、法律、财税、精细化管理五大知识体系，形成"1+N"的培训体系，即"一个系统班+多个专题班"的模式。

宬曦商学院所设计的中小微企业课程专题针对不同的高管层推出对应的培训体系。随着资本市场对董秘人才需求的不断增长，宬曦商学院创新推出面向挂牌企业董事会秘书的"董秘班"、以培育资本思维为目的面向核心高管层的"资本经营大讲堂"、具有普惠性质的"银河培训"，以及服务挂牌企业个性化需求的三大训练营。

4.3.2.2 短期高效、集中训练、增值保质

湖南股权交易所的培育、培训工作，牢守"短期、高效"的基本原则，通过内容设计与过程优化，科学诠释"八步曲"服务流程的核心要素与基本理念。

"短期"体现在知识点覆盖全面以及避免过多占用参训人员时间的前提下，以较短的时间（1~2天）将培训工作开展到位。

资本经营大讲堂：邀请国内实战专家到所服务区县，以经济形势、金融政策、股

权融资、资本运作、企业投融资实践、金融创新及产融结合的全方位专业课程，针对中小企业高管开展大型培训讲座。资本经营大讲堂的课程短而精，每个主题讲座时长半天。

股权激励训练营：通过1~2天"专家授课+现场问诊演练+一对一辅导"的训练，帮助企业将家族传承、资本规划等顶层设计与股权激励全面结合，构建合理、可控的股权治理结构。

商业模式训练营：由湖南股权交易所牵头发起，或通过与专业服务机构合作的方式，组织开展商业计划书专题训练营，通过1~2天"专家授课+现场问诊演练+一对一辅导"的训练，解决企业商业计划书撰写中的商业模式、资本模式、盈利模式问题。

规范必修班：股改企业规范必修班通过为期一天的培训，帮助湖南股权交易所股改挂牌企业迅速掌握在区域性股权市场规范运作的基本规则和要求，熟悉湖南股权交易所的服务内容和服务产品，在股改挂牌企业与湖南股权交易所之间建立起连接纽带。

"高效"不仅涵盖整个服务流程，更体现在科学的授课方式上。以三大训练营和银河培训班为例，湖南股权交易所宬曦商学院2017年以来共举办商业模式、路演融资、高效融资、股权激励、业绩倍增、创新营销等多种专题训练营，邀请了省内外在相关专题领域具有实战辅导经验的专家团队作为训练营教练，以实操落地为特点，通过"专家授课+现场问诊演练+一对一辅导"的科学方式，带领企业针对自身实际情况，拓宽思路与发展路径，为学员企业制订专业化、有针对性的实施方案；银河培训班重点针对企业运营，采取"公开课程+现场辅导训练"的模式，现场分组进行竞赛式学习，每组配备一个指导老师，以"主持人+授课老师+各组指导老师+企业家学员"的模式共同探讨学习。在授课方式上，线上线下相结合，课程全程微信直播，而且可以回放；注重学习与线下训练相结合，练会应用工具，提升实战能力，组织学员走进标杆企业，与标杆企业高层交流，探讨学习优秀管理经验。除此之外，组织班级内部学员互访，多角度、多方位地进行交流互动。

"增值保质"体现在跟踪辅导、增值服务上，学员可参加湖南股权交易所组织的路演辅导、商业计划书辅导、一对一商业模式梳理、正式路演辅导等，并获得专家团队的深度跟踪辅导。

4.3.3 同频共振、跨界合作，打造核心"资本生态圈"

除了宬曦商学院完备、科学的高管培育体系，"八步曲"更是打造了专为企业核心高管层服务的合作交流平台。

湖南股权交易所以资本运作班为基础，整合外部专家、技术、人才、资本等资源，搭建持续学习与资源整合平台，定期举办讲座、沙龙、投融资峰会等活动，分享优质项目及人脉，构建高端资本圈，并通过组织沙龙交流、投资机构对接、企业互访等活动，打造出一个"同频共振""跨界合作"的学习交流平台。

此外，针对挂牌企业董事长亟待解决的核心问题，湖南股权交易所以"身份共鸣、非利益冲突、私密性"为基本原则，以"同道携手、专家指路"为主要特色，创新组织"私董会"，每次由6~8位湖南股权交易所高管联点企业家组成一个"私人董事会小组"，每期固定私董会成员，搭建老板私密智囊团，不定期就成员面对的重要问题展开讨论，深入剖析问题核心，分享经验与创意，共同应对挑战，共同成长，共同组成有深度、有智慧、有资源的人脉圈，私董会上提出建议，会后跟进解决，并由"高管联点"精确匹配资源，帮助解决企业家自身和企业经营管理中的实际问题。

4.3.4 高管联点，建档立卡，长期跟进

在微观层面，湖南股权交易所注重挂牌企业的个性化、精确化需求，创新推出"高管联点"来解决挂牌企业的具体问题。

"高管联点"，指由湖南股权交易所每位高管确定联系一批挂牌企业，分批带领专业团队逐一上门进行联点帮扶，问诊把脉，帮助企业解决具体问题。2018年以来，湖南股权交易所"高管联点"每季度分批走访，共走访重点股改挂牌企业200余家，覆盖面达60%，每位高管所联点的企业都做到了"建档立卡"，并长期提供跟踪服务，解决过往企业挂牌后续服务"跟不上"的问题。"高管联点"与"私董会"相匹配，私董会议程中所提问题，由相应负责高管进行记录，会后助力企业与其个性化资源对接。

4.3.5 所媒结合，主动挖潜优质企业，激发湖南资本市场活力

区域性股权市场是中国多层次资本市场的重要组成部分，是公司规范治理、进入资本市场的孵化器，也是广大中小企业进入资本市场的最佳选择。湖南股权交易所正是在秉承"为湖南省区域性股权市场的发展传递正能量，为优质挂牌企业挖掘投资价值"的宗旨下，率全国之先推出了"掘金四板"活动。

此外，作为全国首家与主流媒体合作推出"掘金四板"系列专题报道的区域性股权交易所，湖南股权交易所注重宣传的"时宜性"与"典型性"，利用红网新媒体集团"网报端微视屏"的传播矩阵，多渠道推介"掘金四板"大型巡礼活动，将红网网站和时刻新闻有机结合，采用头条视频、焦点图等多样化宣传方式，对湖南股权交易所的重要走访动态及相应活动进行多重展示，且对具有高投资价值与高成长潜力的"独角兽""小巨人"企业以红网LED小屏联播的方式进行高频推荐，真正发挥为四板市场"注活"的功能。

第5章
"两山基金"：创新创意投资基金

金融学相关文献指出，股权市场相比债权市场，更有利于促进企业的创新活动，原因在于股权融资存在风险与收益共享机制，不会增加企业的财务成本，进而会鼓励企业进行创新。因此，发展股权投资有利于一个区域内企业的创新选择。整体来说，湖南的私募股权投资基金规模较小，难以满足市场的需求。经济高质量发展需要发展一大批具有创新能力和增长能力的创新创意型企业，而这类企业的成长，需要建设一个规范、透明、开放、有活力、有韧性的资本市场。为此，湖南省委、省政府决定设立一只推动创新创意的私募基金，以促进湖南的科技创新与文化创意产业的发展，这就是"湖南两山股权投资基金"，简称"两山基金"。对于"两山基金"，可从以下两个层面来理解：从政府层面来说，主要是指引导科技企业创新与文化企业创意的股权投资基金，其目的是实现湖南省委、省政府的产业意图；从基金的微观组织层面来看，主要是指湖南两山股权投资基金合伙企业通过私募组织的"岳麓山科创基金"和"马栏山文创基金"，我们也将其称为"两山产业发展基金"。大力发展创新创意投资基金，培育科技型、创新创意型企业，是高质量发展的内在要求。

5.1 "两山基金"的设立背景

股权投资是区域性股权市场发展的核心内容。作为创新驱动的微观主体，中小微企业需要与其发展相适应的金融基础设施的支持。商业银行一般不愿意给小微企业贷款，特别是不愿意给创新型企业提供信贷资金。这是因为：①中小微企业缺乏可资抵押的财产为商业银行提供担保；②绝大部分小微企业财务不规范、不透明。因此，中小微企业发展需要新的融资体系。

在2020年的政府工作报告中，李克强总理明确强调要"深入推进大众创业、万众创新""发展创业投资"；在2020年6月国务院发布的分工意见中，也强调要"发展创业投资和股权投资"，并要求国家发展改革委等六部委年内持续推进。

2020年9月末，国务院办公厅印发的《关于以新业态新模式引领新型消费加快发展的意见》强调，要进一步"发展股权投资基金"。作为最典型的长周期与价值投资，私募股权投资是扶持科技创新最好的"耐心资本"，中国股权投资机构也正在科技创新发展领域持续发力。2020年10月颁布的《国务院关于进一步提高上市公司质量的意见》，明确提出支持股权投资基金发展，要求各级政府大力发展权益类基金，探索建立对机构投资者的长周期考核机制，吸引更多中长期资金入市。对资本市场而言，资金如同血液，其有序流动不仅能保障投融资平衡，更是上市公司提质和价值投资理念的内在逻辑。中长期资金正是促进资本市场生态循环、激发生态活力的源头活水。

为深入实施湖南省"创新引领、开放崛起"的重大战略，推进岳麓山大科城及马栏山视频文创园建设，打造湖南省高质量发展新引擎，培育湖南省经济新增长极，根据省委、省政府的战略部署和省财政厅的安排，财信金控部署财信基金采取母子基金（FOF）的形式发起设立"两山基金"，为创新型企业提供资金支持。

2019年5月底，谢建辉常务副省长主持召开省两山建设联席会议，明确财信金控设立推进两山产业发展基金。10月23日，省政府常务会专门研究并出台了《关于支持岳麓山国家大学科技城发展的若干意见》，提出将大科城打造成全国"最美大学城、领先科技城、一流创业城"，要求财信金控根据实际情况探索科技金融手段和模式创新，设立特色基金。同时，省财政厅拟首期出资2亿元，支持两山基金组建。因此，湖南"两山基金"的设立，符合中央的精神，也符合湖南域内的中小微企业，特别是科技创新型企业的融资需求。"两山基金"的设立，将成为推动湖南省区域性股权市场创新发展的内生动力。

5.2 "两山基金"的组织形式及运作流程

5.2.1 "两山基金"的组织形式

湖南两山股权投资基金合伙企业，是由湖南省财信产业基金管理有限公司发起组织的一个基金管理公司，主要从事非上市类股权投资活动。设立"两山基金"的目的是促进湖南的科技创新与文化创意产业发展。财信金控对基金行使出资人权利，承担相应义务，监督基金运作，及时将基金中财政出资部分的分红和退出资金（含本金和收益）上缴国库。财信金控每半年向省财政厅报告母基金及子基金的运行情况，并完成省财政厅交办的其他工作。"两山基金"的组织架构如图2-5-1所示。

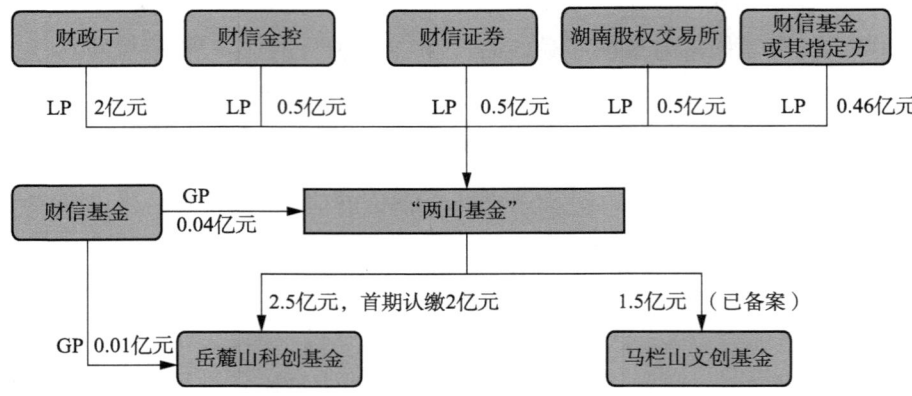

图 2-5-1　"两山基金"的组织架构

股权投资基金通常以有限合伙制的形式存在，由管理公司组织与管理，而管理公司一般由具有有限合伙关系的普通合伙人（GP）组成。决定基金有效性的是 GP 的从业经验与知识累积程度。一般来说，GP 选择投资对象，就是对所投企业家进行价值判断。只有长期从事这个行当的金融家或者投资人员，才有资格做 GP。"两山基金"的 GP 是湖南省财信产业基金管理有限公司（简称"财信产业基金"）。作为湖南省第一批创投机构之一，截至 2019 年 12 月 31 日，财信产业基金管理的湖南省新兴产业股权投资引导基金已组建 9 只子基金，基金总规模近 500 亿元①。财信产业基金是"两山基金"合适的管理人，既具有相应的股权投资经验，也能承担投资风险。

5.2.2　"两山基金"（母基金）的运作流程

5.2.2.1　"两山基金"（母基金）的募集

基金的募集一直是股权投资领域的重要环节。一般来说，股权投资基金绝大多数是 LP 提供的，GP 会向该基金出资 1%左右。"两山基金"（母基金）以财信产业基金

---

①　财信产业基金管理的湖南省新兴产业股权投资引导基金组建的 9 只子基金：a. 2018 年 8 月，与光大控股合作设立规模为 100 亿元、首期规模 40 亿元的湖南光控基金，实缴 20 亿元，投资了红杉资本、经纬创投、凯雷投资等设立的子基金，为湖南产业导入优质资源；b. 2018 年 9 月，与中化集团、启迪科服合作设立规模 20 亿元、首期规模 10 亿元的中启洞鉴新能源新材料基金，实缴 4.0 亿元，助力优质新能源、新材料企业加快发展；c. 2019 年 12 月，与航天科工合作设立规模 50 亿元、首期规模 20 亿元的湖南军民融合产业基金，推动军民成果高效转化，并成为国家军民融合基金第一只参股的地方军民融合基金；d. 2019 年 6 月，与 58 集团合作设立规模 20 亿元、首期 10 亿元的五八阡佰股权投资基金，实缴 4.0 亿元，让更多优质互联网企业打上了湖湘印记；e. 2019 年 4 月，与华润集团合作设立总规模 30 亿元、首期规模 10 亿元的农业产业兴旺基金，实缴 4.0 亿元，聚焦冷链物流与农业产业化领域，为传统产业发展提供金融支持；f. 2019 年 5 月，与 IDG 资本、富士康合作设立规模 100 亿元的 IDG 智慧出行基金，实缴 16 亿元，聚焦智慧出行全产业链；g. 2019 年 12 月，按照省委、省政府"两山"工程部署，与湖南广电合作设立总规模 20 亿元、首期规模 6 亿元的马栏山文创基金，支持打造"中国 V 谷"；h. 2019 年 11 月，与中金资本、中国电子合作设立规模为 50 亿元的中电中金智能制造产业基金，实缴 9.6 亿元，推动自主可控计算机及信息安全产业链建设；i. 2019 年 11 月，与普洛斯合作设立规模 100 亿元的普洛斯隐山现代物流基金，实缴 35 亿元，深耕现代物流集成与食品供应链科技领域。

为 GP，省财政厅、财信金控、财信证券、湖南股权交易所、财信产业基金或其指定方作为 LP 组成，基金存续期限为 12 年。

"两山基金"（母基金）的目标募集资金规模为 10 亿元，首期募集资金 4 亿元：财信基金作为 GP，出资 1%，即 0.04 亿元；财信金控、财信证券、湖南股权交易所各认缴出资 0.5 亿元；财信产业基金或其指定方认缴出资 0.46 亿元；财政厅出资 2 亿元，按程序报省政府审批并获得通过后，再出资到"两山基金"。

5.2.2.2 "两山基金"（母基金）的投资

为加快基金落地，推动"两山"建设，"两山基金"投资组建了 2 只子基金——马栏山文创基金和岳麓山科创基金。

5.2.2.3 "两山基金"（母基金）的投后管理

投后管理不仅包括股权投资机构在实施股权投资后，通过各种手段对被投企业运营进行的必要风险监控，还包括通过股权投资机构的自身优势，为被投企业提供战略规划支持、专业人员及高管的引荐、后续融资支持、完善被投企业治理结构、资本市场发展规划及实施等方面的增值服务，以期将其投资收益最大化。在已投企业经营环境和市场大趋势发生变化，各因素带来种种不确定性时，投后管理可以尽可能降低企业的试错成本，帮助企业少走弯路，从而缩短完成初设目标所需要的时间，或者促使企业朝更合适的目标奋进。

"两山基金"由财信产业基金管理，不收取管理费，参照省财政厅对基金投资领域、投资阶段和投资地域等政策性目标提出的意见，采取市场化方式运作，统一算账，整体考核。财信产业基金依托政府、合作园区及新兴产业基金子基金的资源优势，协同集团内的兄弟单位，对投资后的企业进行赋能，助力企业成长。

5.2.3 马栏山文创基金的运作流程

5.2.3.1 马栏山文创基金的募集

马栏山文创基金是由财信金控和湖南广电共同发起设立的有限合伙企业，于 2020 年 1 月签署合伙协议，2020 年 3 月完成中基协备案，基金期限为 7 年，其中投资期 5 年、管理及退出期 2 年，经过全体合伙人一致同意，可以延长 2 年。马栏山文创基金的普通合伙人由马栏山文化创意投资占股 50%、财信基金占股 30%、达晨创投占股 20%合资设立的马栏山资本管理（湖南）有限公司来担任，LP 由马栏山文化创意投资有限公司、新兴产业基金、达晨创投、长沙市引导基金组成。

马栏山文创基金的计划募集总规模为 20 亿元，首期募资 5.6 亿元，普通合伙人认缴出资 0.06 亿元；马栏山文化创意投资有限公司认缴出资 1.53 亿元；新兴产业基金认缴出资 1.5 亿元；达晨创投认缴出资 1.11 亿元；长沙市引导基金认缴出资 1.4 亿元。

5.2.3.2 马栏山文创基金的投资

(1) 马栏山文创基金的投资决策。

马栏山文创基金设立投资决策委员会，成员 5 名，由财信产业基金、马栏山文创投、达晨创投委派，投资决策委员会采取一人一票制，投资决策须经全体有表决权成员超过 2/3 表决通过方为有效，若涉及关联交易，则关联方回避表决。

(2) 马栏山文创基金的投资方向。

马栏山文创基金的投资领域为数字文化创意产业，将主要针对数字文创产业进行产业孵化引导，具体涵盖影视、文化、娱乐、科技、媒体、互联网、移动互联网等领域，通过文创基金的助力，来撬动湖南文创产业千亿级市场，助力马栏山园区建设。截至 2020 年 8 月底，马栏山视频文创园区内累计注册企业 1308 家，主要为文创、影视及软件类企业。这些企业具有很好的成长性，是股权投资基金理想的投资标的。此外，作为数字、软件类生产企业，长沙近些年来已经集聚了一大批内在资质相当优秀的企业，但是因为其企业资产的特殊性，难以获得银行授信及贷款。

(3) 马栏山文创基金的投资限制。

投资限制：①遵循国家有关规定，遵循基金确定的投资方向和基本原则，遵循批准的设立方案；②对单个企业和项目的投资不得超过基金总资本的 20%，且原则上不得控股；③不得投资于已上市公司，但参与已上市公司定向增发和所投资的企业上市后，基金所持股份的未转让部分及其配售部分不在此限。所有基金均有自己投资的领域，所以设置投资边界是常见现象，但是过多的限制就可能失去机会。

5.2.3.3 马栏山文创基金的投后管理

(1) 基金管理费。

马栏山文创基金管理人按基金实缴出资额的 2%/年收取管理费用。管理及退出期内，管理费按基金未退出投资成本的 2%/年收取。

(2) 文创基金的投后管理。

文创基金的投后管理，关键还是要对所投资企业赋能。文创企业的核心是创意，但是所有创意类企业的资产评估方式、企业市值的确定与制造类企业完全不一样，文创基金管理人在进入企业之后，对公司的价值创造与价值评估，能够与资本市场实现直接对接，有利于文创企业的股权进入资本市场。因此，GP 也是区域性股权市场的有机组成部分。

文创基金由双方设立的合资公司马栏山资本管理（湖南）有限公司（GP）进行管理。初创的文化创意企业不仅缺乏资金，而且在公司治理、公司战略、商业模式、人才资源等方面短板明显。

文创基金将依托"广电湘军"强大的 IP、渠道、人才资源，赋能投资的文创企业，并为其进行资源嫁接；同时，充分利用"广电湘军"在文创产业领域的产业融合力，为投资的文创企业提供战略制定、股权优化、人才推荐、管理提升、品牌建设、业务协同等服务，助力企业成长；财信金控为投资的文创企业提供综合的金融服务，为企业后续融资、上市辅导等提供实质的资源嫁接。在可预期的未来，通过文创基金的助力，将构建起文化生产消费的生态圈，将马栏山打造成中国一流的数字视频产业集聚区，并使其成为具有国际影响力的"中国V谷"。

5.2.3.4 马栏山文创基金的退出

股权投资基金，无论偏好于投资哪一阶段的企业，其目的都是通过赋能最大限度地挖掘企业的价值，最终通过退出获得投资回报。因此，所有的基金投资者一开始就将眼光放到退出上。退出的条件一般会在基金合约中予以约定，甚至有些会有附加条款。私募股权投资的退出方式呈现多样化的特点，主要有首次公开发行上市、股权回购、兼并与收购、管理层收购、二级出售等模式。企业成功发行上市，或者被另一家企业、私募股权投资公司收购，一般都会给投资者带来正的收益，甚至有可能使他们获得暴利。但是，有时尽管不会给投资者带来收益，为了释放流动性，也会在适当的时候退出。因此，退出策略对于基金管理人来说，是一个非常重要的理性选择。

5.2.4 岳麓山科创基金

高新技术产业持续快速发展，是湖南特别是长沙高质量经济发展的重要引擎。全省已有8个国家级高新区和30个省级高新区。2018年，湖南高新技术产业实现增加值8468.05亿元，同比增长14.0%，高新技术产业增加值占GDP的比重为23.2%。湖南国家高新区创新能力增长率居全国第2位。长株潭国家自主创新示范区获批6年多来，加速提升区域创新能力，打造创新驱动发展核心增长极，被列为全国三个快速增长自创区之一。湖南省设立了一批天使基金、创投基金，建设了"一站式"大型仪器和科研基础设施共享服务平台，省级以上科技企业孵化器、众创空间、星创天地等双创服务载体273个，成功举办五届创新创业大赛，共吸引7040个项目报名参赛，帮助参赛企业获得创业投资超过15亿元，获得贷款授信超过9亿元，培训创业者2.5万余名。但是，湖南企业创新环境的形成，还需要一个能够为中小微创新企业提供贴身服务的组织，需要能够有针对性地将科创企业培育上市的服务资源。这两个角色分别由湖南股权交易所和岳麓山科创基金扮演。

5.2.4.1 岳麓山科创基金的募集

岳麓山科创基金是未来湖南科技创新企业发展的重要推动力。截至2020年底，岳麓山科创基金已组织4次投决会，审核5个项目，完成对创星科技、迈克森伟等项目的投资流程。财信产业基金作为GP，由财信金控统筹调动旗下业务板块联合发起设立，基金期限为8年，其中投资期4年、退出期4年，经过全体合伙人一致同意，可以延长2年。科创基金的目标规模为10亿元，首期2.01亿元，财信产业基金（GP）认缴出资0.01亿元，"两山基金"（母基金）认缴2亿元，"两山基金"（母基金）已经实缴 50%，GP 已实缴 0.01 亿元。

很显然，岳麓山科创基金募集 10 亿元是远远不够的。仅长沙高新技术开发区就有科技部火炬中心认定的科技型中小企业 398 家，长沙共有 995 家，湖南则有 2654 家。这些科技创新企业对股权资金的需求意愿非常强烈。可见，要满足湖南创新型科技企业的融资需求，需要进一步发展区域性股权市场，引导私募股权投资基金的健康发展。

5.2.4.2 岳麓山科创基金的投资

（1）科创投资的决策流程。

在岳麓山科创基金合伙企业下，设立立项委员会、内核委员会、投资决策委员会，对从立项、尽调、风控到投资的整个流程进行规范，从而保障投资的有效性。

立项委员会由 10 名委员（投资、管理、财务、法律、行业等方面的专家）组成。立项委员会和内核委员会成员由主任委员指定。设立专家库，财信金控在拟投资行业各推荐 3 名以上的专家，组成专家库；立项委员会对项目进行尽调讨论及后续事项安排。

内核委员会对项目进行合规性检查和风险提示，由 4 人（该项目的立项委员会成员和 1 名合规风控人员）组成，原则上超过 3/4（含）同意为内核通过。

投资决策委员会由 5 名委员（各出资单位推荐及行业专家）组成，每名委员拥有 1 票投票权；财政厅可委派 1 名观察员，对违反约定的禁止性事项进行一票否决。

（2）科创基金的投资方向。

在进行投资前，科创基金借力科技厅、科研院校、新兴产业基金子基金、财信证券研发中心和财信研究院的技术支持，做好项目判断。①科技厅、科研院校等长期与科技企业合作，站在科技创新一线，熟悉相关产品的技术路线、技术难点、技术参数等，可征询多位专家的意见，验证被投企业的技术壁垒及可行性。②新兴产业基金的合作伙伴及合作的上市公司拥有雄厚的产业背景，对产业链有深刻的理解，可对相关产品产业化的可行性研究及产品市场前景的判断提供重要支持。③财信证券研发中心和财信研究院负责宏观大势、上市公司等研究。宏观研究团队深谙国际局势、国家政策、经济周期与行业趋势，行业研究团队可对被投企业的资本市场前景提供重要的参考意见。

科创基金的投资领域为智能制造、信息技术、生物医药及高性能器械、军民融合等高新技术行业，投向大科城、湖南股权交易所及省内高科技的早中期企业，依托大科城、科技厅、财信证券、湖南股权交易所、合作园区、新兴产业基金子基金和上市公司等合作伙伴的项目资源，做好联合投资，追求协同效应。①省科技厅下属协同创新研究院联合高校孵化了众多科技项目，大科城正在引进和孵化一批优质科技企业，科创基金可选取其重点支持的优质企业进行投资。②财信证券、湖南股权交易所通过长期的跟踪，积累了一批优质的科技企业，未来有机会通过主板、创业板、科创板实现上市，科创基金可以择优投资，同时通过投资为财信证券、湖南股权交易所锁定优质企业，提供深度服务，实现集团的协同效应。③新兴产业基金合作伙伴主要为行业龙头企业和头部投资机构，可依托其渠道获取相关领域内优质项目，科创基金可与新兴产业基金子基金联合投资。④园区是创新创业的载体，财信金控与省内国家级园区及省级园区建立了良好的合作关系，并通过麓创大赛和考察园区，积累了一定数量的优质项目。⑤财信金控通过投资和纾困控股或参股了13家上市公司，新兴产业基金合作伙伴也控股多家上市公司，上市公司在发展过程中，可能需要联合高校等科研机构在体外孵化项目，科创基金可与上市公司联合投资，支持其产业链拓展。

企业的遴选标准：①企业主营业务符合国家战略、省级战略。企业所从事的行业有广阔的市场前景，面向前沿技术、国家有重大需求的企业优先考虑。②企业拥有关键核心技术且主要依靠核心技术开展生产经营，不存在关键核心技术的权属纠纷。企业拥有自主的科研团队，核心科研人员（可以兼职）有一定的行业地位，包括百人计划、长江学者、大学教授、行业知名专家或有5年以上国内知名企业相关职位任职经历人员等；或者企业拥有关键核心资源，如用户、流量、数据、排他性资源等。③企业拥有从事相关产业经验的运营团队，且有明确的商业模式。

（3）投资限制。

利润前项目的投资额度不超过0.1亿元，利润后项目的投资额度不超过0.2亿元。可以对项目进行多轮投资，但原则上不成为第一大股东或实际控制人。

（4）投资禁止。

从事担保、抵押等业务；发行集合理财产品募集资金；违反国家规定变相增加政府债务的行为；直接投资于土地或房地产项目；进行使有限合伙人承担无限责任的对外投资；提供赞助和捐赠；直接或间接从事期货等衍生品交易；从事法律法规或监管规定禁止的投资行为；等等。

5.2.4.3 科创基金的投后管理

财信产业基金作为科创基金的管理人，负责基金的投后管理。基金依托省内的高效科技资源、财信金控的金融服务能力及合作伙伴的产业资源，构建投资生态圈，助力将大科城打造成"中部崛起新引擎、湖南创新新高地"。

首先，财信金控是省内唯一省级金融控股平台，背靠财政厅，熟悉省内产业政策，与各厅局、市县和园区均有较好的沟通渠道，在项目符合条件的情况下，可为被投企业争取土地、厂房、税收、人力等方面的优惠政策，实行投补联动，为企业前期发展提供较好的政策环境。

其次，新兴产业基金子基金规模已达到500亿元，投资企业的估值将达数千亿元，财信金控的团队将直接对接底层资产，联合合作伙伴及体系内上市公司等，搭建企业生态圈。根据项目的实际情况，在条件成熟的情况下，科创基金有机会为被投企业嫁接上下游产业资源、人力资源、管理资源等，让企业创始团队可专注于企业的经营。

最后，财信金控拥有 14 块金融牌照，可协同集团内兄弟单位为各阶段企业提供一揽子金融服务，实现产融结合，推动企业快速发展。

5.2.4.4 科创基金的退出

（1）退出程序。

项目退出时，投决会委员需要现场进行表决，一致同意即可通过；如果项目按照投资协议中约定的方式退出，不需经投决会通过。

（2）退出渠道。

依托财信金控及合作上市公司，科创基金的退出渠道不断拓宽：①集团公司目前控股或参股 13 家上市公司，同时新兴产业基金合作伙伴体系内上市公司资源丰富（如航天科工体系内有 9 家上市公司），如项目公司满足并购要求，科创基金可为被投企业的退出牵线搭桥。②在投资阶段就依托产业资本的产业链资源和渠道进行投资，其本身有较强的并购整合动机，在投后管理阶段，可以协助被投企业与产业资本对接，增强互信与合作，为并购交易做好服务。如果科创基金投资的企业符合在科创板或者主板上市的规则，那么还可以在科创板或者主板进行上市退出。

5.3 "两山基金"的投资成效预测

5.3.1 "两山基金"的设立，有利于解决科创、文创中小企业融资难题

私募股权投资基金是实体经济、资本市场发展到一定程度的必然产物。作为一项金融创新，私募股权投资基金为实体经济提供了新的融资方式，在促进产业结构优化升级、社会资源优化配置的过程中发挥了积极作用。私募股权投资基金也可以激活地方金融市场，促进多层次投融资市场的构建。中小企业引入私募股权投资基金，有助于解决融资难问题。对轻资产企业、高科技企业，私募股权投资基金的作用更加明显。

在一定时期内，私募股权投资基金可以持续推动中小企业的发展。一些轻资产企业、高科技企业，抵押物相对不足，资产规模小，难以获得银行体系的信贷。私募股权投资基金向这些企业注入资金，为其提供增值服务，提高其在行业中的竞争力，可避免这些企业出现现金流断裂的问题，并推动、辅导这些企业上市或并购，促进基金管理人、投资者共同获得收益，实现基金管理人、投资者、被投企业的共赢。

5.3.2 "两山基金"的设立，有利于科创、文创的中小企业的价值创造

良性发展的私募股权投资基金，之所以能实现被投企业、基金管理人、出资人三方共赢，存在许多原因，主要是进行了价值创造。私募股权投资是积极的资金提供者。这与"价值发现"的投资存在差异，私募股权投资基金投资的过程，是进行价值创造的过程，也是企业价值加速增长的过程。一方面，私募股权投资基金激发企业的潜在

成长性，促进企业持续经营，提升获益能力；另一方面，被投企业在引入私募股权投资基金后，可以改善企业的经营管理，整合相应资源与服务，从而提升其经营效率和创造利润的能力。

5.3.3 马栏山文创基金将有力助推湖南省文创产业升级

湖南广电的全产业链布局优势、强大的 IP、渠道、人才等资源以及财信金控的综合金融服务能力，可帮助优秀的文创企业快速成长，培养一批"文化+科技、内容+技术、国际+国内、研发+制作、视频+视听"的文创企业，将马栏山打造成具有国际影响力的"中国 V 谷"，将湖南省建设成文化强省。

一是利用湖南广电的全产业链布局优势，寻找成熟期数字文创行业的 Pre-IPO 项目或者并购前的项目，并对接湖南广电强大的 IP、渠道、人才等资源，为文创企业提供人力、渠道、公司治理等方面的帮助，助其业务实现快速增长。

二是以湖南广电旗下两大上市公司平台——芒果超媒和电广传媒为依托，推动芒果产业体系健康发展。

三是充分发挥财信金控的综合金融服务优势，整合旗下证券、信托、银行、小贷、研究院、股交所等优势金融资源，为优质文创企业提供一站式、全生命周期综合金融服务，助力企业快速发展，进而吸引省内优质文创企业，引进文创基金，积极融入"初入规、规股改、股上市"资本发展的闭环生态。

5.3.4 岳麓山科创基金赋能科创发展

岳麓山科创基金依托大科城、科技厅、财信证券、湖南股权交易所、合作园区、新兴产业基金子基金和上市公司等合作伙伴的项目资源，对符合科技创新战略定位的企业进行孵化投资，为被投企业嫁接上下游产业资源、人力资源、管理资源等，从而助力科创企业的成长，培育出一批具有科技创新能力和硬核技术的高科技企业。

科创企业在初期创业阶段，一般采用粗放型的经营方式，财务、管理、运营等方面往往并不完善，对企业发展极为不利。初创企业引入私募股权投资基金，可以获得专业化的经营管理支持。处于创业初期的中小企业，进入资本市场的难度很大，很难获得有效的社会资源。私募股权投资基金高质量的信息资源、筹资渠道、政府关系资源、人才资源等，能够促使中小企业进一步发展。科创企业通过基金管理公司，能够改善社会环境，构建长期的战略合作关系，并建立多元化的社会关系，从而共享更多社会资源。基金管理公司可以帮助中小企业与银行、律师事务所、会计师事务所等专业性机构合作。私募股权投资基金为中小企业带来多种有效资源，对科创企业的未来发展具有决定性的影响。

高科技企业在成长过程中，由于自身属性，会面临很多的不确定性，虽然实现了技术从 0 到 1 的原始性创新，但是还要面对从 1 到 10 的走向市场的过程。该过程不仅在技术上存在进行市场化运用的风险，还存在公司治理、营销、人才积累等方面的问题。岳麓山科创基金可以利用自身优势来嫁接被投资的高科技企业，为企业提供上下游产业资源、人力资源、管理资源等，赋能科创企业，降低科创企业的成长风险，从而培养一批具有自主创新能力和硬核技术的高科技企业。

5.3.5 "两山基金"是湖南实施"三高四新"战略的有力抓手

科技创新是湖南省高质量发展的必经之路。金融创新降低了高科技企业的融资成本和成长风险，提高了高科技企业的生存能力。文化创意产业是 21 世纪新兴的朝阳产业，由"互联网+文化创意"而诞生的视频传媒更是 21 世纪的热门产业之一，依托湖南广电的优势，为文化创意企业提供资金、技术、市场开拓等方面的帮助，助力文化创意企业成长。科技创新企业、文化创意企业将成为湖南省经济高质量发展的新引擎。"两山基金"的设立，将为岳麓山大科城及马栏山视频文创园建设提供金融支持，从而成为湖南实施"三高四新"战略的有力抓手。

5.4 政策建议

"两山基金"作为一种政府与国有企业出资，促进经济结构调整、创新财政资金对产业发展支持方式的金融组织，对湖南的科技创新与文化创意发展具有里程碑意义。但是，"两山基金"的运作具有较强的探索性，管理决策流程较长，同时，也存在对专业团队激励不足的问题。为了使"两山基金"能更好地发挥市场功能，提出以下五个方面的建议。

（1）推进基金制度建设，科学开展绩效评价。

"两山基金"的主管部门在审慎监管的前提下，以实现政策目标为原则，通过提升管理的灵活性和建立有效的约束机制，最大限度降低投资限制性要求。要进一步放开基金亏损的上限，对基金管理人主要做合规性审查，而不是对其投资营利性提出要求，更不能因为投资失误而追责。

"两山基金"可从两个方面开展绩效评价：一是对母基金开展评价；二是对参股子基金开展评价，并定期将绩效评价结果在一定范围内予以公布，接受各方面更多的监督。同时，对绩效评价的指标也要随着基金行业的发展进行预调微调，如对地方经济软实力的提升作用、对营商环境的促进作用、对招商引资的带动作用，以及对科技创新与文化创意的作用等，都可以纳入绩效评价体系，以保证绩效评价结果的科学性和客观性。

（2）完善信息共享机制，强化部门间的协调配合。

地方政府各职能部门应根据科技创新、文化创意等产业特点，建立同中小微企业的良好合作机制，从而构建科技创新型企业与文化创意产业项目库。通过项目征集宣讲、项目路演、举行行业交流会等方式，加大项目推荐力度，可为"两山基金"及其参股子基金提供足够的项目源；提高企业对基金知识的了解，改变企业家的传统思维模式，提升政府引导基金认知度和认可度。

利用湖南股权交易所的数据系统，构建信息共享交换平台，发布各类企业融资信息、基金调研动态、政府职能部门信息动态，搭建企业与基金、政府部门沟通交流的桥梁。信息发布平台的搭建，既能方便初创企业获取政策信息，又能解决基金没有符合投资标准的项目可投的问题，政府部门也能及时了解基金对各行业企业的支持情况，有针对性地收集企业经营状况和税收就业情况，并结合技术创新成果，给予差异化的资金扶持，使有限的资金起到对实体经济更大的撬动作用。

（3）规范基金管理标准，提升投资管理能力。

尽管目前"两山基金"的管理人由财信产业基金担任，但是，其管理人地位应该受到市场竞争机制的约束。为了确保管理人能勤勉尽责、高效工作，提高投资人的投资管理能力，需要建立针对基金管理人的激励约束机制。

在投资管理方面，不仅要求"两山基金"子基金管理人严格遵守投资决策程序，更要求基金管理人履行投后管理义务。基金管理人应加大信息披露力度，加大对投资企业的回访力度，提升重大事项信息获取能力，着重强化对被投企业财务信息的掌控，保障"两山基金"的投资能够起到帮助实体企业做大做强的效果。

（4）发展区域性股权市场，设立马栏山文化产业专板。

湖南股权交易所在设立科技创新专板的基础上，又设立"文化产业专板"，可充分发挥湖南省区域性股权市场在创新创意方面的服务功能。文创产业、文旅产业在湖南非常具有发展潜力。湖南股权交易所设立"文化产业专板"，将"马栏山文创基金"的投资服务整合到湖南省区域性股权市场平台上，旨在通过各种金融要素的整合，提高湖南文化产业的融资能力。

（5）明确监管边界，激发创业干事动力。

一方面，市场化运作的基金绩效考核要关注的是整个基金的盈亏，而不是单个项目的盈亏，关注的是长远利益，而不是短期盈亏。另一方面，"两山基金"的根本职能是促进科技创新与文化创意产业的发展，对于关键共性技术、经济薄弱环节、产业发展断点等市场投入不足领域，不管以什么形式投入，客观上都是存在风险的。如果每个项目都按照国资独立监管，很多尽职的管理人会被"错杀"，将极大地影响管理人的积极性。要按照国务院的要求，建立容错机制，对"两山基金"的投资行为设置一定标准的容错率。

鼓励和支持"两山基金"建立相对市场化的分配激励制度，以及与现行国有企业差异化的考核机制，进一步优化基金管理公司治理结构、治理机制，使运营更加合理、高效。在制度允许的情况下，可对基金管理公司员工提供多种形式的奖励，增强基金对人才的吸引力。在激励机制与分配体制上，要积极探索新模式，激发从业人员的积极性。

第6章

湖南省股权登记管理中心：界定资产交易边界

经济高质量增长阶段，不但要改变传统的投资策略，而且要重塑中国经济赖以高质量发展的微观基础，构建多层次资本市场体系。企业金融化、资产资本化是企业快速发展的内在动力。秘鲁经济学家赫尔南多·索托在其经典著作《资本的秘密》中明确指出，发展中国家之所以难以发展，根本原因是没有建立起把资产转换为资本的机制，它们缺乏资本。因此，确权资产，使之成为可以交易的标的物，是股权资产登记托管的基本功能。湖南股权交易所为做好股权质押融资登记风险防范工作，在股权初始登记的基础上，向托管公司出具正式的《股东名册》，向全体股东出具"股权托管卡"，认真做好股权确权工作。只有经确权的股权，才能办理股权质押融资登记。

在很长一段时间内，我国股权登记托管市场的效率很低，市场对其登记托管的股权资产缺乏公信力。中国证监会在其2001年颁发的《关于未上市股份公司股权托管问题的意见》中指出，"未上市股份公司股权托管问题，成因复杂，涉及面广，清理规范工作应主要由地方政府负责"，从而将非上市股份公司股权托管市场的规范清理工作权限下放到地方政府。为了促进非上市股份有限公司健康发展、规范交易，2008年8月，湖南省组建了湖南省股权登记托管公司，接替了前身湖南省证券登记公司的所有业务，并继续从事股权登记非上市公司的股权托管业务，但是效果并不理想。为了适应经济高质量发展的需求，2012年11月30日，湖南省股权登记管理中心有限公司（简称"股权登记管理中心"）成立，承接湖南省股权登记托管公司整个非上市公司股权的托管业务，成为省内唯一面向非上市股份公司的股权登记托管机构。

6.1 股权登记管理中心的组织结构与功能属性

股权登记管理中心的业务始于1992年，几经变迁，最后纳入湖南股权交易所系统，成为湖南省区域性股权市场的重要组成部分。股权的登记与托管是区域性股权市场的传统业务之一，是区域性股权市场的立身之本。湖南股权交易所将股权登记与确权作为推动区域性股权市场的基础性工作，以调动资产的经济潜能，建立起符合市场经济规律的责任与信用体系。具体而言，在股权边界明晰、能够自由流转的前提下，公司才能够与资本市场进行对接，资本市场才能为公司提供必要的规范化自理压力。

一般来说，规范公正的股权登记托管服务包括：信息公告、股权初始登记、股权变更登记、提供配套服务以及股权质押融资登记等，其目的是提高股权的公信力与可交易性，为登记托管资产资本化提供条件。

6.1.1 规范化的股权登记托管是企业成功上市的基础

先看一个成功案例。某设计股份有限公司（简称"H公司"）于2017年底在深圳前海股权交易中心（简称"深圳股交"）进行股权登记托管，由深圳股交对其股东名册进行登记、管理，并协助其规范股权管理事项。初始登记半年后，因股权管理规范，且股权托管具有公信力，H公司获得投资人关注并完成5000万元融资，深圳股交为H公司办理了增资登记手续。

登记托管期间，H公司还通过深圳股交陆续进行了多笔股权转让业务，提高了股东的股权流动性。初始登记一年半后，H公司顺利登陆深交所中小板上市，依据深圳股交出具的股东名册及相关材料完成了在中国证券登记结算公司的证券登记。在登记托管期间，H公司所有的变更登记手续均齐全、完善，历史沿革清晰、变更记录真实可信。深圳股交的规范培育，为企业顺利上市提供了坚实保障。

再来看一个反面案例。在2017年10月进行预披露的某股份有限公司，因重要股权轻易转让，其在上市之前（甚至在报告期最后一期）的股权转让价格仍以原始出资额作为定价依据，加上境外自然人转让股权，股权受让人的资金来源是境外自然人的借款等，都不符合通常逻辑，最终未能顺利过会。

在IPO股权转让的核查中，旨在保证股权清晰稳定、不存在股份代持、不存在纠纷或潜在纠纷。核查的焦点，一是转让的价格，二是价款的支付。具体到这个案例，原本是一个很普通的外商投资者转让股权的问题，但由于存在明显不符合基本常识和商业逻辑的问题，被重点质疑是否存在股份代持或信托计划持股等情形，最终影响上市。因此，对于进入资本市场的企业来说，规范的登记托管机构及其规范的服务，是其进入资本市场得以实现其资产资本化的组织保障。

6.1.2 股权登记管理中心的服务内容

股权登记管理中心是湖南省唯一为非上市企业及其股东提供股权、债券、权益类产品的整体托管、确权登记、质押融资、清算交收和转让等综合金融服务的专业机构，其组织结构的优化有助于更有效地发挥其市场功能。根据《股权登记管理中心有限公司股权登记结算业务规则》，股权登记管理中心各组成部分主要提供股权登记服务、股权管理服务、结算服务、股权增值服务以及咨询服务等。

6.1.2.1 股权登记业务

股权登记管理中心为非上市企业提供股权初始登记、股权变更登记、股权冻结登记、股权退出登记及其他登记业务。

股权初始登记是指非上市公司在股权登记管理中心的首次登记，通过股权登记，非市场公司的增资扩股、股权质押融资获得了合法的身份。非上市公司初始登记时，股东可以委托公司统一为其开立登记托管账户，股权登记管理中心对非上市公司提交的初始登记申请材料审核通过后，按照其申报的数据，办理股权初始登记。

股权变更登记是指非上市公司因增发新股、配股、公积金转增股本、派发红股、减少注册资本、收购股权等情形涉及股权持有人名册变化时，应按股权登记管理中心的有关规定及时办理变更登记。非上市公司股东因协议转让、继承、赠与、依法财产分割（含离婚）、法人资格丧失等情形涉及股权持有人变化的，股权持有人或依法享有权益的主体，应按股权登记管理中心有关规定及时办理股权过户变更登记，且收到其他有权机关依照法定条件和程序，要求登记股权管理中心协助冻结、扣划相关股权的申请时，股权登记管理中心有权中止（终止）被执行人未完结的股权变更登记。

股权冻结登记则是指当出现股权质押、法定限售、自愿冻结等情形时，申请人应按股权登记管理中心有关规定及时办理的冻结或解冻登记。同一工作日，股权登记管理中心对同一笔股权已受理质押冻结，再受理司法冻结申请的，先办理质押冻结，再办理司法冻结；已被司法冻结的股权，不再受理质押冻结申请。股权冻结到期后，原冻结机关未进行续冻的，股权登记管理中心将自动解除冻结。

股权退出登记是指当非上市公司出现因获准上市，按照规定必须到其他登记托管机构登记的，因解散、破产清算、法人主体资格消亡的，或因违反法律法规被依法责令关闭的情形时，应按股权登记管理中心有关规定及时办理股权退出登记。

由于中小微企业挂牌发展较快，股权登记管理中心的业务量日益扩大，特别是国企改革的深入也为区域性股权市场创造了新的业务机会。虽然目前产权交易中心与区域性股权市场的业务边界尚存模糊地带，但部分区域性股权市场已在推动国企登记托管方面取得了进展。

股权登记管理中心掌握登记产品变动情况，定期或不定期提供及时、准确的持有人名册，提交给企业或股东查询，从而为托管企业的资产资本化降低了交易成本。一些改制或者准备进行混合所有制改造的国有企业，也往往将股权置于股权登记管理中心，以寻找合适的投资者。湖南没有取消产权交易中心，而是将产权交易中心与湖南股权交易所的股权登记管理中心结合起来，并进行市场分工，国企股权交易一般在产权交易中心进行，而交易完毕之后则凭交易凭证到湖南股权交易所完成登记变更手续。例如华融湘江银行、长沙银行、吉祥人寿（财信人寿）、友阿控股等企业，完成了托管，并走入资本市场。很显然，股权登记管理中心的股权托管制度设计，有利于国有企业的混合制改造进程。

6.1.2.2 股权管理业务

股权登记管理中心以股权登记与托管中心的传统业务为基础，坚持促进企业发展的服务宗旨，采取主动降低收费、拓宽质押融资渠道、探索质押融资新品种、提高服务效率等措施，努力促进企业通过股权质押融资实现快速发展。股权的登记与托管构成了区域性股权市场的传统业务，也是区域性股权市场发展的基础性制度构架。在股权登记服务的基础上，为登记托管企业及其股东提供分红派息、股权查询、股权证明、股权挂失、股权冻结、股权质押融资、股权过户、信息披露等服务。股权登记管理中心在原免除托管企业的初始登记费、托管年费及股东初始登记费的基础上，进一步降低收费，股权变更登记项目收费统一下浮，并采取单向收取方式；股权质押登记项目收费下浮，只向出质方收取。同时，积极主动与有关地方商业银行、中小企业洽谈，提供专属服务方案，进一步降低融资成本。

股权登记管理中心通过多种途径拓展股权质押融资登记业务。在拓展融资渠道方面，股权登记管理中心主要创新了以下七种服务模式：①做好企业和银行之间的股权质押登记业务；②开展企业与专业投资机构之间的股权质押登记业务；③开展企业与企业之间的股权质押登记业务；④开展企业与自然人的股权质押登记业务；⑤开展自然人与自然人的股权质押登记融资业务；⑥开展非法人机构出资额质押登记业务；⑦联合私募股权基金为企业融资。

股权登记管理中心常常为重点企业提供贴身咨询。针对重点企业和股东业务的诉求，股权登记管理中心组织登记托管团队上门，为企业股东提供集中过户、现场确权等业务办理服务。例如，托管企业华融湘江银行股份有限公司为夯实股权管理基础、确保股份权属清晰，对近 8000 户股东全面开展了股份确权工作。

6.1.2.3 交易结算业务

股权登记管理中心按照银货兑付原则，为在湖南股权交易所等合法交易场所进行的交易提供逐笔全额非担保结算服务。股权登记管理中心在交易场所每日交易时间结束后，根据交易场所成交确认结果，进行股权交收和资金结算。股权登记管理中心设立了电子化股权登记簿记系统，实行股权的无纸化管理，依据电子登记簿记系统记录的结果，确认股权持有人持有股权的事实。

对投资者而言，股权交易结算业务的优点主要是方便、快捷、安全。投资人参与中心市场交易，向中心提出开立权益账户的申请之后，权益账户用于记录投资人持有权益的余额及其变动情况，投资人申请开立权益账户应当保证其提交的开户资料真实、准确、完整。结算中心依据客户的委托，负责办理客户的权益和资金的清算交收。按照货银对付的原则，实行全额保证金交易，交易保证金由结算银行存管，确保交易的顺利进行。

股权转让系统权益转让的交收日为每个转让 T 日，在 T 日最终交收时点，托管中心验证投资者是否拥有足额的可转让权益，资金用于交收权益或资金余额不足的，交收失败。T 日终，托管中心根据股权转让系统的托管公司股权转让成交数据，逐笔清算应收、应付的权益及资金，同一转让日内每笔股权转让业务不进行轧差计算。对 T 日股权转让系统清算的应收、应付股权及资金，结算中心于 T 日清算时办理资金记账及股权过户登记。在清算交收后，中心将投资者资金结算账户发生明细和余额发送到投资者的资金存管银行,用于簿记投资者的交易结算资金管理账户和进行余额核对。投资者 T 日委托卖出的未成交的托管公司股权,相应委托在 T 日清算时失效,有关股权在 T+1 日可继续申报卖出。投资者 T 日买入的托管公司股权在交收成功后,于 T+5 日可用。投资者 T 日的未成交买入委托,在 T 日清算时失效。

股权登记管理中心为股权转让系统的股权转让提供逐笔全额非担保交收服务。对于因权益或资金余额不足导致的交收失败,股权登记管理中心不承担法律责任。交收失败的违约方承担交收失败的责任,中心将其交收违约纪录记入相关诚信档案。

6.1.2.4 股权增值服务

股权增值服务是指股权登记管理中心依托湖南省区域性股权市场,为登记托管企业提供私募股权融资;积极引进 PE、VC 等战略投资机构,为国有企业深化改革、做强做大提供支持。股权登记管理中心通过与银行、证券、保险、小贷、担保、融资租赁等机构合作,为托管企业提供综合金融服务。

由于掌握了非上市股份有限公司的股权信息,股权登记管理中心对寻找投资标的的许多私募基金管理人有很大的吸引力。但是,所谓的"增值服务"在托管领域是无法做到"双向"增值的,也就是说,股权登记管理中心的"增值服务"基本为免费提供,只能给客户"增值",无法通过收费给自己的营业收入"增值"。因此,湖南股权交易所为客户提供的估值核算、绩效分析、会计复核以及合规风控等托管增值业务,基本上属于免费服务。此外,股权登记管理中心也为托管企业及股东提供投融资、并购重组、股权激励、挂牌或上市等咨询服务。

6.1.3 登记托管的市场功能与制度效率

股权托管是非上市股份有限公司将股东名册委托股权托管机构管理的民事行为,也是为降低公司管理股东名册的运营成本而提供的一种社会化服务,其本质在于弥补非上市股份有限公司股东名册的管理缺位,由客观公正的第三方为非上市股份有限公司提供具有公信力的股东名册记载服务,为股东提供所持股权的有效权属证明。开展股权登记托管不仅是我国建设多层次资本市场的现实需要,也是规范股权交易市场的重要手段,且由此收集到的股权信息在一定程度上填补了政府的监管空白,保障了企业的自身权益,因此股权登记托管具有极为重要的经济意义和社会意义。

6.1.3.1 多层次资本市场发展的坚实基础与制度构架

股权登记托管是区域性股权市场的基础性制度架构,是多层次资本市场的坚实基础。对股东而言,登记托管坚持公开、公平、公正原则,维护投资者的合法权益:有利于股东掌握企业的运营状况,减少不对称信息,行使股东权利;增加股东股权的流动性,拓宽股东的融资渠道,方便股权变更,防止欺诈行为;有效杜绝私下交易、黑市交易等不规范行为,保障股东的合法权益。

当前，非上市企业资金严重缺乏与社会大量资金闲置的矛盾非常突出，为大量中小企业提供一条直接融资渠道的呼声已越来越高。对非上市股份有限公司股权实行集中登记托管和建立股权交易市场这项工作，从宏观上来看，有利于构筑多层次资本市场，建立区域性资本市场，促进资本要素的合理流动，推进区域性资本市场实现产权股权化、股权资本化、资本证券化；从微观上来看，有利于完善股权投资类企业的退出渠道，促进产业与金融资本融合，加快企业发展。由此可见，股权登记托管的规范化拓宽了企业的融资渠道，提高了中小微企业资金的可得性。

6.1.3.2 规范股权交易市场的制度设计

企业股份制改造，使得不同的投资者得以通过购买股权进入公司，解决了企业发展的资金问题。此外，企业股改能为专业化的企业经营者加入公司提供契机。但是，公司股权流动不是一件自然而然的事情，需要一系列的组织构建与制度设计，才能够顺利实施。股权交易市场是人类社会发展进程中所组织、创造的一个非常有效的资源配置体系。但是，众多未上市的股份公司的股权流动和融资需求却缺乏相应的有公信力的场所。就目前国内资本市场的现状来看，民间买卖非上市股份公司的股份或股权证，及上市公司存在尚未上市交易的内部职工股或法人股的现象仍然存在，非上市公司股权登记托管，通过规范场内买卖与场外交易两种渠道有力地规范了上述交易。

对股份制改造的企业而言，登记托管为企业的资本运作提供了交易平台，从而为提高企业经济效益提供了制度供给。股份公司股权的登记托管有利于股份制企业规范运作，提高企业经营管理水平；有利于企业节省财务成本、筹集资金，增资扩股，拓宽投融资渠道，实现资本多元化；有利于企业扩大知名度，为其股票公开发行、上市创造条件；有利于提高股东名册对外公信力，使风险投资资金的进入退出有一定保证，从而大大提高风险投资资金参与创业的信心；有利于员工持股、员工期权等现代企业管理制度的实施。

此外，通过制度设计规范其交易行为，能够降低非上市公司的股权交易风险。通过股权登记管理中心对非上市公司股权实施集中管理，按照有关法规进行股权的登记、过户、挂失、查询、分红等管理业务，可以公开公司的股权信息，规范非上市股份公司股权的交易和流动，使买卖行为实现"四化"，即公开化、统一化、集中化、程序化，从而有效地保护股东的合法权益。

由于非上市公司股东可以自行对股份进行更名过户，即使存在正规的产权交易所，也无法吸纳非上市公司的股票进场交易，大量非上市公司股票都在进行私下转让。只有为股权的交易设立必要的登记、过户等法定程序，并在固定的股权登记管理中心集中进行，才能降低非上市公司股份场外交易的风险，杜绝交易人私自进行股权转让和股权登记变更，从而提高整个金融体系的运行效率。非上市公司股权登记托管制度是确保股权安全进入产权交易场所的制度安排。

6.1.3.3 填补政府监管空白的规范工具

托管中心为公司所提供的商业信息属于"公共物品",是政府规划股权市场的基础,也是其拓展市场的工具。一般而言,民间资本对此不愿投资,市场并不能自发地提供解决股权交易中信息不对称的制度安排,从而导致市场交易萎缩。因此,需要政府从社会公共利益出发,主动介入和适度干预。政府作为公共信息物品的投资者,应建立市场的基础信息源,及时提供统一、完全、真实的市场信息,矫正信息缺陷导致的市场失灵。

对政府监管部门而言,登记托管的制度创新有利于填补政府在中小微企业股权交易中的监管真空,促进经济结构调整,推动股份制经济健康发展。对非上市股份公司股权进行规范管理,建立监管部门之间的信息共享机制,加强金融风险防范,具有重要意义:①有利于构筑多层次资本市场,建立区域性资本市场,促进资本要素的合理流动及经济联动发展,推进区域性资本市场实现产权股权化、股权资本化、资本证券化;②有利于完善股权投资类企业退出渠道,促进产业与金融资本融合,从而拓宽融资渠道,提高中小微企业信贷可获得性;③有利于完善企业信用体系建设,节约行政成本。

完善的非上市公司股权登记托管制度是政府依法提供公共信息服务的重要工具。首先,非上市公司股权登记托管制度以法律的形式明确了信息原始拥有者的信息申报义务,由股权登记托管中心对信息进行收集、整理、记载,建立统一的、权威的股权信息源;其次,股权登记托管制度以法律的形式规定信息的公示和公开,建立可行的途径让公众知悉,并可以自由查询。这有利于填补政府监管真空,加强对非上市股份公司股权的规范管理。股权登记托管对股权信息的集中收集,既节省了政府行政成本,也为建立监管部门之间的信息共享机制奠定了基础,并对场外市场股权流转的混乱现象导致的传染风险起到一定的防范作用。

6.1.3.4 企业强化自身权益的有力保障

股权登记托管作为公司登记的延伸,具有保障登记公司自身安全和利益的功能。综合非上市公司股权登记托管制度的内容,对登记申请公司具有双重意义。一方面,进行股权登记托管的公司负有登记的义务,通过这一义务的履行,保障各交易方财产安全;另一方面,通过登记程序,确定公司的股权性质、类型及交易方式和范围,保障公司各种权利的规范行使,从而促进公司公信力的提升,更便于开展权益融资或其他业务合作。

企业进行股权登记托管以后,可提高公司股权的流动性,实现规范的股权交易,促进公司价值提升。其作用体现在以下三个方面:①非上市股份公司通过股权登记托管,可以利用托管机构的信息发布网络、信息汇编处理和资源整合的专业能力及股权登记托管的公信力,促进公司各项资本运作的开展,实现企业经营发展战略。如企业并购、股权置换、产业结构调整等。②非上市股份公司通过股权登记托管，可以协调和仲裁员工与企业之间的利益冲突，消除员工对企业能否兑现职工股权权益的疑虑，有利于员工持股、员工期权等现代企业管理制度的实施。③非上市公司进行股权登记托管以后，托管机构将承担股权的管理责任，公司从此实现了股权管理的规范化。一方面，提高公司管理层次，达到了近似上市公司的管理要求，为企业上市创造必要的条件；另一方面，可以理顺非上市公司的股权关系，优化企业（特别是具有股权历史遗留问题的企业）治理结构。更加重要的是，可以维护中小股东的权益，促进现代企业制度的建立，全面提升企业经营能力。因此，非上市股份公司股权登记托管，提高了企业的透明度，提升了企业的公信力，从而为企业资产进入资本市场创造了条件。

6.2 股权登记管理中心的创新实践

自登记托管业务开展以来，股权登记管理中心累计登记托管非上市企业 864 家，受托管理的股本数量约 1019.83 亿股，累计为企业实现融资超过 900 亿元，在册投资者总数超 40 万户。托管企业不仅包括唐人神控股、步步高投资集团、友阿控股等省内优质企业，还包括华融湘江银行、三湘银行 2 家城商行。农商银行登记托管业务全国领先，累计为 102 家农商银行、60 家村镇银行进行股权托管。更有多家企业，如长沙银行、湘机油泵、科创信息、唐人神、金贵银业，通过登记托管在规范股权管理后上市。股权登记管理中心一直以来非常重视登记托管的创新实践，在多年的实际运营中提炼出一套完整规范的业务体系，凝聚了一批优秀的服务团队，积累了丰富的登记托管专业知识和经验，建立了健全的非上市企业登记托管工作制度。通过十来年的发展，股权登记管理中心已建立起一个规范、专业、高效的证券登记托管业务体系，形成了一套成熟的业务办理流程。

6.2.1 建立健全非上市企业登记托管工作制度

（1）管理制度完善。在制度上，股权登记管理中心根据最新法律法规和相关政策，不断修改完善登记托管业务及内部控制管理等相关管理制度。进一步完善了《股权登记结算业务规则》《湖南股权交易所合格投资者适当性管理规则（试行）》《股权登记管理中心有限公司股权登记及服务协议》等制度文件，同步更新了主要业务办事指南和实施细则，为充分识别并规避运营风险、合法合规运营提供安全保障，针对特殊行业，如银行业，在股权规范新要求及现代治理结构等方面专项制定了商业银行登记托管业务指南、方案等。

（2）纸质、电子双重介质管理。利用现代信息技术，降低信息登记、信息发布成本。在业务办理中，股权登记管理中心工作严格按照规章制度办理业务，且日常业务档案实施纸质与电子化双重介质管理，登记结算业务系统服务器及存储设备均自主维护及管理，系统中记录操作及业务办理流水信息等数据每日备份，管理规范，做到事事有依据，件件有留痕，提高了信息的真实可靠性。

（3）强化监督、规范经营。在事后自查时，股权登记管理中心不断强化内部稽核及运营风险的监管。根据中央及监管单位的要求，湖南股权交易所全面自查登记托管系列业务，对偏离相关规定及制度的行为及时予以指出，提出整改方案，出具自查和整改报告，为业务的合法合规运营提供了有效保障。同时，及时向监管单位报送相关信息，对重要信息及时进行沟通。

（4）专人专事、点面对接。实施专人专事模式，减少内部考察成本，提高工作效率。在团队建设方面，湖南股权交易所设立了专项小组机制，采取"专人专事"模式，每家托管企业安排1~2名专业人员专项对接，确保企业顺利、及时、有效地办理相关业务。

6.2.2　率先实现登记托管数据与工商系统的互联互通

2017年，在省市场监管局的大力支持下，湖南股权交易所率全国之先实现了工商系统互联互通，其业务系统与工商业务系统实现数据共享，提升了股权登记管理中心关于股权登记和股权质押业务的公信力。2018年以来，在省农村信用联合社的支持下，股权登记管理中心启动了全省农商银行的股权登记托管工作，2020年底达到60余家，走在了全国前列。

鉴于在农商银行股权托管方面的成功经验，2019年6月，中国银保监会酝酿出台《商业银行股权托管办法》，将湖南股权交易所作为全国唯一登记托管业务的被调研机构，来湘进行了为期1周的深度调研。2019年7月，该办法正式出台，明确将区域性股权市场运营机构列为商业银行股权登记托管机构。湖南股权交易所为该办法的出台提供了重要经验及建议，得到中国银保监会的高度肯定。

依托股权管理网络综合服务平台的上线，股权登记管理中心与省地方市场监管局完成了系统对接，采用定时数据报送的方式进行数据交互。该项功能为全国首创，不仅大大提高了托管企业的股权管理效力，也进一步促进了股权的合理流动，更为湖南省区域性股权市场的发展赋予"信"能。

6.2.3　首创股权管理网络综合服务平台

随着登记托管业务在各市州的逐步铺开，股权登记管理中心面临服务半径的问题。为解决这一问题，根据相关法律法规及监管要求，股权登记管理中心在全国优先推出股权管理网络综合服务平台，支持股权登记托管、初始登记、确权、质押、冻结、过户、交易、名册管理等多项基本功能，为托管企业提供电子化的股权管理服务，为投资者提供查询、开户和交易等业务的线上线下办理通道。

业务系统具有完善的防火墙、入侵检测、数据加密以及灾难恢复等各类网络安全保障，管理控制措施和技术手段完全能够保障系统安全稳健运行。在协助监管部门动态监管、防范化解金融风险、保障股权规范管理、促进股权有序融资和流转的过程中，已形成了一套行之有效的风险控制机制，严格规避业务风险和道德风险。

为满足金融机构股东的确权需要，股权登记管理中心协同券商、律所，经过充分调研，参照企业上市确权要求，在全国首家开通了网上确权功能。该系统目前已经实现了客户的网上确权、开户、过户、交易记录查询等功能，且配套出台了办事指南，后续将实现客户网上质押等功能。针对商业银行的监管属性，该系统以登记托管的银行业法人机构股权信息为基础，结合监管单位、托管银行、股东三方需求，实现监管单位对辖区商业银行股权管理情况的及时掌握，银行对股权信息的在线查询，股东开户、账户信息查询确权及过户等业务的线上线下办理通道。

6.2.4 开展务实、落地的登记托管培训工作

湖南股权交易所及其股权登记管理中心深入全省各市州，联合湖南银保监局及各市州分局、省农信联社及各市州办事处、各商业银行、托管企业，开展了政策宣讲、登记托管、确权、过户、质押等培训。自 2018 年商业银行开展登记托管业务以来，股权登记管理中心在积极拜访各商业银行的同时，线上线下培训也同步推出，累计开展了近 80 次政策解读和业务培训，精准、高效地满足了农商银行对政策的理解和业务办理需求。

6.2.5 探索对重点企业贴身服务的新模式

在登记托管企业中，存在非上市企业股东基数大但分布地区集中的情况，股权登记管理中心一直致力于为托管企业提供更好、更便捷的业务服务，根据企业和股东业务办理诉求，提供上门集中办理业务服务，同时不断完善股权管理系统，为异地业务办理提供系统支持。例如，托管企业华融湘江银行股份有限公司为夯实股权管理基础、确保股份权属清晰，决定对近 8000 户股东全面开展股份确权工作。为了实现这一目标，湖南股权交易所组成 8~10 人的确权服务团队，分别赴株洲、湘潭、衡阳、邵阳进行长达 4 个月的现场确权。至今，湖南股权交易所已为华融湘江银行及其股东办理了 7000 多笔股份确权，按时完成已托管户数和已鉴证确权户数达到"双 90%"的比例要求；办理了 1200 笔股权转让，过户股权数量近 26 亿股；完成了两次增资登记；办理了股东股权质押业务近 280 笔，累计融资金额近 60 亿元；完成了 6926 户股东股份确权，并委托股权登记管理中心分红派息，派发金额累计高达 40 亿元。

6.3 股权登记管理中心的发展瓶颈

非上市公司股权的集中登记是多层次资本市场发展的内生要求，是湖南省区域性股权市场的基础性制度安排。股权登记管理中心是湖南股权交易所的核心部门，其登记结算业务是湖南股权交易所的一项传统核心基础业务，市场占有率较高，为湖南股

权交易所贡献了较为稳定的现金流,但近年来的业务发展经历也暴露了股权登记管理中心业务发展中存在的内外部困境与相关风险。例如:缺乏强有力的政策支持,致使登记结算业务存在缺陷;登记结算业务主要集中于基础业务,增值服务有待提升;数据对接困难,难以与主板市场对接;等等。

6.3.1 非上市公司股权的集中登记是多层次资本市场发展的内生要求

非上市股份公司面对大量分散又极易发生变动的中小股东,实际上根本无法由其自身提供准确、及时的股东名册。同时,各种股权本身的可转让性也随着时间和条件的变化而变化。

首先,非上市股份公司的股东名册自身缺乏公示、公信力。公司法规定的股东名册制度,就其本质而言,是一种信用制度。然而,股东名册制度并非一项"自律性"很强的制度。这种信用制度的操作环境和作用实现取决于公司是否严格依法运营。目前,国内许多企业法律意识并不是很强,对股东名册保障交易安全的作用认识不足。在这样的条件下,要求它们严格履行建立股东名册、接受股权查询等义务并不现实。

其次,相比有限责任公司和上市公司,非上市股份公司股东名册制度的操作缺位,没有切实可行的替代制度。因此,非上市股份公司的股东名册不仅缺乏公示、公信力,还缺少保障其股东名册发挥公示、公信作用的外在环境和弥补机制。

6.3.2 股权登记托管机构法律定位缺失

现阶段,我国《公司法》《公司登记管理条例》《证券法》三部基本法律共同构筑了我国公司制企业的股权登记制度,以及股权登记的独立第三方托管制度,从而为建立多层次的资本市场体制奠定了基础。

我国《证券法(三审稿)》第一百五十八条规定:"在证券交易所和国务院批准的其他全国性证券交易场所交易的证券以外的其他证券,其登记、结算可以委托其他依法从事证券登记、结算业务的机构办理。"这为区域性股权市场的股权登记托管服务留出了一定的制度空间,区域性股权交易所的法律地位问题得到解决。根据我国《担保法》的规定,以依法可以转让的股票出质的,出质人与质权人应当订立书面合同,并向证券登记机构办理出质登记;我国《物权法》规定,以股权出质的,当事人应当订立书面合同。

以证券登记结算机构登记的股权出质的,质权自证券登记结算机构办理出质登记时设立;以其他股权出质的,质权自工商行政管理机关办理出质登记时设立。《物权法》关于未上市的股份有限公司和有限责任公司的股权质押登记程序的规定与《担保法》不一致。因《物权法》颁布在后,股权质押的法律实践操作以《物权法》为准。综上所述,已上市的股份有限公司的股权质押手续应在证券登记机构办理质押登记,未上市的内资股份有限公司和有限责任公司的股权质押手续应在工商行政管理机关办理质押登记,而对配套的股权登记托管机构的法律地位并未予以明确。区域性股权登记托管机构并不能直接给予股权质权的法律效力，在出质设立和过户等方面就面临着较大的金融风险，若不对这一法律漏洞予以完善，将为区域性股权市场的发展埋下隐患。

6.3.3 登记结算业务主要集中于基础业务，增值服务有待提升

追寻业务的高附加价值以及改变传统业务模式下的盈利困境是当前股权登记管理中心发展的难点，然而目前股权登记管理中心登记结算业务主要积淀于低附加值和模块单一的基础业务中。为改变这种局面，转变股权登记托管机构的发展方式，需要从合作层次、企业挖潜、业务协同等方面进行整体改革。

在企业融资方面，受区域性股权交易市场法规限制，现存的融资产品与融资渠道难以满足企业多样化与快速化的融资需求，仍需继续开拓与民营银行、商业银行、农商行等银行的合作关系，借此满足企业快速化的融资需求，提高与企业的"黏度"；"高层次通道"及其在对接券商通道方面的资源不足，在为准上市公司及高净值合格投资者匹配金融产品及服务路径上缺乏经验；在对客户资源的管理方面，湖南股权交易所认识到，提升客户满意度的重要措施就是建立重点客户持续跟踪服务。由于综合数据平台建设尚未完成，相关企业信息披露依然缺失，托管客户难以通过创新其增值业务来满足企业的融资需求。

在业务协同方面，股权登记管理中心对优质企业的挖掘不深，对其资源利用不够充分。例如，对托管农商行股东资源的利用率较低，未能充分挖掘商业银行与其股东的潜力，相应的增值服务体系有待提升。此外，股权登记管理中心与集团内部资产管理、证券、信托、银行等公司在业务开展上需进一步深化。

6.3.4 数据对接困难

有序实现区域性股权市场与主板市场的业务合作，是湖南乃至全国各区域性股权市场运营机构未来的主要发展目标。为此，至少需要两个阶段的调整部署。

第一阶段：全国各地的股权登记托管机构形成同一监管下的信息系统，实现登记、交易、质押等投资者数据的共享。

第二阶段：各区域股权登记托管机构连接中国证券登记结算有限公司的系统，以实现场内场外登记结算系统互联互通。

目前来看，全国各地的股权登记托管机构仍处于各自为政的状态，且多数未能建设完成自身登记托管的信息系统库，在全国范围内形成统一监管下的信息系统的阶段目标在短期内很难实现，而由此带来的重复建设与资源浪费更是阻碍了其统一有序的发展进程。

6.4 股权登记管理中心的改革趋势

近年来，随着资产证券化不断加强，股权登记管理中心逐渐成为我国非上市股权

交易的重要平台，为非上市公司提供股权转让业务，为公司融资、并购提供服务，为市场参与者提供过滤信息、培训和技术服务，在区域性股权市场具有举足轻重的地位。面对如今瞬息万变的资本市场大环境，以及作为区域性股权市场改革创新试点带来的变革压力，采用何种模式构建非上市公司股权登记托管制度，以规范和保障股权登记托管有效实现，已成为股权登记管理中心改革的重要内容。

6.4.1 规范统一信息系统

目前，全国各地的股权登记托管机构未能形成统一监管下的信息系统，造成重复建设和资源浪费，在一定程度上制约了其统一有序发展。

未来各区域股权登记托管机构连接中国证券登记结算有限公司的系统，实现场内场外登记结算系统互联互通是大势所趋。场内场外市场可以在业务技术标准、账户体系架构和一码通账户应用、转板衔接、数据通信、投融资服务等方面开展合作，在转让信息、交易指令发布等方面进行整合，实现登记、交易、质押、投资者等数据的共享，构建由监管数据平台、金融业统一征信平台、行业信用信息平台等多系统并行、多层次共同发展的信用信息网络，发挥区域性股权市场中介服务的规模经济和范围经济效应，盘活优势资源；也为未来的转板实现无缝对接，为形成错位发展、有序衔接、融资方便、监管有力、功能互补的多层次资本市场体系提供信息基础。

6.4.2 确立股权托管机构的法律定位

近些年，区域性股权市场作为服务中小微企业、促进创新创业的重要平台的作用逐步得到了市场的认可，股权质押融资业务也发展得如火如荼。但是，目前我国区域性股权市场配套的登记托管机构尚未纳入证券法范畴，政策效力层级偏低，在现行法律框架下，区域性股权登记托管机构并不能直接确立股权质权的法律效力，在出质设立和过户等方面面临着较大的金融风险。如果这一法律漏洞不能完善，将为区域性股权市场的发展埋下隐患。

证券法中，宜明确区域性股权市场配套登记托管机构的法律地位及登记托管的法律效力，将其认定为"区域性非上市证券登记结算机构"，明确其在多层次资本市场体系中的地位及与场内市场的关系，彻底解决非上市股份有限公司股权质押合同生效与质权设立时间不一致的法律问题。

6.4.3 开展非上市股份公司股份集中登记托管工作

非上市股份有限公司股权登记托管是股权登记托管机构接受非上市股份有限公司的委托，对非上市股份有限公司股权的登记、确权、变更、转让等进行统一规范登记和管理的行为。股权登记托管是推进建立现代企业制度，规范企业法人治理结构，实现企业产权资本证券化的重要基础和途径。

根据《公司登记管理条例》，市场监管部门只登记股份公司设立时的发起人股东，设立后的股份变更不再是其法定登记事项。因此，市场监督管理部门不受理股份有限公司的股权转让登记业务，也无法核实出质股份的真实性，政策的空白使金融的系统性风险大幅增加，也使企业的股权流转不畅，融资处境更加艰难。

建立规范高效的股权登记托管系统是区域性股权市场服务实体经济的前提。规范的股权登记托管系统也能够为企业搭建一个规范、公平的股权融资和股权交易流转平台，有利于促进企业股权规范有序流转，拓宽直接融资渠道，创新融资方式，为区域性股权市场的良性发展提供充实的后备力量。

2019年6月中国证监会出台的《关于规范发展区域性股权市场的指导意见》（清整办函〔2019〕131号）明确指出："省级人民政府可出台文件进一步明确区域性股权市场股份登记托管的职责效力，支持其开展省级行政区域内除上市公司或新三板挂牌公司外所有股份有限公司的股份集中登记托管。"因此，股权集中登记托管能促进区域性股权市场规范发展，防范化解金融风险，保护投资者合法权益。做好登记托管服务，有助于促进我国社会主义市场经济的高质量发展。

6.4.4 适时引入区块链设计

为提高湖南省区域性股权市场的交易效率及安全性，可应用区块链技术搭建登记托管区块链系统。区块链技术的核心是数据区块按时间顺序记录数据，并且只能读取和写入，不能修改和删除，因此提出将基于区块链技术的登记托管系统用于用户注册、股权变更以及股权质押等，其主要思想是将区块链作为底层技术，进行股权有关操作时调用区块链数据，并将用户信息写入区块链，实现上层用户基本信息和底层区块链账户信息一一对应，从而解决股权资产平台上的安全及各种风险。

将区块链技术作为股权登记托管的底层构架，将是湖南省区域性股权市场发展历史上的一个里程碑，将为区域性股权市场的发展带来深刻的变革。将区块链技术创新应用于股权登记托管这一金融场景，可以利用区块链技术的去中心化及不可篡改等特点，使交易和数据更加可靠，帮助非上市股份公司规范公司治理，增强股东名册的公信力和可信度，减少公司管理成本，提高股权管理工作效率。同时，通过与中央监管链对接，为监管部门实行动态监管、防范股权乱象提供基础保障。此外，在非上市企业股权登记托管领域开展区块链技术应用合作，将有利于提升区域性股权市场股权登记托管公信力，降低信息不对称成本，规范企业股权管理，更好地发挥市场的股权融资功能，为非上市企业股份转让交易、实施员工股权激励计划、股权融资及未来走向更高层次资本市场打下坚实基础。

未来，湖南省区域性股权市场可以信息信用大数据平台为基础，以区块链为底层构架，以其所服务的企业与客户信息建立基础链，形成一个有机的区域性资本市场生态体系，赋能湖南中小微企业的高质量创新发展。随着区块链技术的引入，将会形成一条覆盖各行政部门、挂牌企业、中介机构、投资者、登记结算机构、银行、监管机构等的联盟链，实现全部资源在链上的共享；以湖南股权交易所作为节点，提供具有特色的发行或交易产品，节点可根据联盟链需求弹性扩展，这样就能形成一条从企业征信、个人征信到融资贷款、政策运用、补贴发放、穿透监管等的完整生态链，从而进一步提高市场参与方信息获取效率和融资对接成功率，发挥区域性股权市场的塔基作用，赋能区域经济高质量发展。

03

第3部分
理论前沿

湖南省区域性股权市场的产生，是其经济内在发展的结果。资本市场的核心功能是融资，正是融资交易衔接了资金盈余者与资金需求者，成为两者之间互通的桥梁，交易制度决定了资本市场的流动性和估值的准确性。作为湖南省重要的金融基础设施，湖南股权交易所秉承"为湖南省区域性股权的发展传递正能量、为优质四板企业挖掘投资价值"的精神，以提高股权流动性为目标，力求在四板市场以交易制度为改革方向做出一定突破。至于在科技创新专板选取几家优质企业，引入做市商制度的理论探讨，其目的是提高区域性股权市场的流动性，平衡市场供求关系，发挥市场估值定价功能，提高交易指令的成交率。

区域性股权市场是以股权交易所为核心的地方性金融资源集聚平台。通过金融要素的空间集聚来降低金融合约的缔结成本，是区域性股权市场进行制度创新的主要动力。区域性股权市场的主要功能是将不同的金融要素整合起来，通过集聚效应，使之成为多层次资本市场的塔基。金融集聚能在一定程度上解决金融市场的信息生产及其信息结构等核心问题。从创新的角度来看，所有能够改善金融交易中信息结构的新组织、新举措、新规制乃至合约缔结的新条款，都是金融创新，均能在一定程度上促进金融的发展。金融要素的集聚，不但改变了金融资源的空间结构，也改变了金融市场信息的生产方式，并降低了金融市场的信息生产成本，提高了金融市场的资源配置能力，加强了金融市场的风险分担功能。因此，金融集聚既具有金融创新发展的内在本质，也是金融创新发展的综合表现形式。此外，区域性股权市场不是服务所有中小微企业的金融体系，而主要是服务成长性企业的金融制度安排，其服务的目标指向是资本市场。

第1章

湖南股权交易所引入做市商制度的路径研究
——基于科技创新专板的理论设计

资本市场的核心功能是融资与资产定价，而融资是资金盈余者与资金需求者之间资金融通的桥梁。交易制度决定了资本市场的流动性和估值的准确性。作为湖南省重要的金融基础设施，湖南股权交易所秉承"为湖南省区域性股权市场的发展传递正能量、为优质四板企业挖掘投资价值"的精神，以提高股权流动性为目标，力求在四板市场以交易制度为改革方向做出一定突破。湖南股权交易所设想在"科技创新专板"选取几家优质企业，引入做市商制度，为市场提供流动性支撑，平衡市场供求关系，发挥市场估值定价功能，提高交易指令的成交率，从而提升市场流动性。

1.1 做市商制度概述

在当前国际证券市场，竞价交易制度和做市商交易制度是两种主要的交易制度。竞价交易制度又称委托驱动（Order-driven）交易制度，是指交易双方将交易任务委托给各自的经纪人，再由经纪人经各自渠道传递到交易所。做市商制度也称报价驱动（Quote-driven）交易制度，是指在证券市场上，由具备一定实力和信誉的证券经营法人作为特许交易商，就某只或某些证券向投资者连续提供双向报价，买卖双方的委托不直接配对成交，而是从市场上的做市商手中买进或卖出证券。

《美国法典注释》将做市商定义为："在有规律或持续的基础上，用自己的账户自愿买卖某特定证券的交易商。"我国最早定义做市商的是1990年《证券交易自动报价（STAQ）系统上市交易规则》第四条第九款："做市商是指通过向系统报价表示愿意持续地为自己买进或卖出某种系统证券的会员。"2007年《全国银行间债券市场做市商管理规定》第二条规定："本规定所称做市商是指经中国人民银行批准在银行间市场开展做市业务，享有规定权利并承担相应义务的金融机构；做市业务是指做市商在银行间市场按照有关要求连续报出做市券种的现券买、卖双边价格，并按其报价与其他市场参与者达成交易的行为。"

根据上述定义，对于做市商的认定应当包括三个要点：①以自有资金交易；②持续双向报价；③主体的特定权利与义务。因此，可以将做市商定义为一种不间断的双向报价、凭借自有资金进行市场交易、承担法定义务并享有特殊权利的交易商。

1.1.1 做市商制度的形式

根据竞争程度差异，做市商制度可以分为垄断性做市商制度和竞争性做市商制度两大类别。

（1）垄断性做市商制度。之所以用"垄断"二字，就是因为垄断性做市商为之做市的股票只由一家做市商负责，与竞争性做市的多家做市商同时为一只股票做市有所不同。在这种做市商制度的指导下，每只证券只有一个估值和报价者，有优势得到更多的信息，进而根据得到的信息做出决定。这种做市商制度存在一定的弊端，特定做市商垄断了信息，市场上只有一家做市商进行估值报价，形成信息不对称，为垄断做市商获取不正当利益创造了条件。

（2）竞争性做市商制度。竞争性做市商是指同一只股票有多家做市商为其做市，从而形成良性竞争的关系。竞争性做市商制度的优势主要体现在做市商为了占据市场，主动在竞争中提升自己的资金、库存管理与报价能力，从而使得做市的这只股票买卖差价减小，相应的股票价格更能反映它所体现的信息及其他成本。总体来说，竞争性做市商制度会促进市场参与者不断提升服务质量、提高技术水平，进而活跃证券市场，扩充交易量，还能促进做市商反应及执行效率的提高。但是，竞争性做市商也存在一定缺点：做市商数量过多，导致每个做市商的综合实力比垄断性做市商要弱，拥有的信息不充分，对市场证券的未来走向也无法准确预测，导致利润空间受限，在市场发生变化时，由于系统性风险难以分散，做市商面临更大的威胁，加上自身规模与利润有限，竞争性做市商抵御风险的能力比垄断性做市商更弱。美国的 NASDAQ（纳斯达克）与中国的新三板都实行带有竞争性做市商的混合交易制度。

1.1.2 做市商的运作机理

从交易制度上分析做市商行为的运作机理，目前证券市场存在的交易制度主要有三种，即连续竞价制度、集中竞价制度、做市商制度（报价驱动制度）。这三种交易制度的比较见表 3-1-1。

表 3-1-1　三种交易制度的比较

交易制度		流动性要求	交易成本
竞价制度	连续竞价制度	高	低
	集中竞价制度	中	中
做市商制度（竞争性）		低	高

资料来源：根据相关资料整理。

不同于竞价制度的"指令驱动"方式，做市商制度是一种报价驱动式的交易机制，同时区别于竞价交易中的隐性报价，做市商同时进行显性的买卖双向报价，并在其主动报出的价格上实现买卖交易，只要投资者愿意买，做市商就必须卖，或者只要投资者愿意卖，做市商就必须买，其情形类似于中国居民到银行柜台买卖外汇。买卖价差是做市商的主要收入。

做市商运作机理如图 3-1-1 所示，做市商确定报价，明确价差，投资者据此做出投资决策。投资者的交易信息会及时反馈给做市商，影响证券仓位与价差，做市商也会基于自身的实际情况做出是否调整价格的考虑。这样，做市商与投资者共同推动交易价格在市场中不断调整和变化，使得股票交易持续循环，从而提高股票市场交易的流动性与活跃度。

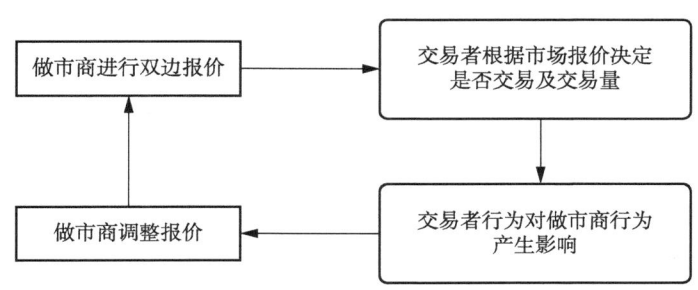

图 3-1-1　做市商运作机理

1.1.3　"市场—流动性—做市商"的逻辑

流动性作为资本市场的生命力所在，是衡量资本市场运行质量的核心指标，也是影响市场价格的重要因素，能体现市场配置资源的重要能力。做市商制度的产生正是源于市场对流动性的需要。非均衡的买入与卖出要求一种理性且有序的调节方式来平抑，对做市商而言，保持市场流动性的合理水平不仅是其义务，也是其盈利的需要，三者共同形成一个逻辑闭环。

（1）市场对流动性的外缘需求。当市场上不存在做市商时：当 $t=1$ 时，某交易者需要购进或售出数量为 i 的债券，但此时市场上缺乏卖出或买入这些债券的交易者，则该交易者必须付出时间成本或价格损失才能完成交易。当 $t=2$ 时，另一个交易者有着同第一个交易者相反方向的 $-i$（负号的含义为交易方向相反）需求，且同样找不到交易对手。可见，两个交易者的需求相反，但由于处于不同的期间，交易无法匹配，导致交易效率低下，市场缺乏流动性。

如果市场上存在做市商：当 $t=1$ 时，某交易者需要交易债券，此时做市商可以作为其交易对手达成交易；当 $t=2$，另一个交易者的需求为 $-i$ 时，做市商同样可以满足其买卖需求。此时可以看到，最终做市商的持有头寸变化不大，但市场上交易者的买卖需求都得到了实现。总之，做市商作为市场的交易中介，通过平衡不同期间的买卖订单，提高了交易效率，为市场提供了必要的流动性。

（2）做市商对流动性的内缘依赖。作为市场交易主体的做市商，以增加收益为目的，而其提高收益的主要手段就是提高买卖价差，可如果市场缺乏流动性，买卖价差收益的源头也会阻塞,因此提高市场流动性是做市商提高自身收益的根本保障。哈罗德·德姆塞茨(Harold Demsetz)在 1968 年提出了"流动性理论"(the Liquidity Theory)。该理论指出,做市商为市场提供流动性服务是出于市场和所有者自身的考虑,是为了获得更多的买卖价差收益,而不是出于证券本身的考量。简言之,做市商会为了获得流动性收益而改变环境和条件(流动性服务)。价差收益来源于做市商的低买高卖交易,这就要求市场价格始终保持变化,但如果价格过分偏离,做市商就有了亏损的可能。只要市场价格的波动保持在合理范围内,做市商的交易就是有效的。因此,流动性是做市商生存的内缘依赖,在自由环境下,做市商将最大限度地提高市场流动性。现代做市商制度就是通过法律将做市商的行为限制在合理的范围内,使公众投资者和做市商对流动性的需求同时得到满足。

1.2　科技创新专板

2019 年底,湖南省政府出台的《关于加快推进企业上市的若干意见》提出:在区域性股权市场设立"科技创新专板",鼓励和支持科技创新型中小企业挂牌、融资,为企业提供培训咨询、投融资对接、上市辅导等综合孵化服务。在此文件的指引下,由湖南省地方金融监管局牵头,省科技厅、省工信厅、省财政厅、湖南证监局共同推出的湖南股权交易所科技创新专板于 2020 年 3 月 20 日正式开板,首批有 16 家优质科创企业集体挂牌。

科技创新专板的设置是湖南省委、省政府部署的推进金融供给侧结构性改革的一件大事,有利于建立湖南省企业梯次上市培育机制。科技创新专板是湖南省区域性股权市场最高层次板块,挂牌企业必须为高新技术企业,符合湖南省战略性新兴产业方向,突出研发费用投入、自主知识产权、核心技术等"硬科技"指标。政府部门运用专项计划重点支持专板企业,金融机构和中介机构做好融资支持、咨询辅导等,通过模式创新,形成协同效应。

1.3　科技创新专板实施做市商条件分析

作为湖南省唯一的区域性股权市场,湖南股权交易所是科技创新专板推出的平台和载体。在科技创新专板内创新交易模式,将现行的协议转让方式转变为做市商模式,可以视为区域性股权市场在交易机制上的根本性突破、革命性创新。该项制度创新将进一步完善湖南股权交易所的交易机制,提升挂牌企业的融资效率。

2019 年 7 月 2 日中国证监会发布的《关于规范发展区域性股权市场的指导意见》(清整办函〔2019〕131 号)释放出一个明确的发展信号:鼓励区域性股权市场制度、模式、产品等一系列创新。监管层明确提出,要从顶层架构设计高度积极重构区域性股权市场的良好生态，在全国范围内选择符合条件的省市，启动区域性股权市场的制度及业务创新试点，试点"不设禁区、大胆创新、先行先试"。2020年12月1日，证监会主席易会满发布署名文章《提高直接融资比重》，全面阐述了发展直接融资的意见。文章中指出，健全中国特色多层次资本市场体系，增强直接融资包容性，要稳步开展区域性股权市场制度和业务创新试点，规范发展场外市场。这些文件及政策，为湖南股权交易所在科技创新专板实施做市商制度提供了理论指导与政策支持。作为湖南省区域性股权市场最高层次板块的科技创新专板，具有实施做市商制度创新的优势：①科技创新专板有利于湖南省企业梯次上市培育机制的建成，湖南股权交易所与省政府及地方部门将倾注更多的资源和力量予以帮助；②其较高的财务准入标准要求差异化对标科创板，保证了进入科技创新专板企业总体上的稳健运营能力与高成长性，可避免出现"无市可做"的窘境；③新三板的做市商制度运行历史显示出投资者对科创企业的投资热情与偏好，为在科技创新专板实施做市商制度提供了先行经验；④湖南股权交易所在股权登记与管理上率全国之先创立股权管理网络综合服务平台，全程线上可回溯的双向办理通道为做市商议价系统的建设提供了平台支持。

1.3.1 资源与政策自信——"四大赋能"重点打造"科技创新专板"

湖南股权交易所设立"科技创新专板"，在社会各界引起广泛关注，也极大地提升了湖南股权交易所平台的价值。湖南股权交易所通过加强与"岳麓山大学科技城"及长沙高新区等国家级园区的合作，整合省科技厅的高新技术企业、省地方金融监管局的上市后备库及相关资源，重点打造科技创新专板；通过政策赋能、资本赋能、科技赋能、协同赋能"四大赋能工程"，在科技创新专板的企业服务上"精耕细作"，积极引导高质量科创类企业挂牌，扶持科创类产业发展，将科技创新专板打造成为"样板工程"，将科技创新专板挂牌企业打造成"明星企业"，争取在科技创新专板挂牌的企业中培育出一批上市公司。

对科技创新专板挂牌企业，湖南省拿出十分"给力"的"真金白银"来支持。相较于以往政府对企业"撒胡椒面"式的支持，现在对优质科创企业的补助是精准的、定向的。省财政厅对在科技创新专板挂牌的企业，给予30万元的补助；对已完成股份制改造并在湖南证监局辅导备案的企业，给予200万元的一次性补助资金；对已向上海证券交易所申报上市申请材料并获受理或完成注册程序并在科创板首发上市的企业，再给予100万元的补助资金。对符合省重点研发计划项目等创新型建设专项资金申报条件的企业，以及符合省制造强省专项资金等申报要求的企业，同等条件下，优先向科技创新专板挂牌企业倾斜。

1.3.2 高准入自信——对标科创板，优中选优

"如果说湖南股权交易所的所有板块是一座金字塔，那么科技创新专板就是那个塔

尖。"作为湖南股权交易所设立的最高层次板块,科技创新专板的准入条件遵循严格准入与科学性准则。依《湖南省区域性股权市场设立科技创新专板工作方案》,企业(股份有限公司或有限责任公司均可)申请在湖南省区域性股权市场科技创新专板挂牌,在财务准入上,须符合以下五个条件之一：①连续2年盈利且合计净利润超过2000万元；②最近一年盈利且营业收入超过8000万元；③最近一年营业收入超过8000万元且最近三年累计研发投入占最近三年累计营业收入的比例不低于10%；④最近一年营业收入超过5000万元且估值超过3亿元；⑤具有高成长性且经省地方金融监管局、省科技厅、省工业和信息化厅联合评估后推荐。

较高的财务指标要求保证了科技创新专板挂牌企业总体上的稳健运营能力与高成长性,从而增强了投资者的信心；严格的多环节审批更是优中选优,拟在科技创新专板挂牌的企业在提交挂牌材料之后,还需通过湖南省技术产权交易所的科研诚信记录和科技创新认定条件核查、湖南股权交易所联合湖南省技术产权交易所进行的实地核查、湖南股权交易所内核风控部复核、经营层内部审核、专家审核委员会审核五大步骤,一步未过即退回重申。

科技创新专板精准对接上海证券交易所科创板和深圳证券交易所创业板,聚焦新技术、新模式、新业态的"独角兽""隐形冠军""单项冠军"企业,深度挖掘湖南省最优质的企业,为湖南省企业登陆科创板、创业板提供后备资源。

通过与科创板的上市差异化财务指标对比(见本书第77页表2-3-1)可以看出,湖南股权交易所对科技创新专板的准入条件与科技创新板有一定的衔接性。例如：湖南股权交易所认为进入科技创新专板的公司至少需保持一定年份期限内(两年)的连续盈利,且合计净利润超过2000万元,这一点对标科创板上市财务指标第一条,公司两年累计的净利润不低于5000万元,净利润2000万元与5000万元的对接保证了两者过渡的合理性；湖南股权交易所参照科创板财务指标,规定进入科技创新专板的公司最近三年累计研发投入占最近三年累计营业收入的比例不低于10%,保证了企业鲜明的科技创新特性。综上所述,科技创新专板的差异化财务准入设计为其挂牌公司进入场内市场构建了科学合理的通道,也为做市商制度的实现奠定了基础。

1.3.3 经验自信——科创企业汇集投资热情

科技创新对经济社会发展的支撑和引领作用日益增强,同时也是支撑国家发展的重大战略,着力发挥企业在技术创新中的主体作用,使企业成为创新要素集成、科技成果转化的生力军是实现我国科技发展从量向质飞跃的关键,金融资本正是企业腾飞有效的助推器。近年来,投资者越发青睐拥有核心技术、注重创新的企业。

科技创新专板坚持三大硬性指标：一是科技硬核,必须拥有自主知识产权和核心技术；二是高速成长,企业业绩需符合一定要求；三是上市预期。作为湖南省四板进入主板的最后一块跳板,"科技创新专板"将汇集一批高质量、具有高成长性的企业,有很好的改革试点基础。根据科技创新专板业务管理规则，申请在湖南省区域性股权市场科技创新专板挂牌的企业必须符合国家战略，拥有自主知识产权和核心技术，具有一定市场认可度，属于互联网、大数据、云计算、人工智能、软件和集成电路、高端装备制造、生物医药、新材料、新能源等高新技术产业和战略性新兴产业，且湖南省12大重点产业及20个新兴优势产业链企业优先。因此，挂牌企业具有一定市场认可度及较强的上市潜力或预期，为实施做市商制度提供了微观条件。

由2018年新三板市场主要行业成交额情况（见表3-1-2）可知，技术硬件与设备，制药、生物科技与生命科学行业的总成交额占比较低，这两类公司的挂牌数占比也较低，说明投资者对高新科技公司的认可度较高。再将新三板与湖南股权交易所创设的科技创新专板挂牌条件进行对比：仅从财务指标来看，新三板挂牌企业运营记录应满足最近两个完整会计年度的营业收入累计不低于1000万元，或者因研发周期较长导致营业收入少于1000万元，但最近一期期末净资产不少于3000万元的企业除外，报告期末股本不少于500万元；报告期末每股净资产不低于1元/股。结合新三板挂牌条件，总体要求远低于科技创新专板，因此进入科技创新专板的企业较新三板挂牌企业更为优质，成长性与日常经营能力更为突出，也会更加受到投资者的青睐。

表3-1-2 2018年新三板市场主要行业成交额情况

行业名称	总成交额（万元）	总成交额占比（%）	挂牌数占比（%）	成交额排名
软件与服务	588 887.00	16.50	18.20	1
多元金融	515 416.38	14.44	1.02	2
资本货物	397 112.13	11.12	18.27	3
材料Ⅱ	391 261.61	10.96	12.23	4
技术硬件与设备	325 572.23	9.12	9.22	5
制药、生物科技与生命科学	270 635.74	7.58	3.14	6

资料来源：根据相关资料整理。

1.3.4 平台自信——丰富的网络综合服务管理能力

开展做市商业务需要主办机构具有相当高的网络综合服务管理能力，做市商交易体系的设立需要包括匹配成交的网络转让平台，以及以此为核心的涵盖各类委托申报、行情揭示、数据汇总、统计和查询的子系统，场外市场的做市转让引入对非上市公司股权交易的前期步骤提出了严峻的考验。四板市场的股权登记与确权是股权交易制度的前提，将股权的登记托管通过网络平台与做市商转让系统对接是在科技创新专板设计做市转让体系的重要设想，湖南股权交易所在这方面已经迈出了重要的一步。

湖南股权交易所在全国优先推出股权管理网络综合服务平台，支持股权登记托管、初始登记、确权、质押、冻结、过户、交易、名册管理等多项基本功能，为托管企业提供电子化的股权管理服务，为投资者提供查询、开户和交易等业务的线上线下办理通道。业务系统具有完善的防火墙、入侵检测、数据加密以及灾难恢复等各类网络安全保障，管理控制措施和技术手段完全能够保障系统安全稳健运行；同时，在协助监管部门动态监管、防范化解金融风险、保障股权规范管理、促进股权有序融资和流转的过程中，已形成一套行之有效的风险控制机制，严格规避业务风险和道德风险，这为做市商制度的前提——股份转让奠定了良好的基础。

1.4 协议转让 or 做市成交——基于股权流转效率的数理分析

企业通过创建与管理市场提高效率，做市商作为竞争性的中心分离了所承办证券的供给决策与需求决策。它通过协调不同投资者之间的交易需求（造市企业通过发布与调整交易价格协调买卖方之间的交易，匹配供需，填补双重需求巧合缺失），来提高市场的流动性与稳定性。以科技创新专板交易的股权为例，同一挂牌公司交易的股权将其视作一种同质商品。在没有做市商的情况下，四板市场上的协议交易方式可将其视为一种随机匹配。

假设前提：科技创新专板股权交易市场中的股权买卖方都服从价格单位区间上的均匀分布，以买方为例，也就是说在每一个价格水平上，买方的分布数量是一样的。买方的支付意愿水平用 v 表示，支付意愿为 v 的买方的商品价格用 p 表示，获得的效用为 $U(v)=v-p$。当 $p \leqslant 1$ 时，总需求为 $D(p)=1-p$。

卖方的机会成本用 c 表示，机会成本为 c 的卖方在商品价格为 w 时获得的净收益为 $R(c)=w-c$；当 $w \leqslant 1$ 时，总供给为 $S(w)=w$。

1.4.1 协议转让市场的效率分析

在协议转让市场上，买方的支付意愿和卖方的成本都是隐性的，因此协商就是买卖双方进行的信息博弈。在这个博弈过程中，买卖双方都会不可避免地损失一定福利，因为不存在每次交易都完全符合自身意愿的情况，讨价还价过程中的降价或提价，其实质就是双方利益的抵耗。

在有效的协议转让市场中，有高支付意愿的买方与要求低成本的卖方进行配对，有低支付意愿的买方和高成本的卖方交易，或者至少买方的边际支付意愿等于卖方的边际成本，即图 3-1-2 中的均衡点，此时，总供给数量与总需求数量相当，买方的边际支付意愿等于需求价格，边际成本等于供给价格。

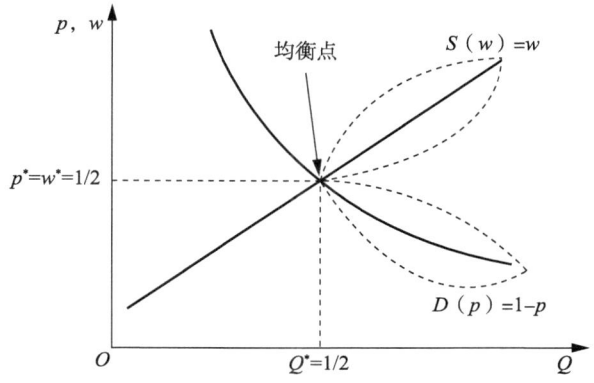

图 3-1-2 协议转让市场均衡图

$$v^* = c^* = p^* = w^* = \frac{1}{2}, \quad Q^* = D(p^*) = S(w^*) = \frac{1}{2}$$

协议转让市场上有效配给与随机配对的总收益对比：

在支付意愿大于 v^* 小于 1，边际成本大于 0 小于 c^* 的分布区间，在协议内转让是有效的，此时，总收益为

$$g^* = \int_{v^*}^{1} v dv - \int_{0}^{c^*} c dc = \frac{1}{4}$$

随机配对只需要考虑 v 大于或等于 c 的情况，则

$$g = \int_{0}^{1} \int_{0}^{v} (v-c) dc dv = \frac{1}{6}$$

很明显，随机配对产生的收益要低于有效配对时的收益，因为假若此时的匹配是随机的，支付意愿较低的买方和成本较高的卖方也能找到交易对象，拉低了总体的效用水平。

现考虑买卖双方的预期收益，对买方来说，他的预期收益就是自身的支付意愿 v 减去卖方的成本 c，自身的支付意愿是假定的，变化的只有卖方的 c，所以其预期收益可表示为

$$U(v) = \int_{0}^{v} (v-c) dc = \frac{v^2}{2}$$

同理，对卖方来说，自身成本 c 假定，变化的是买家的 v，则

$$R(c) = \int_{c}^{1} (v-c) dv = \frac{(1-c)^2}{2}$$

上述两个公式同时也是在协议转让市场上以买方支付意愿或以卖方成本表示的总收益。假设买卖双方各获得一半收益，则在配对市场上买方的预期效用为 $\frac{v^2}{4}$，卖方的预期效用为 $\frac{(1-c)^2}{4}$。

1.4.2 协议转让市场引入做市转让后的市场福利变动

作为做市商，其必定会双向报价，选定使自身利润最大化的价格后，市场上的买卖方会就进入协议转让市场交易还是与企业进行交易做出选择。假设 $\varphi(v)$ 为买方的期望，即支付意愿的条件分布函数，它同样是满足均匀分布的，$\psi(c)$ 为卖方的期望，即成本的条件分布函数满足均匀分布（这里的买卖方都是可以获得交易的对象），则协议转让市场买卖方的预期收益为

$$U(v) = \frac{1}{2}\int_0^v (v-c) d\psi(c)$$

$$R(c) = \frac{1}{2}\int_c^1 (v-c) d\varphi(v)$$

此时，存在做市企业，市场的均衡取决于以下四个方面：①企业向买方提供的卖价 p；②企业向卖家提供的买价 w；③买卖方期望（$\varphi(v)$，$\psi(c)$）；④买卖方选择做市商交易或进入配对市场互相协商。

令 q 为买方数量，x 为卖方数量，则做市商利润函数为

$$\prod = (p-w)\min(q, x)$$

与企业进行交易的买方收益为 $(v-p)$，卖方收益为 $(w-c)$。当交易市场存在买卖差价时，协商交易模式仍然会存在，支付意愿为 v 的买方（$w<v<p$）、成本为 c 的卖方（$w<c<p$）不想与企业交易从而进入配对市场进行自主协议交易。但由于这种交易存在随机性，因此设其可获得交易的概率为 γ。对买方来说，只有 $v-p \geq \gamma U(v)$，才会与企业进行交易；对卖方来说，只有 $w-c \geq \lambda R(c)$，才会与企业进行交易。

根据上文，存在 $(1-\gamma)$ 的买方无法获得交易，配对市场收益为 $\gamma U(v)$。如果存在一个理性人 v^* 选择进入配对市场，肯定是买方 v^* 在配对市场获得的预期收益高于他与企业交易获得的收益，表示为

$$\gamma U(v^*) > v^* - p$$

当有 $v < v^*$ 时，根据 $U(v) = \frac{1}{2}\int_0^v (v-c) d\psi(c)$，设 $F(v) = \gamma U(v) - (v-p)$，用 F 对 v 求导，得到 $\frac{\gamma}{2}\psi(c) - 1$，此式必然小于 0，原式单调递减，即

$$\gamma U(v) - (v-p) > \gamma U(v^*) - (v^*-p)$$

所以，支付意愿为 v 的买方进入配对市场获得的预期收益差大于买方 v^*，因此他更倾向于进入配对市场交易，这就证明会存在一个点 v，使得支付意愿为 $(v, 1]$ 的买方选择向做市商买入股票。同理，成本水平处于 $[0, c)$ 区间的卖方选择将股票卖给做市商（卖方的解释相同）。

在这轮解释的基础上，可以在条件分布上定义四个点 v_0，$\bar{v}$，$\bar{c}$，c_0，低支付意愿水平定义在区间 $[0, v_0)$，高成本定义在 $(c_0, 1]$，中等支付意愿与中等成本水平分别定

义在 $[v_0, \bar{v}]$ 和 $[\bar{c}, c_0]$，高支付意愿定义在 $(\bar{v}, 1)$，低成本水平定义在 $[0, \bar{c})$。高支付意愿的买家与低成本的卖家与企业进行交易，中等支付意愿的买家与中等成本的卖家进入配对市场进行交易，低支付意愿的买家与高成本卖家无法获得交易，此时市场处于分离均衡状态。

以 $v_0, \bar{v}, \bar{c}, c_0$ 为条件分布区间，则在均衡时，交易双方数量相同，即 $v_0 = \bar{c}$，$\bar{v} = c_0$。根据上文解释，则有 $v < \bar{c}(v_0)$ 的买家找不到交易对象，$c > \bar{v}(c_0)$ 的卖家找不到交易对象，用 $[\bar{c}, \bar{v}]$ 定义为协议转让市场的买卖方集合（在配对市场上无法交易，则与企业也不可能获得交易）。

由假设得协议转让市场的买卖方也服从均匀分布，均匀分布函数为

$$\varphi(v) = \frac{v - \bar{c}}{\bar{v} - \bar{c}}, \quad \psi(c) = \frac{c - \bar{c}}{\bar{v} - \bar{c}}$$

将上式代入买卖方的预期收益函数，得

$$U(v) = \frac{1}{4} \frac{(v - \bar{c})^2}{\bar{v} - \bar{c}}, \quad R(c) = \frac{1}{4} \frac{(\bar{v} - c)^2}{\bar{v} - \bar{c}}$$

在 $\bar{c}$ 与 $\bar{v}$ 点的时候，无论是与企业交易还是在配对市场交易，得到的收益都是一样的：

$$U(\bar{v}) = \frac{1}{4} \frac{(\bar{v} - \bar{c})^2}{\bar{v} - \bar{c}} = \frac{1}{4}(\bar{v} - \bar{c}) \text{（买方在配对市场收益）} = \bar{v} - p \text{（买方与企业交易的收益）}$$

$$R(\bar{c}) = \frac{1}{4} \frac{(\bar{v} - \bar{c})^2}{\bar{v} - \bar{c}} = \frac{1}{4}(\bar{v} - \bar{c}) \text{（卖方在配对市场收益）} = w - \bar{c} \text{（卖方与企业交易的收益）}$$

$U(\bar{v}) = R(\bar{c})$，所以 $\bar{v} - p = w - \bar{c}$。

追求利润最大化的做市商会选择购买和销售达到均衡的价格：

$$q = 1 - \bar{v} = \bar{c} = x$$

根据 $\bar{v} - p = w - \bar{c}$，企业的买价与卖价是对称的。根据上文，均衡时的价格为 $\frac{1}{2}$，则上式可改为 $1 - p = w$，做市商的利润公式改为

$$\prod = (p - w)q = (2p - 1)q$$

根据上述式子，可将 q 表示为 p 的函数：$q = \frac{3}{2} - 2p$，做市商利润函数变更为

$$\prod = (2p - 1)\left(\frac{3}{2} - 2p\right)$$

解得

$$p^M = \frac{5}{8}, \quad w^M = \frac{3}{8}, \quad q = \frac{1}{4}$$

因此，当产出位于区间 $\left[\frac{3}{4}, 1\right]$ 时，企业与买方进行交易，产出在区间 $\left[0, \frac{1}{4}\right]$ 时，

企业与卖方进行交易，当产出位于 $\left[\frac{1}{4}, \frac{3}{4}\right]$ 时，买卖双方进入协议转让市场。

$p-w=\frac{1}{4}$ 是做市企业获得的价差，可将其视为买卖双方在协议转让市场讨价还价耗费的成本，也就是说，协议转让市场所产生的无效率被做市商转化为了利润，而做市企业获得利润也体现了企业在提高市场效率方面的作用，与不存在企业的配对市场相比，企业的出现提高了总福利。

在做市企业出现的情况下，买卖双方的总收益等于与企业交易获得的收益加上在配对市场获得的总收益，即

$$G = \int_{\bar{v}}^{1} v dv - \int_{0}^{\bar{c}} c dc + \int_{\bar{v}}^{\bar{v}} U(v) dv + \int_{\bar{c}}^{\bar{v}} R(C) = \frac{11}{48}$$

企业获得的利润为

$$\prod = (2p-1)\left(\frac{3}{2}-2p\right) = \frac{1}{16}$$

上文提到，当不存在做市企业时，协议转让市场买卖双方的收益为 $g=\frac{1}{6}$，做市商提供的总福利为

$$G-g = \frac{11}{48} - \frac{1}{6} = \frac{1}{16}$$

做市商获得了自身做市使消费者增加的福利为

$$\prod = G - g$$

相对于随机配对市场，做市商通过将出价高的买方与低成本的卖方进行有效配对以及避免让出价低的买方与要价高的卖方交易来提高经济效率。此外，做市商通过与协议转让市场竞争，也提高了协议转让市场的效率，因为更少的买方与卖方选择进行协商转让了。因此，引入做市商制度能够有效地提高区域性股权市场中科技创新专板的效率。

1.5 科技创新专板引入做市商制度的帕累托改进

做市商制度促使科技创新专板通过不断双向报价以提高流动性的方式获取做市带来的利益；与此同时，做市商的做市行为也从侧面提高了市场参与者的整体福利。前文从定积分函数的角度阐述了做市商制度的引进为科技创新专板整个交易体系带来的效率提升，虽然模型的假设条件过于苛刻，买卖双方满足均匀分布且均分收益的情况难以在现实条件下得到满足，可模型体现的逻辑是清晰的，它在现实中的科技创新专板中能找到共性。总的来说，做市商制度的引进，对科技创新专板来说是一个帕累托改进。

1.5.1 解决科技创新专板市场流动性不足所造成的交易清淡问题

流动性是指资产以合理的价格顺利变现的能力。它反映了投资者投资的时间尺度（出售所需的时间）和价格尺度（对公平市场价格的折扣）之间的关系。流动性包括两个方面：价格的合理性和交易的及时性。流动性水平决定了市场价格的真实性。股票的流动性越高，投资者交易的速度就越快，他们就越能关注股票的基本面，从而提高市场的效率，降低交易成本。市场的流动性越低，达成交易越困难，市场价格越容易偏离股票的公允价值，增加交易成本。科技创新专板市场受四板市场交易制度影响，采用的是协商定价形式，无法真正实现其作为资本市场应该为买卖双方提供流动性的功能，这一点在未实行做市转让前的新三板市场中有明显的体现。

从表 3-1-3 中可以看出，在实行做市商制度之前，新三板市场成交量和成交金额较低，换手率维持在 5%左右。2014 年，新三板做市转让成交额占全年成交额的 95%以上，全年平均换手率接近 20%，市场对做市商制度寄予厚望。2015 年，协议转让和做市转让的成交量和成交额比上一年度又有了极大提升，做市转让的换手率达到54.56%。可见，做市商制度能够大幅度提升市场流动性。作为进入主板市场的"衔接板"，科技创新专板的板块企业结构与层次参考科创板，其质量要优于绝大部分新三板企业，具有较好的投资吸引力。随着做市商制度在科技创新专板的实行，该板块的流动性将被显著"激活"，资金的流动与配置效率将得到极大优化。

表 3-1-3 新三板各交易方式股票成交情况

年份	转让方式	成交数量（亿股）	成交金额（亿元）	换手率（%）
2013	协议	2.02	8.14	4.47
2014	协议与做市	22.82	130.36	19.67
2015	协议与做市	278.91	1910.62	53.88
2016	做市	123.56	1106.75	54.56

资料来源：Wind 数据库。

1.5.2 促进四板市场效率提升，解决信息不对称的问题

有效市场理论认为，如果市场是强有效的，证券价格反映所有相关信息，包括公开信息和非公开信息。换句话说，在一个有效的证券市场中，信息呈现出完全且对称的状态。在实践中，强有效的市场是不存在的，各国资本市场的差异在于其有效性的强弱。信息不对称问题在以中小型企业为主的四板市场表现得尤为突出。虽然目前湖南股权交易所正在逐步提高其信息披露规格，但现有法律条例无法强制企业披露除公司章程、审计报告、法律意见书、股东大会公告以外的信息，提高四板市场的信息对称性仍是一个漫长的过程。

在科技创新专板开展做市商业务无疑是解决信息不对称问题的重要突破口。做市

商承担着双向报价义务,为了对自己的报价负责,同时也是对投资者负责,做市商必须让自己的报价尽可能地接近公允价格,否则就会被内幕知情人在交易上获取有利地位,如果报价不准确,做市盈利会减少甚至亏损。这在一定程度上降低了市场的信息不对称。市场资源分配以企业的价值判断为基础。挂牌企业在其价值得到显现的情况下,才能有效地吸引资金与资源流入企业,从而获得发展的机会。只有企业发展了,投资者才能获得相应的回报。此外,如果一家企业能够获得较有市场信誉的做市商为其股票做市的话,那么就会向市场传递这样一个信号——其所负责的企业十分优质,这一举动无形中会提高企业的信誉,也将增强投资者和市场对该企业的信心。

在科技创新专板成功实施做市商制度以后,信息有效性带来的投资引力无疑会辐射到湖南股权交易所分设的其他板块,认识到信息的公开对投资者的投资决策起到的引导作用后,其他板块的企业更愿意充分披露信息,配合湖南股权交易所正在建设的中小微企业信息信用大数据平台,从而降低区域性股权市场中投资方与资金需求方的信息不对称程度。

1.5.3 为科技创新专板挂牌企业注入活力

在中国,科技创新已经成为当前发展阶段的主题。中小企业提供了全国66%的专利发明、74%以上的技术创新和82%以上的新产品开发,是自主创新的主要力量和源泉,科技型中小企业更是其中的翘楚。推动科技型中小企业成长已成为资本市场服务自主创新国家战略的关键。

在科技创新专板挂牌的企业大多为中小企业,技术不够成熟,管理体制不健全,企业难以获得资金,从而导致企业的发展动力与创新能力均不足。资金不到位,做市商制度可以通过对企业股票价值进行评估来帮助挂牌企业获得融资,使企业有资金改进技术、完善管理体制、获得持续发展。此外,做市商制度的引入还具有稳定市场的作用。场外市场更容易受到价值规律的影响,买卖数量变化易造成交易价格的巨大波动,而做市商的中介作用可以缓和价格波动。做市商作为专门从事证券交易的法人,比普通的个人投资者经验丰富、资金雄厚,可以更有效地把握市场中的证券价格走向,抑制市场上价格投机者的操纵行为,从而起到稳定市场的作用。

第2章

金融创新能力与经济增长质量研究
——基于湖南省长沙市2000—2018年的经验数据

金融的本质是实现资产的跨时间与空间交易。一般来说,将现时具有价值的资产与未来有价值的资产进行交易,隐含着极大的违约风险。为规避这种违约风险,人们在长期的实践中积累了诸多经验,并制定了很多约束条件,从而形成了一个社会或者一个国家的金融体系。随着经济发展中市场主体的约束条件发生改变,一些对市场主体履约的条件、支持体系,甚至合约本身均需要改变,这就是金融创新。

何谓金融创新能力?金融创新能力可以从两个方面来理解:推动金融发展的能力和深化金融的能力。按照创新行为的推动者来理解,可以将创新能力分成宏观层面和微观层面。宏观层面的金融创新能力指不同的国家或地区对金融战略的重视程度与金融发展的潜力,表现为地方政府层面应对变化的约束条件,及时调整金融布局策略与相关政策;微观层面指单个金融主体的创新力,表现为新的金融产品、服务的推出以及新的交易流程和运营方式的引入。

金融机构是金融市场中的微观创新主体,其创新能力的高低就可以由现存金融机构的创新累计所决定。市场中所有的单一机构都可以成为创新主体,创新主体的能力提升可推动整个区域金融创新能力的提高,从而增强区域内的金融创新水平。区域金融创新是对区域内资源进行整合与再利用的过程:通过金融创新将各种要素以一种更加高效的配置方式重新组合,金融参与者通过兼并等金融活动改变区域内的金融格局,以完善区域内部经济结构,进而提升区域竞争力。一般来说,能对区域内不同金融资源进行整合的,往往是该区域内的金融平台,而不是单独的金融机构,财信金控、湖南股权交易所等金融平台的创新能力对经济发展质量的影响要大于传统金融机构等。

我们从金融业发展水平、金融发展要素、经营环境、基础设施四个方面来分析长沙市的金融创新能力,在对区域内的金融创新能力进行测度的基础上,实证分析金融创新能力对长沙经济增长质量的影响。

2.1 长沙市经济增长质量测算与分析

长沙是我国经济高质量发展的典范。2019 年，长沙 GDP 为 11 574.22 亿元，分别是 1999 年、2009 年的 19.6 倍、2.6 倍。20 世纪末，长沙工业在国内的主要城市中基本上没有存在感，现在已经发展为一个以智能制造为核心的现代制造业中心城市，而且产业结构日趋合理。2019 年长沙第一、第二、第三产业分别实现增加值 359.69 亿元、4439.32 亿元、6775.21 亿元，三次产业对 GDP 增长的贡献率分别为 1.2%、43.6%、55.2%。20 年来，长沙在国内城市中的地位不断提高。2019 年 11 月 12 日，中国社会科学院与联合国人居署联合发布《全球城市竞争力报告 2019—2020》，其中长沙城市经济竞争力指数全球排名第 68 位，比 2018 年上升 3 位。长沙能够脱颖而出，关键是能够抓住产业结构调整，不断创新发展实体经济。

坚定不移地发展制造业，是长沙经济得以健康发展的成功秘籍。长沙的支柱产业不是房地产，也不是金融产业，而是新材料、工程机械、食品、电子信息、汽车及零部件等工业制造业，目前，这些产业产值都已经迈过千亿元大关。以工程机械产业为例，在全球工程机械 50 强中，长沙有 4 家，全国前 5 强中，长沙有 3 家。长沙工程机械产业规模从 2010 年起连续保持全国第一，2018 年产值达到 1639 亿元，占全国近三成，产品品种占全国的 70%。随着我国经济进入高质量发展阶段，长沙的制造业格局也发生了巨大的改变，原来的整机组装模式转变为智能制造模式，使得新一代信息技术得以快速发展，并促使软件产业的再出发得以实现。据统计，截至 2018 年底，长沙移动互联网产业营业收入突破 900 亿元，企业数量达到 2.6 万家，成为继北京、上海、深圳、杭州之后的"移动互联网产业第五城"。目前，长沙国家级智能制造试点示范企业（项目）达 27 个，数量居全国省会城市第一位。同时，以马栏山视频文创为核心的湖南文创产业，在数字经济时代，日益成为长沙经济新的增长极。

对经济增长质量进行评价，目前有多种方法。我们从经济增长质量内涵出发，考虑长沙市经济发展特点和数据可得性，选择了经济增长效率、经济增长结构、经济增长的稳定性、经济增长福利变化、经济增长的环境代价和国民素质六个方面进行描述。其中，资本生产率用 GDP/资本存量表示，资本存量采用永续盘存法，折旧率采用张军等（2003）设定的 9.6%。对长沙市资本存量的计算步骤：基于张军（2004）和徐现祥（2007）核算出的中国各省区以及三次产业 1978 年的资本存量数据，按照 2000 年不变价格，计算出 2000—2018 年的湖南省资本存量，再通过湖南省资本存量推算出长沙市的资本存量。具体如下：

（1）计算公式。

基年资本存量＝（基年长沙市GDP/基年湖南省GDP）×基年湖南省资本存量

（2）测度方法的选择。

每个指标对综合水平的影响程度具有差异性，本报告采用指标赋值方法即熵值法，熵值法在无量纲数据的基础上，根据数据的固有属性对指标的影响程度进行赋值，客观真实，熵值法的计算如下：

假设某区域有 m 个年份，n 个指标，则构成集合域 $U=\{u_1, u_2, \cdots, u_3\}$，每个样本由 m 个指标的数据构成，即 $u_1=\{X_{i1}, \cdots, X_{im}\}$，则二级指标的原始数据矩阵为 $(x_{ij})_{mn}$，其中，x_{ij} 表示第 i 年份第 j 个二级指标的值，$i\in[1, m]$，$j\in[1, n]$。

（3）原始数据标准化。

去除量纲化处理，对于不同量纲量级问题，为了避免直接采用原始值造成主成分过分偏重于具有较大方差或数量级的指标，我们选择均值化方法对原始指标进行无量纲化处理。正指标数值越大越好，负指标数值越小越好，处理方法如下：

正指标：$X_{ij}=j\dfrac{x_{ij}-\min x_{ij}}{\max x_{ij}-\min x_{ij}}$。

负指标：$X_{ij}=\dfrac{\max x_{ij}-x_{ij}}{\max x_{ij}-\min x_{ij}}$。

（4）指标熵权的计算。

为了避免一些指标数值在标准化后出现数值较小或负值的情况，我们对标准化后的数据进行平移处理，其公式为 $y_{ij}=x_{ij}+H$，H 为平移幅度，且 $H>\min x_{ij}$。

首先，确定在 i 个年份下第 j 个二级指标所占的比例：$P_{ij}=y_{ij}/\sum_{i=1}^{m}y_{ij}$。

其次，计算指标体系中第 j 个二级指标的熵值和权重。

$$e_j = -(\ln m)^{-1}\sum_{i=1}^{m}p_{ij}\ln p_{ij}$$

$$W_j = (1-e_j)/(n-\sum_{j=1}^{n}e_j)$$

最后，计算得到综合水平。设定经济增长质量综合水平为 Y，$Y=\sum_{j=1}^{n}P_{ij}W_{ij}$。其中，$P_{ij}$ 为每个二级指标所占的比例，W_{ij} 为熵值法确定的权重。基于长沙市2000—2018年数据，可以测算出熵值和权重。

长沙市经济增长质量指标权重见表3-2-1。

表 3-2-1　长沙市经济增长质量指标权重

	权重	一级指标	二级指标	熵值	权重
经济增长效率	0.119	经济增长	资本生产率	0.8977	0.0675
			劳动生产率（元/人）	0.9219	0.0516
经济增长结构	0.116	投资消费结构	消费率	0.9544	0.0301
			投资率	0.9744	0.0169
		产业结构	第一产业比较劳动生产率	0.9865	0.0089
			第二产业比较劳动生产率	0.9953	0.0031
			第三产业比较劳动生产率	0.9925	0.0050
		城乡结构	二元反差指数（逆）	0.9612	0.0256
		国际收支	进出口总额/GDP（亿美元/亿元）	0.9600	0.0264
经济增长的稳定性	0.082	价格波动	居民消费价格指数（%）（逆）	0.9623	0.0249
			商品零售价格指数（逆）	0.9973	0.0018
		就业波动	年末登记失业率（逆）	0.9561	0.0290
经济增长福利变化	0.299	城乡发展	人均 GDP（元）	0.9242	0.0501
			在岗职工年平均工资（元）	0.9344	0.0433
			城市居民人均住房使用面积（平方米）	0.9045	0.0631
			城市居民恩格尔系数（逆）	0.9396	0.0399
			城镇居民人均可支配收入（元）	0.9274	0.0479
			农村居民人均可支配收入（元）	0.9165	0.0551
经济增长的环境代价	0.082	环境污染	每亿元 GDP 工业废水排放总量（万吨/亿元）（逆）	0.9775	0.0148
			每亿元 GDP 工业废气排放总量（千万标立方米/亿元）（逆）	0.9722	0.0184
			每亿元 GDP 工业固废产生总量（千吨/亿元）（逆）	0.9752	0.0164
		资源消耗	每亿元 GDP 用电总量（百万度/亿元）（逆）	0.9506	0.0326
国民素质	0.327	基础素质	道路清扫面积（万平方米）	0.9395	0.0399
			实有道路长度（公里）	0.9563	0.0289
		国民教育	高等院校生师比	0.9742	0.0170
			中等职业学校生师比	0.9695	0.0201
			普通中学生师比	0.9101	0.0594
			普通小学生师比	0.9483	0.0342
		医疗资源	拥有床位数（张）	0.8989	0.0668
			每万人拥有医生数（人）	0.9074	0.0611

资料来源：长沙市统计局。

基于权重数据，可以测算出 2000—2018 年长沙市经济增长质量综合得分以及各二级指标数据。

表 3-2-2　长沙市经济增长质量综合水平测算结果

年份	经济增长效率	经济增长结构	经济增长的稳定性	经济增长福利变化	经济增长的环境代价	国民素质	综合得分
2000	0.063	0.058	0.029	0.027	0.010	0.092	0.279
2001	0.072	0.070	0.035	0.041	0.015	0.098	0.330
2002	0.043	0.074	0.026	0.047	0.027	0.117	0.334
2003	0.031	0.073	0.020	0.054	0.033	0.100	0.311
2004	0.027	0.070	0.018	0.054	0.044	0.101	0.315
2005	0.029	0.064	0.024	0.065	0.051	0.094	0.327
2006	0.029	0.055	0.029	0.074	0.057	0.088	0.331
2007	0.030	0.056	0.025	0.076	0.062	0.093	0.343
2008	0.035	0.053	0.019	0.080	0.065	0.093	0.344
2009	0.035	0.050	0.037	0.116	0.068	0.112	0.418
2010	0.040	0.053	0.035	0.124	0.071	0.126	0.449
2011	0.047	0.052	0.027	0.139	0.071	0.162	0.499
2012	0.050	0.055	0.037	0.154	0.078	0.180	0.554
2013	0.053	0.063	0.036	0.207	0.078	0.216	0.653
2014	0.055	0.069	0.036	0.239	0.080	0.205	0.684
2015	0.053	0.069	0.046	0.250	0.082	0.228	0.728
2016	0.054	0.066	0.041	0.267	0.080	0.238	0.744
2017	0.054	0.068	0.044	0.283	0.080	0.239	0.768
2018	0.056	0.074	0.038	0.316	0.081	0.245	0.810

资料来源：长沙市统计局。

从表 3-2-2 中可以看出，长沙市经济增长质量在 2000—2018 年呈上升态势，综合得分从 2000 年的 0.279 上升到 2018 年的 0.810，其中 2009 年增长最快，涨幅达到 21.51%，这在一定程度上要归功于 2008 年国内为应对经济下行的压力，从出口导向转向投资，国家大规模的基建投资计划出炉，而长沙的产业布局正好满足基建需求。从数据结果可分析出，长沙市在促进经济增长之外，试图转变生产与分配方式。结合经济增长权重数据来看，经济增长福利变化与国民素质为提升长沙市经济增长质量的重要指标，权重分别为 0.299、0.327，其次是经济增长效率与经济增长结构。此外，长沙市在发展理念上恪守"以人为本"的宗旨，目标是将长沙建设为国内最具幸福感的城市。尽管没有参加"抢人大战"，但长沙的净流入速度还是不断加快。2011—2019 年，长沙人口增量分别为 5 万、5.6 万、7.5 万、9.0 万、12 万、21.3 万、27.3 万、23.7 万、23.98 万，2020 年长沙净流入人口为 45 万多。由此可见，长沙的高质量发展对人才的吸引力日益增强。此外，由于长沙房价比很多城市低，叠加长沙生产要素结构较合理，约有 200 家世界 500 强企业落户长沙，长沙经济发展的可持续性得以保障。

2.2 长沙市金融创新发展及其创新能力的测算与分析

区域金融创新能力一般是指以区域内金融机构为主体的金融主体在一定时间维度对区域内金融资源进行整合重组，进而提升金融服务能力、优化金融产业结构。一个地区的金融创新能力可以从金融地理学的角度进行分析，在特定的空间内，可综合分析地理空间结构、金融市场完善程度、信息获取成本等。金融地理学认为，研究金融创新能力重点在于分析社会资本、金融创新环境、文化等对金融创新有突出影响的各类因素。具体而言，金融创新包括金融组织创新、金融产品创新、金融市场创新，甚至包括出台新的金融政策等政府的经济行为。

长沙的金融创新以服务实体经济为主，通过缔结新的金融合约或者组建新的金融机构来降低金融服务实体经济的成本，或者提高实体企业获取资金的概率。长沙金融体系中鲜有将资金实行体外循环或者资金空转的现象。例如，为了服务长沙的高新技术企业，长沙鼓励全国性银行设立科技银行，通过整合不同的机构，联合成立了"长沙市高新技术企业信贷风险补偿资金"；2017 年，浦发银行长沙科创新材料支行在高新区芯诚科技园挂牌成立，这是全国首家服务于新材料产业和科技型企业的专业银行，它为高新企业提供的"融资+融智"的综合化金融方案，在一定程度上起到了私募股权投资的作用；通过"一区一链一圈子"（园区、产业链、科技金融生态圈）搭建特色科技金融服务体系，形成了国内最具影响力的新材料及其高端制造产业为核心的金融服务平台。2019 年，长沙高新区成立了科技金融服务中心，完善了高新区集科技支行、科技保险、融资贷款、天使投资、创业投资、上市挂牌等于一体的科技金融服务体系。由此可见，具有长沙特色的科技金融服务体系已经初具雏形。

基金小镇、麓谷基金广场等金融集聚区的建立，有力地提高了长沙金融资源的集聚能力，也因此提升了金融的创新能力，因为金融创新的关键是金融合约知识的溢出、人力资本的累积以及人才的低成本流动。例如，长沙基金小镇将聚集一批有品牌、有资质的私募金融机构，培育和引进 200 家以上的私募股权投资基金、财富管理等中介机构，管理实际资产规模将超 2000 亿元，形成一个以股权投资基金为核心的产业聚集中心。

随着保险公司、证券公司以及全牌照的金融控股公司的出现，长沙的金融结构逐步趋于合理，其金融合约的多样性能够满足不同市场主体的融资需求。特别是湖南股权交易所的建立，在湖南金融市场中，其体量虽然相对较小，但其影响力却不断扩大，日益演变为湖南中小微企业的"成长助推器""资金加油站""上市孵化器"。此外，在产品与市场创新方面，推进了债券、基金的发行，鼓励本土公司在国内与海外积极上市，提高直接融资能力，并在最大程度上满足了长沙创新型企业的融资需求。

我们以地理金融学为依据，从金融业总体发展水平、金融发展要素、经营环境要素、基础设施要素等方面，细化出 13 个二级指标来度量并探讨长沙金融创新问题。

(1) 金融业总体发展水平。金融发展水平主要通过"金融业增加值/GDP""金融相关比率""金融产业人才增长率"三个变量来描述。金融业增加值/GDP 在描述区域金融发展水平时使用非常普遍。一般认为，金融业在一定时间内的生产经营成果会反映在金融业增加值当中，金融业增加值/GDP 也就自然可以反映金融业在经济中的作用。但是，这个指标不足以区分金融业增加值是通过金融创新降低实体经济的融资成本而实现的，还是通过资金空转形成资产泡沫而实现的。该指标存在一定的缺陷，导致将其用于实证可能会带来与传统理论的偏差。金融相关比率等于金融资产与 GDP 之比，该指标用于说明金融深化程度。Goldsmith 认为，金融相关比率的变动显示了金融上层结构和经济基础机构在规模之间的变化关系，可以作为金融发展的一个基本特点。金融人才在金融创新系统中是一切因素的核心，金融创新的发展与金融人才的发展息息相关，金融从业人员增长率这一指标，可以用来衡量金融部门的发展速度。

(2) 金融发展要素。金融发展要素可以细化为"银行机构存贷款余额""贷款余额与存款余额之比""资本市场直接融资/GDP""保险收入/GDP"四个指标。银行机构吸收社会金融剩余的能力，直接影响到该区域内的金融发展水平，在银行资产占整个社会金融资产78%以上的中国，其中部重要城市的金融资本配置依然需要依靠银行。但是，银行信贷合约与创新企业以及创新项目的资金需求存在明显的错配，因此，上述四个指标在度量一个地区的经济增长质量时也存在缺陷。保险深度可以衡量区域内保险机构参与金融活动的程度，反映区域内金融市场的市场结构。此外，保险行业规模的大小可以对区域内金融创新活动产生重要的影响。资本市场是金融创新系统的重要组成部分，用"直接融资总额/GDP"来评价资本市场的发展程度具有重要意义。

(3) 经营环境要素。经营环境要素探讨创新行为的区域内环境，良好的创新环境有利于促进创新活动。金融地理学从区域开放条件、政府支持程度、政府监管等方面来测度区域内经营环境，特别是政府监管，对金融创新能力有双重作用。首先，宽松的监管政策和有利的法律法规可以促进金融创新；其次，严格的监管标准会在一定程度上抑制金融创新活动的产生。区域内的技术条件也是影响金融创新能力的重要因素，专利授权作为技术产出指标，可以衡量长沙市技术进步和创新效率，而从发展过程来看，金融创新与技术进步的协同性比较突出，技术进步促进生产力的发展，使社会的财富结构、形式发生改变——为了满足市场的需求而促进金融创新的产生和发展。

(4) 基础设施要素。金融活动的产生要依赖区域的基础设施条件。我们用货物周转量来分析长沙市区域内周转力的大小；用互联网宽带用户的数量衡量区域内信息化程度，在大数据背景下，信息的便捷程度和处理效率会直接对金融活动产生影响；用书籍总印数来衡量长沙市的文化氛围，因为良好的区域文化构建的良好社会信用会对区域的创新产生间接的影响，信用度的高低也会影响金融市场进入者的信心。

根据长沙市 2000—2018 年数据，以及上述测度方法，可得出金融创新能力各个指标熵值、权重及综合水平，见表 3-2-3 和表 3-2-4。

表 3-2-3　金融创新能力熵值、权重测算结果

一级指标	权重	二级指标	熵值	权重
金融业总体发展水平	0.383	金融业增加值/GDP	0.9186	0.0909
		金融相关比率	0.9186	0.0909
		金融产业人才增长率	0.8194	0.2016
金融发展要素	0.214	银行机构存贷款余额	0.9649	0.0391
		贷款余额与存款余额之比	0.9747	0.0282
		资本市场直接融资/GDP	0.9294	0.0787
		保险收入/GDP	0.9394	0.0676
经营环境要素	0.207	实际利用外资	0.9276	0.0808
		授权专利	0.9112	0.0991
		R&D 经费支出	0.9760	0.0268
基础设施要素	0.196	书籍总印数	0.9517	0.0539
		互联网宽带用户的数量	0.9460	0.0603
		货物周转量	0.9264	0.0822

资料来源：长沙市统计局。

表 3-2-4　长沙市金融创新能力综合水平测算结果

年份	金融业总体发展水平	金融发展要素	经营环境要素	基础设施要素	综合得分
2000	0.033	0.005	0.009	0.008	0.056
2001	0.027	0.009	0.013	0.008	0.057
2002	0.025	0.023	0.010	0.012	0.069
2003	0.006	0.020	0.010	0.011	0.047
2004	0.003	0.013	0.009	0.007	0.032
2005	0.009	0.010	0.014	0.006	0.039
2006	0.008	0.013	0.012	0.007	0.041
2007	0.009	0.013	0.014	0.007	0.043
2008	0.005	0.012	0.011	0.008	0.036
2009	0.008	0.024	0.012	0.009	0.053
2010	0.007	0.018	0.013	0.012	0.050
2011	0.005	0.018	0.013	0.014	0.050
2012	0.006	0.016	0.012	0.017	0.050
2013	0.008	0.016	0.012	0.017	0.053
2014	0.009	0.017	0.014	0.019	0.059
2015	0.023	0.018	0.021	0.024	0.086
2016	0.024	0.019	0.022	0.026	0.092
2017	0.028	0.021	0.025	0.028	0.102
2018	0.029	0.032	0.025	0.033	0.119

资料来源：长沙市统计局。

从以上两表可以看出，长沙市 2000—2018 年金融创新能力总体呈上升趋势。从增长率来看，2000—2018 年的年均增长率为 5.99%。2011 年，长沙被列入首批开展科技与金融结合试点城市，长沙高新技术产业开发区获批成为全国首批促进科技与金融结合试点园区之一，所以从 2011 年起，长沙市不断加大对科技与金融的财政投放力度，大力推进创新驱动战略的实施，开展科技与金融结合机制创新，出台风险补偿金、贷款贴息、上市挂牌资助等一系列支持政策，并打造综合性科技金融服务平台。除此之外，长沙为推进金融改革创新发展，加快建设区域性金融中心，对发展长沙市现代金融业提出若干意见，并从 2017 年 4 月开始，在长沙市金融发展专项资金中安排 500 万元用于金融创新奖励。长沙市政府对金融行业的重视，有助于长沙市金融创新能力的提高。从权重数据来看，促进长沙市金融创新提升的最重要指标为金融业总体发展水平，权重为 0.383，其次为金融发展要素。

2.3 长沙市金融创新能力与经济增长质量实证分析

基于上述数据，我们通过实证模型进一步研究了长沙市金融创新能力与长沙市经济增长质量之间的关系。选取两个变量——经济增长质量综合水平（Y）和金融创新能力综合水平（X），通过模型分析两者之间是否存在显著关系。

$$Z_t = A_1 Z_{t-1} + \varepsilon_t; \quad Z_t = \begin{bmatrix} Y \\ X \end{bmatrix} \tag{3-2-1}$$

2.3.1 变量选取

选择不同滞后期会有不同的结果，因此，在 VAR 模型设计之前，需要考虑滞后期的选择。本报告采用 AIC 或 SC 准则来确定滞后期。对于 VAR 模型，因为系数较多，需要通过格兰杰因果检验、IRF 脉冲响应函数等来协助分析。为了讨论长沙市金融创新能力和经济增长质量之间的关系，选取经济增长质量综合水平（Y）作为被解释变量，金融创新能力综合水平（X）作为解释变量进行实证分析。

2.3.2 实证检验及结果分析

2.3.2.1 相关性检验

在进行分析前，通过查看数据的时序图来了解变量的整体情况，判断两者的具体属性，由 EViews 6.0 根据数据得出经济增长质量综合水平（Y）与金融创新能力综合水平（X）两列时序图（图 3-2-1），从中可以看出，两者增长方向基本一致，都呈递增趋势，且增长的步调较为一致，可认为两者存在一定的正相关。

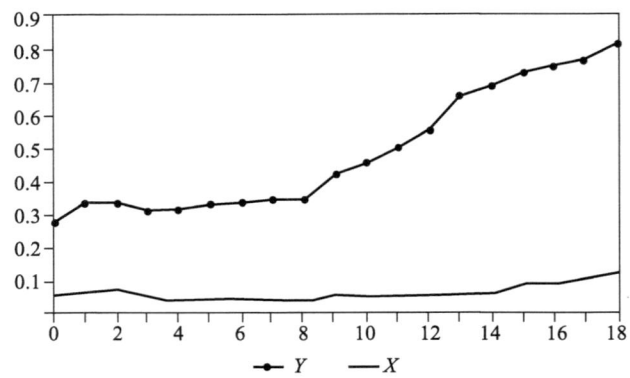

图 3-2-1　经济增长质量综合水平（Y）与金融创新能力综合水平（X）两列时序图

2.3.2.2　ADF 检验

为了保证时间序列的平稳性，对数据进行 ADF 检验，检验结果见表 3-2-5。在一阶差分仅含截距项后，数据是平稳的。根据无拘束 VAR 模型滞后长度确定滞后期数为 2 期。滞后长度见表 3-2-6。

表 3-2-5　ADF 检验结果

变量	检验类型（c, t, k）	ADF 值	显著性水平	P 值	检验结果
Y	（c, t, 1）	-3.530260	-3.297799（10%）	0.0680	平稳
X	（c, t, 1）	-3.150810	-2.708094（1%）	0.0036	平稳

表 3-2-6　滞后长度

Lag	LogL	LR	FPE	AIC	SC	HQ
0	50.24727	NA	$5.51e^{-06}$	-6.432969	-6.338562	-6.433975
1	86.91494	58.66828*	$7.15e^{-08}$	-10.78866	-10.50544*	-10.79168
2	91.56809	6.204192	$6.84e^{-08}$*	-10.87575*	-10.40371	-10.88077*
3	93.06776	1.599647	$1.06e^{-07}$	-10.54237	-9.881521	-10.54941
4	97.76028	3.754019	$1.20e^{-07}$	-10.63470	-9.785044	-10.64375

注：*表示在该准则下选择的最佳滞后期。

2.3.2.3　协整检验

我们所选用的统计数据为非平稳时间序列，因此用协整检验来验证两者的线性组合形成的变量是否平稳。由表 3-2-7 的检验结果可知，在原假设下 $P=0.2558$，统计量的值为 10.33481，小于 5% 显著性水平下的值，因此，可以接受原假设，认为经济增长质量与金融创新能力之间不存在协整关系，可直接建立 VAR 模型进行估计，方程滞后期为 2 期。

表 3-2-7　Johansen 迹统计量检验结果

	特征根	t 统计量值	5%的临界值	P 值
None	0.450305	10.33481	15.49471	0.2558
At most 1	0.094930	0.162154	3.841466	0.6872

2.3.2.4　格兰杰因果检验

格兰杰因果检验用来确定变量之间是否存在因果关系，检验一个变量的滞后变量是否可以对其他变量的当期值产生影响，如果显著，说明此变量与其他变量存在因果关系，反之则不存在。

表 3-2-8　被解释变量 Y 的格兰杰因果检验

Excluded	Chi-sq	df	Prob.
X	5.816209	2	0.0546
All	5.816209	2	0.0546

表 3-2-9　被解释变量 X 的格兰杰因果检验

Excluded	Chi-sq	df	Prob.
Y	7.088893	2	0.0289
All	7.088893	2	0.0289

从表 3-2-8 和表 3-2-9 中可看出，当 Y 作为被解释变量时，对解释变量 X 进行格兰杰因果检验，金融创新能力综合水平（X）的 P 值为 0.0546，大于 5%的显著性水平，因此不构成与经济增长质量综合水平（Y）的格兰杰因果关系。当金融创新能力综合水平（X）作为被解释变量时，其检验结果 P 值为 0.0289，小于 5%显著性水平下的值，构成与长沙市金融创新能力的格兰杰因果关系。此结果表明，随着经济增长质量的提升，长沙市科技水平、创新环境等也会优化，从而提升长沙市的金融创新能力。但可能由于长沙市金融创新水平或者创新能力不足，该因素目前还不是显著促进长沙市经济增长质量的原因，因此需要大幅度提升长沙市金融创新能力，发挥资金配置作用，使其成为促进经济增长质量提升的动力来源。

2.3.2.5　VAR 模型估计

根据上文建立 VAR 模型，模型包含经济增长质量综合水平（Y）、金融创新能力综合水平（X），具体如下：

$$Z_t = A_1 Z_{t-1} + A_2 Z_{t-2} + \varepsilon_t ; \quad Z_t = \begin{bmatrix} Y \\ X \end{bmatrix} \quad (3\text{-}2\text{-}2)$$

每个当期变量在无拘束的 VAR 模型中都可以作为解释变量。根据 SC 准则，滞后期为 2 期，用 EViews 得到 VAR（2）模型的结果：

$$Z_t = \begin{bmatrix} 1.318 & -1.624 \\ 0.016 & 0.646 \end{bmatrix} Z_{t-1} + \begin{bmatrix} -0.159 & 0.660 \\ 0.0552 & -0.003 \end{bmatrix} Z_{t-2} ; \quad Z_t = \begin{bmatrix} Y \\ X \end{bmatrix} \quad (3\text{-}2\text{-}3)$$

核心变量 Y 和 X，Y 方程的 $R^2 = 0.9856$，X 方程的 $R^2 = 0.8664$，单方程中 Y 方程的拟合程度优于 X 方程。由前文可知，滞后期为 2 期，因此共有 4 个单位根，根据结果，其 Modulus 的数值都小于 1（见表 3-2-10），其特征根值位于圆内，说明 VAR 模型是稳定的。

表 3-2-10 VAR 单位根的 Modulus 数值

Root	Modulus
0.922565−0.093862i	0.927327
0.922565+0.093862i	0.927327
0.273560	0.273560
−0.154698	0.154698

2.3.2.6 脉冲响应分析

考虑变量之间全部的影响过程，绘制图 3-2-2，其中："Response of X to Y" 代表金融创新能力综合水平（X）变动一个标准差对经济增长质量综合水平（Y）的脉冲响应，图中的横轴和纵轴分别代表滞后阶数和冲击反应，实线代表受到冲击时的走势。

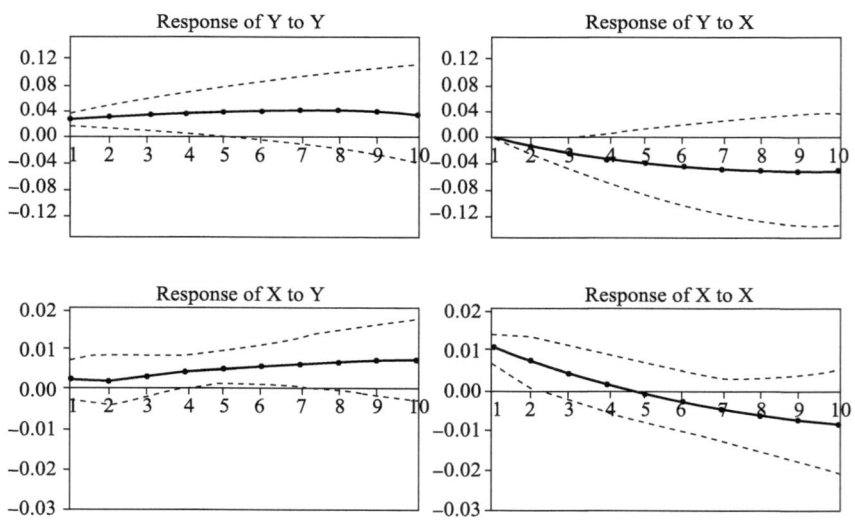

图 3-2-2 脉冲响应函数

从图 3-2-2 中可以看出，长沙市经济增长质量综合水平（Y）在受到自身的一个冲击后，在前 5 期不断上升，并且影响始终是正向的，经济增长质量受到金融创新能力的一个冲击后为负，在 1~4 期反应较大。但金融创新能力受到经济增长质量的一个冲击后为正，金融创新能力在受到自身冲击之后不断下降，在第 5 期开始为负向，在后期趋于稳定，可能与金融创新活动带来的收益相关，初期超额收益使同类创新活动不断出现，随着市场的变化，这种活动减少。

2.3.2.7 方差分解

变量之间相互冲击的动态影响路径由脉冲响应函数反映，方差分解可将模型内某一变量的方差分解到各个扰动项，反映了每一个扰动项对各个变量的影响，VAR 模型方差分解如图 3-2-3 所示。

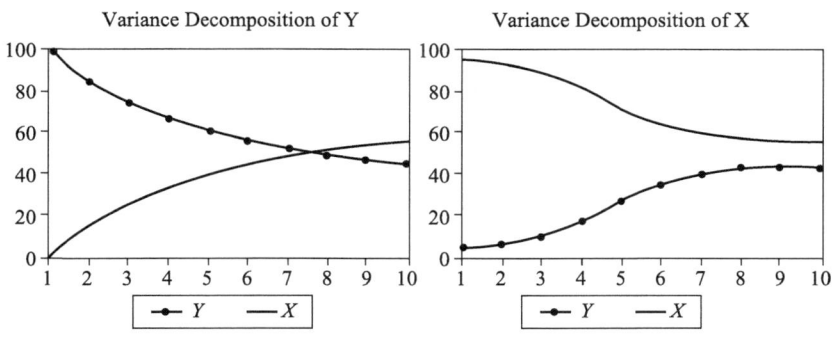

图 3-2-3　方差分解

在图 3-2-3 中，左边图形表示经济增长质量综合水平（Y）变动方差由自身变动所导致的部分和由金融创新水平所导致的部分；右边图形表示金融创新能力综合水平（X）变动方差由经济增长质量变动所导致的部分和由自身变动所导致的部分。随着期数的增加，经济增长质量由自身所导致的部分逐渐下降，由金融创新能力所导致的部分逐渐上升，到第 8 期，由金融创新能力所导致的部分才超过 50%。随着期数的增加，金融创新能力由自身所导致的部分逐渐下降，在期数为 10 时，长沙金融创新能力有大概 40% 可以由经济增长质量来解释。图 3-2-3 说明，目前长沙市金融创新能力对经济增长质量的提升作用较小。

2.4　结论与对策

金融的创新发展是否一定能促进资源有效配置效率的提高，成为经济增长的源泉？学术界对于这个问题颇有研究。一般认为，有效的金融市场和金融中介可以帮助市场筛除不好的投资项目，合理地将资金分配到边际效率较高的企业，从而有利于对稀缺资源尤其是资金进行优化配置。从实证结果可以看出，长沙金融创新能力对长沙市经济高质量增长的提升作用有限。因此，若要加强长沙市金融创新能力对经济增长质量的提升作用，应该大力发展长沙市的金融业，优化金融创新环境，完善金融创新基础设施环境，发展重点金融机构。但是，金融创新对经济增长质量的影响还表现在其他诸多方面。通过对长沙市 2000—2018 年的经验数据进行研究，我们可以进一步得出以下结论：

2.4.1 长沙市金融创新能力提升中，金融业总体发展水平的贡献度最高

金融业总体发展水平主要由"金融业增加值/GDP""金融相关比率""金融产业人才增长率"三个变量来描述，其核心内容是金融规模的扩大。自威廉·戈德史密斯论证了金融发展促进经济增长的命题之后，很多学者均做了实证检验，并对该理论的许多细节进行了补充与修正。但是，该理论有一个重大缺陷，却鲜有文献揭示，即过高的金融业增加值 GDP 占比对应的可能是相对较高的金融中介成本，而金融中介成本过高，可能对经济增长质量提升产生负面影响。如果金融资产规模的增长或是金融业的发展没有通过固定资产投资形成产业资本，产生了诸如"金融脱实向虚""资金在金融体系自我循环"等态势，尽管金融业增加值在增长，仍然不能提升经济发展质量。2015 年，托马斯·菲力蓬发现，那些受寻租动机驱动的金融创新往往会提高金融中介的成本。那些通过监管套利去追求利润的金融创新，不但不会助力实体经济的发展，甚至会形成系统性的金融风险。因此，长沙金融创新的方向不是做大金融产业在全市 GDP 增加值中的比重，而是进一步优化促进将金融资源导入实体经济的合约创新，提高金融对实体经济的服务能力。

2.4.2 长沙市金融创新与经济增长质量提升正相关

长沙的金融创新以服务实体经济为主，通过缔结新的金融合约或者组建新的金融机构来降低金融服务实体经济的成本，提高实体企业获取资金的概率，鲜有将资金形成体外循环或者资金空转的现象。无论是金融科技创新、金融资源的集聚、直接融资体系的构建，还是湖南股权交易所的规范设置，其目的均是提高服务实体经济的水平。20 多年来，长沙以制造业为核心，逐步形成了以"工程机械""电子信息""汽车制造""新型材料"四大产业集群为基础的装备制造业产业体系，并通过发展新一代信息技术，在智能制造的基础上，提升长沙的增长质量。因此，长沙的金融创新应根据新型产业生态与经营环境的变化，不断改变金融合约，提升服务经济增长质量的能力，特别是随着长沙文创产业的发展，其融资技术与融资合约的核心条款将会改变，力度将会进一步加大。

2.4.3 长沙市创新能力对经济增长质量提升作用较小

这个结论与常识似乎不符，金融创新能力应该是经济增长质量提升的重要因素。创新能力的指标选择可能存在问题，由此所带来的结论自然也存在瑕疵。例如，"金融业增加值/GDP"并不是一个能够很好地度量金融创新发展水平的指标，尽管许多国家与地区已经习惯利用该指标来度量金融创新发展能力。金融创新发展能力的目标指向，不应该以金融产业的增加值为目的，而应该以消除金融合约缔结中的信息不对称为导向。在现实经济活动中，有些金融创新通过增加信息不对称来盈利，而有些金融创新则通过降低信息不对称来盈利。因此，长沙的金融创新能力提升的关键是降低金融合

约缔结与履约中的信息不对称程度,提升金融组织或者金融平台对实体经济的服务能力。提升金融创新能力对经济增长质量的正面影响,关键是提升金融组织对实体经济的服务水平,在这方面,湖南股权交易所是一个创新典范。

2.4.4 长沙市金融创新能力不够,创新水平较低

很显然,长沙市金融创新能力存在诸多短板,主要表现在以下几个方面:长沙市的融资体系依然以银行为主导,直接融资市场的作用明显较小;金融机构不够多元化,本土金融企业太少,拥有较少在国内外均有影响力的金融机构总部,新型金融机构数量较少且发展较慢;金融从业人员在从业人数中的占比较小,高层次金融人才的数量太少。在统计实证方面,人们一直认为长沙的金融业增加值在GDP中的占比较低,而长沙金融创新能力不够。2018年,长沙金融业增加值在GDP中的占比为6.71%,2017年该占比为6.72%,远低于北京、上海、深圳、杭州等城市。尽管这个比值并不能说明长沙市金融创新能力不够,但是,要提升长沙的金融创新能力,金融规模以及金融资源的集聚能力需要进一步提升。因此,要进一步发展各种专业金融集聚区,加快长沙金融中心的建设步伐,提高金融资源的集聚能力。

第3章
企业家精神、金融集聚与中国经济高质量发展
——基于2008—2018年30个省份面板数据的实证分析

区域性股权市场的主要功能是将不同的金融要素整合起来，通过集聚效应，使之成为多层次资本市场的塔基。而金融集聚则从一定程度上解决了金融市场的信息生产及信息结构等核心问题。从创新的视角来看，所有能够改善金融交易中信息结构的新组织、新举措、新规制乃至合约缔结的新条款，都属于金融创新，均在一定程度上促进了金融的发展。金融要素的集聚，不仅改变了金融资源的空间结构，也调整了金融市场信息的生产方式，并能降低金融市场的信息生产成本，提高资源的配置能力，加强风险分担功能。因此，金融集聚既具有金融创新发展的内在本质，也是金融创新发展的综合表现形式。

金融地理学以"将金融服务业理解为高增值的信息服务业"为研究的逻辑起点，通过信息经济学的分析框架，较好地解释了金融集聚的内在逻辑。一般来说，信息可以划分为标准化信息和非标准化信息。其中，标准化信息的特点是在传递过程中没有损耗，即信息能够被完全传递；而非标准化信息则会在传递过程中损耗一部分，以至于信息交易双方会因此付出巨大的信息交易成本，而且交易双方空间距离越大，交易中所耗费的成本也越大，非标准化信息传递成本与其交易的空间距离正相关。因此，为了降低信息传递成本，金融机构一般会选择相邻而居，在一个地区集聚。这就是金融街、基金小镇、金融广场等金融集聚区域价值的源泉，也是金融机构、金融市场以及金融人才在政治、经济、社会、文化中心扎堆的根本原因。总之，金融集聚是降低交易成本的组织创新，也是金融发展的现实表现。

梳理相关文献可以发现，金融集聚与经济高质量发展的关系主要隐含在金融集聚与经济增长、能源消费、环境污染等相关文献之中，大部分属于实证检验，几乎没有文献涉及企业家理论，学者们并未认识到金融集聚对企业家精神的影响与高质量发展的内在逻辑。Schumpter（1921）研究了金融发展、企业家精神与经济增长三者的内在联系，King和Levine在此基础上发表了一系列成果，认为企业家精神是联结金融发展与经济增长的桥梁，从而为本报告的研究提供了一个分析框架。金融发展可以通过缓解企业的融资约束、提供金融服务和风险分担机制来降低企业家精神转变为企业家行为的成本，从而增加市场创新能力与发展活力。本报告引入企业家精神这一微观因素，

选取了2008—2018年中国30个省份（不含西藏自治区、港澳台地区，余同）的面板数据进行实证分析，以检验企业家精神视角下金融集聚对中国经济高质量发展的影响。

3.1 企业家精神、金融集聚与经济高质量发展：理论模型分析

金融集聚作为金融发展的一种表现，其最大的特点在于能够降低金融创新成本，因为金融集聚内部存在知识溢出效应，不同的金融机构会进行信息分享，从而减少信息不对称。此外，规模效应会降低交易成本等，这些都有利于加大金融创新的力度，提高经济的发展质量。金融集聚是经济高质量发展的内生变量，通过其集聚效应、扩散效应以及知识溢出效应改变了交易各方的信息结构，并因此降低了金融合约缔结与履约的成本。金融的集聚效应，主要是指通过规模效应、技术进步、金融要素高速运转等方式来促进经济向着更高层次发展；金融的扩散效应，是指金融集聚核心区域通过向周围区域设置分支机构、网络机构或者向周围输送资本、人才等方式来带动周围地区的发展；金融集聚形成的知识溢出效应，是指有效的金融创新活动、金融技术与人才这些非标准化信息在近距离的免费传播。

金融集聚作为金融发展的一种组织形式，其功能在于降低企业家行为选择的成本，促进企业家行为的发生发展，从而改变创业创新行为在区域中的格局，成为经济内生增长的源泉。金融集聚在企业家的融资约束、为企业活动提供风险分担机制以及甄别企业家精神等方面也发挥着正向作用，能影响企业家决策的约束条件和企业家的决策空间。因此，金融集聚是经济高质量发展的内生变量，毕竟高质量发展的关键是提高资本的投资收益率，而低成本的金融能够降低成本、促进企业家的创新行为，从而使其获得超额利润。在信息不对称和有限理性的条件下，假设某一企业家发现了一个利润机会，当他面临较大的融资约束时，不会因这一发现改变其策略空间，只能放弃这个不可行的机会。反之，当企业家能够通过金融低成本获得资金时，企业家的策略空间就会增加一个选择，从而改变现有的企业家行为。毕竟，金融能为企业活动分担风险，并对其进行评估与甄别。

经济高质量发展离不开企业家的创新行为，而制约企业家行为的因素主要是成本与收益、外在的金融变量与内生的企业家精神。企业家精神，在本报告中被细分为已经存在的企业家精神和将来可能出现的潜在企业家精神。企业家精神所反映出来的冒险创新精神，不仅反映在生产活动中，还反映在生产活动之外。

金融集聚可以作用在已经存在于企业内部的企业家精神上。金融机构通过金融集聚中的规模效应降低运营成本、提高运营效率，从而向外提供较低的融资成本，帮助企业家分担风险。企业家从金融机构得到较充足的资金支持、良好的金融服务，把创新的因素纳入原有的生产经营，在生产运营中发现新的技术、新的方法、新的机会。新技术、新工艺流程的出现，预示着更高的生产率；新产品的出现，预示着企业可以

获得更高的市场占有率。这些都打破了原来的市场均衡。

金融集聚也作用在潜在的企业家精神上。虽然资金约束和知识约束成为潜在企业家转变为真正企业家的桎梏，但是随着时间的推移，通过知识溢出效应和不断学习，潜在企业家可达到成为真正企业家的知识要求门槛。与此同时，金融机构由于竞争会向外提供较低的融资成本，为潜在的企业家成为真正的企业家提供助力，社会上会产生创业行为，大量的新企业随之出现。金融机构也能评估会产生效益的项目活动，为潜在的企业家提供资金支持，筛选出具有现实生产力的企业家精神。因此，随着大量的企业出现，会产生更加激烈的竞争，在竞争激烈的情况下，各个企业都会寻求创新，此时，企业家精神就在企业内部发挥作用了。

企业的创新活动主要分为生产过程中的创新和产品的创新这两类。第一类生产过程中的创新包含技术、工艺流程和管理模式的更新和创新，会提高生产率，生产出更多的产品；第二类产品的创新包含更新旧产品、开发新产品，可以吸引新的消费者，产生新的利润点，提高市场占有率。这两种创新活动都会使企业获得超额利润，在利润最大化的目标下，企业会扩大生产规模，同时投入更多的人力、物力再次进行创新，不断循环往复。

由此可见，在微观经济运行中，已存在的企业家精神会发挥作用，企业会不断进行创新以获取超额收益。随着企业不断扩大生产规模，在潜在的企业家精神作用下，新企业会不断增加，企业间激烈的竞争又会刺激创新的出现，而且这一循环过程会随着更多新企业的出现而加速运转。

企业家通过新技术、新方法等创新行为打破市场上原有的均衡，推动生产可能性曲线向外平移，从而促进市场达到更高层次的均衡，推动我国经济的高层次、高质量发展。新经济增长理论除了提出人力、研发、制度、政策等经验因素对经济的增长具有重要作用之外，还强调了技术进步的重要性，并将其看成是经济高质量增长的关键。

总之，金融集聚、企业家精神与中国经济高质量发展存在内在的逻辑性。一方面，金融集聚可以通过金融集聚效应、金融扩散效应和知识溢出效应等促进我国经济高质量发展。另一方面，金融集聚可以通过降低金融创新成本，提高企业家精神转化为企业家行为的概率。在这个过程中，金融集聚能够降低企业家行为的选择成本。

此外，金融集聚还可以降低金融体系内部的运行成本，提高金融体系的资源配置效率，为企业提供较低成本的信贷资金和良好的风险分担服务，这些功能都会激励具有企业家精神的市场主体选择创新，以追求市场的超额利润。企业家精神、金融集聚与经济高质量增长的作用机理如图3-3-1所示。

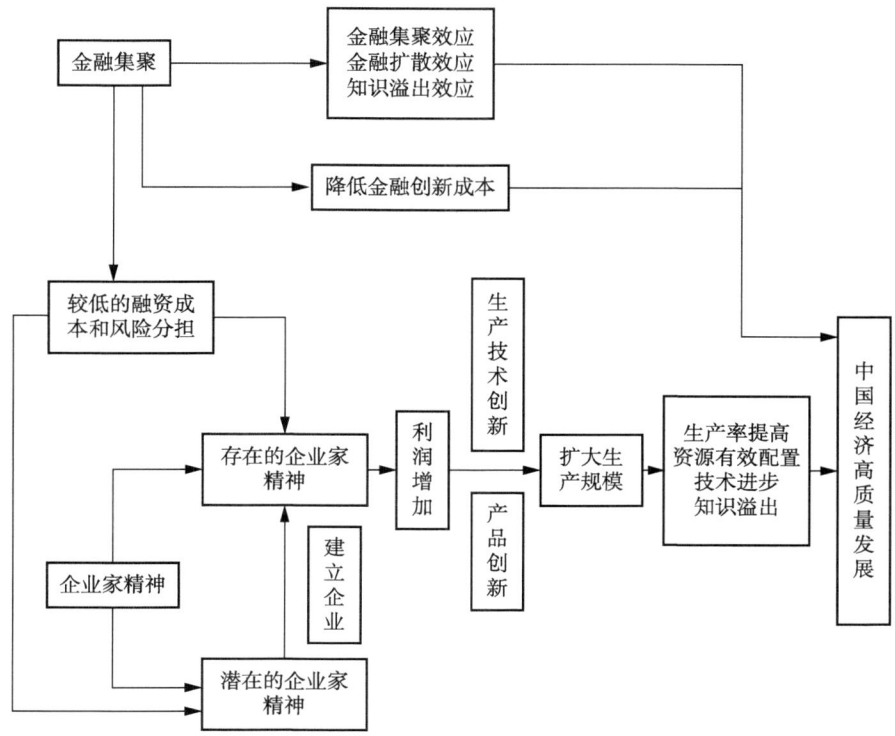

图 3-3-1　企业家精神、金融集聚与经济高质量增长的作用机理

我们根据 Grossman 和 Helpman（1991）的研究模型，构建企业家精神、金融集聚与经济高质量增长的分析框架。在 Grossman 和 Helpman（1991）的研究模型中，资本的投入可以用中间产品的投入来表示，即

$$K = \int_0^M q_j^{1-\beta} dj, \ 0 < \beta < 1, \ 0 < j < M \tag{3-3-1}$$

其中，q_j 表示第 j 种中间产品的投入量。

假设最终产品是由劳动和资本投入两者共同决定的，那么建立的模型如下：

$$Y = AL^{1-\beta}K^\beta = AL^{1-\beta}\left(\int_0^M q_j^{1-\beta} dj\right)^\beta, \ 0 < \beta < 1 \tag{3-3-2}$$

其中，Y 代表最终产品，A 代表生产率水平，L、K 分别代表劳动投入和资本投入。

假设 q_j 具有同质性，上式可以变换成

$$Y = AML^{1-\beta}Q^\beta = AL^{1-\beta}(MQ)^\beta M^{1-\beta}, \ 0 < \beta < 1 \tag{3-3-3}$$

假设中间产品的价格为 $P(Q)$（最终产品的价格设为 1），劳动报酬为 w，最终产品的最大化方程为

$$\max AML^{1-\beta}Q^\beta - P(Q)Q - wL \tag{3-3-4}$$

求得最优解为

$$P(Q) = A\beta ML^{1-\beta}Q^{\beta-1} \tag{3-3-5}$$

$$w = A(1-\beta)ML^{-\beta}Q^{\beta} \quad (3\text{-}3\text{-}6)$$

假设中间产品的投入是由中间产品的企业提供的，金融集聚程度用 δ 来表示，金融集聚可以降低企业的运营成本，金融集聚程度的不同会影响中间产品企业的单位成本，设生产每一单位中间产品的成本为 $C(\delta)$，g 为固定成本。

生产中间产品的厂商的利润最大为

$$\max P(X)X - C(\delta)X - g \quad (3\text{-}3\text{-}7)$$

由式（3-3-5）和式（3-3-7）可得

$$C(\delta) = A\beta^2 ML^{1-\beta}X^{\beta-1} \quad (3\text{-}3\text{-}8)$$

在长期生产中，经济利润为零，把式（3-3-5）代入式（3-3-7）可得

$$A\beta ML^{1-\beta}Q^{\beta} - C(\delta)Q - g = 0 \quad (3\text{-}3\text{-}9)$$

将式（3-3-8）代入式（3-3-9）可变形为

$$\frac{C(\delta)Q}{\beta} - C(\delta)Q - g = 0 \quad (3\text{-}3\text{-}10)$$

$$Q = g\beta/C(\delta)(1-\beta) \quad (3\text{-}3\text{-}11)$$

将式（3-3-11）代入式（3-3-3）可得

$$Y = AML^{1-\beta}C(\delta)^{-\beta}\varphi^{\beta} \quad (3\text{-}3\text{-}12)$$

其中，$\varphi = g\beta/(1-\beta)$。

如今，大多数研究企业家精神的学者都将其分为企业家创业精神和企业家创新精神，表现为建立新企业和进行创新活动。实际上，金融集聚程度不但会影响中间产品企业的融资成本进而影响生产成本，而且金融集聚程度越强，集聚效应越明显，越能降低内部交易费用，加强信息共享，为企业提供优质的金融服务。金融还可以筛选出具有现实生产力的企业家活动，这会引起生产中间产品的企业数量的增加，也就是企业家的创业精神。随着市场上厂商（供给方）数量的增加，市场上的产品会增加，即 M 的增加从某种程度上可以认为是创业数量或者活跃度增加，换句话说，企业家的创业精神 M 是金融集聚程度 δ 的函数，记为 $M = M(\delta)$，$dM/d\delta > 0$，这意味着较高的金融集聚程度有利于企业家创业精神的发挥。

在企业家活动中，知识溢出 μ 和技术进步 ω 的作用不可或缺。在知识溢出中，企业可以分享新知识，进行模仿和创新；在技术进步中，企业可以引进先进的技术，企业家可以运用新的知识和技术来实现创新活动，新的知识和技术被投入实际应用，实现其应有的价值，这一过程会影响企业家创新精神，从而提高企业生产率水平。与此同时，金融集聚的程度还会影响企业家创新精神，进而提高企业的生产率水平，金融集聚的程度越高，内部信息共享程度越高，交易成本越低，就越能向外提供较低的融资成本，缓解企业的融资约束，降低企业的创新成本，扩大企业家行为选择的范围，提高企业进行创新活动的概率，从而提高生产率水平，即生产率的提高从某种程度上可以认为是企业家精神在起作用，换句话说，企业家创新精神 I 是知识溢出 μ 和技术进

步 ω、金融集聚程度 δ 的函数，记为 $I=I(\mu, \omega, \delta)$。

综上所述，可以得到含有金融集聚的经济发展函数：

$$Y = I(\mu, \omega, \delta) M(\delta) L^{1-\beta} C(\delta)^{-\beta} \varphi^{\beta} \qquad (3\text{-}3\text{-}13)$$

$\dfrac{\partial Y}{\partial M} \times \dfrac{\partial M}{\partial \delta}$ 代表金融集聚通过企业家创业精神对我国经济发展产生的间接效应。

$\dfrac{\partial Y}{\partial I} \times \dfrac{\partial I}{\partial \delta}$ 代表金融集聚通过企业家创新精神对我国经济发展产生的间接效应。

3.2　金融集聚指标、企业家精神与经济高质量发展指标体系测度

目前，国内外产业空间集聚指数主要有行业集中度、区位熵、赫芬达尔指数、空间基尼系数及 EG 指数等。这些指数在度量金融集聚时，各有优缺点，见表 3-3-1。

表 3-3-1　产业空间集聚指数优缺点

指数	优点	缺点
行业集中度	指标易获取	未考虑市场上的综合因素，计算结果有一定的片面性
区位熵	指标易获取，能够反映出某地区的产业集聚水平	不能反映经济水平的差异
赫芬达尔指数	较高程度测量产业集中度变化	对数据要求高，难以收集
空间基尼系数	指标易获取，应用范围广	未考虑企业规模大小，易产生误差
EG 指数	综合性指标，效果比较好	数据要求高，难以得到结果

通过综合比较上述几种计算区域产业集聚的方法，考虑到数据的可获取性，区位熵能够在一定程度上反映区域中的产业集聚水平，最终选取区位熵（LQ）来测度金融集聚指标。

区位熵的公式为

$$LQ_{ij} = (q_{ij}/q_j)/(q_i/q)$$

其中，LQ_{ij} 代表 i 地区 j 产业的区位熵数值；q_{ij} 代表 j 地区 i 产业的产值；q_j 代表 j 地区的总就业人数；q_i 代表全国范围内 i 产业的产值；q 代表全国总就业人数。区位熵值用于衡量某一地区中的某一个产业是否存在集聚现象，和全国相比是否具有产业优势。如果区位熵值大于 1，说明某一地区内某一产业存在集聚现象；否则，说明无集聚现象。由此，我们计算出 2008—2018 年我国 30 个省份的金融集聚指标，其描述性统计见表 3-3-2。

表 3-3-2　金融集聚指标描述性统计

指标	N	最小值	最大值	均值
LQ	330	0.1616	6.2206	1.0392

根据区位熵的公式以及数据计算，2008—2018 年我国 30 个省份的金融集聚指标数值见表 3-3-3。

表 3-3-3　我国 30 个省份的金融集聚指标数值（2008—2018 年）

地区	2008	2009	2010	2011	2012	2013	2014	2015	2016	2017	2018
北京	6.221	5.278	4.960	4.819	4.718	4.597	4.573	4.296	4.446	4.534	4.767
天津	2.270	2.299	2.303	2.452	2.728	2.774	2.748	2.462	2.598	2.650	2.546
河北	0.437	0.458	0.447	0.452	0.482	0.513	0.535	0.474	0.524	0.577	0.598
山西	0.618	0.646	0.655	0.635	0.682	0.737	0.721	0.739	0.742	0.754	0.776
内蒙古	0.650	0.725	0.732	0.792	0.776	0.827	0.847	0.784	0.891	0.919	0.917
辽宁	0.765	0.790	0.763	0.757	0.850	0.940	0.989	1.013	0.945	0.951	1.025
吉林	0.391	0.404	0.361	0.332	0.342	0.480	0.495	0.488	0.546	0.552	0.549
黑龙江	0.336	0.364	0.415	0.425	0.487	0.522	0.541	0.528	0.536	0.520	0.528
上海	4.886	4.998	4.423	4.262	3.962	3.862	4.108	4.094	4.455	4.661	4.817
江苏	1.386	1.252	1.397	1.446	1.524	1.541	1.739	1.579	1.700	1.786	1.872
浙江	1.955	2.204	2.230	2.195	1.941	1.782	1.473	1.253	1.235	1.320	1.586
安徽	0.217	0.497	0.347	0.371	0.397	0.403	0.504	0.480	0.528	0.562	0.659
福建	0.992	1.022	1.085	1.018	1.042	1.107	1.117	1.040	1.090	1.111	1.121
江西	0.162	0.228	0.283	0.350	0.353	0.361	0.477	0.467	0.520	0.506	0.536
山东	0.678	0.675	0.741	0.748	0.769	0.809	0.811	0.722	0.765	0.772	0.797
河南	0.318	0.323	0.387	0.406	0.415	0.450	0.469	0.499	0.536	0.555	0.553
湖北	0.499	0.513	0.512	0.515	0.580	0.612	0.692	0.752	0.891	0.946	0.987
湖南	0.279	0.385	0.368	0.334	0.336	0.349	0.413	0.387	0.422	0.496	0.499
广东	1.446	1.380	1.330	1.219	1.152	1.280	1.216	1.260	1.260	1.297	1.299
广西	0.375	0.425	0.436	0.421	0.471	0.544	0.540	0.504	0.532	0.551	0.575
海南	0.402	0.466	0.469	0.527	0.567	0.691	0.684	0.633	0.695	0.705	0.668
重庆	0.514	0.835	0.899	1.060	1.196	1.188	1.201	1.110	1.219	1.247	1.264
四川	0.409	0.392	0.425	0.474	0.621	0.644	0.658	0.638	0.747	0.816	0.816
贵州	0.265	0.337	0.347	0.376	0.404	0.409	0.411	0.409	0.439	0.465	0.486
云南	0.348	0.471	0.426	0.433	0.447	0.489	0.535	0.492	0.518	0.526	0.511
陕西	0.560	0.552	0.538	0.507	0.565	0.648	0.737	0.678	0.701	0.717	0.742
甘肃	0.206	0.212	0.205	0.248	0.275	0.376	0.413	0.405	0.439	0.446	0.449
青海	0.478	0.502	0.506	0.484	0.562	0.830	0.881	0.892	0.938	0.971	0.926
宁夏	0.760	0.740	0.807	0.922	0.996	1.042	1.019	0.912	0.952	0.976	0.978
新疆	0.585	0.564	0.538	0.574	0.621	0.691	0.685	0.567	0.541	0.539	0.524

如何计算并度量企业家精神，并对企业家行为定价，是现代经济学的难题之一。现有文献中度量企业家精神的方法主要分为两种类型：一是单一指标；二是综合性指标体系。单一指标大多数使用专利申请量、专利授权量、企业家数量、企业家进入与退出比率、自我雇佣比率等来衡量企业家精神。综合性指标体系包括GEM度量的社会层面的企业家精神、区域创新指标体系、RIS指标体系等。

我们在前人研究成果的基础上，根据我国的国情以及可获得的公开数据，分别从企业内部与企业所处环境两个方面度量企业家精神，在企业内部的企业家精神主要借鉴Covin和Slevin（1986，1989，1991）等的研究成果；在度量企业家外部环境时主要借鉴GEM的相关度量指标等以及刘亮（2008）的研究成果。与此同时，考虑到现有数据的可得性，在前人的指标体系上对一些指标加以改进细化。

我们将企业家精神指标体系中专利数细化为专利申请量和专利授权量两个指标，并增加了R&D人员全时当量指标。由于技术市场成交合同金额指标近年的统计年鉴上无法查询到，用技术市场成交金额这一指标来代替；企业数量和非公有企业数量是全国范围内的，并不是规模以上工业企业的，这能让数据更具有代表性；由于在2015年以后国家统计局不再公布民营企业投资者数量，我们使用民营企业数量来反映居民进行创新的积极性。企业家精神指标体系见表3-3-4。

表3-3-4 企业家精神指标体系

指标代码	指标名称	单位	指标代码	指标	单位
X_1	人均固定资产投资	万元/人	X_{12}	人均就业人员专利申请量	件/十万人
X_2	人均企业数量	家/百万人	X_{13}	人均就业人员专利授权量	件/十万人
X_3	非公有企业比率	%	X_{14}	人均技术市场成交金额	万元/人
X_4	民营企业数量占全部就业人口比率	%	X_{15}	每百万就业人口数量拥有的科技活动人员数	人
X_5	每百万就业人员拥有的技术人员数量	人	X_{16}	R&D人员全时当量占每十万就业人口人员数	人·年
X_6	新产品的销售价值占全部销售收入比率	%	X_{17}	人均批发零售贸易餐饮业增加值	万元/人
X_7	每十万就业人员拥有的销售收入	元/人	X_{18}	人均交通运输、仓储及邮电通信业增加值	万元/人
X_8	人均金融机构各项贷款	千元/人	X_{19}	人均文化事业费	元/人
X_9	人均财政支出	万元/人	X_{20}	人均进出口额	元/人
X_{10}	人均教育经费支出	元/千人	X_{21}	人均最终消费支出额	万元/人
X_{11}	人均科研经费支出	万元/人	X_{22}	每平方公里运输线路长度	公里

注：$X_1 \sim X_7$度量的是企业的创新能力；$X_8 \sim X_{22}$度量的是企业所处环境的创新能力。

运用主成分分析法，通过构建企业家精神的综合得分模型，对企业家指标体系进行归一化处理，可以获得企业家精神的指标体系数值。企业家精神指标体系中包含22个指标，范围比较广，需要对其进行综合，在数据处理时把各项指标的数值都统一在 0~10，之后将 22 个指标的数值代入综合得分模型（归一化），得到 2008—2018 年我国 30 个省份企业家精神指标体系数值，见表 3-3-5。

表 3-3-5　我国 30 个省份企业家精神指标体系数值（2008—2018 年）

地区	2008	2009	2010	2011	2012	2013	2014	2015	2016	2017	2018
北京	1.159	1.253	1.398	1.555	1.710	1.971	2.083	2.262	2.389	2.533	2.765
天津	0.844	0.925	1.075	1.246	1.404	1.588	1.690	1.886	1.979	1.933	2.023
河北	0.306	0.355	0.402	0.454	0.518	0.583	0.621	0.681	0.742	0.817	0.863
山西	0.330	0.364	0.412	0.474	0.551	0.627	0.650	0.707	0.756	0.699	0.734
内蒙古	0.414	0.501	0.587	0.696	0.796	0.910	0.994	0.953	1.037	1.042	1.017
辽宁	0.502	0.562	0.662	0.749	0.873	0.969	0.981	0.913	0.791	0.835	0.918
吉林	0.380	0.442	0.500	0.540	0.630	0.692	0.736	0.787	0.851	0.873	0.890
黑龙江	0.343	0.393	0.464	0.545	0.643	0.714	0.716	0.763	0.810	0.856	0.742
上海	1.194	1.269	1.400	1.512	1.616	1.688	1.730	1.883	2.008	2.179	2.438
江苏	0.641	0.743	0.890	1.094	1.294	1.390	1.441	1.594	1.700	1.805	1.957
浙江	0.695	0.754	0.872	1.021	1.203	1.346	1.412	1.589	1.665	1.760	1.966
安徽	0.314	0.364	0.445	0.536	0.637	0.732	0.786	0.852	0.928	1.007	1.092
福建	0.426	0.478	0.571	0.667	0.772	0.889	0.970	1.111	1.217	1.322	1.469
江西	0.262	0.297	0.349	0.414	0.494	0.576	0.614	0.719	0.805	0.880	0.984
山东	0.437	0.496	0.574	0.664	0.770	0.857	0.914	1.008	1.106	1.175	1.221
河南	0.295	0.332	0.378	0.434	0.491	0.582	0.628	0.701	0.762	0.832	0.898
湖北	0.378	0.438	0.526	0.614	0.712	0.828	0.915	1.029	1.105	1.206	1.311
湖南	0.283	0.326	0.379	0.433	0.506	0.592	0.640	0.714	0.767	0.853	0.927
广东	0.558	0.604	0.698	0.790	0.890	1.000	1.055	1.184	1.285	1.460	1.645
广西	0.225	0.267	0.328	0.381	0.448	0.515	0.563	0.632	0.703	0.757	0.813
海南	0.286	0.331	0.400	0.482	0.576	0.677	0.719	0.802	0.888	0.970	1.001
重庆	0.384	0.435	0.535	0.630	0.740	0.968	1.075	1.232	1.185	1.223	1.406
四川	0.278	0.333	0.393	0.435	0.508	0.585	0.626	0.687	0.743	0.801	0.838
贵州	0.203	0.252	0.284	0.354	0.415	0.512	0.578	0.662	0.747	0.844	0.943
云南	0.234	0.266	0.311	0.364	0.428	0.506	0.551	0.607	0.675	0.764	0.831
陕西	0.324	0.387	0.464	0.542	0.654	0.778	0.840	0.915	1.003	1.056	1.139
甘肃	0.229	0.270	0.319	0.378	0.442	0.528	0.576	0.631	0.696	0.664	0.708
青海	0.301	0.364	0.460	0.562	0.704	0.770	0.855	0.988	1.065	1.163	1.224
宁夏	0.360	0.402	0.477	0.559	0.671	0.770	0.836	0.926	1.022	1.083	1.088
新疆	0.297	0.338	0.403	0.490	0.600	0.712	0.763	0.829	0.850	0.953	0.926

经济高质量发展是一个综合性的多维度概念。我们根据习近平总书记所提出的"五位一体"、生态文明建设等思想,参考了何伟所提出的关于高质量发展的六大性质的相关论述,构建了一个基于有效性、稳定性、创新性、协调性、绿色性、共享性六个维度的经济高质量发展指标体系,见表3-3-6。

表3-3-6　经济高质量发展指标体系

维度	指标代码	指标名称
有效性	X_1	全要素生产率
	X_2	劳动产出率
	X_3	资本产出率
	X_4	资源利用率
稳定性	X_5	GDP增长波动率
	X_6	城镇登记失业率
	X_7	总产出指数
创新性	X_8	人均R&D经费
	X_9	每万劳动力中研发人员数
	X_{10}	每万人专利申请数
	X_{11}	每万人专利授权数
	X_{12}	人均R&D人员全时当量
协调性	X_{13}	非农产业增加值占GDP比重
	X_{14}	城镇化水平
	X_{15}	单位GDP能耗
	X_{16}	经济外向度
绿色性	X_{17}	工业固体废物综合利用率
	X_{18}	人均工业污染治理完成投资额
	X_{19}	人均治理废水项目完成投资额
	X_{20}	人均治理废气项目完成投资额
共享性	X_{21}	人均GDP
	X_{22}	人均社保和就业投入
	X_{23}	人均医疗卫生投入
	X_{24}	人均环境保护支出

采用主成分分析法,对我国2008—2018年30个省份的相关数据进行归一化处理,

可以得出经济高质量发展指标体系数值，见表3-3-7。

表3-3-7　我国30个省份经济高质量发展指标体系数值（2008—2018年）

地区	2008	2009	2010	2011	2012	2013	2014	2015	2016	2017	2018
北京	0.728	0.749	0.793	0.903	0.989	1.105	1.196	1.298	1.427	1.474	1.594
天津	0.703	0.685	0.717	0.813	0.842	0.955	1.026	1.139	1.137	1.052	1.166
河北	0.330	0.314	0.316	0.349	0.353	0.400	0.454	0.425	0.408	0.433	0.487
山西	0.467	0.414	0.390	0.399	0.415	0.483	0.416	0.394	0.409	0.525	0.508
内蒙古	0.403	0.389	0.383	0.472	0.433	0.600	0.674	0.563	0.550	0.537	0.643
辽宁	0.396	0.404	0.423	0.439	0.452	0.510	0.525	0.490	0.549	0.553	0.630
吉林	0.328	0.327	0.335	0.358	0.364	0.397	0.425	0.411	0.417	0.434	0.453
黑龙江	0.368	0.358	0.364	0.419	0.419	0.463	0.461	0.466	0.465	0.444	0.421
上海	0.840	0.854	0.937	1.014	1.056	1.056	1.155	1.233	1.454	1.485	1.584
江苏	0.601	0.628	0.718	0.870	1.021	1.077	1.014	1.077	1.151	1.146	1.301
浙江	0.575	0.610	0.702	0.809	0.960	1.081	1.079	1.161	1.241	1.214	1.414
安徽	0.313	0.310	0.346	0.384	0.432	0.494	0.482	0.518	0.592	0.596	0.655
福建	0.407	0.423	0.464	0.494	0.571	0.678	0.701	0.785	0.834	0.849	1.006
江西	0.292	0.288	0.309	0.332	0.338	0.379	0.383	0.429	0.463	0.492	0.558
山东	0.474	0.455	0.476	0.536	0.575	0.628	0.694	0.677	0.723	0.722	0.772
河南	0.319	0.306	0.320	0.350	0.359	0.406	0.433	0.429	0.483	0.491	0.545
湖北	0.363	0.383	0.402	0.400	0.426	0.474	0.502	0.515	0.566	0.586	0.638
湖南	0.337	0.330	0.352	0.364	0.392	0.421	0.432	0.460	0.473	0.501	0.541
广东	0.648	0.649	0.701	0.746	0.821	0.874	0.896	0.966	1.060	1.182	1.335
广西	0.313	0.303	0.312	0.339	0.355	0.392	0.398	0.448	0.448	0.430	0.460
海南	0.619	0.557	0.836	0.402	0.432	0.426	0.465	0.430	0.455	0.491	0.518
重庆	0.355	0.354	0.391	0.429	0.468	0.533	0.554	0.637	0.625	0.647	0.690
四川	0.326	0.307	0.336	0.370	0.391	0.424	0.453	0.486	0.525	0.573	0.596
贵州	0.315	0.302	0.298	0.310	0.325	0.355	0.365	0.346	0.340	0.364	0.404
云南	0.283	0.276	0.288	0.306	0.319	0.338	0.346	0.364	0.365	0.371	0.410
陕西	0.326	0.362	0.414	0.424	0.456	0.532	0.517	0.539	0.548	0.556	0.582
甘肃	0.315	0.303	0.326	0.322	0.347	0.365	0.366	0.324	0.367	0.373	0.413
青海	0.284	0.317	0.303	0.336	0.327	0.348	0.419	0.399	0.486	0.356	0.464
宁夏	0.473	0.408	0.386	0.418	0.460	0.620	0.777	0.539	0.736	0.558	0.758
新疆	0.335	0.351	0.329	0.356	0.348	0.415	0.467	0.404	0.392	0.397	0.451

3.3 企业家精神主成分分析方法

表 3-3-8 列出了 2008—2018 年企业家精神的 22 项指标描述性统计情况。从各项指标的数值来看，最大值与最小值的差值较大，这说明我国不同省份之间企业家精神的发展水平有着较大差异。在进行数据处理时，把各项指标的数值都统一为 0~10，就能在一定程度上避免某个指标数值太大而造成结果不准确的情况发生。

表 3-3-8 企业家精神指标描述性统计

指标代码	N	最小值	最大值	均值
X_1	330	0.5185	8.1814	3.2675
X_2	330	0.1129	3.5309	0.8001
X_3	330	0.7293	0.9948	0.9433
X_4	330	0.0235	1.2005	0.1794
X_5	330	0.0235	1.3388	0.3576
X_6	330	0.0005	0.4130	0.1129
X_7	330	0.0813	1.9576	0.6220
X_8	330	0.0602	3.4819	0.6173
X_9	330	0.2420	3.4686	1.0467
X_{10}	330	0.5626	5.8091	1.9597
X_{11}	330	0.0039	0.8685	0.0980
X_{12}	330	0.0139	1.7063	0.2548
X_{13}	330	0.0531	9.9771	1.3792
X_{14}	330	0.0004	2.3017	0.0876
X_{15}	330	0.0181	1.8432	0.3837
X_{16}	330	0.0202	1.2429	0.2433
X_{17}	330	0.0811	2.0639	0.5396
X_{18}	330	0.0393	0.6326	0.2254
X_{19}	330	0.0736	1.9407	0.4753
X_{20}	330	0.0065	2.1274	0.2813
X_{21}	330	0.6546	8.5928	2.4628
X_{22}	330	0.0836	2.6025	0.9673

使用 SPSS19.0 对 30 个省份的企业家精神数据进行 Bartlett 球形检验和 KMO 测度检验，验证是否可以进行主成分分析。由表 3-3-9 可知，KMO 的值为 0.915，符合"非

常适合"的标准（见表3-3-10），同时 Bartlett 球形检验值为 0，说明我们可以对其进行主成分分析。

表 3-3-9　KMO 测试检验和 Bartlett 球形检验结果

取样足够度的 Kaiser-Meyer-Olkin 度量		0.915
Bartlett 球形检验	近似卡方	13021.853
	df	231
	Sig.	0.000

表 3-3-10　KMO 检验标准

KMO 取值范围	适用于主成分分析的程度
KMO>0.9	非常适合
0.8<KMO<0.9	适合
0.7<KMO<0.8	一般
0.6<KMO<0.7	不太适合
KMO<0.6	不适合

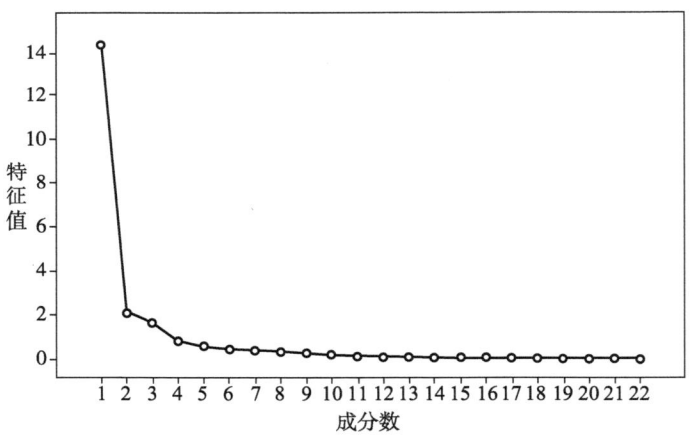

图 3-3-2　碎石图

由图 3-3-2、表 3-3-11 可知，前 3 个主成分对应的特征根>1，提取前 3 个主成分的累计方差贡献率达到 82.644%，超过 80%。因此，前 3 个主成分基本上可以反映企业家精神指标的信息，能代替原来的企业家精神的 22 个指标。

表 3-3-11 解释的总方差

成分	初始特征值			提取平方和载入			旋转平方和载入		
	合计	方差百分比（%）	累计百分比（%）	合计	方差百分比（%）	累计百分比（%）	合计	方差百分比（%）	累计百分比（%）
1	14.402	65.465	65.465	14.402	65.465	65.465	7.884	35.838	35.838
2	2.135	9.704	75.169	2.135	9.704	75.169	6.635	30.161	65.999
3	1.644	7.475	82.644	1.644	7.475	82.644	3.662	16.644	82.644
4	0.823	3.743	86.386						
5	0.600	2.726	89.112						
6	0.490	2.229	91.341						
7	0.408	1.855	93.196						
8	0.335	1.523	94.719						
9	0.291	1.323	96.042						
10	0.177	0.805	96.847						
11	0.126	0.571	97.418						
12	0.123	0.559	97.977						
13	0.096	0.437	98.414						
14	0.089	0.406	98.820						
15	0.063	0.286	99.107						
16	0.061	0.275	99.382						
17	0.045	0.206	99.588						
18	0.031	0.139	99.727						
19	0.025	0.112	99.839						
20	0.014	0.065	99.903						
21	0.012	0.054	99.958						
22	0.009	0.042	100.000						

由表 3-3-12 可知第一主成分、第二主成分、第三主成分对原来指标的载荷数。例如，第一主成分对人均固定资产投资额的载荷数为 0.476。

表 3-3-12　成分矩阵表

指标代码	成分		
	1	2	3
X_1	0.476	0.425	0.654
X_2	0.942	0.001	0.068
X_3	0.400	0.048	0.488
X_4	0.869	-0.037	-0.125
X_5	0.794	-0.417	0.234
X_6	0.662	-0.461	0.118
X_7	0.767	-0.267	0.404
X_8	0.954	0.128	-0.156
X_9	0.694	0.652	-0.044
X_{10}	0.821	0.494	0.071
X_{11}	0.887	0.003	-0.326
X_{12}	0.941	-0.133	-0.028
X_{13}	0.928	-0.147	-0.061
X_{14}	0.689	0.162	-0.555
X_{15}	0.876	-0.133	-0.249
X_{16}	0.929	-0.196	-0.187
X_{17}	0.921	-0.031	0.142
X_{18}	0.794	0.192	0.229
X_{19}	0.766	0.529	-0.047
X_{20}	0.869	-0.211	-0.256
X_{21}	0.908	0.120	0.075
X_{22}	0.609	-0.556	0.183

通过一系列计算得到企业家精神的综合得分模型（归一化处理）：

Ent = 0.048412369 × X_1 + 0.054325224 × X_2 + 0.032825553 × X_3 + 0.04570586 × X_4 + 0.040103363 × X_5 + 0.029495438 × X_6 + 0.045087883 × X_7 + 0.053473938 × X_8 + 0.052328433 × X_9 + 0.058259947 × X_{10} + 0.043754114 × X_{11} + 0.049545676 × X_{12} + 0.047877881 × X_{13} + 0.031689971 × X_{14} + 0.041651653 × X_{15} + 0.044456724 × X_{16} + 0.053863725 × X_{17} + 0.05315857 × X_{18} + 0.053673627 × X_{19} + 0.039494916 × X_{20} + 0.055095986 × X_{21} + 0.02571915 × X_{22}

3.4 基于企业家精神视角的实证分析

我们选取了我国 30 个省份的数据来实证检验企业家精神视角下金融集聚对中国经济高质量发展的影响,并对其实证结果进行分析。

3.4.1 数据来源

数据来源于《中国统计年鉴》、各省份统计年鉴与统计网站、《中国教育统计年鉴》、《中国科技统计年鉴》、《中国经济普查年鉴》、《中国文化文物统计年鉴》、《新中国六十年统计资料汇编》。

3.4.2 描述性统计分析

相关数据的描述性统计见表 3-3-13。

表 3-3-13　数据描述性统计表

变量	观测数	平均值	标准差	最小值	最大值
$Ehqg$	330	0.5428	0.2641	0.2720	1.5788
Qws	330	1.0392	1.0825	0.1616	6.2206
Ent	330	0.8295	0.4565	0.2032	2.7653
$Qws \times Ent$	330	1.2343	2.1428	0.0424	13.1815
$(Qws_{i,t}-\overline{Qws}) \times (Ent_{i,t}-\overline{Ent})$	330	0.3722	0.9628	-0.1231	7.2157
$Popu$	330	0.4509	0.2702	0.0554	1.1346
$Labor$	330	0.2673	0.1748	0.0301	0.6767
$Invest$	330	1.4336	1.1350	0.0583	5.7466

注:被解释变量 $Ehqg$ 代表经济高质量发展指数,解释变量 Qws 代表金融集聚指标,解释变量 Ent 代表企业家精神,$Qws \times Ent$ 代表金融集聚与企业家精神的交互项,$(Qws_{i,t}-\overline{Qws}) \times (Ent_{i,t}-\overline{Ent})$ 代表金融集聚和企业家精神中心化之后的交互项。控制变量:$Popu$ 代表人口数,$Labor$ 代表劳动力数量,$Invest$ 代表资本投入。

3.4.3 计量模型的设定

高质量经济增长的关键在于企业家的"创新"活动。在这个"创新"活动中,金融的核心功能是以创新精神筛选企业家,以较低的融资成本为企业提供融资服务,并为企业家重新组合生产要素提供帮助,从而促进经济增长。一般来说,不同效率的金融体系在筛选企业家精神方面具有不同的效率。金融集聚能降低金融体系内部的运行成本,提高金融体系的效率,为具有企业家精神的企业家行为提供资金,从而降低企业家精神转换为企业家行为的成本,并改变某一特定区域中的企业家行为分布。

金融集聚是金融发展的一种特殊表现形式,其作用体现在以下两方面:一方面,它可以降低企业内部的融资成本，为企业提供资金支持；另一方面，作为产业集聚的独特形式，它可以发挥集聚优势，促进经济高质量发展。那么，在企业家精神视角下，金融集聚对我国经济高质量发展又有什么影响呢？本报告在计量模型中引入金融集聚与企业家精神的交互项来回答这个问题，通过动态面板模型实证检验企业家精神视角下金融集聚对我国经济高质量发展的影响。

含有交互项的计量模型设定如式（3-3-14）所示。为了让交互项回归的主要项系数有意义，本报告对交互项进行中心化处理，如式（3-3-15）所示。根据 Wooldridge（2015）可知，将式（3-3-15）中交互项中心化乘开并比较系数，得到 $\beta_2 = \alpha_2 + \alpha_3 \overline{Ent}$。金融集聚 Qws 的系数 β_2 的含义为：在企业家精神 Ent 的均值处，金融集聚对经济高质量发展的边际效应。Ent 的系数 β_1 也能得到类似解释。Kam 和 Franzese（2003）提出，交互项是否中心化没有改变重要的统计数据，也没有影响回归结果中交互项的系数。因此，系数 β_4 可以代表金融集聚与企业家精神的交互影响。

$$Ehqg_{i,t} = \alpha_0 + \alpha_1 Ehqg_{i,t-1} + \alpha_2 Qws_{i,t} + \alpha_3 Ent_{i,t} + \alpha_4 Qws_{i,t} \times Ent_{i,t} + \beta_5 Invest_{i,t} + \beta_6 Labor_{i,t} + \beta_7 Popu_{i,t} + \varepsilon_{i,t} + \mu_i \quad (3\text{-}3\text{-}14)$$

$$Ehqg_{i,t} = \beta_0 + \beta_1 Ehqg_{i,t-1} + \beta_2 Qws_{i,t} + \beta_3 Ent_{i,t} + \beta_4 (Qws_{i,t} - \overline{Qws}) \times (Ent_{i,t} - \overline{Ent}) + \beta_5 Invest_{i,t} + \beta_6 Labor_{i,t} + \beta_7 Popu_{i,t} + \varepsilon_{i,t} + \mu_i \quad (3\text{-}3\text{-}15)$$

其中，被解释变量 $Ehqg_{i,t}$ 表示 t 年 i 省份的高质量发展指标；解释变量 $Qws_{i,t}$ 表示 t 年 i 省份的区位熵；解释变量 $Ent_{i,t}$ 表示 t 年 i 省份的企业家精神；$\overline{Qws}$ 表示金融集聚的均值；$\overline{Ent}$ 表示企业家精神的均值；$(Qws_{i,t} - \overline{Qws}) \times (Ent_{i,t} - \overline{Ent})$ 表示金融集聚和企业家精神中心化处理后的交互项。控制变量：$Invest_{i,t}$ 表示资本投入，用固定资产投资量衡量；$Labor_{i,t}$ 表示劳动力数量，用从业人员数量衡量；由于计量模型对就业人口的衡量采取的是绝对数，为了控制省份的绝对人口的不同可能对实证结果产生的影响，我们引入 $Popu_{i,t}$ 表示人口数，用常住人口数衡量。

3.4.4 计量模型检验过程

我们采用工具变量法来解决内生性问题。以下是工具变量法（两阶段最小二乘法）实证方法的适用性检验。

由表 3-3-14 可知，识别不足检验的 $P=0$，即在 1% 的显著性水平下，拒绝"工具变量与内生变量无关"的原假设是可以接受的，认为工具变量与内生变量相关。

表 3-3-14　识别不足检验结果

检验名称	P 值
Underidentification test (Kleibergen-Paap rk LM statistic)	35.306
Chi-sq (3) P-val	0.0000

由表 3-3-15 可知，内生性检验的 $P=0.0186$，即在 5% 的显著性水平下，拒绝原

假设"所有解释变量均是外生"是可以接受的，认为 Ent、$(Ent-\overline{Ent}) \times (Qws-\overline{Qws})$ 为内生变量。

表 3-3-15　解释变量内生性检验结果

检验名称	P 值
Endogeneity test of endogenous regressors	7.969
Chi-sq (2) P-val	0.0186
Regressors tested: Ent $(Ent-\overline{Ent}) \times (Qws-\overline{Qws})$	

由表 3-3-16 可知，过度识别检验 $P=0.2104$，即在 10% 的显著性水平下，原假设"所有工具变量都是外生的"是可以接受的。

表 3-3-16　过度识别检验结果

检验名称	P 值
Hansen J statistic (overidentification test of all instruments)	3.118
Chi-sq (2) P-val	0.2104

由表 3-3-17 可知，上年度的经济高质量发展程度 L.ehqg 的系数为 0.819，且在 1% 的显著性水平上显著，说明上年度我国 30 个省份经济高质量发展的程度对本年度产生显著的正向影响。

表 3-3-17　实证结果

自变量	$Ehqg$
L.ehqg	0.819*** (8.79)
Qws	0.0329*** (3.52)
Ent	0.133** (2.11)
$(Qws_{i,t}-\overline{Qws}) \times (Ent_{i,t}-\overline{Ent})$	-0.0209*** (-3.07)
$Labor$	0.120 (1.28)
$Invest$	-0.0162* (-1.89)
$Popu$	0.0407 (0.55)
_cons	-0.0419** (-2.11)

t statistics in parentheses

注：*代表 $p<0.1$，**代表 $p<0.05$，***代表 $p<0.01$。

固定资产投资量 Invest 的系数为-0.0162，且在10%的显著性水平上显著，说明固定资产投资量产生的正向效应小于其产生的负向效应，对经济高质量发展的总效应为负。这是我国大部分地区经济发展中存在的问题，单靠投资拉动地区经济增长的方式是粗放且难以持久的，作为代价，投资效率会逐渐下降，产生环境污染、资源浪费、产业结构转型升级过程缓慢等后果。投资驱动会拉动经济增长，对经济增长的数量产生影响，但不会对经济增长质量产生很大影响，有时甚至为负向影响。

从边际效应（偏导数）来看，金融集聚 Qws 的系数为0.0329，且在1%的显著性水平上显著。由3.3小节可知，金融集聚 Qws 的系数代表在企业家精神 Ent 的均值处，金融集聚对经济高质量发展的边际效应，这说明金融集聚每提高1个单位，可使 $Ehqg$ 比经济高质量发展平均数高出0.0329个单位，在企业家精神视角下，金融集聚对我国经济高质量发展产生正向效应。

企业家精神 Ent 的系数为0.133，且在5%的显著性水平上显著，代表在金融集聚 Qws 的均值处，企业家精神对经济高质量发展的边际效应，这说明企业家精神每提高1个单位，使得 $Ehqg$ 比经济高质量发展平均数高出0.133个单位，在金融集聚的影响下，企业家精神对我国经济高质量发展产生正向效应。

金融集聚与企业家精神中心化后的交互项 $(Qws_{i,t}-\overline{Qws}) \times (Ent_{i,t}-\overline{Ent})$ 系数为-0.0209，且在1%的显著性水平上显著。由计量模型的设定可知，交互项是否中心化并没有影响回归结果中交互项的系数，这说明随着企业家精神的增加，金融集聚对我国经济高质量发展的边际效应降低。这是因为，随着企业家精神的增加，企业家对传统金融体系的依赖性减小，企业家精神发挥的作用很大时，企业能够从过去的资产依赖型的负债增长、依靠外部融资获取营运资金等逐渐转变为发展企业内部核心竞争能力的模式，这种影响对我国经济高质量发展、创新驱动发展具有重要意义。

3.5 结论与对策

改革开放以来，我国经济出现了长达40多年的高中速增长，平均增长率近10%，从而大大提升了我国的综合国力，使我国经济总量跻身于世界前列。但是，伴随着经济增长，我国也付出了巨大的资源环境成本，人口红利、投资红利、贸易红利、储蓄红利等逐渐减弱，传统的经济增长模式和增长动力难以为继。我国经济亟须寻找新的经济增长动力，在发展过程中，我们不仅要关注经济增长的数量，更要关注经济增长的质量，以创新驱动发展，在利用新科技提高生产率的同时，也要符合绿色经济发展要求，实现可持续的经济高质量发展。在经济增长过程中，不但要关注投资率对经济增长的拉动，更要关注投资资本收益率在经济增长中的作用。综合我们的理论分析和实证分析结果，可得出以下结论：

（1）金融集聚对我国经济高质量发展具有正向促进作用。

由实证分析可知，在企业家精神的均值处，金融集聚对经济高质量发展的边际效应为 0.0329，说明金融集聚每提高 1 个单位，可使 $Ehqg$ 比经济高质量发展的平均数高出 0.0329 个单位，金融集聚对我国经济高质量发展的总效应为正，即在企业家精神视角下，金融集聚会对我国经济高质量发展产生正向效应。

（2）在金融集聚的影响下，企业家精神会对我国经济高质量发展产生促进作用。

我国企业家精神整体上水平不高，随着企业家精神的增加，企业家对传统金融体系的依赖性减小。由实证分析可知，在金融集聚的均值处，企业家精神对经济高质量发展的边际效应为 0.133，说明企业家精神每提高 1 个单位，可使 $Ehqg$ 比经济高质量发展平均数高出 0.133 个单位，在金融集聚的影响下，企业家精神对我国经济高质量发展的总效应为正。我国 30 个省份企业家精神水平的均值为 0.8295，整体水平不高，如果未来能在更大程度上激发企业家精神，就可以更好地促进我国经济高质量发展。

此外，从实证结果可以看出，金融集聚和企业家精神中心化后的交互项为负值，说明企业家精神逐渐增加会导致金融集聚对我国经济高质量发展影响的边际效应减小，但依旧是正向的促进作用。这是因为，随着企业家精神增加，企业家对传统金融体系的依赖性减小，进而导致金融集聚对我国经济高质量发展影响的总效应降低。当企业家精神在企业发挥作用时，企业能够从过去资产依赖型的负债增长、依靠外部融资获取营运资金等转变为发展企业内部核心竞争能力的模式，对传统金融的依赖程度逐渐减小。这对我国经济高质量发展、创新驱动发展具有重要意义。

（3）固定资产投资量对我国经济高质量发展的总效应为负。

固定资产投资量 $Invest$ 的系数为 -0.0162，且在 10% 的显著性水平下显著，说明固定资产投资量产生的正向效应小于其产生的负向效应，对经济高质量发展的总效应为负。这一点能够解释我国大部分地区经济发展中存在的问题。单靠投资拉动地区经济增长的方式是粗放的，且难以持久，作为代价，投资效率会逐渐下降，产生环境污染、资源浪费、产业结构转型升级过程缓慢等后果。投资驱动会拉动经济增长，对经济增长的数量产生影响，但不会对经济增长的质量产生很大影响，有时甚至为负向影响。2011 年以来，我国固定资产投资面临巨大的资金缺口，经济运行体系所累积的风险程度日益提高，以投资拉动经济增长的弊端逐渐显现。因此，党的十九大报告提出了"高质量发展"，强调转变经济发展方式，提高经济的可持续性。

（4）发挥金融集聚的溢出效应

通过为企业提供资金，金融体系缓解了企业家的融资约束，发挥了为企业活动提供风险分担机制以及甄别企业家精神等作用。金融集聚作为产业集聚中的一种，对经济有着集聚效应、扩散效应以及知识溢出效应，可以促进经济增长和高质量发展。金融的集聚效应是指金融业的集聚因素相互作用所产生的效应，能通过规模效应、技术进步、金融要素高速运转等方式促使经济向更高层次发展。扩散效应指的是金融集聚核心区域通过向周围区域设置分支机构、网络机构或者向周围区域进行投资等方式带动周围区域的发展。知识溢出效应是指通过金融业的集聚来加速知识的溢出，促进区域中的知识流动，然后知识溢出反过来对金融业的集聚起作用。

当企业家融资成本高昂、资金短缺的时候，企业家行为的选择范围会变小，而金融集聚程度越高，越会降低金融体系内部的运行成本，提高金融体系的资源配置效率，缓解企业的融资约束，从而扩大企业家行为的策略空间，改变企业家的创业创新行为选择，使之成为经济内生增长的源泉。此外，由于金融能够为企业的运营活动提供风险分担机制，金融机构对企业活动的可行性进行评估，对具有良好效益的项目予以投资，甄别出能产生现实效益的企业家精神，过滤企业家的创新活动，从而成为经济高质量发展的内在源泉。根据上述研究结论，提出以下政策建议：

（1）提升金融集聚能力。

不断细化金融活动中的不同职能操作，以金融分工为基础提高金融体系运行效率，推动金融体系向前发展。通过我国政策的引导，加大对中小微民营企业、环保节能产业、技术创新等领域的资金倾斜力度，通过为中小企业提供贴身服务，实现资源要素的有效配置，将金融资源分配到高质量经济的重点领域与薄弱环节，提高金融资源的配置效率，进而提高金融体系运行效率，提高我国经济发展的质量。

完善金融行业发展的制度环境、监管体系等，提高信息溢出效率，以改善金融行业发展环境，培养金融行业高科技复合型人才，制定一系列扶持金融创新的政策。进一步深化落实"金融服务实体经济"精神，深化金融业供给侧结构性改革，提升金融配置资源的效率，让金融与实体经济形成良性互动循环。与此同时，扩大金融开放，鼓励外资银行进入中国，引入更优质的国外金融资源，增强金融行业的竞争力，为企业家提供融资成本更低的资金，提高企业家精神，以更好地促进我国经济高质量发展。

（2）提高企业家精神转变为企业家行为的能力。

深化银行信贷管理制度改革，破除所有制歧视障碍，降低创新型企业家的融资成本。我国金融体系是以银行信贷为主导的信贷体系，由于信贷市场中信贷合约的内在属性，需要运用风险防控技术对借贷方的既有资产进行评估抵押。但是，以民营企业为主体的中小型企业抵押物不足，难以满足银行的放贷要求，从而导致民营中小企业在融资过程中的技术性困难。此外，民营企业难以获得信用贷款，银行在与市场主体缔结信贷合约的时候，存在潜在的所有制歧视，导致民营企业融资过程中的体制性困境。中国银行体系难以承担为我国经济高质量发展提供有效融资的重任。

规范发展区域性股权市场，完善我国的多层次资本市场体系，提高资本市场的融资、定价与服务功能。区域性股权市场作为我国多层次资本市场的塔基，能够集聚金融资源，满足广大中小微企业的融资需求；同时，以区域性股权交易所为核心的区域性股权市场，能够为企业提供贴身服务，成为企业成长的"助推器"，从而为创新型企业提供宝贵的人力资本与信息服务。因此，要以股权交易所为重点建立更多的致力于服务民营企业的金融机构，规范发展私募股权投资基金，为企业提供较低的融资成本或者各种方便、快捷的金融服务，以提高企业家精神。支持有实力的民营企业在国内的主板市场和中小企业板市场上市；鼓励民营企业中高科技创新型企业在创业板上市；鼓励新业态、新经济增长领域的高科技企业到国外融资上市，并不断推动我国多层次资本市场的创新发展。

改善我国民营企业发展环境。实践证明，在企业家精神发展较充分的地方，一般都有较好的经济活力，如浙江，单纯看自然资源禀赋和国家投入两方面，浙江省排名并不靠前，甚至落后于全国平均水平，但是浙江省的发展速度却远快于其他省份，这是因为浙江省有活跃的企业家，而企业家行为需要通过金融创新、制度创新降低具有企业家精神的市场主体的创业、创新成本。因此，维护和保障民营企业家在市场中的地位与发展环境是提高企业家精神的重中之重，也就是说，尊重私有产权、完善专利保护制度、创新金融合约缔结条件将在某种程度上激励企业家的创新行为。

（3）发挥金融集聚优势，激发企业家精神。

金融集聚能将中小企业成长所需要的各种资源有效地配置到企业，从而为经济的高质量发展提供一个有效的微观激励机制。因此，应完善金融行业的配套制度体系，以集聚效应为契机降低金融机构的学习成本，充分发挥其集聚效应、扩散效应及知识溢出效应等；将"金融服务实体经济"的指示精神落实到金融制度的建构之中，全面提升金融机构产品创新服务的质量，建立金融服务质量的评估体系，促进我国经济高质量发展。

金融集聚水平与金融创新能力在我国经济高质量发展中占据重要地位。我国经济亟须寻找新的经济增长动力，要从投资驱动型增长转变为创新驱动型增长，就需要让企业家精神在社会中发挥作用，激活企业家定价机制，提高企业家创新能力，激发具有企业家精神的市场主体的企业家行为，从而需要市场提供低成本的创业资金，而低成本的融资体系的关键是降低信息搜寻成本和信息匹配成本，这是金融集聚溢出效应的经济功能。金融集聚水平的提高，满足了金融产业发展的微观需求，为金融产业及其所涉及产业的发展奠定了坚实的基础，可以更好地实现金融资源的有效配置。

第4章

小微企业债权融资困境及其股权融资新趋势
——基于湖南省张家界市的调查

习近平总书记在2018年11月民营企业座谈会上强调,要优先解决民营企业特别是中小企业融资难问题,同时降低融资成本。在我国,中小微企业对社会有"98765"的特殊贡献[①],对社会发展有巨大的正外部性。党中央与地方各级部门一直非常重视支持中小微企业的发展,出台了很多的金融、财税等支持政策。特别是2020年初新冠肺炎疫情发生以后,国家更是密集出台了大量支持政策。小微企业难以获得融资,一方面是因为技术创新创业型企业具有高风险、长周期的特点,另一方面是由于小微企业管理经验缺乏,没有有效的监督和激励机制,而且小微企业在行业内的资源有限,承担风险能力较弱。因此,深入分析当前小微企业融资困境和一些新的资金需求特点、趋势,对区域性经济发展具有重要的现实意义。

金融系统的核心功能之一是把资金配置到最有效率的用途上,如那些具有好的增长机会并对营运资本和固定资产投融资有较大资金需求的企业。可是,这类企业中的某些可能因为代理问题或交易成本过高而无法获得外部融资。小微企业的外部融资主要分为债权融资和股权融资。央行对全国957家企业进行的问卷调查显示,2019年,95%的企业通过银行贷款融资,其次为票据融资,占比18%,股票、风险投资等其他渠道占比均不足5%。央行研究局课题组(2020)指出,小微企业融资难主要表现为发展不确定、信息不对称、规模不经济和贷款风险溢价较高,特别是缺乏可资抵押的有效资产,从而导致传统信用管理方式对小微企业失效,小微企业陷入融资困境。

相比债权融资,股权融资有其独特优势。股权融资不需要支付利息,没有还款期限的压力,从而降低了小微企业的资金成本压力。投资方获取的是股权,通过企业成长来获得回报。小微企业取得股权融资主要有三种途径:第一种是通过创业板、科创板,公开发行股票进行融资;第二种是凭借创新的技术或者商业模式获取以股权投资为主的风险投资;第三种是获取私募股权投资或者通过增资扩股获取资金。小微企业通过第一、第二、第三种方式进行股权融资的难度是递减的,也就是说,大部分小微

---

① 即民营企业在社会经济发展中的贡献。过去40多年,民营经济对社会的贡献表现为90%以上的市场主体个数、80%的就业、70%左右的专利发明权、60%以上的GDP和50%以上的税收。

企业只能通过第三种方式进行股权融资。谢峻峰（2016）以齐鲁股权交易中心挂牌企业为样本，建立计量模型进行分析，得出结论：区域性股权市场能通过降低市场信息不对称、集聚金融资源以及促进小微企业升级等效应，拓宽小微企业债权、股权融资渠道，增加小微企业融资总规模。但由于区域性股权市场发展尚处于起步阶段，市场整体流动性不足，小微企业股权融资的增长潜力被弱化，股权融资偏少，对债权融资的促进作用不显著。

4.1 张家界市小微企业的债权融资困境

在张家界市小微企业的债权融资中，银行贷款融资为主要渠道，其他只有张家界经投、武陵源产业公司、张家界天门旅投、张家界溇澧城镇等平台公司发行过短期融资券、中期票据、企业债等进行融资，所以我们主要分析小微企业银行信贷融资相关情况。

4.1.1 源于供给端的创新

商业银行一般不愿意给微型企业放贷，主要是因为：首先，与这种小额贷款所创造的收益相比，放贷的营运成本太高；其次，小微企业一般缺乏合格的抵押品为商业银行提供担保，商业银行在没有相应的甄别技术的情况下不会贷款给小微企业；最后，小微企业缺乏正式的财务报表，信息披露不充分、不规范，导致其信息不透明，商业银行没有低成本的方法对其还贷行为做出判断。为此，张家界各商业银行在近十年内为提高对小微企业的借贷率，进行了一系列创新。

（1）加大金融产品创新力度，破解抵押、质押不足和信息不对称难题。银行与企业之间信息不对称是小微企业融资难的重要原因之一。小微企业财务信息不够标准和透明，公开披露的财务信息十分有限，银行很难准确评价小微企业的资金使用效益和前景，从而在发放传统小微企业贷款时非常重视抵押担保品。近年来，张家界市各商业银行机构依托互联网和大数据技术分析，开发出了各类信用贷款产品，在破解抵押、质押不足和信息不对称难题方面做了深入探索。如工商银行张家界分行推出了税务贷、经营快贷，农业银行张家界分行推出了纳税 e 贷、惠农 e 贷、旅游 e 贷、商户 e 贷，中国银行张家界分行推出了税融贷，建设银行张家界市分行推出了云税贷，华融湘江银行张家界分行推出了融信贷、税联贷，长沙银行张家界分行推出了快乐 e 贷-税 e 贷，张家界农商行推出了税易贷、旅易贷，较好地满足了小微企业多样化的融资需求。从特点来看：一是信用贷款主要以税务数据为基础；二是贷款金额一般在 50 万元左右，最高不超过 300 万元；三是都采用纯线上申请的模式。金融机构信用贷款产品及其主要特点见表 3-4-1。

表 3-4-1　金融机构信用贷款产品及其主要特点

机构	产品	主要特点
工商银行张家界分行	经营快贷	运用互联网及大数据等技术，基于交易、资产、信用等多维度数据构建客户筛选、额度测算及风险监测模型，为小微客户提供在线融资服务。经营快贷下属特色场景涉及各行各业，包括税务贷、烟草贷、结算贷、电 e 贷、医保贷等产品。信用类最高 300 万元
中国银行张家界分行	税融贷	"税融贷"是中国银行湖南省分行与湖南税务部门合作，利用企业纳税信息，结合湖南具体情况制定的授信方案。根据企业在国税、地税缴纳的企业增值税、消费税、营业税、所得税税额给予一定信用额度的短期授信。最近 2 年在税务部门纳税信用等级评定至少为 B 级，最近年度或近 12 个月纳税总额在 20 万元以上
长沙银行张家界分行	快乐 e 贷-税 e 贷	针对小微企业量身定制的线上金融产品，依托税务、工商、社保、公积金等大数据作为贷款审批依据，线上审批、纯信用，最高金额 300 万元，最低年利率为 4.55%。2020 年 1—4 月，共计为 50 家小微企业投放贷款 3498 万元，有效地满足了小微企业复工复产融资需求
张家界农商行	税易贷	按照申请企业近两年平均所缴纳税款总额的 2 倍，最高授信 200 万元
	旅易贷	针对旅行社推出的贷款，信用额度按照上年接待人数每人 50 元计算，旅行社经营十年以上的最高可获得 300 万元

（2）不断完善金融服务措施，降低交易成本。相比大型企业，银行对小微企业进行尽职调查和事后监控的成本会更高。为此，张家界市不断改进银行机构的金融服务，降低双方交易成本，提高小微信贷客户经理的积极性。一是全市银行机构均成立了专门的小微企业金融服务或普惠金融服务部门。建设银行张家界市分行安排专项激励费用鼓励员工投身于民营企业和小微企业业务拓展。交通银行张家界分行对 500 万元以下小微企业授信设立单独的"绿色通道"，3 个工作日内完成授信审查审批。张家界农商行建立专业部门和团队为小微企业提供信贷集中审批"一站式"服务，2019 年单列信贷投放计划 12 亿元支持民营小微企业，对内部评级达不到 A 级以上的新成立的小微企业降低准入门槛。华融湘江银行张家界分行简化小微企业授信资料报送程序，授信 500 万元以下的小微企业可不提供财务报表，贷款最快 3~5 天即可到位，网上信贷产品可实现即时到位。二是尽职免责，降低客户经理隐性成本。小微企业违约风险概率相对较高，如果一味严格追责，将导致银行信贷人员对小微企业"恐贷"。为解决这一问题，张家界各银行机构基本建立并贯彻执行了尽职免责制度，从小微信贷业务所涉及的营销、受理、审查审批、作业监督、放款操作、贷后管理等环节确立了工作职责和尽职要求，较好地维护了小微信贷人员的工作积极性和正当权益，进而促进了小微企业贷款业务的平稳增长。例如，慈利沪农商村镇银行探索出了一套独具特色的"218"尽职免责执行标准，对一线小微信贷人员的责任认定秉承"两一致""一相关""八免责"的原则，即认责内容与履职内容相一致、认责标准与制度要求相一致，认责事项与出险原因存在相关性，并对八种情形予以免责。该行一名小微企业客户经理管理着小微客户（包含小微企业主和个体工商户）200 多户，2019 年，由于经济下行，其中 1 笔金额为 18.45 万元的贷款成为不良贷款。经调查了解，该笔贷款客户还款逾期

是工程款长期结算不及时导致的,该行通过调查和评议,认为该客户经理已经按照小微企业贷款尽职调查要求,落实了全部关键信贷动作,因此对其责任进行了全部免除。

(3)信贷投放引导和保障措施逐渐健全,弥补小微企业发展的正外部性。支持小微企业发展对社会具有正外部性,仅仅依靠金融体系通过市场手段无法完全有效解决融资问题,需要予以纠正。一是中央银行应加强引导和支持,运用定向降准、再贷款、再贴现、利率等政策和价格手段,鼓励和引导金融机构扩大小微企业贷款投放。2019年,央行推出了支持民营和中小微企业发展的"三支箭"政策;2020年,央行推出"两项直达工具"——中小微企业贷款阶段性延期还本付息政策、普惠小微企业信用贷款支持计划。二是地方政府健全风险缓释机制。成立张家界市中小企业担保公司,为缺少抵押的小微企业融资提供担保。建立贷款风险补偿基金,如建立了张家界市创业担保贷款风险补偿基金、农地抵押贷款风险补偿基金、新型农业经营主体贷款风险补偿基金等。对贷款提供贴息,如张家界市成立1000万元规模工业企业贷款贴息资金。张家界高新区设立应对疫情解困帮扶专项资金1000万元,支持园区中小企业共渡难关;对2020年度内中小企业新增流动资金贷款(含展期)利息,按50%比例予以贴息。政府相关部门专项安排2500万元对文旅、农业等企业贴息,帮助困难企业渡过难关。

4.1.2 基于需求端的观察

课题组通过问卷调查、实地走访等方式对张家界市小微企业信贷需求和满足情况进行调查,回收有效问卷252份。从调查情况来看,七成样本企业有贷款意愿。调查企业中,目前没有贷款意愿的仅占27.38%,有贷款意愿的占比高达72.62%,小微企业期望贷款金额平均为132万元。更进一步,小微企业的需求可以分为无效需求和有效需求。虽有外源性融资需求,但是因为经营不规范,无法持续盈利,不具有商业信贷可持续性以及不符合国家产业政策的企业的信贷需求为无效需求。在有效需求中,小微企业由于缺乏抵押担保或保证、银行产品不配套等无法得到贷款,则可进行信贷配给;当信息不完全和非对称,并且项目的回报不确定时,竞争性信贷市场的供给和需求可能无法实现平衡,信贷配给就是信贷市场得以均衡的理性选择。据调查,在张家界有信贷需求的小微企业中,无效需求、有效需求占比分别为36.1%和63.9%。从需求利率看,能接受的最高贷款年利率分布为:6%~8%的占43.97%、6%以下的占37.07%、8%~10%的占16.38%、10%~15%的占2.59%,没有企业能够接受15%以上的年利率。

4.1.3 基于供需匹配的分析

(1)超过三成小微企业获得过银行贷款。调查企业从成立之日起到获得银行机构首笔贷款的平均时间是5.13年;68.09%获得贷款的企业度过了初创期;调查企业中获得过贷款的为81家,占比为32.14%;最近一次贷款完全能够满足现阶段资金需求的占比为 27.16%，大致满足的占比为 44.44%，不能满足的占比为 28.4%。从统计数据看，2020 年 1—6 月，全市金融机构对 309 户小微企业发放首次贷款，首贷率为 22.4%，同比提高 13.7 个百分点，累计对 1378 户小微企业发放贷款，同比增长 86.0%。

（2）仍然主要采取传统的抵押贷款模式。现有企业的贷款方式主要有信用、担保、抵质押三种。部分企业采取了 2 种及以上担保方式，少部分企业采用担保方式的同时，也采用了抵质押的方式。在获得贷款的企业中，采取信用贷款方式的企业占比为 25.93%，采用担保方式的企业占比为 31.63%，采用抵质押方式的企业占比为 49.21%，5.98% 的调查企业同时采用了担保和抵质押方式。

（3）实际融资成本适中并正在稳步下降。据统计，张家界市金融支持企业贷款加权平均利率为 5.28%，同比下降 27 个基点。抽样调查显示，近半数的小微企业贷款利率不高于 6%，八成小微企业的贷款利率不高于 8%。利率高于 8% 的贷款主要来自城商行和地方法人金融机构。这主要是因为，小微企业利率定价为成本+风险溢价。相比国有商业银行，地方法人金融机构、城商行的资金成本相对较高，运营成本也相对较高，风险溢价也更多。

4.1.4 小微企业债权融资困境分析

（1）规模不经济困境依然存在。

一是融资难和融资贵之间的"两难"。规模不经济增加了小微企业的贷款成本。小微企业经营灵活多变，融资需求呈现出规模小、频度高、时间急的特点，这使得银行尽职调查和贷后管理的操作成本上升。成本上升，加上风险更高，就必然导致小微企业贷款利率更高，在解决融资难的时候，必然融资较贵。虽然可以通过提高利率在一定程度上加以弥补，但也可能产生逆向选择和道德风险。

二是市场化和行政化手段的"两难"。由于小微企业的规模不经济，以及其正外部性，政府往往采取贷款贴息、风险补偿等手段降低企业融资成本和融资可得性。但是如何在银行商业化行为和政府行政化行为之间取得平衡非常关键。如果完全让商业银行采用市场化手段，必然导致小微企业融资难和融资贵。如果政府和金融监管部门兜底或者干涉过多，商业银行又会产生依赖心理，将风险全部转嫁给政府。此外，即使地方政府想设立更多的贷款贴息和风险补偿基金，受限于地方财力，也无法解决当前所有小微企业融资难的问题。

（2）信息不对称困境及银行惜贷行为依然存在。

一是抵押不足导致信贷配给。在调查企业中，有 71 家小微企业存在信贷配给现象，占有效信贷需求小微企业的比例为 38.8%，占全部信贷市场的 28.17%。银行机构为控制风险，达到信贷制度要求，只能保守选择要求具备充足的抵押物和担保。43 户企业因担保抵押物缺乏而不能获得银行的借贷，占比达到 60.56%。

二是企业信息披露不完整。与大型企业、上市公司相比，民营小微企业信息不透明，银行能够掌握的企业信息少于企业所有者，容易滋生企业的"道德风险"，不利于银行全面准确评估企业的还款能力，最终导致企业的资金需求难以转化为有效信贷需求。不仅如此，有的民营小微企业财务制度不健全，财务信息不真实、不完整，甚至存在"几本账"问题。

三是银行获取企业信息的手段有待改进。当前，数据信息呈现海量增长态势，获取企业的有效信息是银行拓展民营小微企业客户规模的基础。金融科技新技术有助于银行筛选企业信息、甄别企业风险，从而降低银行获客成本，促进银行对接民营小微企业有效信贷需求。在实践中，建设银行通过金融科技新技术手段创新了"互联网获客"模式。在互联网金融企业中，蚂蚁金服基于客户支付宝的交易信息等大数据创新推出了网络小额贷款，累计满足400多万淘宝商户等民营小微企业的资金需求。然而，有的银行机构对金融科技新技术的运用还不够，获客成本仍然相对较高，拓展民营小微企业金融需求"长尾市场"的难度仍然较大。

四是信息不对称导致逆向选择和道德风险。在信息不对称条件下，银行不能完全评估贷款风险，会借助利率筛选贷款者，但信贷市场上存在逆向选择，如果提高利率，可能导致低风险偏好者被挤出信贷市场，而且由于道德风险的存在，取得贷款的高风险偏好者接受了高利率，更会去追逐高风险的投资项目。由于自有资本不足，商誉价值不高，小微企业破产成本较低，更易产生破产逃债的道德风险。

（3）尽职不免责困境依然存在。

一是尽职调查本身范围广、耗时长、难度大。与大型企业相比，小微企业信息不透明，其股东和实际控股人经常更换，银行能够掌握的企业真实信息较少，信贷人员在开展贷前调查时需要调查的范围更广、耗时更长；多数小微企业经营管理不规范、财务制度不健全、财务信息不真实，导致信贷人员对小微企业贷款风险的甄别难度进一步加大。从实际情况来看，目前大部分银行获取小微企业信息的手段不够先进，主要依靠人工调查获取信息、判断风险，进一步增加了信贷人员尽职工作的困难。

二是尽职免责认定难度大、可操作性不强。尽职免责制度或实施细则中对一些尽职认定标准定义比较笼统，不够清晰明确，实际可操作性不强。据某银行客户经理反映，该行免责制度对贷款实际用途、民间融资和财务报表等三方面内容提出了尽职要求。小微贷款一般金额较小，贷款的第一次用途银行能进行追踪，但是如果客户故意隐瞒，将贷款经过多次转手，信贷人员将很难准确掌握贷款最终的真实用途。客户是否涉及民间融资既难调查清楚，又难准确界定。此外，财务报表的真实性也没有更明确的方法或科技手段去辨别。这些问题都增加了认定信贷人员尽职免责的难度。

三是少数银行小微业务信贷人员仍心存疑惑。尽职免责虽然在一定程度上缓解了后顾之忧，但未从根本上改善银行机构"约束为主、激励为辅"的考核机制，而且贷款终身制及绩效考核贯穿于贷款存续始终，小微信贷人员仍会因担心被问责而存有恐贷心理。

4.2 小微企业股权融资基本情况及特点分析

4.2.1 基本情况

（1）小微企业通过股权并购、出让获取资金。小微企业主逐渐意识到股权融资的独特优势，开始尝试采用股权并购、出让等方式融资。这里重点选取两个典型案例进行剖析。

案例1

大湘西公司股权交易案例

2018年2月，湖南大湘西魔芋有限公司（简称"大湘西公司"）、桑植县溇水大鲵生物科技有限公司与私募股权投资基金——浚源资本达成股权收购协议，浚源资本分别收购两者70%股权、100%股权。湖南大湘西魔芋有限公司、桑植县溇水大鲵生物科技有限公司两家企业的实际控制人为一人，两家企业拥有多项大鲵产品专利技术，具备很强的技术研发能力和优势，但是受大鲵生物学和抗逆性机理等基础性研究还不透彻、企业市场信息获取不完全、融资不足等因素制约，大湘西公司的大鲵产品销售增长缓慢，面临较大的经营压力和不可持续风险，亟须通过资金、技术、人员等多种资源赋能拓展企业市场边界。在此背景下，通过销售合作伙伴的牵线搭桥，两家企业通过股权出让引入了浚源资本。浚源资本是以股权投资、投资后管理服务为主要经营方向的私募股权投资基金（PE），主要投资具有"两高"（成长性高、科技含量高）、"六新"（新经济、新服务、新农业、新材料、新能源和新商业模式）特点的创新型成长企业。

股权投资不但为中小微企业提供资金支持，而且能够积极参与企业经营管理，培育企业的创新能力，并为企业提供关系网络等增值服务。股权投资的最终目的是价值创造，而这要通过积极参加企业经营管理来实现。企业并购后，将继续推进"桑植县8万尾子二代大鲵精深加工新建项目"。在新的股权结构下，企业创始人将转型负责企业技术研发，浚源资本获得控股权，其团队将依托资金、管理、销售、专业人才等综合资源优势，为企业大鲵产品发展做好战略定位、成本控制、营销推广等，促使大湘西公司大鲵产品向标准化、科技化、平台化、品牌化和资本化方向发展，提升企业创新能力和盈利能力，培育企业上市。通过与股权投资基金缔结金融合约，大湘西公司获得资本、管理、销售等多种资源赋能，既引资又引智，企业边界得以拓展。

案例 2

久瑞生物对奥威科技的股权收购案例

2014年3月,张家界奥威科技有限公司(简称"奥威科技")与天津久瑞生物科技公司(简称"久瑞生物")正式签订收购协议——久瑞生物收购奥威科技大股东82.73%的股份。这是张家界市在生物科技制造领域成功进行的首例规模企业收购案例。奥威科技依托张家界市丰富的五倍子自然资源,积极开展五倍子深加工产品的研发和生产,先后与湖南省部分高校合作,获得发明专利10项,其产品不仅畅销国内,还远销美国、欧盟等发达国家和地区,年销售额达7000万元左右。但因公司存在流动资金短缺、管理和技术专业人才缺乏等严重问题,只能寻求转让之路。

久瑞生物是一家依托南开大学、天津大学等高等院校研发力量和湖南省丰富的植物资源,专业从事天然产物种植、开发和深加工的高新技术企业。该公司董事长、控股股东赵国锋系南开大学有机化学专业博士、南开大学化学学院教授,张家界市慈利县人。久瑞生物对奥威科技的技术、市场、人才和设备进行全面整合,除继续生产和研发五倍子系列加工产品外,还增加皂素系列产品生产线,在张家界建设6万亩黄姜种植基地。

从上述案例来看,两家企业都是在资金短缺、企业家才能遭遇瓶颈的情况下,通过股权出让引入资金,同时引入人才,拓宽企业边界。遗憾的是,两家企业在出让股权后,企业创始人都失去了对企业的控制权,这一方面是因为企业家本身才能的问题,另一方面是由于信息不对称导致投资方对企业原负责人不信任。股权出让导致企业创始人失去企业控制权,给作为市场主体的创新创业群体留下了一定的阴影。因此,一个有效的区域性资本市场的建设,应注重对创新型中小微企业的保护。

(2)小微企业通过地方股权交易所挂牌融资。《张家界市人民政府办公室关于进一步促进企业上市的意见》规定,对在湖南股权交易所科技创新专板挂牌的企业,给予10万元奖励;对2020年以来完成股改并在湖南股权交易所标准板挂牌的企业给予不超过15万元的奖励、对完成股改并在湖南股权交易所成长板挂牌的企业给予不超过10万元的奖励。在地方政府的积极支持下,基于自身发展需要,张家界市小微企业通过上市挂牌融资的需求不断增加。但是,由于主板、创业板、科创板等对小微企业来说门槛较高,它们通过在区域性股权市场挂牌更容易实现。

据调查,张家界市共有湘阿妹食品有限公司等4家商贸服务企业加入湖南股权交易所商贸服务专板,共有张家界三木能源开发有限公司等10家企业加入湖南股权交易所农业专板,魅力文旅发展有限公司、张家界金鲵生物工程股份有限公司、张家界东线旅游开发有限公司、张家界久瑞生物科技有限公司、湖南张家界天门山旅游股份有限公司5家公司被纳入上市后备企业。在湖南股权交易所挂牌,不仅可以拓展企业融资渠道,提升小微企业的公司治理意识和经营管理水平，还能够培育具有资本创富意识的企业家队伍，扩大企业品牌影响力。张家界在湖南股权交易所挂牌的企业见表 3-4-2。

表 3-4-2　张家界在湖南股权交易所挂牌的企业一览

挂牌板块	时间	企业名称
商贸服务专板	2016 年 12 月	湘阿妹食品有限公司
		张家界国安家政有限公司
		桑植县长佳商贸有限公司
		张家界富正毅三下锅餐饮管理有限公司
农业专板	2015 年 12 月	张家界三木能源开发有限公司
		张家界湘润食品有限公司
		湖南张家界九天生物科技有限责任公司
	2017 年 3 月	张家界美丽乡村农林开发有限公司
		张家界康华实业有限公司
		湖南裕丰米业有限责任公司
		慈利县龙峰生态农业观光有限公司
		张家界香丝乐食品有限公司
		张家界龙湖农耕文化产业发展有限公司
	2019 年 10 月	张家界老八区农产品开发股份有限公司

（3）地方政府越发重视产业基金的股权投资作用。当前，越来越多的地方政府意识到了政府产业引导基金的价值，我国政府引导基金的数目和规模也越发庞大。从张家界的情况来看，之前相关部门的产业引导资金主要通过无偿资助、贷款贴息、债权投资的方式进行，如张家界市工业发展引导资金、张家界市文化产业发展引导专项资金等，主要通过项目单位申报、主管部门审核。这种方式的优点是能很好地体现政府意图，直接支持政府想要发展的行业和企业，但是行政色彩较浓，撬动作用不够，资金运用效率较低。

2020 年，张家界市政府成立张家界市产业发展基金，由市财政和相关国有企业出资设立，以股权投资方式，采用市场化手段，发挥政府资金杠杆作用，引导社会资本共同投资于产业发展，张家界市有了第一只真正意义上的政府产业引导基金。产业基金规模为 1 亿元，原则上按 1∶3 放大设立子基金，子基金规模为 4 亿元，一般委托专业投资机构进行运作和管理。这种方式的市场化程度更高，资金运用效率更高。

4.2.2　主要特点分析

创新型中小微企业一般具有高风险、高收益的特征，这与风险投资的投资模式相契合。与银行等传统金融机构相比，风险投资具有较强的专业性，能够筛选出优质的投资项目。因此，股权投资在一定意义上成为企业与投资者的信息中介，能有效解决信息不对称问题。综观张家界市的企业融资情况，尽管以银行信贷为主的债权融资依然是企业外源融资的主要选择，但是股权融资已经逐步出现。张家界市的创新型企业吸引了不少风险投资，获得了股权投资机构的资金支持。

（1）张家界市小微企业股权融资已经起步。小微企业通过股权并购、出让等方式融资的金融现象已经开始出现，虽然规模还较小。部分企业已经在湖南股权交易所挂牌，虽然当前没有在创业板、科创板上市的企业，湖南股权交易所的作用发挥还不够，且象征意义大于实际意义，挂牌企业暂未得到融资。

（2）股权融资以熟人关系型为主。案例1中的企业并购得益于熟人的介绍，案例2中的企业并购一定程度上得益于企业家的家乡情结。小微企业首先倾向于向包括家庭成员在内的亲朋好友、企业员工等发出入股邀请，而较难从素不相识的陌生投资者那里募集到所需的资金，更别说在股票市场上公开发行股票取得股权融资。究其原因，信息不对称所引发的逆向选择与道德风险对小微企业的融资偏好起着决定性作用。

（3）股权融资是企业发展到一定阶段后的有效融资选择。产业投资基金是在"共同投资、共享收益、共担风险"的基本原则上为成长型企业提供股权融资的新型金融合约安排。从缔约过程来看，产业投资基金是市场发展过程中交易主体选择的结果，其逻辑是合约缔结者之间的约束条件及其损益权衡。发展到一定程度的小微企业，如果资金和人才都出现短缺、陷入瓶颈，通过股权并购引入战略合作伙伴进行股权融资不失为一种好的选择。

4.3 对策建议

4.3.1 继续改善小微企业债权融资环境

在很长一段时间内，小微企业融资仍然会以债权融资特别是银行信贷融资为主。因此，继续改善小微企业债权融资环境对促进我国小微企业健康发展至关重要。

（1）政银企三方发力，共同破解信息不对称难题。一是政府部门。做大做强中小企业担保公司，降低担保费率，逐步取消小微企业提供反担保的要求。成立更加灵活的小微企业政策性担保基金，增强政策性担保功能。进一步加强小微企业信用信息共享平台建设，强化对税务、工商、人社、工信、环保、法院等公共信用信息的归集、共享和开发利用，向金融机构提供标准化查询利用接口，为金融机构运用金融科技手段缓解小微企业融资难题提供数据信息支撑。组织召开小微企业融资银企对接会，搭建合作平台。二是银行。通过金融科技手段，拓宽数据、信息可利用面，充分挖掘利用除资金流、税务之外的小微企业的所有信息。依托产业链核心企业信用、真实交易背景和物流、信息流、资金流等，为上下游相关企业提供订单贷、商标贷、应收账款融资。积极开展知识产权、仓单、存货、机器设备、林权、农村土地经营权、农民住房财产权、大型农机具等抵押、质押融资业务，提高小微企业信贷可得性。三是企业。小微企业要逐步引入科学规范的现代企业管理模式，完善财务管理制度和企业经营商业模式，不断提高产品的市场竞争力，提高财务、管理等信息的透明度。

（2）深度应用金融科技，降低小微企业信贷成本。运用大数据、人工智能等技术，建立小微企业授信模型和风控模型，综合利用现金流、物流等各类数据和税收、人社等公共信息，为处于初创期、成长期、成熟期等不同发展阶段的小微企业设计个性化、差异化的金融产品。一是实现线上自动授信、自动放贷、智能化贷后管理，降低运营成本。二是进一步降低不良贷款率，减少风险溢价成本。三是提高信用贷款授信上限，实现小微企业信贷的规模经济。

（3）加大政策引导和倾斜力度，弥补小微企业发展的正外部性。一是金融监管部门继续加大引导力度。继续提高货币政策传导效率，用好支持民营和中小微企业发展的"三支箭"政策、中小微企业贷款阶段性延期还本付息政策、普惠小微企业信用贷款支持计划等各项新的政策工具。提高小微金融服务在各类评估、评级中的权重占比，并与宏观审慎评估、货币政策工具运用、发行债券、机构评级等更加紧密结合。二是政府部门继续加强风险缓释机制建设。综合运用贷款风险补偿、贴息、信贷投放奖励、担保费用补贴等方式，为银行机构投放小微企业贷款提供保障和激励。建立健全守信激励和失信惩戒机制，加大金融债权维权力度，大力打击金融欺诈、恶意逃废债行为。三是合理把握政策引导和银行主动之间的平衡，采用市场化手段激励和支持，不直接使用强制性行政手段进行干涉。

（4）继续加强和改善金融服务，增强银行发放小微企业贷款的内生动力。银行组建专门的营销团队，单列小微企业信贷投放计划，单独核算和考核。始终坚持服务好小微企业的战略定位，培育发展客户，积极增设小微支行，实现发展共赢。真正落实好小微信贷尽职免责机制，结合实际情况和小微信贷业务特点，制订详尽的、操作性强的实施方案，探索建立金融机构不良贷款责任认定第三方仲裁机构。聘请外部专家或金融系统专业人士成立不良贷款责任认定第三方仲裁机构，使尽职评定工作更加专业和公平，也有利于基层信贷人员在对评定结果存在异议时进行申诉和认定。建立健全容错纠错机制，对小微企业不良贷款率未超出容忍度标准，且信贷人员无违反法律法规和监管规定行为的，可以考虑免予追责，进一步将尽职免责与不良贷款容忍制度有机结合。积极引导信贷人员形成尽职免责、失职追责的政策预期，进一步完善内部绩效考核机制。

4.3.2 完善多层次股权融资体系

从中长期看，要逐步完善多层次股权融资体系，逐步扩大股权融资在小微企业融资中的比重。

（1）加快地方股权交易市场的建设。创业板、科创板等对于绝大部分小微企业来说还是门槛太高，而通过地方股权交易所挂牌以获得资本市场的服务则相对现实。一是地方股权交易所要不断提高服务水平，引入各类机构投资者，举办投融资对接会，促进挂牌企业和投融资者的对接，拓宽融资渠道，根据企业的不同特质，为其定制符合实际情况的融资方式。定期开展相关培训活动，切实帮助挂牌企业提高经营管理水平，从而增强融资吸引力。对展示挂牌企业及相关信息披露义务人所披露的信息进行监督，督促其及时、准确地披露信息。及时公布交易市场内的投融资情况以及相关政策、规定的变动情况。二是地方政府要加大支持力度。湖南股权交易所设立扶持小微企业的发展专项基金，通过跟投机制、风险补偿机制等提高挂牌企业的融资效率。

（2）促进政府产业投资基金、私募股权投资基金的发展。一般来说，欠发达地区可以先成立政府产业投资基金，培育投资基金市场，营造投资氛围，为后面引入私募股权投资基金打下基础。一是要用好政府产业投资基金。要把握好市场与政府的关系，将政府产业投资基金委托给专业机构进行市场化运作，敢于放手，使其市场化，以经受市场的洗礼。要不断健全绩效评价体系，从基金政策引导效果的评价指标、基金管理人的投资业绩评价指标等方面开展科学评价，根据评价结果有针对性地实施激励约束措施。二是积极引入私募股权投资基金。要深刻认识私募股权投资基金在为小微企业输血、改善企业治理等方面的重要意义，完善私募股权投资基金发展的市场条件，吸引私募股权投资基金到当地开展业务。

（3）支持企业多层次上市融资。指导优质企业进一步实施股份制改造，完善现代企业制度和公司治理结构，积极培育、加强辅导，推动企业结合自身情况选择在境内外主板或中小板、创业板等渠道上市融资。采取注入具有良好发展前景的重点项目等措施，支持已上市公司通过（定向）增发、配股、发行可转换债券等方式实现再融资。鼓励企业到新三板和湖南股权交易所等区域性股权市场挂牌融资。支持企业通过私募股权融资。充分发挥产权市场融资功能，鼓励企业开展私募股权融资，满足企业融资需求。探索建立张家界市旅游产权交易中心，为旅游企业进行私募股权融资搭建平台。

（4）创立产业发展基金，引进国内外有实力的投资基金。坚持"政府引导、市场运作"的原则，按照财政资金引导、金融机构跟进、社会资本参与的操作模式，鼓励财政部门、金融机构、社会资本按照一定比例出资，建立城市发展基金、旅游产业发展基金等。鼓励民间资本发起设立主要投资基础产业、公共服务、生态环保、区域开发等领域的创业投资基金和产业投资基金，政府整合财政性资金采用认购基金份额等形式予以支持。充分发挥张家界的品牌优势，主动加强与国内外知名投资公司和各类投资基金的沟通协调，吸引有实力的投资公司和基金管理公司来张家界开展业务。同时，进一步优化投资环境，邀请银行机构事前介入，对投资公司和基金公司的实力和资质进行甄别，确保投资基金与产业发展项目成功对接。

第5章
"区块链+ESG投资理念"视域下区域性股权市场发展策略研究

　　区域性股权市场是我国多层次资本市场的塔基,是我国资本市场的有机组成部分。在为中小微企业提供所需资金及股权、债券转让,破解中小微企业融资难困境,带动区域经济社会发展等方面起着不可忽视的作用。伴随着政府对其越发重视以及相关政策的扶持,区域性股权市场迅速发育成长,但同时也产生了不少问题,如信息披露制度不完善、监管体制缺失、市场交易不活跃等,导致我国区域性股权市场难以充分发挥其功能。结合当下的时代背景,为区域性股权市场探索出一条适合的发展路径显得尤为重要。

　　以区块链为代表的金融科技正在不断地冲击我国传统金融行业,让人们看到了解决信息披露不健全、取信困难等痛点的希望。从广义上来说,区块链是利用链式数据区块结构验证和存储数据,利用分布式的共识机制和数学算法集体生成和更新数据,利用密码学保证数据的传输和使用安全,利用智能合约来编程和操作数据的一种全新的去中心化的基础架构与分布式计算范式。区块链可以实现在没有中央权威机构的弱信任环境下分布式地建立一套信任机制,保障系统内数据公开透明、可溯源和难以非法篡改。可以说,区块链对传统金融行业来说,既带来了革新旧有模式的严峻挑战,又是打破原有困境的绝佳机会。

　　近年来,以环境、社会责任、公司治理为内核的 ESG 责任投资理念得到了众多投资者的广泛认可,国际社会越发重视 ESG 责任投资理念并出台了相关政策法规,ESG 责任投资理念逐渐成为一股不容小觑的力量,对当前我国的资本市场信用问题具有非凡的意义。

　　正是立足于上述两大热点,我们在"区块链提供技术支持—信任链与'ESG 标准'提供信息支持—要素池"的基础上,尝试以"区块链+ESG 投资理念"探索区域性股权市场发展的纾困之道,提出绿色发展策略,为实现碳中和 2060 年的远景目标提供微观基础。该策略同时解决底层信息收集、信任及企业长期可持续发展及市场效率的问题,能够完美对接私募投资需求,助力中小微企业成长,带动区域性股权市场乃至整个地方经济体系的健康发展。

5.1 我国区域性股权市场发展的必要性与面临的困境

区域性股权市场，是指为某一特定区域内的企业提供融资、股权与债券转让等服务的私募市场。国家对它的功能定位一开始就很明确：帮助中小微企业开展融资活动，成为中小微企业的重要融资渠道。区域性股权市场发展的必要性如下：

（1）有利于健全我国多层次资本市场的结构。一个完善的资本市场体系应当是多元的、多层次的，根据投资者特有的风险偏好，提供满足投资者个性化需求的金融服务是现代金融业发展的重要方向。相应地，不同的融资者需要资本的时间、规模等也不一样，每个人有自己特殊的融资需求，他们的个性化需求也需要被满足。为了对他们进行有效的匹配，就要求资本市场体系多元而有层次。区域性股权市场是资本市场体系的重要成分，其发展具有充分的必要性。

（2）有利于形成良好的市场准入与退市制度。对那些前途光明但刚起步的优质企业，区域性股权市场可以成为其进入新三板、主板市场的过渡市场，企业可以凭借其良好的经营业绩证明自己，进入上一级市场；那些在主板等其他层次中表现不佳的企业，可以选择退市进入区域性股权市场。区域性股权市场是选拔优秀新兴企业的筛选器，也是企业短期经营不善时的缓冲器，区域性股权市场的存在，有助于优化我国资本市场的准入机制与退市机制。

（3）有利于规范和帮助中小微企业发展。目前，由于中小微企业自身普遍存在财务状况不佳、经营状况不稳定等问题，投资中小微企业往往风险过高，投资者普遍偏好投资业绩较好的成熟企业。因此，中小微企业一直面临着融资难的问题。而开创区域性股权市场，不仅是要为中小微企业提供一个门槛低、成本低的融资渠道，而且希望中小微企业在挂牌的过程中，不断规范自身经营行为，重视自身财务状况，培育自身竞争优势，从而提高抗风险能力。

我国区域性股权市场的发展面临以下三个方面的困境：

（1）融资方信息披露不足。首先，多个区域性股权市场没有与工商部门实现应有的信息共享，想要挂牌的企业不得不在工商部门与股权交易中心两头备案，而在两边备案的信息又往往存在不一致的现象，导致金融机构难以为这些企业提供后续金融服务。其次，在区域性股权市场挂牌或展示的企业没有充分重视信息披露，在展示与挂牌过程中，企业不能做到自觉主动地进行信息披露。人民银行的征信系统没有将区域性股权市场挂牌或展示的企业"收入囊中"，这就导致投资者难以确认这家企业之前的信用状况，这显然会成为投资者进行投资决策时的重大顾虑。

（2）产品与服务的结构单一，难以满足投资者的个性化需求。如今，区域性股权市场基本是"一省市一市场"，各省具备"因地制宜"的天然优势，本应发挥本省特色，设计适合本省的特色金融产品与服务，然而，目前许多市场只提供股权融资、可转债等基础金融产品，与金融行业精细化服务的要求不相符，往往导致产品难以吸引投资者进行投资。区域性股权交易设置的板块数量基本与该市场的发展水平正相关，即板块设置得越多、划分得越细，该市场就越可能有更好的发展。这充分说明了为投资者进行"私人定制"的重要性。

（3）监管体系不完善，权责边界不明晰。各省的区域性股权市场本应根据自身的具体情况，寻找适合自己的发展道路，这样的"灵活"是它的独有优势，但也难以避免地造成了各个市场的监管体制不统一，导致中央很难"一刀切"地规定具体的监管政策。同时，市场的发展水平并没有被纳入当地的政绩考核，监管制度的缺失也就在所难免了。这直接导致区域性股权市场的监管中出现许多权责边界不明的现象。

5.2 "区块链技术+ESG 投资理念"带来的纾困之道

5.2.1 "区块链"提供技术支持——信任链，解决信任问题

区块链的本质就是分布式账本，它通过分布式同步记录的方式，除去了传统的信息处理与担保中心，让区块链上的个体相互担保，保证他们各自信息的真实性。区块链技术的信任机制是基于现代密码学、共识机制、公开透明等原理建立的，区块链系统中的节点可以在不了解对方基本信息的条件下进行可信任的信息交换，满足其信息安全需求。区块链利用共识机制在完全不信任的各方之间建立一种信任关系，使链条上各区块中所储存的数据价值可以被传递，从而产生经济效益。

5.2.1.1 区块链技术的优势

（1）降低验证成本。为了执行商品交换，交易的关键属性需要由交易各方进行验证。例如：买方需要验证商品的质量，而卖方需要验证交易现金的真实性。由此而产生的成本就是验证成本。中介通过提供验证服务，减少信息不对称带来的道德风险，为市场增加价值。随着市场规模的扩大，验证服务将变得更有价值，因为大多数当事方不存在既有的关系，而是依靠中介机构来确保交易的安全性和执行合同。但在这个过程中，中介有权访问交易数据并且选择执行哪些交易，这就给交易双方带来了隐私风险与审查风险。

区块链技术可以通过允许市场参与者验证交易属性并执行约束来防止信息泄露，不会将基本信息暴露给第三方。这种技术允许代理无须完全访问所有背景信息便可验证某条信息是否真实，即该技术允许以隐私保护的方式验证交易属性。这不仅大大降低了交易各方的风险，还通过数字化使许多交易类型的验证成本接近于零。

（2）降低网络成本。这里的"网络"，并不是指互联网，而是指经济网络。网络成本，即引导、运营和扩展经济网络的成本。经济网络能以较低的成本验证状态使区块链协议不仅可以就数字资产的历史和拟议的发展达成共识，还定义了状态变换规则。

从网络角度来看，这些规则特别有价值，这些变换可以用来奖励参与者提高执行效率并增加用户与应用程序这类网络价值的行为。

区块链技术通过降低运行去中心化交换网络的成本，允许创建生态系统，而这些生态系统不会从网络效应和共享数字基础架构中受益，从而不会以增加市场力量和平台运营商访问数据为代价。因此，降低网络成本具有深远的意义。

5.2.1.2　区块链在区域性股权市场中的应用与实例

发挥区块链去中心化的优势，可以简化股权交易流程，减少流程中的参与主体。在具体应用中，区块链股权交易平台一般由两层结构组成：底层是区块链的 P2P 式网络，用于创建各用户的账户和记录交易，并将账户相互连接形成去中心化的分布式总账；上层主要储存用户的基本信息及数据，并利用这些信息与数据实现各项平台功能，如股权的登记、购买、转赠等。

在此平台上，每个用户开户后都会拥有自己账户的私钥，任何人非经授权不能获得该账户的数据。用户若需要对股权资产进行买卖或转赠，平台会调用底层的区块链，通过执行智能合约的方式，将买卖或赠予资产的基本信息写入交易对方的区块链账户，实现即时结算，并迅速完成交易各方的账户数额变动与股权所有人更替的记载。

在交易的过程中，股权变动的信息获取与登记、交易服务的提供与接受、委托指令的下达、结算以及交割各个环节都会在区块链平台的系统上进行，每一笔交易记录都会被清楚而准确地记载到区块链上，所有区块链的节点均可以进行查询。在同一区块链网络中，每个节点都有一个复制的区块链副本，任一节点的损坏都不影响其他节点和整个网络，这也保证了平台的安全性。

这里建立的区块链属于联盟链（Consortium Blockchain），也叫联合共同体链。它是介于完全开放无中心的公链与中心化程度较高的私链之间的形式，在建立节点共识的过程中，只受制于一部分指定节点的区块链，原则上只有一部分人可以追溯平台上的所有交易信息。联盟链的这种特点保证了弱中心化的集体维护，同时又最大限度地维护了隐私信息的权限。

目前，国外已出现不少区块链技术应用于私募股权交易的成功案例。最具代表性的是 2015 年 10 月美国纳斯达克交易所正式推出的私人股权交易平台 Linq，这是基于区块链技术建立的股权交易与金融服务平台，它利用区块链不可篡改且可永久保存数据的技术特点，解决因人工方式进行股权交易时可能产生的数据错误或人为篡改等问题，并提高交易效率。

在国内，区块链应用于私募股权交易的试验与应用方兴未艾。比较知名的是 2016 年 6 月，首家在新三板挂牌的区块链公司太一云科技与北方工业股权交易中心宣布合作开发区块链股权登记系统 TERS，使北方工业股权交易中心成为中国首家尝试使用区块链技术的股权交易所。2018 年 1 月，由潜力股区块链初创公司推出的 ShareX，据称目前已受托滴滴、蚂蚁金服等知名公司的股权转让计划。此外，小蚁（NEO）、布比

(bubi)、金股链等区块链初创公司的区块链股权众筹与交易平台的研发也取得了一定进展。

5.2.2 "ESG 标准"提供信息支持——要素池，解决信息问题

早期，发达国家"重经济、轻环境""先污染、后治理"的观念导致了气候变暖、资源短缺、生态体系失衡等一系列环境问题，致使人类患病率升高、工厂被迫停工、经济发展缓慢。这些"血泪教训"使企业的投资观念发生了从只追求财务收益最大化到关注社会责任、崇尚义利并举、资本向善的转变。

2006 年，由联合国前秘书长牵头发起的"责任投资原则"（PRI），将环境、社会和公司治理（ESG）因素纳入投资决策，鼓励投资者通过责任投资实现社会价值、降低风险并获取长期收益。高盛在《高盛 2007 年环境报告》中将环境、社会责任因素与公司治理因素整合在一起，提出了新的投资理念——ESG 投资，即将影响环境、社会与公司治理的因素纳入投资决策。而后诸多实证学术研究和经典案例表明，ESG 投资与财务收益成正比，长期看还能带来超额收益，ESG 投资理念随即注入发达国家的资本市场并逐渐在新兴市场扩散开来。截至 2018 年初，责任投资的资产规模在欧洲、美国、日本、加拿大和澳大利亚五大市场已达到 30.7 万亿美元。

ESG 责任投资理念是以环境（Environmental）、社会责任（Social）、公司治理（Governance）为内核，强调投资者在分析企业的盈利能力及财务状况等财务指标的基础上，将环境、社会、公司治理等非财务因素纳入投资决策，同时考察企业价值和社会价值的责任投资理念。

目前，全球共有五家国际机构开展了 ESG 评估体系构建。其中，明晟（MSCI）体系涉及 10 个领域、37 个主要问题；道琼斯（Dow Jones）体系涉及 6 个领域；汤森路透（Thomson Reuters）体系涉及 10 个领域、178 个指标；英国富时（FTSE Russell）体系涉及 120 个领域、300 个指标；晨星（Morning Star）体系涉及 6 个领域。国内多数评估集中于 ESG 中的某个方面，评估对象多集中于信息披露较好的上市公司。评估体系多使用指标分析，辅以专家打分等主观判断作为权重调整依据。数据来源主要是上市公司的公开信息和企业调查问卷等。

综合国内外的 ESG 评估体系进行汇总提炼，ESG 评估要素在环境（E）方面，主要考核企业生产经营活动中的绿色投入，对自然资源及能源的循环可持续利用以及对有害废品的处理方式，是否有效执行政府环境监管要求等；在社会（S）方面，主要考察企业与政府、员工、客户、债权人及社区内外部相关利益相关者的期望和诉求，关注企业的利益相关者之间能不能达到平衡与协调；在公司治理（G）方面，主要包括董事会结构、股权结构、管理层薪酬及商业道德等问题，如股东和管理层的利益与职责、避免腐败与财务欺诈、提高透明度、董事会构成的独立性及专业度等。

已有研究证明，ESG 策略与投资绩效之间存在正相关关系。机构投资者在投资决

策中融入ESG评估后，能显著提高投资组合的风险控制能力，减小投资组合波动，提高获取长期收益能力。例如，Velte以412家德国上市公司环境、社会、公司治理和财务绩效作为研究对象，发现公司治理指标（G）对财务绩效影响最大（Velte，2017）；Cheng、BT等的研究发现，企业社会责任（CSR）表现对企业融资有显著的积极作用，履行社会责任情况较好的企业所面临的资本约束程度较低，股东参与管理和企业社会责任的透明度是减少融资约束的首要因素（Cheng、Beiting等，2019）；相关机构对部分企业的ESG评级研究表明，不同行业、不同规模、不同估值的企业，其ESG评级都与其股票的收益率呈正相关，ESG投资策略能有效帮助投资人规避投资风险（马喜立，2019）。

ESG投资的本质是以风险评估换取长期收益。从应用角度看，投资者可通过两种方式实践ESG投资，即主动投资和被动投资。在主动投资方面，可在自营组合中加入ESG因素，也可在选聘基金管理人的尽职调查过程中加入ESG指标作为筛选条件。在被动投资方面，主要采用剔除法，即剔除与自身使命或价值观不符的企业或产业，通过将ESG元素纳入投资决策流程，有效降低投资组合中极端风险事件发生的概率，并能在投资组合中排除"不道德"的企业；被动投资还可运用指数优化投资，即基于各大指数提供商提供的ESG指数进行投资。目前，市场中的ESG指数产品种类众多，A股共有12只ESG指数可供投资者选择。

目前，虽然ESG投资理念在海外已成为主流，但是在国内创投领域却鲜少运用。不少投资者认为ESG与VC并无关系，但事实上，上市企业因缺乏ESG理念、违反法律法规遭遇了股价腰斩、退市等重大风险事件，如瑞幸咖啡财务造假和长春长生疫苗造假等，均造成股东损失惨重和金融市场剧烈波动，投资者们终于意识到ESG信息披露将成为大势所趋。

第一，志同道合的创投和ESG。创业投资和ESG投资（这里指投后跟踪策略，ESG Engagement）都是"任重而道远"的投资项目，二者有异曲同工之处：①周期长，投资于未来。Venrock合伙人大卫-帕克曼（David Pakman）曾说过，在早期阶段，投资一家公司需要6~10年才能实现巨大成功。ESG投资者们在投后管理的过程中，对一家企业进行环境、社会和公司治理方面的改善也非一日之事。这两类投资者都是在前期投入成本且无明显效应，着眼于企业未来的综合价值。②投资者是社会发展的"慈善家"。创投LP投资于创新，其正外部性就包括为有创新思想的年轻人提供发展的平台和资源，推动社会科技的发展。ESG投资者们投资于企业的社会价值，致力于改善企业在运营过程中对环境和社会造成的影响。二者皆对社会发展做出了贡献。

第二，ESG为创投带来的优势。创投由于前期投资大、商业模式不成熟和市场不稳定等被认为是风险极高的投资项目。ESG投资从环境、社会和公司治理三大维度、上百个指标（视评级公司而变化）来评估企业的表现，为投资者提供了风险防范的依据。ESG融入创投后带来的优势主要体现在以下五个方面：

一是团队稳定性。众所周知，创投的成功因素除了创新的商业思想以外，还有团队的质量。创投 LP 在评估团队质量的时候会综合考虑领导力、思考力、数据敏感度和人品等要素，但在如何保证团队在创业期间的稳定性方面却常有疏忽。在 ESG 理念中，"S"（社会）分支下有一项很重要的考量标准便是员工管理。完善的员工管理能够提高生产效率、减少员工旷工现象和降低员工流动性。Christian 对一共涵盖了 190 万员工的 339 个研究进行了分析，发现员工满意度与生产率之间存在很强的正相关性。

二是名誉风险。媒体对创投 LP 来说是一把"双刃剑"。一方面，LP 能通过媒体快速了解投资领域相似的新兴投资项目，包括有效地知悉项目内容以及创业者的看法。另一方面，媒体也是传播负面信息、冲击 LP 利益最迅速的途径。刚起步的公司抵御负面消息的能力相对薄弱，如果产生负面信息且处理不当，会对后期客户拓展和公司名誉造成负面影响。ESG 投资在"G"（公司治理）类别中纳入了企业负面事件和商业道德等严格的评判标准。因此，LP 在投资过程中如果融入公司治理的考量标准，会极大地降低名誉风险。

三是客户来源。联合利华（Unilever）曾在 2017 年发起一项调查，结果显示，有 1/3 的顾客会挑选对环境和社会带来积极影响的品牌，而市场上存在的该类品牌投资机会高达 9660 亿欧元。显然，公众的社会责任意识在逐渐增强，公司加强社会责任贡献有利于增加客流量。

对互联网及科技产品来说，客户信息保密是获得客户信任的重要环节，也是获取客户源不可或缺的要素。市场上不缺该类反面教材，例如，2019 年在朋友圈流传的"ZAO-逢脸造戏"游戏，能将多种影视角色换成用户自己的脸，从而满足客户的明星梦。但是，该游戏在客户隐私保护方面存在巨大隐患，其在用户协议中提出将肖像权授予"ZAO"及关联公司在全球范围内免费且不可撤销的权力要求。此消息爆出后，用户量急剧下降，投资者也因此受到经济和名誉的双重损失。而 ESG 投资在"S"（社会）层面明确指出了客户信息保密的评估要求，能将此类风险遏制在投资之前。

四是国际市场准入。由于 ESG 投资在发达国家资本市场成为主流，投资者们会根据企业的 ESG 绩效进行筛选。Drover 等研究发现，企业家们更愿意与过去被认为具有道德操守的风投合作。对中国创投机构而言，若在创业初期为公司制定 ESG 战略计划并使其保持良好的 ESG 表现，能够让初创公司得到国际市场的认可，拿到后期获取国外投资的"敲门砖"。

五是法规风险。各国对 ESG 相关问题的要求越发严格。目前，美国已强制要求上市公司披露信息，我国香港地区采取"不披露就解释"原则，虽然我国内地仍在实施自愿披露制度，但要求 ESG 信息披露已是大势所趋。因此，尽早搭建良好的 ESG 治理体系、主动管理 ESG 相关问题可以避免后期法规变化带来的商业模式转变等风险，也能为企业上市后披露做铺垫。

5.2.3 "区块链+ESG 投资理念"对区域性股权交易市场的影响

(1) 提升区域性股权交易市场的信息披露水平,完善投资者保护机制。区块链本身共享的技术特点可以有效解决信息不一致问题;区块链具备灵活编辑的特点,方便企业进行自身的信息披露工作;区块链信息不可随意篡改,因而能降低欺诈、暗箱操作、数据被恶意修改的风险。在交易前,通过企业账户的数据,可以更准确地对企业进行尽职调查;对投资对象的估值,可以避免绝大多数虚假信息,保证估值结果的客观公正。在交易中,通过账户信息交易,可以极大地保护资金的安全性,不会发生信用风险,且智能合约的存在,可以保证股权交易合同的顺利执行。在交易后,投资者可以对自己的投资项目进行实时追踪、实时监控。这样的交易流程无疑能够更好地保护投资者的利益。由于信息高度透明,投资者从市场中所购买到的金融产品更具流动性,这将进一步降低投资风险。

(2) 为投资者实现私人定制,提高市场的服务水平。在区块链的基础上,市场可以根据企业和投资者的账户信息,准确把握企业的条件与投资者的需求,将两者高效合理地匹配在一起。区块链技术将大大提高交易效率。区块链具有去中心化的特征,可以省去许多交易环节,且加快了诸如股权交易登记、投资对象的尽职调查、股权交易结算等流程的进度,大大提高了中小微企业的融资效率。这不仅能助力服务速度的提升,去中心化的模式也可以保证为投资者和企业提供专业可靠的金融服务。此外,由于简化了手续,投资者与企业能更方便地参与到交易活动中,从而降低了区域性股权市场的门槛。

(3) 激发市场活力,为中小微企业融资助力。ESG 投资理念的融入将激发市场的活力,帮助中小微企业顺利融资。在上述两点的基础上,区域性股权市场的活跃度会得到极大的激发。在融入区块链的同时引入 ESG 投资理念,必将引起投资者对社会因素的重视。投资者通过查看企业账户中的 ESG 信息,可以更加全面地了解企业的经营状况,推测企业的前景,并借此判断自身进行投资决策的风险程度。ESG 分数较高的企业更能获得投资者的信任与认可,从而能够更加顺利地进行融资活动。

5.3 区域性股权市场的"成全式"绿色发展策略

区域性股权市场的定位是对接中小微企业与私募基金,交易的流动性与活跃度是市场发展的关键。股权交易的产生需要满足三点:①企业有长期价值;②信息对称,信息披露的信任与安全;③交易的便捷与安全。我们利用"ESG 标准"提供信息支持,解决信息不对称与长期价值问题;同时,利用"区块链"提供技术支持,可解决信息收集与交易安全问题。两者的结合符合"成全式"绿色发展理论,为区域性股权市场与中小微企业的共生发展提供有效对策。

5.3.1 经济绿色发展理念与"成全式"实现

为了实现经济的绿色发展，我们提出一种全新的"双轮驱动"绿色发展理念，即绿色意识与绿色权益并行，构建包容与互信的社会，形成无限内驱力，成全个人、企业与产业的可持续发展。内驱力的来源，一方面是对改革开放几十年来经济发展的深刻反思带来的强烈的绿色意识，另一方面是金融科技的发展与绿色资源产权边界的形成带来的可观的绿色权益。

绿色意识包含两个维度：一是横向的、指向空间概念的绿色成长，即全面平衡的成长。社会的价值观不能仅片面追求金钱利益，而是要实现物质、精神与关系三者的平衡，成长为绿色无公害的真正自我。这是构建包容与互信社会、真正践行绿色承诺、实现"人人为我，我为人人""成全式发展"的基石。二是纵向的、指向时间概念的绿色实践，即绿色承诺的践行——在"爱护唯一绿色家园"环保理念指引下，摒弃短视目光，注重长远利益，承诺终身行为的绿色化。

绿色权益，即绿色资产。未来大数据时代，数据即资产，由绿色实践产生的环境信息与信用在时间上的累积产生的绿色数据，将利用金融科技来实现资产化，带来持续、稳定的绿色现金流。

我们将从个人、企业与产业三个层面剖析绿色发展理念以及三者的有机融合，阐述经济绿色发展的内生性机制及其"成全式"实现。

5.3.1.1 个人绿色发展

个人绿色发展，是指拥有"全人"成长的绿色成长观，不仅是会赚钱、有效用的人，还是能够实现工作、生活与家庭三者的平衡，内心充盈与平静，包容与信任他人，获得成全并愿意成全他人，成为自己真正想要成为的模样，拥有无限内驱力的人。热爱绿色地球，认同"地球命运共同体"理念，在日常工作与生活中积极制定并执行减少碳排放行动清单，如使用环保交通工具、减少外卖餐具与购物塑料袋的使用、拔掉电子设备电源等，从小事做起，计算个人碳足迹，积极累积各类绿色数据。通过金融创新，绿色数据将形成绿色资产，为个人理财规划注入绿色现金流，基于正反馈机制，助力内在驱动更多的、更持续的个人低碳行动。

5.3.1.2 企业绿色发展

企业由一群有着共同目标的个人组成，把企业类比成"个人"，企业绿色发展，是指遵循ESG标准的绿色成长观，它不仅关注企业的利润，还要实现环境、社会与治理三者的平衡，包容与信任其他企业。在业务往来中，首先要内观，看看自己能给对方提供怎样有益的帮助，成全他人与自己的绿色发展；同时，在企业内部践行绿色承诺，在日常运营中积极制定并执行减少碳排放与各类污染行动清单，建立整套的环境信息系统与信用体系，收集完备的绿色数据，构建系统的绿色信用评价体系与环境风险定价机制。通过金融创新，绿色数据将形成绿色资产与绿色信用，为企业运营提供持续、稳定的绿色收入与低成本的绿色融资，基于正反馈机制，形成巨大内驱力，推动企业展开更广泛、更深刻的绿色行动。

5.3.1.3　产业绿色发展

把企业串起来就成了一条条产业链或供应链，产业绿色发展包含三个方面：一是已有产业链的绿化治理；二是新兴产业链的绿化建设；三是绿色产业链的绿化新生。产业绿色发展由两股力量驱动：一股来自底层，通过在产业链内部基于绿色区块链技术构建的绿色供应链金融，实现绿色数据资产化与绿色资产的流转，从而形成内驱力，推动产业链资源整合，提高绿化效率；另一股来自顶层，在务实、高效、担当的政府指引下，在包容与互信的社会里，一切从产业链或企业绿色发展出发，基于项目的绿色需求分析，整合七个绿色金融基本领域（绿色信贷、绿色证券、绿色基金、绿色保险、环境权益交易、地方绿色金融及绿色金融国际合作）的资源，提供以低碳技术嵌入为核心的"成全式"绿色金融服务，从外部注入外驱力，成全产业绿色发展。

5.3.1.4　经济绿色发展的内生性机制及其"成全式"实现

现代经济是由个人、企业与产业的发展所驱动，一群有着共同目标的个人组成了企业，一串企业链成了产业链，一条条产业链编织成了驱动经济发展的信息互联网。当前利用金融科技"BASIC"技术，即 Block Chain（区块链）、Artificial Intelligence（人工智能）、Security（安全）、IOT（物联网）、Cloud Computing（云计算），将实现从"信息互联网"到"价值互联网"的跃迁。嵌入绿色区块链底层技术，构建面向个人、企业与产业的中层"绿色价值互联网"，普及顶层"成全式"绿色发展理念，将为经济发展从资源消耗型向绿色内生型转化提供内驱力与外驱力，从而为绿色金融的发展提供物质基础。

绿色区块链的第一层为区块链技术内部，有良好社区和自运营（自演化）机制，其信息流、数据流、资金流等均是低碳、高效的，且生态完整可持续；第二层为区块链技术应用，由"绿色身份（账户）"+"绿色资产交易平台"+"绿色应用开发平台"共同构建面向个人、企业与产业的"绿色价值互联网"，即"数据平台+交易平台（to B/to C）+数据挖掘平台"；第三层为绿色金融估值系统，即环境风险评估系统，通过制度创新，在社会各界达成共识、统一方法论的基础上，充分发挥各类绿色金融资源的优势，实现绿色数据的资产化定价。

绿色区块链技术能够实现个人层面的绿色消费金融，通过绿色个人账户实时收集和量化个人的绿色环保行为，如步行、地铁出行、在线缴纳水电煤气费、网上缴交通罚单、网络挂号、网络购票等，对收集到的低碳行为数据进行安全存储，通过碳普惠行为方法学的智能合约，将个人的低碳行为核算为减排量，并将对应的通证激励发放到个人的绿色钱包。个人可以通过绿色价值互联网，将减排量转让给纳入碳市场范围的控排企业，也可以在碳交易市场直接交易，从而实现绿色数据资产化，为个人持续的、有效的低碳行为提供内驱力。

结合绿色区块链技术的绿色供应链金融，不仅能够解决传统供应链金融的痛点，而且能够实现企业的绿色数据资产化，为产业链的绿化效率提升提供内驱力。通常供应链金融存在数据真实与共享困难、以核心企业为中心授信难以下沉、贸易背景真实性难以保证、商业汇票与银行汇票的流通及转入难度大等痛点。而利用绿色区块链加上物联网技术，通过去中心化、共识机制、物理设备数据自动上链以及回溯等能确保真实性，就是建立互信机制，让核心企业信用沿着供应链传导到末端，实现上链债权在持有期间的流转、贴现和到期兑付。除智能合约异常便捷之外，绿色区块链加上物联网技术最大的创新是实现了绿色数据的资产化及其在绿色价值互联网中的流转，在供应链金融的"四流"（信息流、商流、物流、资金流）中增加绿色资产流，为企业运营提供持续、稳定的绿色收入与低成本的绿色融资，成为产业链变绿的主动力。

绿色数据的资产化是推动经济绿色发展的强劲内驱力。那么，在普及绿色发展理念、践行个人"全人"成长与企业"ESG"标准的绿色成长观、遵循"成全他人，相互成全"原则、实现包容与互信的社会里，在务实、高效、担当的政府指引下，一切从企业的绿色需求分析出发，整合绿色金融体系资源，提供"成全式"绿色金融服务，是推动经济绿色发展的强大外驱力。两者的有机结合，将实现经济的绿色内生性发展。

5.3.2 区域性股权市场与中小微企业的"绿色共生"发展策略

围绕企业的绿色发展，我们提出一种全新的区域性股权市场发展策略。与以往交易市场发展时采取的各类资源彼此独立建设的方式不同，该策略最大的创新在于"成全式"绿色金融服务理念与"企业制"整合建设方式相结合，有助于实现交易市场、金融体系与企业绿色发展的共同进化、彼此成全，即在务实、高效、担当的政府指引下，一切从企业的绿色特征与绿色需求分析出发，规范企业的 ESG 标准，面向七个绿色金融基本领域（绿色信贷、绿色证券、绿色基金、绿色保险、环境权益交易、地方绿色金融和绿色金融国际合作）的资源，选择最适合企业发展的单一或整合模式，提供"全过程"金融服务，在成全企业绿色发展的同时，成全区域性股权市场建设。

具体而言，区域性股权市场的"成全式"绿色发展策略包括以下内容：

（1）顶层设计。区域性股权市场不能只停留于建立平台，而应该参与企业 ESG 绿色体系构建。通过"以点带线，以线带面"的发展步骤，一边辅导最有潜力的"样板企业"，打造标杆，吸引全国高端私募，树立品牌，一边以此作为切入点，完善行业（线）ESG 体系与数据，提炼体现区域（面）特色的市场 ESG 标准。

（2）区块链技术应用。包括两个层面：第一，打造安全、可靠的信息收集工具，建立信任链，通过智能合约，推动交易达成，增强流动性；第二，嵌入 ESG 标准数据，建立绿色链，实现绿色数据资产化，推动绿色债券、绿色供应链金融发展等。

（3）实现步骤。在区域性股权市场中，商品是中小微企业的股份，潜在客户是私募等投资方。怎样营销才能卖出去呢？第一步："包装商品"。挑选最具潜力的产品，打造"科创+ESG 绿色专板"，对接客户标准，满足需求。第二步："打响第一枪"。强力推出第一家典型样板"绿色企业"，吸引客户云集。第三步："创品牌"。健全 ESG 标准体系，利用区块链构建信任链，在让客户对商品质量放心的同时，利用智能合约，快速交易。第四步："增价值"。区块链上的绿色数据可以转化为绿色资产，推动企业以绿色资产（绿色债券、绿色供应链金融等）进行融资。通过以上四步，将实现区域性股权交易所与中小微企业的"绿色共生"发展。

5.4 结语

区块链技术一直被誉为一种信任机器，但以往对于信任关系缔造的阐述更多地停留在技术层面。实际上，区块链技术也可结合金融业务场景，在业务层面帮助金融机构更好地识别或规避风险，将区块链与低碳技术链接起来，能够帮助企业更好地证明自身的绿色资质，最终帮助金融业务的各方达成信任关系，促成业务合作。

04

第4部分
案例探微

这一部分选择了六家与湖南省区域性股权市场有业务联系的中小微企业进行调查与分析。尽管这六家企业所从事的行业不一样，但是作为股改企业，其目的就是通过区域性股权市场吸收更多的资源，以解决公司所面临的资金、人才等要素问题，促进公司的快速发展，实现投资者价值最大化。在区域性股权市场挂牌的直接效果是向市场传递了信息，使挂牌企业，特别是科技创新专板的挂牌企业，吸引了不少个人、机构及私募基金等投资者。具体而言，由于在技术的创新路径、商业模式等方面存在差别，这些企业的成长性及与湖南省区域性股权市场的联系紧密度存在差异。例如，正清制药的主要问题是股权不清晰，通过在湖南股权交易所登记托管，清晰地界定了股权边界；而中晟全肽，则通过挂牌湖南股权交易所的科技创新专板，进一步提高了在区域性资本市场的影响力，加大了公司并购、合作以及融资的力度。

第1章
宏志达：湖南省区域性股权市场有效赋能的见证者

中小微企业抗风险能力不强、融资渠道狭窄，在发展过程中更要注重规避风险。在国内信贷开始紧缩时，由于信息不对称和抗风险能力差等，银行往往会通过"信贷配给"等方式来实现市场均衡，从而将许多中小企业"排除"在有效信贷客户之外，其结果是许多中小企业可能面临资金短缺，甚至资金"断链"的风险。因此，一个有利于中小微企业成长的金融生态系统，对我国经济的创新发展具有非常重要的意义和作用。

近年来，尽管国家在政策层面出台了一系列促进多层次资本市场发展的措施，引导中小微企业扩大股权融资，降低中小企业信贷杠杆率，以期逐步增强其生存能力，但是中小微企业融资难、融资贵的问题一直没有得到有效解决。为此，湖南省成立了股权交易所，试图解决这个问题。

通过以湖南股权交易所为核心的区域性股权市场赋能中小微企业，是政府强制性制度变迁的内在逻辑。随着时间的推移，湖南股权交易所越来越意识到解决中小微企业的融资问题不能仅靠资金撮合，还要赋能中小微企业的能力体系建设。只有根据不同企业的实际情况补短板，才能真正增强企业的生存能力。因此，湖南股权交易所提出了贴身企业的服务模式，希望通过一系列"点对点"的服务，真正解决中小微企业发展中的系列问题。

湖南宏志达科技股份有限公司（简称"宏志达"）在流动性充裕时通过增加债务进行扩张，但是当流动性收紧以及宏观经济不景气时，则会陷入危机。陷入资金困境与经营危机的宏志达的发展历程，提供了一个区域性股权市场赋能中小微企业的典型案例。宏志达于2016年9月在湖南股权交易所标准板挂牌。在湖南股权交易所的帮助下，宏志达通过股权直接融资获得资金，走出了资金困境。我们将根据宏志达的案例探讨中小微企业的股权融资问题，并评估区域性股权市场上企业股权融资的效率。

1.1　办公用品行业：一个近3万亿元的巨大市场

1.1.1　办公文具市场空间大，规模稳步增长

受益于国家政策的大力支持，我国的办公文具（B2B）行业快速发展。据中国产业信息网消息，办公用品市场具有广阔的空间，2019年的国内办公文具（包括办公文

具、器材等）市场规模高达 2.1 万亿元，预计未来 3~5 年复合平均增长率能达到 9%，2020 年办公文具的市场规模可达到 2.3 万亿元，到 2022 年，这一规模有望达到 2.7 万亿元，如图 4-1-1 所示。2015 年，政府采购经费支出达到 2.11 万亿元，到 2018 年，政府采购支出达到 3.59 万亿元，同比上升 11.67%，占 GDP 比重从 2015 年的 3.06% 提升到 2016 年的 4.17%，到 2019 年，政府采购经费支出达到 3.31 万亿元，预计未来政府的采购支出规模每年会平稳增长，如图 4-1-2 所示。

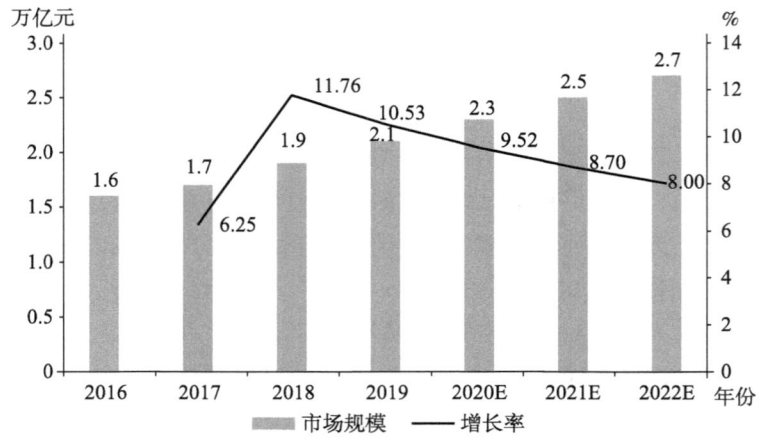

图 4-1-1　办公用品市场规模

资料来源：根据相关资料整理。

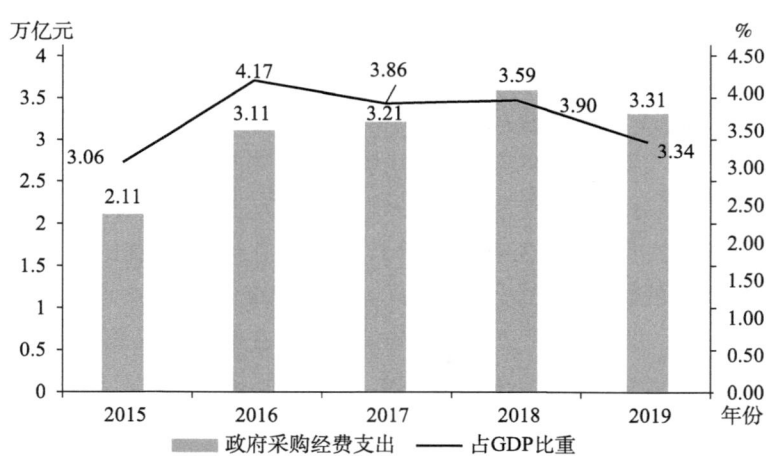

图 4-1-2　政府采购经费支出情况

资料来源：根据相关资料整理。

办公用品市场可划分为礼品卡券、办公家具、文具耗材、IT 设备四大类，IT 设备占 65%，文具耗材占 15%，礼品卡券和办公家具各占 10%，如图 4-1-3 所示。

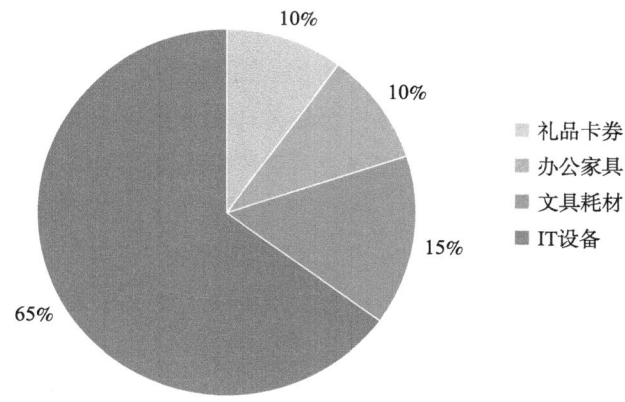

图 4-1-3　办公市场细分情况

1.1.2　央企和大型企业集采透明化趋势明显

市场主体采购过程的透明度增加,为市场的集中度与竞争力提升提供了条件。我国政府、事业单位和国有企业相继在全国范围内进行公开透明的集采招标,筛选合适的办公用品供应商。线上化电商平台的运用可以很好地解决效率低、透明度低和价格高的问题。根据工信部的统计,通过开展集采,成本可以下降20%;政府及国企等每年采购额达千亿元,在当前财政承压背景下,集中采购正逐步成为政府和国企的主流模式。目前,我国年采购规模在50亿元以上的大型企业至少有200家,每年都会有2~3个规模接近百亿元的项目释放出来。

1.1.3　龙头企业市场占有率低,行业集中度有待提升

我国的办公直销行业尚处于发展初期,行业集中度比较低,但随着市场竞争加剧,未来办公直销行业可能会迎来新一轮整合,市场集中度将进一步提升。办公用品的主要供应商可分为国产文具企业、海外办公直销企业及电商平台。其中,国产文具企业包括晨光科力普、齐心集团、得力文具,海外办公直销企业主要是史泰博和欧迪,电商平台有京东企业购和苏宁等。目前,美国办公两大龙头史泰博、欧迪占据81%的市场份额,国内三大国产文具企业的市场集中度(CR3)不足1%,国内行业市场分散,为龙头企业整合市场提供了契机。

2B端的办公直销业务对企业的供应链整合和综合服务能力要求较高,有一定的行业门槛。目前,国内年销售额达到10亿元的办公用品企业仅有晨光文具、得力文具、心集团、京东、苏宁等少数几家。2019年,晨光文具的销售额达到111.41亿元,齐心集团的销售额为59.81亿元,广博股份的销售额为21.65亿元,大多数企业规模化、专业化水平较低,供应链整合能力和综合服务能力较弱。综上所述,我国办公市场企业规模、专业化程度及市场集中度都有待提升。

1.1.4 政策红利凸显

2015年1月,《中华人民共和国政府采购法实施条例》明确提出,实行统一的政府采购电子交易平台建设标准,同年9月出台相关通知,要求2017年6月前在全国范围内形成公共资源交易平台体系,基本实现公共资源交易全过程电子化。

电商化集中采购在促进政府采购向阳光化及规范化转变的同时,带动大型国有企业集中采购,中型企业也正从专职人员自主采购的模式向集约式采购发展。在此背景下,小型供应商因资质问题逐渐失去竞争力,可能会成为办公直销龙头的落地服务商,行业集中度将大幅提升。

2019年,财政部颁发《关于促进政府采购公平竞争优化营商环境的通知》,提出加快实施"互联网+政府采购"行动。在办公物资业务领域,中国政府以及企业相继加速迈入数字化采购时代。

1.2 宏志达:办公耗材一站式服务共享平台

1.2.1 公司概况

1.2.1.1 公司简介

湖南宏志达科技股份有限公司(简称"宏志达")创始于1996年,总部位于湖南长沙麓谷高新区,注册资本为1417万元,法定代表人(实际控制人)谭文昌,湖南股权交易所标准板挂牌股改企业(股权代码:600079)。宏志达是一家集研发、生产、销售于一体的主营电脑办公耗材的高新技术企业。宏志达购置了6000多平方米的现代工业厂房作为自己的加工基地,并且高标准、严要求地按照ISO9001产品质量管理体系和5S现场规范监控产品加工全过程。在保质保量的基础上,宏志达不断拓展产品范围,目前已有1000多个品种。

2016年,宏志达基于在办公打印耗材领域近30年的专业经营和行业沉淀,依托"互联网+大数据+人工智能"的发展趋势,自主研发了集办公耗材零售平台、批发平台、办公打印大数据及应用平台于一体的互联网一站式营销服务平台——德宝耗材(www.dbhe.cn)。该平台能够帮助客户提高效率、节约成本、提升价值,为办公客户提供一站式供应和整体解决方案。

1.2.1.2 主营业务

(1)生产销售复印纸、打印纸、传真纸、收银纸、彩喷纸、标签纸、条码纸、电子秤纸、特规纸、工程用纸、图文用纸等产品。

(2)生产销售打印机硒鼓、碳粉、墨盒、墨水、色带芯、色带架等,复印机硒鼓、鼓架、粉盒、载体等产品。

（3）整合营销办公用纸、办公耗材、办公设备、电脑配件、办公文具等7个大类、40个系列、415个品类、1000多个SU产品。

1.2.1.3 股权结构

股份公司是纯粹的"资合公司"，在股份公司里，资本起着决定性作用，公司的资本越雄厚，其信用越好。"资合公司"以出资为条件，强调资本的结合。所以，股份公司的股份转让没有限制。当有限责任公司改制为股份公司以后，标志着公司将由闭合型股权结构迈入开放型股权结构。宏志达的股权为两个自然人与两个持股平台所有。两个自然人是一对夫妻，谭文昌先生占股42.34%、刘平秀女士占股28.23%；而持股平台1为员工持股平台，占股15.17%，持股平台2为加盟商持股平台，占股14.26%，如图4-1-4所示。由此可见，谭文昌先生既是公司的法定代表人，也是实际控制人，其实际控制的股份为70.57%。持股平台1是2016年成立的湖南铃拓投资管理合伙企业（有限合伙），为员工团队持股而设置，该合伙企业2019年更名为湖南铃拓办公用品合伙企业（有限合伙）；持股平台2是2018年成立的湖南锐度办公用品合伙企业（有限合伙），为加盟商团队而设置。宏志达也在进行对外投资，持有湖南德宝办公网络科技有限公司95%的股份，以及湖南铃拓办公用品合伙企业56.98%的股份。这种股权结构，既保障了创始人能够及时应对市场变化，也有利于推进公司的资产资本化扩张，有利于股权融资时的战略决策。

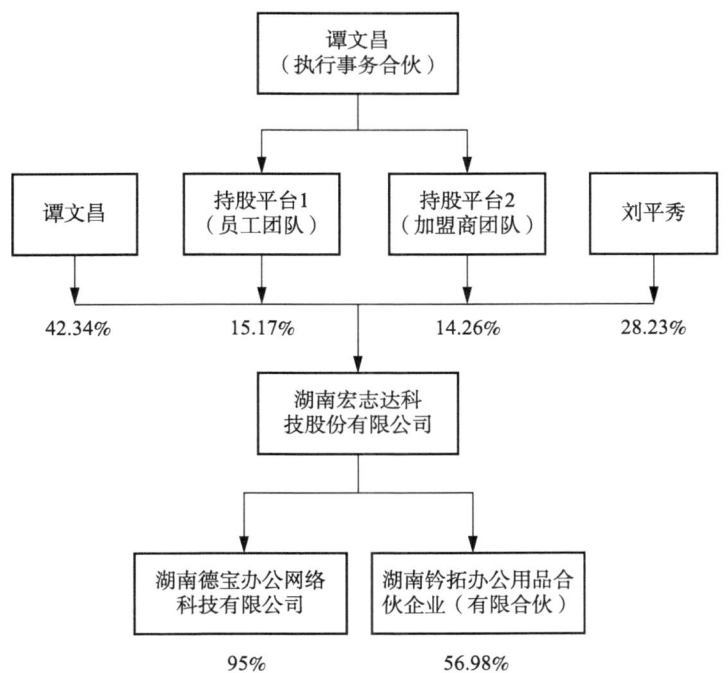

图4-1-4 湖南宏志达科技股份有限公司的股权结构

1.2.1.4 企业文化

宏志达坚持履行"一切为客户着想"的服务宗旨和"为广大用户提供满意产品"的品质保障，建立了用户、商户、员工与公司和谐发展的企业理念，演绎"办公有我、精彩由你"的美好愿景。

1.2.1.5 历史沿革

湖南宏志达科技股份有限公司源于长沙市宏志达电脑产品工贸有限公司，该公司一开始就与计算机结缘，有信息产业的内在基因。长沙市宏志达电脑产品工贸有限公司创建于2000年，长沙市工商行政管理局于2000年3月23日向其核发了注册号为4301002004585的《企业法人营业执照》，注册资本50万元，股东为谭文昌、周祚南、吴兴华，公司主要经营电脑办公相关产品。

2002年1月，宏志达的"德宝耗材"纸品加工厂投入生产，标志着宏志达从流通领域向生产领域延伸。2004年3月，宏志达的湘阴丰隆纸品加工厂投入生产，纸的生产规模得到扩张。同年7月，宏志达将自有品牌"CVVT劲时""阳光树""RUIDO锐度"系列产品投放市场。2008年1月，宏志达在长沙麓谷高新区购置全新厂房并投入使用，同年3月，投入使用第一条电脑打印纸生产线，其高档品牌产品"御纸坊""融和""风向标"在2010年7月投放市场，高级品牌"铃拓"系列产品则在2012年5月投放市场。

宏志达通过技术改造与产品设计创新，逐步形成了自主品牌，并对原来的纸张生产线进行智能化改造升级，提高了公司的生产效率。例如，公司的第一条复印纸全自动包装生产线于2011年8月投入使用，公司自主设计的全自动复印纸生产线于2015年5月在麓谷同心金导工业园全新的厂房内建成并投入使用。此外，公司通过向相关行业扩张，拓展了公司产业边界，2013年公司自主研发的产品"铃拓办公"打印机硒鼓成功投产。由此可见，创新是宏志达发展的内在动力。但是，创新离不开金融支持，特别是资本市场所提供的长期资金的支持。

2016年9月，宏志达在湖南股权交易所标准板挂牌，这是宏志达发展史上的里程碑事件。2015年，由于经济环境的不景气，加上银行开始向中小企业大幅抽贷，宏志达资金压力剧增，面临严峻的生存问题。为了走出困境，宏志达找到湖南股权交易所，在时任湖南股权交易所总经理易卫红所带领团队的精心辅导下，进行了股改，并配合机构推进定向增发，获得了430万元的股权融资。2016年，宏志达正式在湖南股权交易所标准板挂牌，通过湖南股权交易所和中介机构设计的"定增易"产品，再一次成功募集到505万元资金，并在资金到位后全部投入平台建设和产品生产运营。

1.2.1.6 营销网络

宏志达有自己的互联网电商平台系统（软著号：1976302），实现了商品、会员、营销、服务、大数据、业务管理及利益分配的一站式和一体化，可以为办公用户和区域经销商提供一站式线上订购和消费服务。宏志达建有自己的销售渠道,在湖南有加盟商 30 多家、经销商 200 多家,计划在全国建立物流配送服务中心 20 多家、加盟商 2000 多家,将服务网络铺向全国,能够为广大消费者提供更加贴心、更加便捷、更加高效的服务体验。

1.2.1.7　产销规模

宏志达全新的现代工业厂房占地 3000 多平方米,建立了运营总部、生产基地、营销中心、物流配送中心、直营旗舰店。宏志达建有复印纸生产线 3 条、打印纸生产线 3 条、收银纸生产线 2 条、打印机硒鼓生产线 2 条,年生产复印纸、打印纸、收银纸 6000 多吨,打印机兼容硒鼓 40 多万支,产值规模达上亿元。

1.2.2　商业模式和盈利模式创新

商业模式就是利益相关者的交易结构,是对一个组织创造、传输和捕捉价值的理念和行为的总称。具体来说,一个完整的商业模式应该包括以下九个方面:消费者细分、价值理念、实现价值的渠道、与顾客的关系、营收的源泉、关键资源、关键活动、关键利益相关方和成本结构。当然,企业的商业模式并不是这九个板块的机械拼图,而是其中某些要素的组合。因此,宏志达的商业模式,特别是其绝对控股的德宝办公平台的商业模式,具有非常大的市场空间。

1.2.2.1　商业模式

德宝办公平台是一种基于外部供应商和顾客之间价值创造互动的商业模式。宏志达成立德宝办公这一共享平台,利用互联网技术和大数据,整合办公用户、分销商和厂商的资源,建立办公用品线上与线下相结合的营销渠道。通过生产厂商入驻平台,生产商的产品直接触达经销商,凭借经销商天然分散的空间优势,建立德宝与经销商的合约体系,在大数据的基础上构成一个新的商业生态。当办公商品需求方下单的时候,德宝办公根据用户所在的地点以及客户购买的商品匹配最近的经销商,第一时间响应客户,并满足客户的需求,从而提升生产端投放门店和消费者的精准度和效率,为办公用户和区域经销商提供一站式线上订购和消费服务。这种就地配套的商业模式,降低了商品配送的交易成本,也降低了商品配送的运输成本,是基于网络信息的商业模式创新。

德宝办公平台还以加盟的方式吸引经销商加入,加盟经销商每年需要从宏志达购进一定数额的产品。当加盟经销商的进货金额高于宏志达设定的金额时,加盟商将会获得宏志达的利益分成,并免费使用宏志达的商标。当加盟经销商的进货金额低于宏志达设定的数额,那么加盟经销商将会以低价获得宏志达的股票。宏志达利用利益分成和交叉持股的方式,将经销商利益绑定,逐步扩大加盟商的规模和交易渠道。

该商业模式解决了行业的以下痛点:

(1) 从生产端来说,传统经销模式环节多、成本高、发展缓慢,宏志达建立的一站式经销模式省去很多中间环节，降低了企业成本，解决了传统生产厂商没有线上电商渠道这一难题。组建一个专业电商团队的成本是一般的生产商所难以承受的，因此，普通的生产厂商只能通过传统的渠道进行销售，而传统的销售模式难以快速获得消费者的信息反馈，从而不能及时调整生产规模、设计方案等。此外，这种商业模式还解决了生产厂商产销协同难、库存周转慢的难题。宏志达的共享平台可以根据平时的销售数据，通过对数据进行挖掘，分析出客户需求的规律，在这种信息的指导下，厂商能够有针对性地生产产品，从而降低库存，加快资金的周转。

（2）对经销商来说，能够提高销售利润。在互联网时代，传统的线下业务量日渐萎缩，开店成本日益提高，经销商生存艰难。经销商通过接入宏志达的共享平台，可以在线上进行销售，通过线上、线下的结合，扩大销售规模。宏志达的共享平台可以减少经销商的营销推广人员的边际成本。

（3）对企业用户来说，提高了采购流程的透明度。采购流程不透明，是传统销售模式的桎梏。在宏志达的共享平台进行采购，可以使企业的采购流程变得透明。在该平台上，一切关于产品的信息均是公开的。此外，这个一站式的共享平台还可以为采购商提供一系列附加服务，如为采购的企业用户提供合规的财税、票据，使得触达更加及时、精准。

最近几年，大多数企业所遵循的一步一步创造价值和传递价值的商业模式（即管道模式，该种模式的特点是供应商在一端，而顾客在另一端），转向了平台结构模式。宏志达的商业模式，在方向上迎合了现代经济发展的大潮流。在这种商业模式转换的过程中，供应商、顾客以及平台本身都进入了一个多变的关系网。在平台的世界里，不同的用户（供应商、顾客以及那些在不同的时间分别扮演不同角色的人）利用平台资源与其他人进行连接和互动，他们交换、消费，有时共同创造了某些价值。

1.2.2.2 盈利模式

盈利模式探讨企业的利润来源，其实质是对企业经营要素进行价值识别和管理，在经营要素中找到盈利机会。宏志达的收入主要来源于自营商品收入、生产厂商入驻共享平台的收入提成，以及通过供应链金融提供的服务获取收入。

（1）自营商品收入。宏志达在办公耗材行业已经深耕20多年，有着成熟的办公耗材的经营体系，并且建立了自己的销售渠道。宏志达在湖南区域已经吸收了30多家加盟商，经销商200多家，自营产品种类丰富，在湖南省内是知名的办公耗材提供商，目前自营产品年收入已经达到1000多万元，在湖南省的市场占有率为20%左右。借助德宝耗材这一共享平台，宏志达将进一步扩大本土市场份额，并将自有商品销往其他省市，从而进一步提高市场占有率。

（2）生产厂商入驻共享平台的收入提成。对生产商而言，德宝耗材是一个免费的交易平台。生产厂商入驻共享平台不需要缴费，不像淘宝、京东等电商平台，商家入驻需要缴纳高昂的入场费用。因此，德宝耗材这一共享平台为生产厂商降低了一部分营销成本。入驻的生产厂商在平台上销售产品获得收入以后，宏志达才从中抽取一定的提成。由此可见，德宝耗材交易平台分担了生产商的部分风险，降低了其营销成本。入驻厂商获得收入之后，德宝耗材的提成比例非常低，入驻厂商完全可以承受。

（3）金融衍生——提供供应链金融服务的收入。通过德宝耗材这一共享平台，宏志达对供应链进行了很好的整合。宏志达根据德宝耗材在上下游积累的销售等产生的数据，利用大数据、云计算的赋能，使物流、商流、信息流三流合一。在数字经济时代，通过对数据的挖掘，进行授信模型构建，为供应链的上下游企业提供授信，解决其资金难题。宏志达通过提供供应链金融服务获得一定的收入，该服务也和公司原有的产业形成了一个完整的产业生态。

1.2.3　横向比较——竞争对手分析

创新包括产品创新、工艺创新及商业模式创新。宏志达的创新主要是商业模式创新，其销售平台通过加盟商不但能免费获取市场信息，而且拓展了市场空间，其生产商免费入驻平台则增加了平台的商品种类。那么，宏志达创新的动力是什么？是市场竞争。在行业集中度较高的市场中，寡头之间的竞争压力常常成为企业的创新源泉。

以晨光文具为例：

（1）晨光文具是文具行业的领导者，业绩高速增长，盈利能力非常强。晨光文具深耕文具行业 20 多年，于 1999 年以制笔起家，不断扩大规模和品类。自 2015 年上市以来，一直保持高速增长。从 2015 年到 2019 年，营业收入从 37.49 亿元增长到 111.41 亿元，复合年均增长率高达 31.3%。近五年的销售毛利率高达 25% 左右，销售净利率达到 10% 左右，近年来的净资产收益率一直维持在 20% 以上，在同行业长期处于领先地位。

（2）晨光构建了成熟的金字塔式经销体系，在传统核心业务渠道壁垒深厚。在过去的十几年里，晨光形成了一套完善的经销商体系，和各级合作伙伴建立了紧密的联系。"层层投入，层层分享"的核心理念将晨光文具和所有经销商打造成了一个"稳定、共赢"的利益共同体，具体体现在晨光实行的区域唯一代理制——在每一个区域市场，只培育唯一的渠道分销商，投入相应人员、资金、软硬件等资源，做到从上到下"层层投入"，改变了快消行业普遍采用的多客户渠道模式，在经销商和门店数量以及合作深度上打造的渠道壁垒较为深厚，竞争优势将会持续增强。近年来，晨光重点发力门店的优化升级，单店销售额不断提高，通过开拓新的赛道，在精品文创和儿童美术领域进行布局，不断推出高客单价产品，提高利润率。

（3）晨光布局办公直销市场，成长空间巨大，未来市占率有望进一步提升，寡头竞争的格局将会快速形成。2019 年我国大办公市场规模高达 2.07 万亿元，预计未来

3~5年的年复合增长率可达9%。由于准入门槛和规模效应，以及未来行业可能迎来新一轮整合，行业集中度将进一步提升，行业未来可能形成多寡头垄断格局。

晨光科力普与其他同类品牌相比，具有品类齐全、供应链完善、非标服务能力强等优势，多次中标大型央企、政府部门集采项目，业务拓展顺利。宏志达作为一家区域性品牌企业，采用了与晨光文具不同的商业模式，通过德宝耗材这一平台，将线上线下、生产与销售资源整合为一个产业生态系统，具有很好的成长态势。但是，要打造一个以平台为核心的产业生态，只依靠合约是不够的，还需要数据的支持。

1.2.4 坎坷成长之路

1.2.4.1 埋下隐患——流动性充裕时融资扩张

2012—2013年，国内流动性比较充裕，许多中小微企业都想乘着这个机会获取资金，从而扩大产能，提高市场占有率。在这种宏观经济背景下，2014—2015年，宏志达从银行借贷了大笔资金，在麓谷高新区购置了6000平方米的全新厂房和全自动打印复印纸生产线。固定资产的大规模投入，导致资产负债率猛增。对民营企业而言，高杠杆就意味着高风险，它们往往难以抵御宏观经济对市场影响所带来的风险。新厂房、新设备刚投入使用，金融市场就发生了很大的变化。2015年，随着国内信贷收紧，资金需求大于资金供给，银行"信贷配给"日益严重；银行开始向中小企业大幅抽贷，宏志达也没能幸免。信贷的突然收紧，加上国内宏观经济的不景气，市场需求的不旺盛，宏志达因产品难销陷入流动性陷阱和市场困境。

1.2.4.2 柳暗花明——对接资本市场

在面临资金压力和市场困境时，宏志达得到湖南股权交易所的帮助。在时任湖南股权交易所总经理易卫红女士及其团队的帮助下，宏志达建立了现代企业治理结构，通过产业整合及股权清理，明确了资本结构的边界，为进入资本市场创造了条件。在宏观经济形势趋紧、银根紧缩的情况下，中小微企业必须寻找新的融资渠道，以突破融资方式单一的现状。中小企业难以获得融资，一方面，是由于缺乏可抵押的有效资产，另一方面，是由于缺乏管理经验及有效的监督与激励机制。小微企业在行业内的资源有限，抗风险的能力较弱，又加剧了银行对它们的惜贷行为，从而为区域性股权市场的创新发展提供了新的空间。区域性股权市场的金融理念以及合约缔结技术与银行存在巨大差异，通过股权融资，可以将过高的企业负债率降下来。用股权融资的方式替代债权融资，在获得资金的同时，可降低企业的财务杠杆。最终，在湖南股权交易所与中介机构的帮助下，宏志达以定向增发的方式实现股权融资505万元，避免了资金链的断裂。

1.3 湖南股权交易所赋能宏志达

1.3.1 产权明晰化——股份制改造

产权的清晰界定是市场交易的前提,这是赫赫有名的科斯第一定理。企业要进入资本市场进行股权交易,其前提就是要将交易的标的物即股权的边界界定清晰,这样才能实现企业的快速发展。宏志达从有限责任公司改制为股份有限公司,是进入资本市场的一个里程碑式的事件。为登陆区域性股权市场,宏志达完成了股份制改造,对企业的产权进行了清晰的界定。

2016年7月28日,湖南省宏志达电脑产品工贸有限公司整体变更为湖南宏志达科技股份有限公司,谭文昌、刘平秀、湖南钤拓投资管理合伙企业(有限合伙)三位股东作为股份公司发起人。股东以各自拥有的湖南省宏志达电脑产品工贸有限公司审计的净资产为基础,折合1215万股,每股面值1元,共同发起设立湖南宏志达科技股份有限公司,剩余40230.1元做资本公积。

1.3.2 建立"三会一层"的现代化公司治理制度

企业进行股份制改造意味着必须建立"三会一层"的现代化公司治理制度。企业进行股份制改造后,公司将由闭合型股权结构迈向开放型股权结构。对非上市公司而言,一般创始股东所占股份的比重较高,如宏志达的谭文昌先生就是事实上的控股人。那么,中小投资者的利益该如何保护?构建合理的股权结构,有利于公司的权力平衡。持股平台的设计,提高了公司股份的集中度,从而降低了公司的决策成本。一旦大股东或者公司高管侵害了公司利益,只要有1%的股权,就可以提起诉讼,法院就应该受理,有3%股权,则可以提交股东大会议案,董事会则应该召开股东大会。一旦公司大股东或者高管做出了对其他股东损害较大的举措,有10%的持股比例就拥有申请法院解散和召集临时股东会的权力。因此,股东权力的设计为投资者提供了制度保障。

1.3.3 对商业模式进行梳理

中小微企业进入资本市场一个常见的现象是,企业不能用清晰的语言描述公司为什么能够盈利,为什么能够发展,即没有明确的商业模式。湖南股权交易所耗费了很大的精力来做这件事——为股改企业梳理商业模式,并对其进行优化。所谓商业模式,就是利益相关者的交易结构。宏志达结合互联网技术和大数据资源,整合办公用户、分销商和厂商的资源,建立办公用品线上与线下相结合的营销渠道,生产厂商通过入驻平台,使产品直接触达经销商,凭借经销商天然分散的空间优势,建立德宝与经销商的合约体系，在大数据的基础上，构成一个新的商业生态，重塑了各参与者之间的交易结构。

此外，湖南股权交易所还在小微商学院设置专门的课程，有针对性地讲解相关知识，弥补宏志达创始人谭文昌先生在公司治理理念、资本市场、企业商业模式等方面的知识缺陷。以销售电脑起家的宏志达，其创始人具有一定的市场敏锐度，能够捕捉到市场机遇，但是缺少对宏观、产业、资本市场的深入认识，以及对自身核心竞争力的掌握，也缺乏资本运作的能力，不知道如何去和投资者打交道，也不了解投资者看重企业的哪个点。湖南股权交易所利用自身的行业资源赋能企业，给企业把脉，对企业的商业模式进行梳理，将企业最有价值的一面挖掘出来，展示给投资者。走进资本市场，对宏志达这样的中小微企业，需要一个学习和成长的过程。

1.3.4　通过"定增易"产品，帮助企业登陆资本市场，进行直接融资

"定增易"就是要让企业定向增发股票变得容易，这也是这款金融工具设立的初衷。2016年4月挂牌前夕，在湖南股权交易所以及推荐商等中介机构的帮助下，宏志达以有限合伙企业的形式建立了持股平台，实现股权融资430万元。对企业进行股份制改造后，2016年9月，宏志达正式登陆湖南股权交易所标准板。股份制改造开放了公司的股权结构，挂牌湖南股权交易所意味着股权交易的合法性，也在一定程度上向市场释放了一个比较安全的信号。宏志达在挂牌之后吸引了一些机构投资者的注意，公司的经销商、上下游客户纷纷投资入股。2017年3月，宏志达通过股权融资505万元，解决了资金难题。

1.3.5　通过股权激励训练营，为企业建立良好的激励机制

企业建立起股权激励制度，将核心员工的利益和公司的利益捆绑在一起，缓解了现代公司治理中的委托代理问题，从而驱使核心员工为公司创造更大的价值。在现代公司治理中，信息的不对称，以及所有权和经营权的分离，造成了委托代理问题。企业的高管为了使自身利益最大化，可能做出损害公司利益的行为，但是通过股权激励形式，可使核心员工变成企业的所有者之一，企业的命运和员工就变得紧密起来，从而缓解了委托代理问题。

2017年12月14日至15日，宏志达的负责人及核心团队参与了由湖南股权交易所和合作机构举办的第三期"股权激励训练营"。这次培训从股权思维的基本逻辑入手，介绍了股权激励的作用和意义，并着重介绍了股权激励的类型和操作要点，以及股权激励的模式、原则、作用等，深度剖析股权激励的误区和操作路径；通过对学员企业的现场诊断、学员演练，针对性地帮助企业发现问题、规避风险。通过两天"专家授课+现场问诊演练+一对一辅导"的训练方式，引导企业将家族传承、资本规划等顶层设计与股权激励全面结合，构建合理、可控的股权和治理结构，实施

战略与战术有机结合的股权激励机制,为公司实施股权激励奠定了坚实的基础。训练营结束后,宏志达设立了一个员工持股平台,对核心团队成员实施了股权激励。

1.4 登陆资本市场的成效分析

1.4.1 促进企业的商业模式升级

在湖南股权交易所的帮助下,宏志达的商业模式实现了升级。宏志达结合互联网技术和大数据资源,整合办公用户、分销商和厂商资源,建立办公用品线上与线下相结合的营销渠道。2018年,办公用品一站式网络购销平台——"德宝耗材"正式上线,这是湖南省首个办公耗材专业垂直移动采购服务平台。"德宝耗材"移动采购服务平台实行线上下单结算与线下配送服务,建立了销售网络,并充分整合办公用户、分销商和行业厂商资源,打造了互联网一站式营销服务平台生态圈。2019年,宏志达成立全资子公司——湖南德宝办公网络科技有限公司。宏志达集生产、销售、供应、配送于一体,通过绑定线上加盟厂商来进行行业整合,逐步扩大加盟商的规模和交易渠道。

1.4.2 财务表现优异,盈利能力增强

1.4.2.1 融资能力增强,现金流稳定

表 4-1-1 宏志达的现金流情况(2015—2019 年)   单位:元

年份	经营活动现金流净额	投资活动现金流净额	筹资活动现金流净额
2015	4 327 725.31	2 151 551.56	-6 617 715.74
2016	-4 289 867.45	-3 392 409.01	6 324 719.88
2017	-3 296 296.42	-2 358 636.74	5 337 650.38
2018	1 313 442.82	-5 387.93	-1 451 092.75
2019	-442 359.85	-2 853 773.58	3 657 813.3

资料来源:根据相关资料整理。

登陆资本市场融资后,宏志达的融资能力上升,现金流趋于稳定。由表 4-1-1 可知,宏志达在 2015 年筹资的现金流为负,可见其资金面非常紧张;通过 2016 年、2017 年的股权融资,筹资活动的现金流才由负转正,并且将资金投入企业的厂房、生产线、研发中。

1.4.2.2 营业收入规模扩大

公司挂牌并获得股权融资后,宏志达将资金投入生产经营,扩大了公司的生产规

模,提高了公司的经营绩效。2017 年,公司营业收入增长 6.68%;2018 年,公司营业收入突增 29.71%。2019 年,外部经济环境不好,美国对华关税政策造成中国办公用品企业出口困难,被迫出口转内销,从而使国内办公用品市场的竞争更加激烈,企业收入与 2018 年相比,出现大幅下滑(如图 4-1-5 所示)。

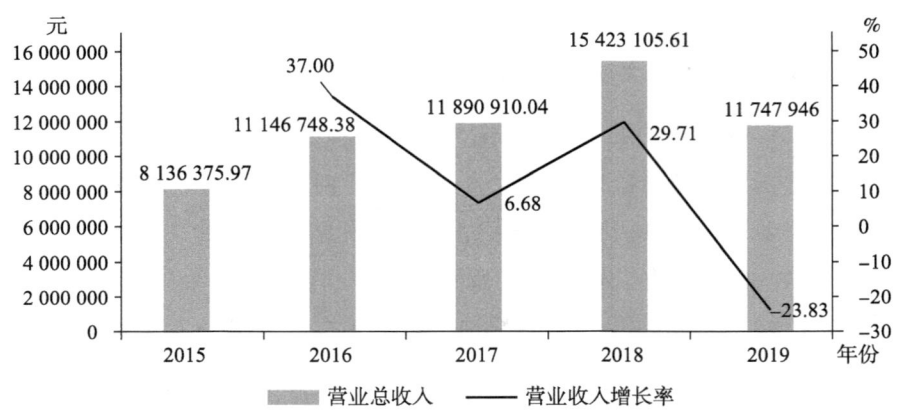

图 4-1-5 营业收入及其增长率情况(2015—2019 年)

资料来源:根据相关资料整理。

1.4.2.3 盈利能力增强

宏志达财报数据显示,在湖南股权交易所挂牌后,办公用纸、办公耗材以及其他电脑配件的毛利率都在 2015 年以后出现大幅上升,说明企业通过湖南股权交易所的赋能,盈利能力得到了很大提升(见表 4-1-2)。

表 4-1-2 主营业务的毛利率(2015—2017 年)　　　　　　　　单位:%

年份	办公用纸毛利率	办公耗材毛利率	其他电脑配件毛利率	整体毛利率
2015	7.27	5.23	4.88	7.05
2016	13.63	12.55	11.65	12.02
2017	11.31	18.88	12.27	12.13

1.4.2.4 资本结构合理,偿债能力提高

宏志达财报数据显示,在湖南股权交易所的帮助下,公司通过增资扩股等方式获得股权融资后,资产负债率大幅下降(如图 4-1-6 所示),资本结构逐步趋于合理,偿债能力逐步增强。在 2016 年以前,宏志达的融资来源基本是银行贷款,通过贷款资金扩大产能,造成公司的高负债率。挂牌后的三年间,宏志达的负债率大幅下降,并因此提高了公司的偿债能力。随着资本金的增加,企业的竞争实力、市场信用均在增强,从而为公司后期的银行贷款创造了较好的条件。

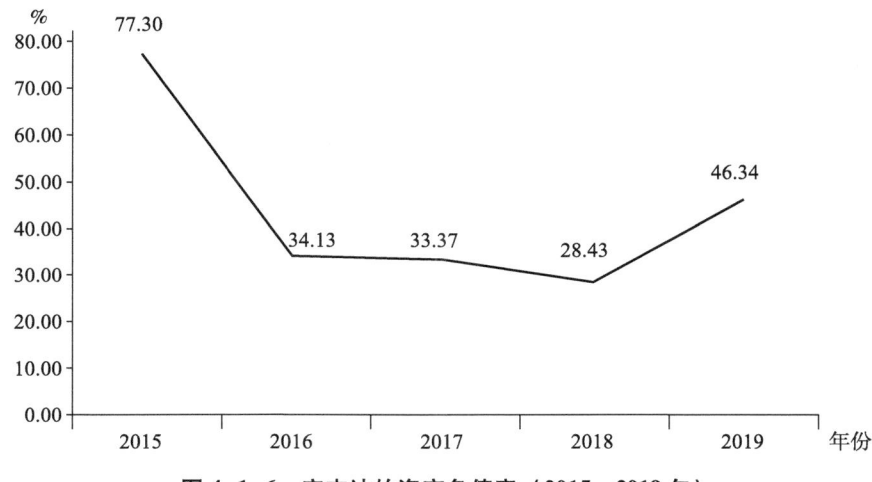

图 4-1-6　宏志达的资产负债率（2015—2019 年）

资料来源：根据相关资料整理。

1.4.3　自主研发能力提高

在 2016 年底通过定增获得资金之后，宏志达越来越重视研发投入，公司的创新能力不断提高。公司研发投入从 2017 年的 23.6 万元增加至 2018 年的 83.9 万元。公司的科研投入不只在绝对值方面有所增加，其在营收中的占比也在增加。2017 年，研发投入在公司营收中的占比不到 2%，2018 年、2019 年，研发投入则分别占当年营收的 5.44%、5.31%，如图 4-1-7 所示。在资本市场的加持下，宏志达已经研发出 9 项专利，出版 3 部软件著作，获得 40 个商标注册权，特别是在 2016 年以后，出版 2 部软件

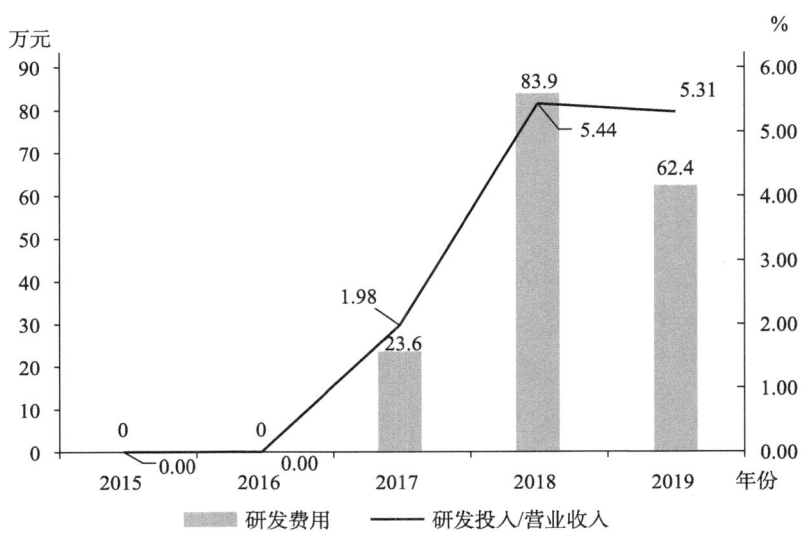

图 4-1-7　宏志达研发情况（2015—2019 年）

资料来源：根据相关资料整理。

著作，其中的宏志达互联网一站式营销服务平台的软件著作，成为宏志达商业模式创新升级的基础，对宏志达的商业创新起着至关重要的作用。此外，2017年企业的研发专利达到了5项。

1.4.4 建立分工明确、相互制衡的"三会一层"现代公司治理制度

通过股改挂牌，宏志达根据《公司法》等相关法律法规和《公司章程》建立健全了股东大会、董事会、监事会，和管理层一起组成了较为完善的公司法人治理结构，股东大会、董事会、监事会分别为公司的最高权力机构、主要决策机构和监督机构，"三会"与管理层共同构建了分工明确、相互配合、相互制衡的运行机制，公司治理结构不断完善。

在经营管理层方面，公司制定了明确的内部控制管理制度目标，建立和完善了符合现代化管理要求的公司管理结构及内部组织架构，形成了科学的决策机制、执行机制和监督机制，保证公司经营管理目标的实现，并建立了有效的风险管控机制，强化风险管理，提高公司经营管理水平和风险防范能力，同时健全自我约束机制，保证公司经营管理合法合规、资产安全，财务报告及相关信息真实完整，确保股东利益最大化。

1.4.5 建立完善的财务管理制度

宏志达内部建立了相当严格的财务管理、控制程序，包括交易授权控制、责任分工控制、凭证记录控制、资产领用与使用控制、独立稽查与审计控制等。公司规定了日常经营管理中各事项的审批权限，明确了授权批准的范围、权限、程序、责任等相关内容。单位内部各级管理层必须在授权范围内行使相应的职权，合理制定凭证流转程序，使会计人员能及时编制有关凭证，编制的凭证能及时登记并依序归档。公司设置了专门的内审部门，对货币资金、有价证券、凭证和账簿记录、物资采购、付款、工资管理等进行审查、考核。

尾声

宏志达是湖南众多中小企业的代表，其发展验证了湖南省区域性股权市场建设的有效性。中小企业融资难、融资贵问题的解决，需要区域性股权市场的参与。随着我国经济进入高质量发展阶段，创新驱动成为这个时代经济发展的内生引擎。宏志达在困境中主动对接资本市场，通过湖南股权交易所的赋能，对企业进行股份制改造，建立现代化的公司治理体系，为股权投资进入公司奠定了基础，通过对商业模式进行梳理，给予了投资者信心。股权融资的效率就体现在企业获得资金后的蜕变上。宏志达获得股权融资后，企业的负债率降低了，偿债能力增强了；对商业模式进行了升级，建立了湖南省首个办公用品一站式网络购销平台；研发能力增强了，创新能力凸显，在营业收入、盈利能力方面都有所提高。

第2章

中晟全肽：多肽行业独角兽的加速炼成

独角兽，神话传说中的一种虚构生物，形似白马，头顶螺旋角。无论在东方还是西方的传说中，独角兽的出现都表示幸运福耀的到来。因为这些文化意蕴，2013 年美国著名 Cowboy Venture 投资人 Aileen Lee，将市场上成立时间较短（不超过 10 年）、由投资人或者估值机构估值超过 10 亿美元（约 63 亿元人民币）的创业公司，统称为"独角兽"。对独角兽这一概念的判定标准有两点：时间和估值。按时间来分，2 年内达到标准的，称为新生独角兽或初生独角兽，超过 10 年的，会被剔出榜单。按估值来分，估值小于 10 亿美元但是有发展潜力的，称为潜力独角兽；估值在 10 亿~100 亿美元的，称为一般独角兽；估值超过 100 亿美元的，称为超级独角兽。

湖南中晟全肽生化有限公司（简称"中晟全肽"）拥有全球唯一超大容量多肽实体库，并建成多肽新药筛选平台。三年前，这些还只是一份 28 页纸的商业计划书。2017 年，中晟全肽现任董事长陈磊与宫焕章由于一次偶然的机会见到了李向群博士与王珠银博士（两人均为中晟全肽联合创始人、核心科学家），基于对两位专家发明的多肽信息压缩技术对多肽创新药物发现的价值及商业化潜力判断，陈磊带领的资方团队与李向群、王珠银领衔的技术团队决定合作，联合创立了湖南中晟全肽生化有限公司。短短三年时间，中晟全肽以其核心创新能力引起投资者、行业专家、政府、媒体的高度关注。2019 年 7 月 26 日，中晟全肽完成超 1 亿元的 A 轮融资，投后估值为 6 亿元人民币。2020 年 3 月 20 日，中晟全肽在湖南股权交易所科技创新专板挂牌，开启了迈向资本市场的新征程。2020 年 8 月，中晟全肽入选第九届中国财经峰会中国"2020 最具创新力企业"，这是对其高质量创新发展水平与企业价值的高度认可。2020 年 10 月，为配合公司下一步发展，公司启动 B 轮融资，公司估值约 10 亿元人民币，该轮融资 2 亿元，投后估值为 12 亿元。作为利用多肽信息压缩技术在全球独创超大型多肽实体库并进行多肽新药研发的创新企业，中晟全肽潜力独角兽的特质已越来越清晰，公司坚持创新驱动，着力打造以创新为引领的产品体系和商业模式。

2.1 多肽行业：可以孵化独角兽的庞大市场

生物医药产业由生物技术产业与医药产业共同组成。生物技术产业包括医药生物技术产业、工业生物技术产业、农业生物技术产业和海洋生物技术产业等；医药生物技术产品（包括基因工程药物、疫苗、生物诊断试剂等）的产值在医药产业中所占比例不足 10%。在世界较大的制药公司中，有 70% 的项目是使用生物技术开发的，且在研发过程中，所需要的许多技术平台是通用的。因此，将生物技术产业与医药产业结合在一起发展，可以充分利用通用技术平台，合理共享资源，促进两个产业共同发展。作为生物制药行业，新特药具有非常好的市场前景，资本市场也颇为青睐生物医药公司。

2.1.1 见微知著的化合物——多肽

肽是 α-氨基酸以肽键连接在一起而形成的化合物，是蛋白质水解的中间产物。由两个氨基酸分子脱水缩合而成的化合物叫作二肽，同理类推，还有三肽、四肽、五肽等。通常由 10~100 个氨基酸分子脱水缩合而成的化合物叫多肽。

多肽介于小分子化学药物和蛋白药物之间，而传统技术使得药物分子存在耗时漫长、靶点选择性与毒性难以预测、化学改进困难等缺点，目前全球在研小分子药物数量增长难以为继。多肽药物相对而言具有稳定性高、毒性低、生物活性高、特异性高、有免疫原性且成本相对适中等优点。除此之外，多肽作为信号分子普遍存在于生物体内，对协调有机体内各个组织部分的正常活动与运转起到了不可或缺的作用。其获取方式从早期自动物组织中分离提取进化到了现在的现代人工合成，多肽药物已获得普遍认可并广泛应用于临床。

2.1.2 多肽药物行业的发展现状

近年来，全球的多肽药物行业发展呈整体上升趋势。2019 年，全球多肽药物的总销售额已达 440 亿美元，多肽药物过去 7 年的复合增长率高达 8.9%，远高于全球医药市场的平均增长水平。GLP-1 类似物是销售额增长最快的类型，7 年复合增长率达 28.74%，2019 年总销售额为 179.3 亿美元，占多肽总销售额的 40.81%。随着小分子化学药物开发难度不断增加，以及基因工程技术与固相合成技术的日趋成熟，人们对多肽药物的关注度也日渐提高，除了已经上市的 100 多个多肽外，尚处于研发阶段的多肽有 1000 多个，研发多肽的公司有数百家。

我国在多肽领域的创新能力较弱，产品主要为低附加值仿制品，因此，多肽市场需求前景看好。2019 年，中国多肽市场规模为 37.9 亿美元，约合 262 亿元人民币（不含提取的多肽混合物），7 年复合增长率为 5.0%。由于我国多肽领域的创新能力较弱，多肽产品多为低附加值的仿制产品，市场高度依赖胸腺法新、胸腺五肽、谷胱甘肽等"技术简单"的品种。

从生产端来看，在国际上，许多大型药企都通过加大研发经费投入、吸收相关人才资源、收购或并购多肽行业具有独立技术的新兴公司等方式助力多肽药物发展。例如，辉瑞、罗氏、诺华、赛诺菲、拜耳等国际制药公司。通过查询 Cortellis 数据库，截至 2019 年 5 月 7 日，全球多肽合成药物数量为 1153 种，2018 年上市的多肽药物为 198 种，对肿瘤、心血管疾病、内分泌代谢类疾病等重大疾病及较普遍的疾病都有相应药物，适用范围较广。

我国的多肽药物行业同样处于快速发展阶段。我国人口基数庞大、病患种类多、人口老龄化不断加剧，对相应药物及多肽药物的需求不断加大，推动药企加大对多肽药物研发的重视程度与研发力度。从 2017 年我国市场规模就已达到 630.5 亿元便可见一斑。但相比国际上的发展速度与质量，我国多肽药物发展水平仍然存在较大差距，在技术、人才、经费投入等方面的短板也较为突出。我国多肽药物行业还是一个新兴行业，困难与发展机遇并存。

2.1.3　行业前景与政策扶持

全球处方药市场规模为 10000 亿美元，多肽药市场规模为 440 亿美元，只占 4.4%，而造成这种现状的原因，除了多肽药物市场还未被完全开发、没有被大众完全认知以外，还有一个重要原因就是对多肽药物而言，在研发层面存在一个"卡脖子"的技术难题——缺乏可供筛选的大型多肽实体库。

化合物库是小分子药物研发的重要基础，因为小分子新药研发是对成千上万甚至几百万个化合物进行高通量的筛选，从中找出有活性的化合物进行进一步的优化和研究。与小分子药物研发类似，高通量筛选仍然是现阶段多肽药物研发的主要途径、重要手段和宝贵资源。然而肽库数量少且建设难度大，直接导致多肽药物行业发展缓慢。构建一个完整的多肽库难度较大，因为其库容太大：自然界天然存在 20 种氨基酸，一个完整五肽库的库容是 320 万个多肽，每增加 1 个氨基酸，库容就增加 20 倍。中晟全肽利用其独创的多肽信息压缩技术，成功解决了这一技术难题。该技术已获得了欧洲、日本、澳大利亚、中国等国家（地区）的授权。

在市场需求方面，多肽药物在治疗癌症、新陈代谢等疾病上有突出作用，并且对多肽药物的研发已经延伸至更广泛的医疗领域，如抗感染、抗肿瘤、生理调节、心衰、骨质疏松、糖尿病、疫苗等。随着人口老龄化加快，与这些疾病相关的药物逐渐在市场上拥有越来越高的占有率。

在政策扶持方面，国家对于在民生和医疗卫生事业中起着支撑作用的医药行业十分看重。国务院、国家食药监局等多个部门不断推出支持医药产业发展的政策。2016 年 3 月 11 日，国务院发布医药产业健康发展国家级战略部署，下发了《关于促进医药产业健康发展的指导意见》，明确了医药行业的重要战略地位，并且对其未来发展进行了指导，在多肽行业，提到"加快新型抗体、蛋白及多肽等生物药研发和产业化"，为多肽行业的前行指明了方向。

总体来说，与传统的小分子药物和蛋白大分子药物相比，多肽药物具有许多独特的优势，国内外各大药企纷纷加大了对多肽药物领域的研发投入，其市场需求也在不断增长，存在着广阔的未被满足的市场需求。随着多肽药物从发现端到下游成药研究、给药途径等系列环节研发技术日趋成熟，可以预见，未来会有越来越多的多肽药物进入临床，治疗更多的患者，多肽药物行业前景可期。

2.2 中晟全肽：资本市场的宠儿

2.2.1 公司创立背后的故事

中晟全肽是一家带有资本市场内在基因的创新型企业。据公司创始人介绍，公司是在机缘巧合下创立的。陈磊与宫焕章是资深的股权投资人，曾经作为财务投资者，先后投资了金沙药业、博迈医疗、安信生物、华腾制药、元旭光电、远大住工等多家公司，且都实现了资本增值。2017年1月，陈磊先生多年的合作伙伴宫焕章了解到李向群博士和他的团队研究出了一种多肽信息压缩技术，可大幅度降低多肽库的制造成本和生产周期，显著降低药物的筛选周期，加速多肽药物的研发进程。这是一个非常有价值的项目，但是，当时的项目判断依据仅为一份28页的商业计划书。如何权衡并应对项目的机遇与风险，成为他们面临的首个重要课题。

如何对风险与收益做出选择是判断投资人专业素养的标准之一。当看到了市场机遇，并评估了风险之后，能够寻找创新思路，并将其付诸实践，这就是熊彼特意义上的创新者了，也就是在创新驱动的高质量发展时期，社会最稀缺的创新型企业家。当投资人陈磊与宫焕章看到李向群博士拿着这份商业计划书的时候，基于医药投资人的商业嗅觉，他们讨论、碰撞，判断该计划书中的技术具有很高的市场价值，决定对其进行天使投资。实施该计划至少需要6000万元人民币。一般来说，天使投资达到500万元以上都不常见，如此巨额的天使投资是需要智慧与魄力去决断的。

在风险与市场估值的权衡中，以陈磊为核心的创始人团队决定直接组建公司。陈磊将自己在金沙药业积累的经验用于这个项目的全盘运作，把控项目投资风险。通过谈判，确定了公司的股权结构。在初始股权结构中，专家团队以技术入股，占股49%，资方团队占股51%。股权比例确定之后，陈磊出任公司董事长，负责公司战略和资本运作；李向群、王珠银分别担任公司总经理、首席科学家，负责公司研发生产工作；宫焕章任副总经理，负责公司内部运营管理。这样的治理结构，让中晟全肽从一诞生就拥有了资本市场的基因。陈磊及团队的选择表明了创业活动的一个很重要的原理：创业者在创新企业过程中所提供的服务，不是由他人决定的，而是由创业家自己决定的（威廉·鲍莫尔）。

中晟全肽作为一家创新型企业，还体现在这家公司与生俱来的创新基因，是一家为创新而生的现代企业。中晟全肽的基本架构是"资本运营+技术研发"的双轮驱动结构，人才是公司最核心的资源要素。中晟全肽的主营业务是多肽药物的生产及筛选，多肽类医药中间体的研究、开发、生产、技术咨询以及以上所列产品的销售等。公司利用独有的生物信息压缩技术（PICT），在全球首创多肽"种子"库，解决了全球多肽药物发现端"卡脖子"技术问题，实现了对新药靶点盲筛。公司技术团队所组成的股东阵容堪称"豪华"：拥有全球顶尖科学家16名，他们均是在多肽、基因领域深耕数十载的资深专家，并曾在国内多家知名上市药企任职。中晟全肽的团队核心主要有以下四人，成为公司快速发展的黄金组合。

（1）陈磊：董事长，联合创始人，曾任湖南金沙药业董事及常务副总经理并主导其成功上市，安信生物科技股份有限公司董事及运营总监。曾连续两年获"长沙市优秀企业家"称号，连续五年带领湖南金沙药业获长沙市"过5000万元纳税大户"称号，具有逾20年市场开发、商业运作、交易谈判、商业投资的经验。

（2）王珠银：董事，共同创始人，首席科学家，基因合成与高通筛选专家、纽约哥伦比亚大学病理学系博士后、新泽西州立大学生物化学与分子生物学博士。荣获美国新泽西州立大学"Stanley Mandeles研究奖"，拥有发明专利40余项，发表学术论文50余篇。曾任美国PharmaSeq, Inc. 资深科学家、美国GenScript公司首席科学家。具有约30年多肽和核酸化学合成、多肽生物合成、多肽药物设计、多肽试剂生产的经验，拥有40多个与多肽相关的发明专利。

（3）李向群：总经理，共同创始人，日本大阪大学生物分子研究所博士后、美国普渡大学化学系博士后、马里兰大学人类病毒研究所博士后、北京大学化学与分子工程专业博士。获得成都市五一劳动奖章；入选湖南省2017年"百人计划"。拥有发明专利5项，发表学术论文20余篇。曾任成都圣诺生物科技有限公司副总、美国GenScript公司多肽部总监、药明康德多肽研发主任，拥有逾25年多肽化学合成、多肽生物合成、多肽药物设计、多肽试剂研发和生产的经验。

（4）宫焕章：副总经理，共同创始人，湖南金沙药品经营公司前总经理，多家生物医药企业的投资股东，有逾30年医药市场销售开发、医药企业运营、商业投资的经验。

由此来看，中晟全肽在融资、管理、技术等各方面都有经验丰富、学历背景强大的领导者，在这样多个领域都十分擅长的联合创始人的带领下，不仅将独有的专利技术应用到产品开发和提供服务中，还不断吸纳更多相关领域的突出人才以及资本支持，在短短三年时间里，中晟全肽已取得多个里程碑式成果：一是公司已建成五肽完全库及新药高通量筛选平台，多肽的多样性达到近5亿个，为多肽创新药筛选提供了全球独一无二的种子库；二是针对PD1/PDL1已筛选出B147活性分子，多肽库价值得到验证；三是完成A轮融资超1亿元，获得投资方的高度认同；四是获得"创客中国"创新创业大赛全国一等奖，公司创新发展的形象得到有力提升。2019年，公司已实现1000万元销售额，2020年与赛诺菲、丽珠集团、天士力等国内外知名药企达成实质性新药研发合作，在手合同订单额达1.5亿元。

2.2.2 公司的商业模式

创新型企业的独特商业模式,也是其作为创新企业的特征之一。一般来说,现代创新型企业不是发明新的东西,而是将新的发明转化为市场上满足客户的商品,并形成相应的产业生态。中晟全肽专注超大容量多肽库构建及多肽新药筛选研发服务,致力于打造全球多肽药物研发新引擎。公司目前主要提供多肽全库构建、多肽新药筛选服务,首创的生物信息压缩技术(PICT)也已在中国、美国、欧洲、加拿大、澳大利亚、日本申请PCT专利,并已获欧洲和澳大利亚、日本和中国专利授权。公司在生物药物研发领域第一次利用生物信息压缩技术,成功构建结构多样性达到约5亿种的超大容量多肽化合物库ZSenithFive©,同时可将多肽制备数目压缩到8万种以下,相当于将肽库制备和多肽药物筛选效率均提高了6000倍以上。与目前商品化的多肽合成和药物筛选相比,该技术具有绝对的速度、效率和成本优势,填补了国内外肽库构建技术的空白,为多肽药物筛选提供了全球独一无二的宝贵资源,突破了制约全球多肽新药研发的瓶颈,极具科研和药物研发价值。

中晟全肽的商业模式很有特色,能够非常有效且完全地将专利技术和所拥有的肽库的利用程度发挥到最大,实操性强,可借鉴价值高。以下对公司商业模式(如图4-2-1所示)进行简要介绍:

模式一:"卖矿山"——转让多肽库

"矿山"实际上就是五肽及超大型实体肽库,这样的肽库对目前的市场来说,是不可多得的宝贵"种子库",因此可以通过转让多肽库,为公司和客户带来巨大价值。公司首批陆续生产200份肽库(可复制),并按照每份500万元的价格提供给需要对多肽药物进行新药研发和生产的企业,每份肽库可供三次筛选。

模式二:"卖粗矿"——转让先导化合物

相比直接贩售一份份的肽库"整体"来说,通过中晟全肽自我建设具有高通量的筛选平台,替没有能力进行筛选的客户完成初始步骤,即筛选、优化先导化合物之后,可为上述多肽药物的新药研发与生产企业提供先导化合物,同时,价格也因此提高,预计在5000万元以上。

模式三:"卖精矿"——转让临床前候选新药

在"粗矿"之后,理所当然提供的就是"精矿"了,而"粗矿"已经是在肽库中筛选过的了,"精矿"则是为客户提供的临床前候选药物,即将筛选后的先导化合物自我研发出备选药物,为新药研发与生产企业提供临床前候选药物。由于这相当于是现代医疗科技和人类智慧的结晶,故预计价格为5亿元以上。

模式四:"选矿服务"——里程碑式新药筛选研发技术服务

中晟全肽为客户提供里程碑服务,即DIY定制服务。基于公司五肽全库,可根据客户需求,为其提供目标靶点以及"里程碑"式的筛选与优化服务。"里程碑"的意思是指"按阶段付款",客户要求开发到哪一步,中晟全肽则为其提供到哪一步的全方位、多角度的定制服务,直到为客户提供令其满意的多肽原料药为止。

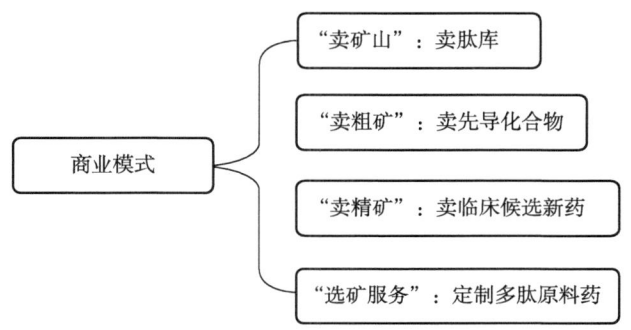

图 4-2-1　中晟全肽的商业模式

通过这样多层次的商业模式规划,公司的肽库得到了充分利用,在为公司未来发展打下坚实基础的同时,也提升了企业自身的资本市场投资价值,让投资人看到无限的可能和未来发展的希望,对融资和吸纳人才都起到了十分重要的作用,也能让公司的市值得到不断提升。

2.2.3　公司的未来展望

中晟全肽是资本市场的宠儿,作为初创企业,它受到私募股权市场中资本的青睐。从宏观上来说,公司正在不断推进的创新类工作,可以填补中国生物医药研发的短板,解决生物医药研发中的"卡脖子"问题,能够获得政策扶持;从微观上看,公司是一个能把优秀人才、专利技术、经验丰富的管理组织者集于一体的价值创造平台。因此,中晟全肽创业团队对企业的未来发展充满希望。

首先,中晟全肽计划着力形成以创新为引领的产品体系和商业模式,打造以内部生长为主的产业链,并建立以多肽为核心的产业创新生态圈,类似于上海生物园、广州生物岛、苏州纳米园等,即依托中晟全肽的肽库,建一个以多肽为主流的、集合上下游资源的多肽创新药的研发产业链或者集聚园区。

其次,在现有商业模式的基础上,中晟全肽将打造一个完整的新药研发生态,从"矿山"、各类型的"粗矿"和"精矿"到客户所需要的定制典型服务方案,都容纳在一个内容完善、运行流畅的系统中,客户可自行挑选、下单、完成付款,再由公司将产品服务配备好进行运送,这样不仅能省掉一些不必要的人工环节,节约成本,还能有效提高公司的运转效能。

最后,中晟全肽还将逐步落实并计划与越来越多的大型医药企业合作,通过以产业链为管线进行布局,以活性分子、先导化合物、临床候选新药为主要因子,发挥各自优势,经过临床一期、二期等研发开发新药,推向市场,造福人类。

2.3 中晟全肽创新的动力源

中晟全肽是天使投资人与科技专家共同创造的科技创新企业,其投资人与科技专家在缔结合约之后,各自的角色均发生了改变——投资人转变为企业家与管理人,科技专家成为公司的技术总监,以及满足市场需求的首席研发专家。这些转变,体现了中晟全肽的熊彼特创新精神。

2.3.1 投资人与企业家

在资本市场中,如果说"炒股炒成股东"是一句具有讽刺意味的话,那么,在创业投资领域,投资人成为企业领导者就是值得推崇的睿智选择。产品从发明到最终投入市场,整个过程是由创新型企业家完成的,可见,创新型企业家可以说是发明家的好搭档。这种企业家实际上是足够敏锐的商人:他能够认识到一项技术的潜在社会价值与经济价值,知道如何将发明专利产业化,最终将其推向市场,并引导用户购买与使用。陈磊与宫焕章作为天使投资人,在发现项目极具前景与创新价值时直接参与创业和公司的运营管理,身份由投资者转变为企业家、管理者。这种"资本+科技"的深度结盟,成为创业活动的一种新模式,且大多出现在高科技创新创业公司中,中晟全肽无疑是典型代表。

在公司成立后,陈磊担任董事长,负责企业的战略规划、资本运作以及确定未来的研究方向;宫焕章担任副总经理,负责管理企业的日常内务,李向群博士则负责其擅长的技术研发与创新部分。天使投资人参与到其投资的企业管理中在投资圈是不常见的,关键是投资人对其所投的项目有时并不熟悉,而且没有多余的时间来管理企业。但陈磊先生和宫焕章先生深耕医药行业多年,具有丰富的管理和融资经验,相比其他管理者,能更加准确地把握市场导向并为企业制定正确的战略决策,也能为企业的资金运转提供更为成熟的融资方案,能够直接探寻到最为核心、最为关键的商业逻辑,从而实现企业价值的最大化。

一般来说,企业苦心经营得到的税后利润不免要被两种人分走:一是企业家;二是投资人。"资本+科技"的创新企业完美地解决了这个问题,投资人把自己变成企业家,其收益不只是投资的风险溢价,而且包括自身所累积的人力资本。天使投资者参与企业经营,也向市场传递了一个明确的信号,即这是一个好项目,从而能吸引更多的投资者,并因此提高公司市值。

2.3.2 "革故鼎新"的技术研发

美国哈佛大学教授 F. M. Scherer 认为,在所有的创新过程中,最引人入胜的莫过于新药的研究和开发。新药研发的技术重点是对新型高能分子筛选方式的选择,主要有三种技术线路:第一,通过"组合化学"方法,分子的碎片可以在单个多孔微量滴定板上通过化学处理以不同方式组合在一起，每个孔会分离出一些较大有机分子的不同异构体，生成可能性状，发展的过程因此加快。第二，目标蛋白质和其他有机分子靶可被排列在类似的多孔滴定板上，向其中加入具有目标疗效的多样化分子变体。这样，研究员可以快速筛选哪一项疗效与靶结合。第三，如上所述，基因测序速度已经大大加快，使得个体 DNA 测序的成本大幅度下降，无论是大量人群测序还是部分测序，都成为可能，而且用这种方式搜集的数据可用于预测以及治疗疾病。

中晟全肽的创新技术，主要集中在筛选和测试上，再通过工艺进一步优化。与公司一期生产的多肽库相比，精制库进一步提升了多肽库的纯度，平均能达到 80% 以上，且内毒素水平大幅降低。2020 年 6 月底，创新的多肽精制提纯工艺已完成工艺小试、中试，7 月开始规模化生产，预计生产 50 份精制库。针对免疫检查点 PD-1/PD-L1 的抑制剂对多肽库进行了筛选，筛选数据包括使用 Biacore 测试的多肽和 PD-1 或 PD-L1 的亲和力，以及使用 Cisbio HTRF 试剂盒进一步测试和验证具有亲和力的多肽对 PD-1/PD-L1 相互作用的抑制率。所有多肽库中的苗头活性化合物都是通过生物合成的方法生产的，经过质谱分析验证其应有的序列，纯度达到 80% 以上。中晟全肽所拥有的技术如下：

（1）多肽信息压缩技术（PICT）。公司独创的关键专利技术，目前已经申请了中国、欧洲、美国、日本、加拿大和澳大利亚的专利，并相继获得欧洲、日本、澳大利亚、中国专利授权，其他国家授权预计将陆续取得。该专利核心是将大量相对较小的多肽结构信息通过自主研发的软件，设计在一个相对较大的多肽上展示出来，从而达到多肽信息压缩的目的。

（2）基因库构建技术。公司研发出业界独有的"一步法"基因合成技术、高效的基因无缝克隆试剂、改造的高保真 DNA 聚合酶，使得基因库构建效率大幅提升，比传统合成方法的合成时间缩短 60% 以上，大幅降低成本。

（3）多肽生产技术。公司自主研发的序列分析软件及优异的密码子优化软件，可完美契合大肠杆菌的表达系统，较大程度地提高表达率。公司开发了多肽生物表达系统技术，彻底解决异源性多肽在生物体内降解的难题，使多肽的纯化通量提高 5~10 倍，大大提高了多肽在生物体中提取的速度和质量。

通过上述技术研发，有力地推进了多肽药物行业的研发创新进程。基因库是整个多肽库的基础，决定了多肽库的所有序列信息，在其基础上可无限扩增获得多肽产物，而多肽库即为新药筛选的"种子库"。多肽文库序列在大肠杆菌中为异源性多肽，容易被大肠杆菌降解。中晟全肽开发了多肽生物表达系统技术，可以高效表达异源性多肽，彻底解决了异源性多肽在生物体内降解的难题。

2.4 区域性资本市场助力中晟全肽创新发展

2.4.1 湖南股权交易所：企业成长加速器

湖南股权交易所致力于为非上市非公众公司、高新技术企业和高成长性企业提供股权私募融资服务以及相关配套服务，还提供股份制改造、股权质押融资以及咨询等服务。创新孵化企业通过湖南股权交易所平台更易得到资本的重视和支持。

2019 年，湖南股权交易所推出"科技创新专板"，重点培育湖南的科技创新型企业。对于挂牌企业，湖南股权交易所提出了具体帮扶政策与措施，如基于 30 万元的补助、可提供风险补偿的资金支持等。湖南股权交易所还不断推进科创专板培育企业库，希望能够形成梯次培育机制，为高新技术企业提供多层次、全方位的细致支持与服务。入库企业主要来源于省金融监督局筛选的省拟上市后备企业、省科技厅服务的高新技术企业和优质科技型中小企业、省工信厅服务的制造业"单项冠军"和专精特新"小巨人"企业，以及财信金控产业基金已投或拟投企业等。

在湖南股权交易所科技创新专板挂牌，向投资者传递了积极的信号和正面的市场评价。这一举措不仅能够激励科技型企业继续创新发展，也有利于企业获得更多的资金支持和投资者青睐。对在湖南股权交易所科技创新专板上的企业，湖南"两山基金"会优先资助。此外，湖南股权交易所在引进如券商等各大中介机构的同时，还进行了机构的自我培育，如通过降低费用、提供奖励等激励方式提高中介机构的参与积极性。湖南股权交易所还广泛吸纳人才、不定期开展机构培训，以此来培育会员机构的专业素养，提高会员机构为企业成长提供融资等贴身服务的能力。

2.4.2 资本市场：企业腾飞的翅膀

在创立初始阶段，中晟全肽凭借其出色的技术创新及远景蓝图，得到了资本市场的认可，公司股权结构的设置充分考虑资本与技术双轮驱动的长远需要，为其后续发展奠定了良好的治理结构基础。

作为高科技医药制造业，公司先后获得了政府补助资金近 4000 万元，园区还以"零租金"的形式为公司提供了孵化成长的基地。株洲市政府、云龙示范园总部园通过资金支持、政策优惠、场所提供等不同形式，多样化地为创新创业保驾护航，营造更为宽松、自由的创业大环境。

在经过两年的酝酿成长后，2019 年底，中晟全肽完成了 1 亿元的 A 轮融资，投后市场价值为 6 亿元，由天士力集团旗下渤溢基金领投，陕西君盈成长基金、株洲市国投、株洲经开区双创基金、国科资本等参投，融资主要用于高端研发技术人才引进、五肽库精制提纯、多肽新药筛选平台二期建设及新药靶点筛选优化等。中晟全肽凭借其独有的生物信息压缩技术、别具一格的商业模式和两年来的打磨，深受投资机构的喜爱。

2020年3月底,中晟全肽成为株洲市首家在湖南股权交易所科技创新专板挂牌的企业,也是湖南省唯一入选抗击新冠肺炎新药研发项目的企业,区国资金融办利用株洲市中小微企业信用贷款风险补偿基金为其低息放款500万元,缓解了其研发经费紧张的状况。创新型医药企业的前期投入大,回收期较长,现金流不稳定,因此,前期的资金链问题是风险防控的重点。

2020年10月8日,中晟全肽启动了B轮融资。这次融资公司估值10亿元,预计融入2亿元人民币,释放了15%左右的股权,投后估值为12亿元。股权融资的主要资金用途为:多肽库扩容构建、新药研发、互补性资源整合与并购等。公司在区域性股权市场挂牌,可以低成本地获得股权的登记托管,提高了公司融资的信誉度,降低了融资成本。区域性资本市场为公司不断进行科研投入、技术研发、人才引进提供了资金保障。在公司五肽全库已经构建完成的条件下,依托自主构建的多肽实体库,中晟全肽与兰州大学合作针对PD1/PDL1靶点已筛选出若干活性化合物,新药筛选平台一期已建成并投入使用,2020年计划针对8个靶点开展新药筛选,同时与天士力集团、先声药业、益帆医药等知名药企达成研发合作意向,与国际大药企的合作也在有序推进。2020年底,中晟全肽获得了A+轮融资2亿元,投后估值达12亿元。第三次股东变更后的股权结构见表4-2-1。

表4-2-1　第三次股东变更后的股权结构

序号	股东名称	注册资本(万元)	投资比例(%)
1	宁波臻赋企业管理合伙企业(有限合伙)	650	27.0122
2	宁波臻德企业管理合伙企业(有限合伙)	230	9.5582
3	李向群	525	21.8175
4	王珠银	285	11.8438
5	宁波锐融企业管理合伙企业(有限合伙)	115	4.7791
6	宁波联亦佳企业管理合伙企业(有限合伙)	15	0.6234
7	宁波印诺企业管理合伙企业(有限合伙)	120	4.9869
8	钟慧蕾	60	2.4934
9	重庆渤溢新天股权投资基金合伙企业(有限合伙)	80	3.3246
10	湖南高创中晟生物医药创业投资合伙企业(有限合伙)	50.32	2.0912
11	株洲云龙创新创业投资引导基金合伙企业(有限合伙)	40	1.6623
12	株洲市乘风投资合伙企业(有限合伙)	76	3.1583
13	陕西君盈成长产业发展基金合伙企业(有限合伙)	80	3.3246
14	深圳市国科瑞华三期股权投资基金合伙企业(有限合伙)	79.2	3.2913
15	北京国科正道投资中心(有限合伙)	0.8	0.0332
	合计	2406.32	100.00

资料来源:根据相关资料整理。

2.4.3 挂牌效应：私募基金纷纷抛出合作橄榄枝

资本都是逐利的。一个有想象力的创新企业，特别是潜在的"独角兽"企业，更容易获得资本的青睐。因此，通过资本市场对非上市公司进行估价，也是湖南股权交易所的一项重要服务。2020年3月，中晟全肽在湖南股权交易所科创板挂牌，成为"首批科创专板挂牌企业"之一。在湖南股权交易所挂牌，不仅有利于融资能力的提升，而且对公司运作和治理水平、品牌价值、公司形象、整体市值最大化等都会产生正面效应。

（1）有利于拓宽融资渠道，解决融资难问题。

企业在挂牌后，能够更加迅速地直接进入资本市场，吸引到更多投资公司的关注，相当于湖南股权交易所科技创新专板为企业打开了一个对外窗口，使企业能够更加快速地与资本对接，获得大量融资机会。湖南股权交易所为企业提供的督导服务，能够让其股权结构更加明确清晰，股权流动性提高。挂牌以后，企业不仅能合法地通过定向增发股份、配售股份来进行融资，还可以通过发行债券进行融资，融资能力会大大提高。除此之外，在湖南股权交易所挂牌还能有效促进企业获得更高的银行授信额度，提高其对国内银行信用贷款的可获得性。企业需要具备较高的条件才能在湖南股权交易所科技创新专板挂牌，在挂牌后，企业也会根据湖南股权交易所的制度安排加大内部治理力度、加强信息披露，这在一定程度上能够促进企业的信誉度提高。中晟全肽在湖南股权交易所挂牌上市后，融资能力得到了显著提高。就医药公司来说，挂牌将为其资金融通顺畅、加大研发力度带来强有力的帮助。医药公司需要的资金支持力度很大，需要资本的助推，才有可能研发出受到市场认可的新药，在这个过程中，人力资源、科学技术、机器设备等都要消耗经费，但结果却无法确定，靠自我滚雪球式、自我造血式的发展是无法实现医药创新的。因此，在湖南股权交易所挂牌为中晟全肽带来的融资机遇是十分可贵的。

在挂牌之前，中晟全肽获得了1亿元的A轮融资。这轮融资由天士力资本旗下渤溢基金领投，陕国投、国科投、株洲国投等跟投。2019年，中晟全肽入选湖南省"五个100"重大产品专项、引进高层次人才专项；入选2019年湖南长株潭标志性工程颠覆性项目、国家工信部"创客中国"双创大赛全国第一名。2019年底，湖南股权交易所团队接触到中晟全肽，意识到它非常符合即将成立的科技创新专板的定位，通过进一步沟通了解，认为其科创属性非常强、市场空间巨大且团队素质一流，完全有潜力在三年左右时间登陆科创板，但是营业收入暂时还达不到科技创新专板要求。湖南股权交易所董事长易卫红女士非常重视这个项目，迅速组织专业团队实地走访，力邀中晟全肽成为科技创新专板首批挂牌企业，向省金融监管局、省科技厅汇报后申请走联合评估推荐通道并获得通过。2020年3月，中晟全肽成功挂牌股交所，湖南股权交易所的科创板也通过政策、资本、科技、协同"四大赋能"工程，为中晟全肽提供了投融资、培训咨询、搭建桥梁等服务,希望其对标科创板上市企业。湖南股权交易所全力支持,并为其指定了一对一的专业服务团队。一系列举措坚定了企业的信心,明确了公司的发展方向。除此之外,由集团公司、财信证券、财信产业基金、湖南股权交易所发起设立的"岳麓山科创基金",通过市场化方式投向科技创新专板挂牌企业。基金规模4亿元,目前首期出资款已到位,已组织4次投决会,审核5个项目,向中晟全肽等过会项目支付投资款(预计投资近2500万元)。截至2020年12月底,科技创新专板挂牌企业累计实现融资7.45亿元,包含股权融资3.81亿元、债权融资2.59亿元、股权质押融资1.05亿元。其中,中晟全肽融资达到1.0158亿元。

(2)有利于提高公司治理和规范运作水平。

为帮助中晟全肽等科技创新专板企业规范管理,理顺上市路径,对接资本市场,2020年5月,湖南股权交易所举办了科技创新专板专场"私董会"活动。由湖南省政协经济科技委员会主任吴金明、中信证券投行委总监李雨修、启元律师合伙人朱志怡、中审众环会所湖南分所所长李新首等经济和金融领域专家,以及达晨财智、创享智库、福韵数据等知名机构组成强大的专家团队,就中晟全肽董事长陈磊在会上所提出的上市路径、股权激励、财税规范、战略发展、商业模式等各类问题展开激烈讨论,专家团队从专业角度及不同领域出谋划策,提出具体指导建议。

2020年6月,在省金融监管局的指导下,湖南股权交易所与上海证券交易所共同主办了湖南省首批科创专板企业"走进上交所"专场活动。中晟全肽作为参会企业代表,观摩了湖南省科创板上市企业松井股份(688157)的上市仪式,并在仪式后听取了上交所专家围绕"科创板差异化制度安排""科创属性解读""科创板审核形势"等内容的授课,中晟全肽参会代表就自身发展状况及上市规划与专家进行了交流。

2020年7月,湖南股权交易所举行了科技创新专板企业上市培育计划系列服务——政策与科技赋能圆桌会议活动,对"3+5"科创属性进行了解读。中晟全肽在此次活动中展示了最新的科研成果,提出了自己的融资、技术需求。湖南股权交易所聘请各领域的专家,根据最新的上市政策、项目申报等,为其解答疑难、出谋划策,使中晟全肽更大程度地了解相关上市支持政策,精准匹配科技服务资源,为其未来的上市进行了知识基础、政策保障、可行性等方面的规划。

2020年8月,湖南股权交易所与长沙高新区联合打造2020年"金牌董秘培养工程"。培养工程导师阵容强大,特邀了湖南省市值过千亿元的两家上市公司爱尔眼科、蓝思科技,CPU国产化龙头景嘉微等四家知名上市公司的董秘担任导师,为学员企业带来法律、资本运营、宏观政策等多方面、多维度的专题课程,中晟全肽董秘及财务负责人受邀参加此次培训,接受为期4个月的系统学习。

一家公司要成功挂牌,必须经过律师、会计师事务所等中介机构对公司开展的尽职调查和审计等详尽的工作。因此,挂牌公司在准备挂牌之前,应不断规范和提高自己的信息披露水平、治理能力,力争自己能够成功挂牌,吸引融资;在挂牌之后,公司也不能松懈，而是要为 IPO 做进一步的准备，打下优良的公司内部控制和经营治理基础。从公司成立到在湖南股权交易所挂牌的时间越短，代表企业的发展潜力越大，对企业的上市也能够起到促进作用，相比未经挂牌就直接在主板市场排队上市，在湖南股权交易所挂牌可以更快速地转移到 A 板、创业板等进行上市融资。中晟全肽已启动 IPO 规划，希望在 B 轮融资后能转到主板市场上市，在湖南股权交易所的挂牌为其在一定程度上铺平了道路。此外，在湖南股权交易所挂牌，能够助力公司提高盈利水平，改善财务状况，增强股权资本的流动性，提高市值，并能够借此用股权激励手段来提高公司的经营治理能力，吸引更多优秀的人才，加强公司内部员工的凝聚力、稳定程度、团结程度和责任心。

对中晟全肽来说，"招才引智"是其未来持续发展的关键。在湖南股权交易所挂牌，也有利于公司在成长孵化过程中不断吸收人才，提高公司的科研水平和管理水平，实现公司价值的最大化。随着公司市场拓展工作的顺利推进，达成合作的药企越来越多，公司的收入增长有望迎来爆发期，盈利也逐步增长，整体处于上升的良好态势。

（3）挂牌上市能够有效提升企业品牌形象。

企业在湖南股权交易所挂牌后，其拥有的股权交易代码便成为公司发挥巨大广告效应的钥匙，能够迅速提高企业品牌知名度，树立企业良好的品牌形象，这又为投资人与被投资者之间的信誉度、美誉度提高带来良好效应，能够有效促进资金的融通，提高资本对接的效率。

"掘金四板"调研团邀请财信证券、财信产业基金等行业专家对中晟全肽做了深度调研采访，刊发的相关报道在红网时刻 App、PC 证券等平台合计获得 30.2 万的点击率。除此之外，湖南股权交易所还协助其参加"我要投资"2020 麓谷创投大会，帮助中晟全肽扩大影响力和知名度，大幅提高了中晟全肽在资本市场的曝光率，为其塑造了良好的企业形象。

湖南股权交易所加大了对其挂牌企业进行准确有效报道宣传的力度，在官网、官微对公司相关信息进行披露，使中晟全肽这样的科创专板企业的运作更加透明；资料齐全，舆论正面，不仅提升了中晟全肽的认知度和知名度，增加了企业的品牌价值，也使其在大众心中的形象更加可靠，由此增加公司对投资机构、投资个体的吸引力。

（4）挂牌上市能够提升行业整合能力。

企业的声誉提升有助于参与行业整合与市场的合作开发。仅在挂牌半年内，中晟全肽就先后与两家业内知名企业达成合作协议。2020 年 6 月 18 日，中晟全肽与先声药业达成新药共同研发的合作协议，希望在先声药业关注的中枢神经系统疾病领域发现全新结构的多肽先导化合物，共同开发并将其推向临床应用。2020 年 10 月 15 日，与丽珠医药达成新药开发合作。中晟全肽将利用其全球首创的多肽信息压缩技术（PICT）构建的 ZSenithFive 多肽技术平台及新药筛选平台，在丽珠医药关注的消化、抗肿瘤等领域发现全新的多肽先导化合物，并一起进行后续开发，丽珠医药利用自身先进的长效微球技术将产品商业化。

一个企业要做大做强，收购并购等操作是必不可少的。公司能够挂牌意味着符合资本市场的制度规范，从而可有效降低资本运作的交易成本，这既有利于募集股权资本，也有利于企业并购。挂牌后，中晟全肽一方面制订B轮融资计划，另一方面启动系列并购方案；依托以湖南股权交易所为核心的区域性资本市场，一方面继续通过市场寻求资金，加大科研投入，加快技术创新，另一方面通过资本运作整合多肽产业，使之形成有机的产业创新发展的生态体系。

尾声

中晟全肽是一家潜在的"独角兽"企业，从一诞生就带上了资本市场的基因。在短短三年的时间里，中晟全肽通过资本与技术的强强联合，整合各方资源，形成了闭环商业模式，有效实现了硬核科技技术的产业化。其超常的市场价值增长，源于技术创新与资本市场的良好运作。通过资本的纽带与技术的加持，三年时间，中晟全肽已经发展为一家未来潜力可期的生物医药创新型企业，公司收入有望迎来爆发期，更受到资本市场投资机构的竞相追捧。我们有理由相信，这样一家资本与技术基因兼具的创新型企业，通过湖南省区域性股权市场的服务与培育，一定会在资本市场的天空中展翅翱翔。

第3章
兴元科技：回归四板，迂回追梦IPO

我们处于一个经济、技术快速发展的时代。"数字经济"反映了这个时代已经到来和正在到来的变革，孕育着社会经济的未来走向。数字经济，一般是指以使用数字化的知识和信息作为关键生产要素、以现代信息网络作为重要载体、以信息通信技术的有效使用作为效率提升和经济结构优化手段的一系列经济活动。通过数字技术、数字资源的渗透，数字经济表现为两个环节：一是传统产业的数字经济化；二是新兴的智能化经济形态，即实现传统产业从智能制造到打造智能生态平台。

目前，人们的需求日趋个性化，企业开始进入以个性化定制满足消费者需求的时代，解决私人定制与标准化生产之间的冲突，需要充分运用数字经济所提供的便利，通过数字资源的开发运用，将消费者、设计者以及生产整合到一个平台，从而实现资源的优化配置，并提高生产能力。本案例以湖南兴元科技股份有限公司为研究对象，通过对行业背景、企业的智能化运营、公司的发展战略及商业模式等的介绍，对公司的供应链金融、商业模式创新发展及峰回路转的IPO之路进行剖析，旨在为其他科技型中小企业的股权融资提供借鉴。

3.1 自动售卖机：数字经济时代的新机遇

3.1.1 行业发展历程（1.0时代—2.0时代—3.0时代）

随着中国经济的起飞，经过近20年的发展，国内自动售货机行业发展态势良好。据不完全统计，我国自动售货机主要分布在北京、上海、广州、深圳、大连、杭州、浙江等沿海发达地区。自动售货机具有操作灵活、经营成本低等优势，广受消费者和商家的欢迎。自动售货机行业发展潜力巨大，市场空间广阔。自动售货机机型发展历程如图4-3-1所示。

自动售货机的多样化，是技术诱致性创新的结果。为了满足市场的需求，自动售货机的机型不断变化，特别是随着扫码技术的普及，自动售货机的发展十分迅速。在1.0时代，中国市场的自动售货机只接受硬币或小面额纸币，只售卖低温瓶装或听装饮料。2010年左右，进入了自动售货机的2.0时代，一台设备可以同时销售饮料和食品，

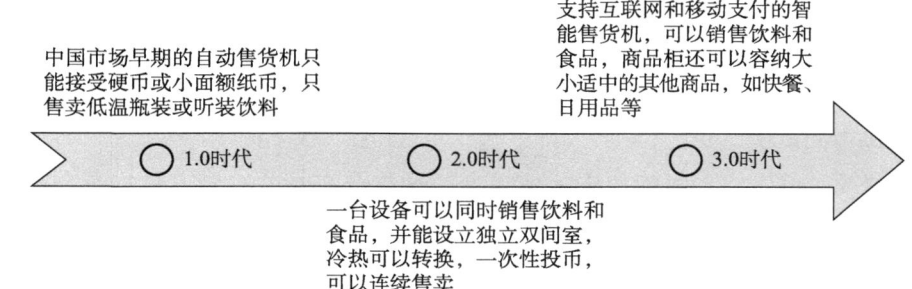

图 4-3-1　自动售货机机型发展历程

资料来源：前瞻产业研究院。

并设立独立双间室，一次性投币，可以连续售卖。目前，支持互联网和移动支付的智能售货机，可以销售饮料和食品，商品柜还可以容纳大小适中的其他商品，如快餐、日用品等。我国的自动售货机行业已经迈入 3.0 时代。

3.1.2　自动售货机市场

3.1.2.1　市场规模及增长情况

中国的自动售货机行业是一个快速发展的行业，具有广阔的前景。从市场规模来看，前瞻产业研究院发布的《中国自动售货机行业市场前景预测与投资战略规划分析报告》中的统计数据显示：2013 年，中国自动售货机市场规模仅为 10 亿元；到了 2017 年，中国自动售货机市场规模快速增至 75 亿元，同比增长 74.42%；2018 年，中国自动售货机市场规模为 120 亿元，同比增长 60%；2019 年，中国自动售货机市场规模达到 190 亿元左右，同比增长 58.5%，如图 4-3-2 所示。中国自动售货机市场规模呈现出快速发展的态势。

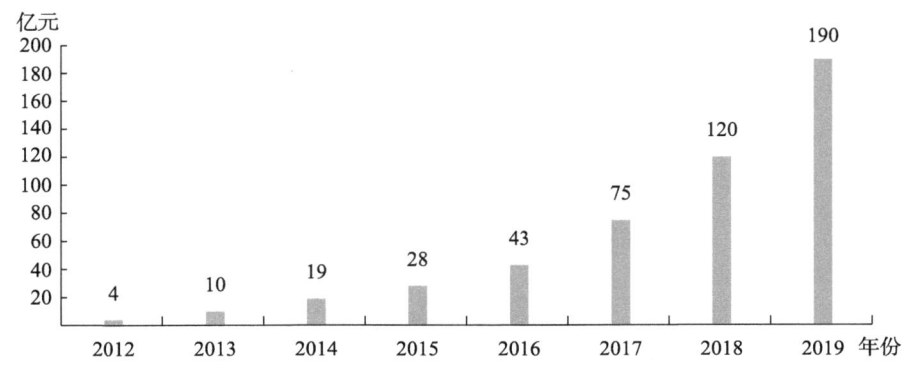

图 4-3-2　2012—2019 年中国自动售货机市场规模统计及增长情况

资料来源：前瞻产业研究院。

3.1.2.2　分布区域分析

有研究指出，在全球零售市场上，当人均 GDP 达到 1 万美元时，消费者对自动售货机的需求将会爆发。随着移动技术的引入，自动售货机成为快消品零售的一大新兴渠道。整体来看，我国自动售货机体量增长迅速，但相较于我国庞大的人口基数，自动售货机的总体渗透率仍非常低。目前，主要是向一二线城市扩展，三四线城市仍待开发，市场空间巨大。

具体来看，我国自动售货机渗透率较高的城市分布在珠三角、长三角和环渤海地区（如图 4-3-3 所示），主要包括北京、上海、广州、深圳、河北、山东、山西、辽宁、江苏和浙江。据统计，这些地区的占有率合计接近 80%，全国其他城市的占有率合计仅为 20.5%。

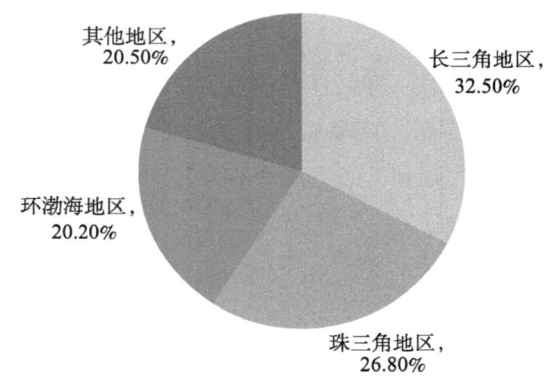

图 4-3-3　中国自动售货机区域分布占比

资料来源：前瞻产业研究院整理。

3.1.2.3　分布点的业态分析

从自助售货分布点的业态来看，调查显示：目前自动售货机的主要分布点为工厂/办公楼，占比达 34.4%；其次是小区/校园，占比达 25.2%；再次是地铁/火车站，占比达 22.8%（如图 4-3-4 所示）。

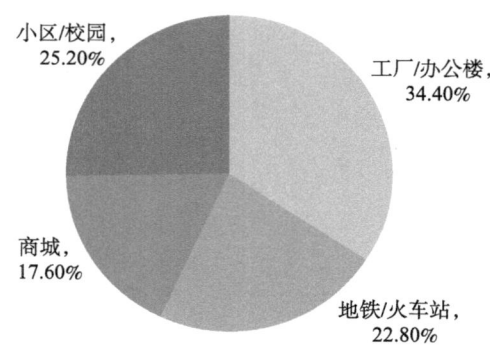

图 4-3-4　中国自动售货机渗透率按地区分布情况

资料来源：前瞻产业研究院整理。

3.1.3 行业发展趋势分析

3.1.3.1 产品端角度

近年来，无人便利店和各种新式的自助设备相继出现在大众视野，如无人超市、无人咖啡店、海鲜售卖设备，市场呈现一派繁荣景象。

在产品端，自动售货机提供的产品种类更加丰富，而且更加注重健康生活理念；在技术端，自动售货机未来将以智能为核心开展多种服务，如大数据智能运营、人脸识别等。

3.1.3.2 企业端角度

在企业端，传统自动售货机企业通过人工智能技术的赋能，使设备更加灵活，进而促进自动售货机服务更多场景，为各种场景人群提供方便、快捷的服务。因此，自动售货机的地区渗透率将会更高。此外，企业可以凭借密集的自动售货机分布点为营销媒介进行新品推广。

3.1.3.3 客户端角度

随着经济的发展和人们消费观念的转变，自动售货机已成为快消品布局的新兴市场，吸引了众多饮品企业甚至是产业巨头。2016年以来，零售业新业态新物种落地明显加速。阿里和京东两大集团"招兵买马"，在多领域展开较量。

传统零售企业也不甘落后，依托各自的资源积累在部分领域进行积极尝试（如图4-3-5所示）。综观本轮新零售业态，布局主要围绕两大主线：一是线下零售的数字化、平台化，获取海量交易和用户数据，进而进行精准营销、选品布局等。二是以消费者为中心，围绕消费者进行人、货、场重构，注重用户体验和便利。据统计，目前无人零售领域的累计融资额已经超过500亿元，创业企业在资本的助推下快速烧钱圈地占领市场。其中，无人值守货架成为下半年无人零售竞争最激烈的领域，市场玩家超过50个。

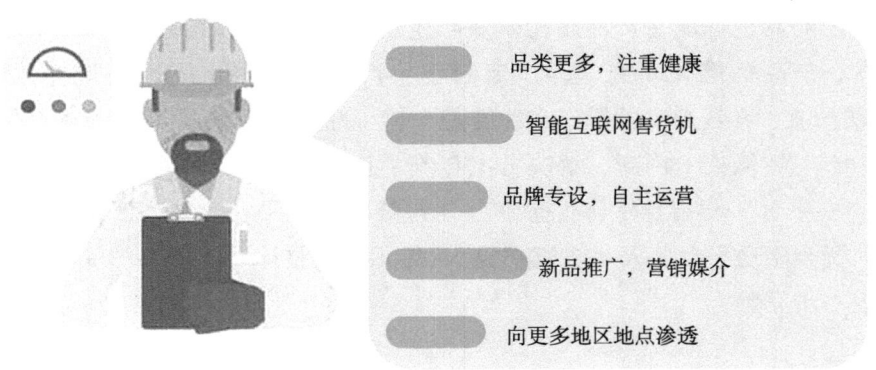

图4-3-5 传统零售业的转型尝试

3.2 兴元科技：自动售货机行业的黑马

3.2.1 公司概况

3.2.1.1 公司简介

湖南兴元科技股份有限公司（以下简称"兴元科技"）成立于2013年3月，位于湖南省长沙市宁乡高新区，占地总面积近5万平方米，员工200余人，是一家专业从事自动售货机研发、生产、销售及智慧新零售云平台开发和运营的国家级高新技术企业。

兴元科技在2015年购置土地并扩建厂房后，成为全国较大的自动售货机生产基地之一。兴元科技的主营业务是制造、销售自动售货机，并提供售货机租赁及售货机广告、陈列等增值服务，目前已跻身国内同行业第一方阵，市场份额位于行业前三。

兴元科技创立以来，在同行业中以先进技术著称。其产品先后通过了ISO9001质量体系认证、欧盟CE认证。目前，兴元科技已荣获"国家高新技术企业""长沙市智能制造示范企业""科技型中小企业""守合同重信用企业""湖南省小巨人企业""湖南省中小企业上云标杆企业"等资质，并通过"知识产权管理体系认证""两化融合管理体系认证"。公司产品多次荣获中国自动售货机行业联盟颁发的"畅销机型"奖，参加湖南省首届新型信息消费大赛，荣获"技术创新奖"。兴元科技在全国一线城市及其他重要城市投放了3万余台自动售货机，商品种类涉及食品、饮料、药品等，广泛应用于学校、商场、社区等各类场所。为了更好地融合信息流、商品流与现金流，兴元科技以其营销服务网络为基础，组建了兴元网络公司，试图对其数据资源进行整合与开发，为公司发展提供新的契机。

2020年末，兴元科技提出"智慧零售整体方案"的构想，力求进一步拓展市场。如图4-3-6所示，智慧零售整体方案分为"两基地、一中心、一平台"。"两基地"指研发与制造基地（产品结构研发与生产、新技术应用研发与生产、产品细分市场研发、产品标准化研究、客户定制化生产）和数字化生产基地（柔性生产、AGV智慧物流、在线自动检测、在线智慧仓储、标识解析溯源）。"一中心"指创新与孵化中心（智能技术创新、解决方案创新、商业模式创新、项目孵化、专业人才孵化）。"一平台"指智慧零售生态平台（售货机营运平台、网络营销平台、商品供应平台、资金融通平台、人才交流平台）。兴元科技整体业务板块的完善，使其产业链得到进一步完善。

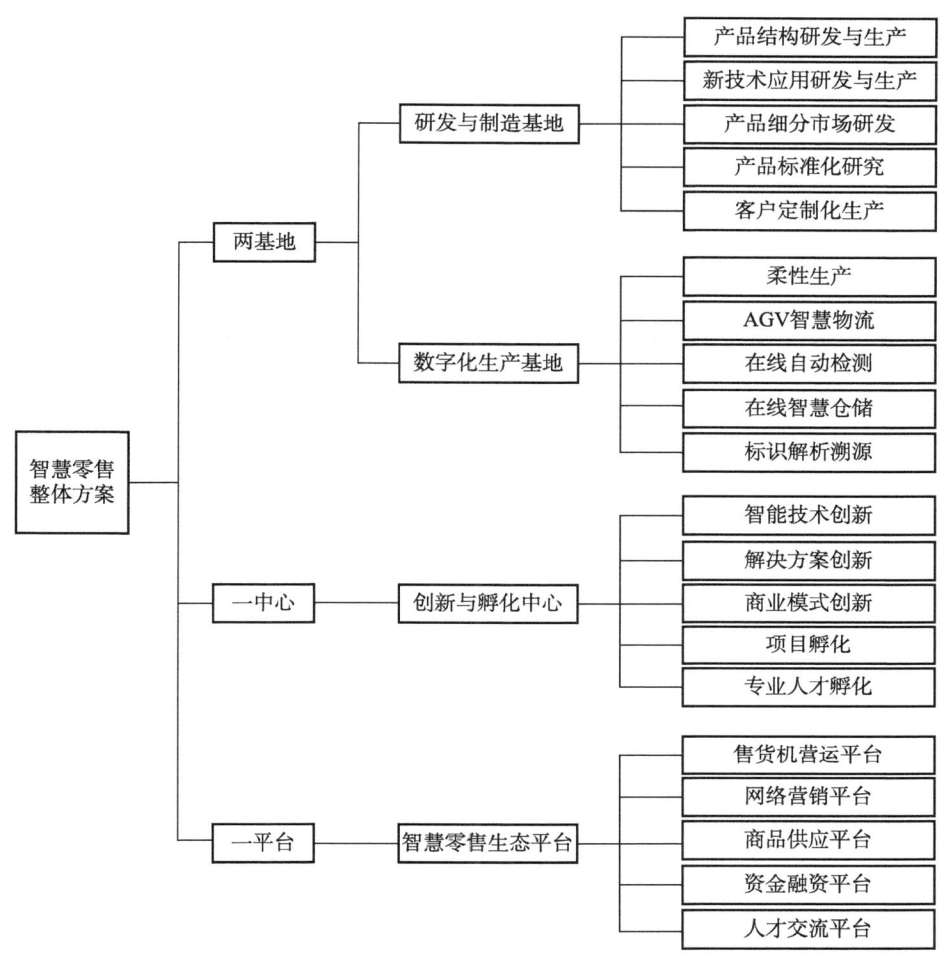

图 4-3-6 兴元科技整体业务板块

资料来源：根据相关资料整理。

目前，兴元科技全系列自动售货机产品已成功覆盖整个中国市场及全球 50 多个国家，其创新的设计、精良的品质和全方位服务，赢得了广大客户的信任和尊重。

3.2.1.2 历史沿革

兴元科技的发展历程，是一个不断探索与学习的过程。公司于 2013 年 3 月 21 日设立，设立时名称为"长沙兴元智能设备有限公司"，后来更名为湖南兴元智能设备有限公司；3 年后，公司进行了股份制改造。2014 年 10 月，新增注册资本 100 万元，2014 年 12 月 2 日，公司在湖南股权交易所挂牌，简称"兴元科技"，股权代码为 800008。

兴元资本在湖南股权交易所挂牌期间，没有出现挂牌交易，但是经过股份制改造后，公司的股权结构由责任公司的闭合性结构转变为开放型的股权结构，股权融资渠道拓宽。2014 年 12 月 4 日，公司注册资本为 1000 万元，新增出资 500 万元，以每股 1 元价格新增 500 万股；2015 年 12 月 28 日，吸收兴发投资为新股东，新增 484 万元出资，其中增加注册资本400万元，其余部分计入资本公积金；2019年12月9日，兴元科技吸收李利军为新股东，新增300万元出资，其中增加注册资本120万元，其余部分计入资本公积金。

在一个多层次的资本市场尚不成熟的金融体系中，如何匹配合适的股权市场，是众多非上市公司面临的难题。2016年2月19日，兴元科技在湖南股权交易所摘牌，谋求新三板挂牌。2017年12月29日，全国中小企业股份转让系统有限公司同意兴元科技在新三板挂牌，并纳入非上市公众公司监管。但是，在这个板块挂牌的22个月，兴元科技的股份没有交易，且期间所耗成本远高于湖南股权交易所。与此同时，湖南股权交易所的服务体系已经基本建立，能够为重要企业提供点对点的贴身服务。故此，2020年3月18日，依据湖南股权交易所发布的《关于同意湖南兴元科技股份有限公司挂牌的通知》（湘股交所挂牌〔2020〕11号），公司重新在湖南股权交易所挂牌。兴元科技在股权市场上的探索，为其进一步进入资本市场、启动主板IPO提供了宝贵的经验。

3.2.1.3 股权结构

印度作家普列姆·昌德有句名言："财富带来痴迷，权力带来疯狂。"股权是股东基于股东资格而享有的从公司中获利并参与公司经营管理的权利，叠加了股东对"财富"和"权力"的双重诉求。因此，股权结构对公司每一个投资者而言，都是非常重要的。通过一系列的股权变动，目前，兴元科技共拥有10个股东，其股权结构见表4-3-1。

表4-3-1　兴元科技股权结构

现有股东	股权比例（%）
张福兴	39.55
兴发投资	21.61
陈太明	2.47
刘杰	8.14
郭子兴	9.59
王心明	3.25
袁霞	3.67
胡蓉	2.20
刘楚雄	5.41
李利军	4.11
合计	100

资料来源：根据相关资料整理。

3.2.1.4 组织结构

从外部来看,兴元科技采用的是一种中小企业普遍采用的按照职能划分部门的纵向一体化的组织架构（如图 4-3-7 所示），即 U 型结构。这种组织架构的特点是各部门独立性很小，均由企业高层领导直接进行管理，即企业实行集中控制和统一指挥。但在技术创新竞争激烈、市场快速变化的信息化时代，公司的组织构建正日趋往网络化管理迈进。

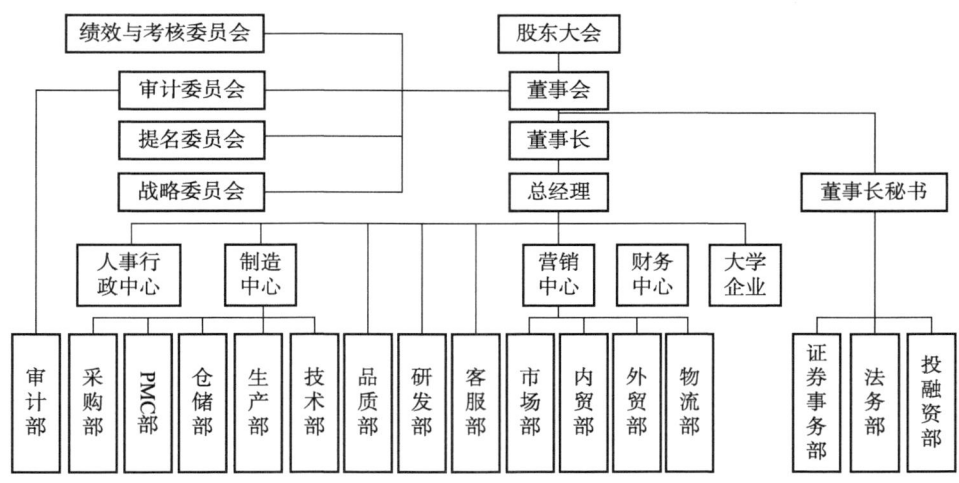

图 4-3-7　兴元科技组织架构

3.2.1.5 公司治理结构

有效的公司治理是股份公司创造价值并能被市场接受的重要保障。"三会一层"的公司治理结构实现了权力的制衡，是投资者利益得以保障、管理人员的积极性得以激发的制度基础（见表 4-3-2）。兴元科技的 10 名股东组成了股东会，属于最高权力机构；董事会中设有董事会秘书，意味着公司已经将资本市场的业务专业化。

表 4-3-2　兴元科技"三会一层"治理结构

三会	股东会成员	张福兴、湖南兴发投资有限责任公司、郭子兴、刘杰、刘楚雄、李利军、袁霞、陈太明、王心明、胡蓉
	董事会成员	张福兴（董事长）、郭子兴、刘杰、刘楚雄、袁霞（董事会秘书）
	监事会成员	王心明（监事会主席）、胡蓉、刘彪（职工监事）
一层	高级管理人员	郭子兴、袁霞

3.2.2　横向比较——竞争对手分析

3.2.2.1　市场情况

无人售货机作为一种方便、快捷的新零售自动服务模式，在大众日常生活圈中，已经成为一种不可或缺的存在。随着信息技术的不断进步，无人售货机的功能越来强大。首先，支付方式发生了变化，支持现金、网银、第三方平台等便捷付款方式；其次，AI 面部识别等支付功能也开始大面积普及，极大地降低了售卖成本与管理成本。无人售货机所售商品的种类也日益增多——从原来单一的饮料、零食到生鲜、盒饭、鲜榨果汁、药品等高要求商品。

2020 年，全球均受到新冠肺炎疫情的影响，在全球抗疫中，数字经济展现出强大的发展韧性，在保障人们生活学习、支撑复工复产、提振经济等方面发挥了重要的作用。数字经济与人类生产生活已经密不可分。兴元科技通过研究开发一种组合型智能自动售药机，结合线上商城、微信公众号，把无接触配送与数字经济相结合，通过数字经济助力无接触配送打开市场。组合型智能自动售药机能广泛适用于小区、写字楼、码头、车站等地，其售货方式快捷、便利，市场前景非常广阔。

3.2.2.2 竞争对手分析

行业内主要竞争对手介绍见表 4-3-3。

表 4-3-3 行业内主要竞争对手介绍

国别	企业名称	基本介绍
中国	大连富士冰山自动售货机有限公司	由日本富士电机控股公司与大连冷冻机股份有限公司共同出资组建，是中国第一家大规模制造和销售自动售货机的中日合资企业。主要生产采用日本技术的饮料自动售货机，现在也开始生产弹簧出货装置的综合机
中国	福建骏鹏易丰商用设备有限公司	是一家专业的自助设备供应商，位于福州。生产各式综合自动售货机，2012 年和友宝共同在国内率先推出了格子机，现在占据国内格子机市场的较大份额，其产品与公司的综合自动售货机和成人自动售货机形成竞争关系
中国	青岛易触数码科技有限公司	成立于 2011 年，其企业团队来自澳柯玛，主要生产自有品牌的饮料机和综合自动售货机，其格子机在国内市场拥有一定份额，与公司的综合自动售货机和成人自动售货机形成竞争关系
中国	湖南中吉科技有限责任公司	坐落于湖南长沙，产品包括饮料自动售货机、综合食品售货机、组合售货饮一体机、成人用品无人售货机及定制型自动售货机，与兴元科技的综合自动售货机、成人自动售货机和定制机型形成竞争关系

3.2.2.3 公司核心竞争力

兴元科技的核心技术竞争力主要体现在以下四方面：

（1）开发了基于物联网的移动电子自动售货公共服务平台。该平台从自助服务的特性和城市的信息化规划需求出发，以目前世界最前沿的物联网技术进行构架，从服务终端、管理平台、仓储管理和支付服务四个方面进行开发。基于无线通信技术，集终端监控、LED 互动广告、数据采集、交易结算等功能于一身，致力于构建一个给城市人民日常生活带来极大便利的公共服务平台。

（2）开发基于 GPRS 网络的自动售货机机群状态远程终端监控系统技术。通过无线网络、互联网和物联网将售货机内的库存等信息及时地传送到各后台服务中心的服务器电脑上，从而实时监控设备中货物和钱币库存状况及设备的运营状态，确保商品的运送及补充和钱币的收回及补充能够顺利、高效运行。

（3）建立被誉为"移动终端"的服务平台。该服务平台支持微信及手机 App 客户端下载，顾客可以通过终端掌握商品的生产、销售、物流以及质保等信息，还可以实现线上订货、线下取货，增加顾客的忠诚度；运营商可通过客户端，查询各机器的状态、存货、销售报表，对终端的财务数据进行及时有效的分析，满足运营商实时管理的需要。

（4）兴元科技引进国内先进 U 壳侧板一体成型流水线。引进国内先进 U 壳侧板一体成型流水线、多工位一体环戊烷高压发泡生产线，实现五步成型一个机壳，机壳一体成型技术和多工位一体发泡技术的开发，能一次性发泡 4 个机壳，提高了生产效率，大大降低了人工投入成本，克服了自动售货机整体发泡占用时间长、一次发泡数量少、人工投入大的难题；而一体成型机壳使用符合环保要求的组合聚醚多元醇进行发泡，能在保证机箱保温的同时符合国家环保要求。

3.2.3 财务分析与盈利预测

从表 4-3-4 中可以看出，兴元科技的资产负债率呈现出逐年递减的趋势——从 2018 年的 71.88% 降至 2020 年的 65.11%。资产负债率作为举债经营比率，用以衡量企业利用债权人提供资金进行经营活动的能力。资产负债率的逐年降低，表明企业利润较高，在一定程度上也反映出企业盈利能力较强。

表 4-3-4　公司近三年财务状况（2018—2020 年）

年份	销售收入（万元）	净利润（万元）	固定资产（万元）	资产负债率（%）	营业净利率（%）	银行信用等级
2018	8597.61	756.59	4652.34	71.88	8.80	AAA
2019	8532.35	520.97	5128.81	63.21	6.10	AAA
2020	13 398.58	1732.52	4341.63	65.11	12.93	AAA

资料来源：根据相关资料整理。

2019 年末至 2020 年，全球新冠肺炎疫情严重，兴元科技的销售收入反而有所上升，春节过后，疫情形势好转，加上无接触购物习惯的养成，市民们对自动售货机的需求明显上升，自动售货机迎来了新的增长点。2018 年至 2019 年，自动售货机的销售处于平稳状态，2020 年，销售收入上升至 13 398.58 万元，上升幅度为 57.03%；与 2019 年相比，2020 年净利润有所上升，从 520.97 万元上升至 1732.52 万元。营业净利率也呈现出上升的趋势，2020 年达到 12.93%，是 2019 年的两倍多。营业净利率取决于销售收入与净利润变动幅度的大小，当净利润的增长幅度高于收入的增长幅度时，说明公司销售能力有待进一步增强，但利润水平达到了一个较高的水平。由此可见，公司在扩大销售的同时，必须加强管理，提高盈利水平，这样才能使销售成果实实在在地转化为净收益。

2018—2020 年，兴元科技的银行信用等级都是 AAA。信用等级体现了银行对公司发展质量、竞争力以及还款能力的判断。一般来说，信用等级越高，表明企业信用越好，经营状况、盈利水平越好，履约能力、偿债能力越强。由表 4-3-4 的分析结果可知，兴元科技三年来一直处于稳步增长阶段，财务状况表现良好。

表 4-3-5　兴元科技未来三年销售及预计利润目标（2021—2023 年）

利润指标	2021 年	2022 年	2023 年
营业收入（万元）	32 000.00	45 000.00	60 000.00
营业成本（万元）	23 200.00	32 625.00	43 200.00
毛利率（%）	27.5	27.5	28.0
营业利润（万元）	8800	12 475	16 800
净利润（万元）	3817.6	5715	7650
净利率（%）	11.93	12.7	12.75

资料来源：根据相关资料整理。

从表 4-3-5 中可以看出，兴元科技未来三年的销售预测较为乐观，各项指标呈现出平稳增长趋势。2021 年，兴元科技在 2020 年布局的宁乡数字化智能售货机基地将会建成并实现量产；兴元创新中心、兴元网络将进一步整合资源，公司的整体竞争力将会进一步提高，从而为公司未来在主板市场 IPO 奠定基础。

3.3　数据平台：公司发展新战略

平台是一种基于外部供应商和顾客之间价值创造互动的商业模式。不同平台的运营方式不同，它们会吸引不同的用户，创造不同的价值。但不同的平台会有一些相同的基本元素，如客户参与设计与开发，这是所有平台交互功能的共性。兴元科技目前还是一家传统制造企业，就其商业价值创造而言，它依然遵循那种一步步创造和传递价值的操作模式，供应商在一端，而顾客在另一端，客户与供应商之间的互动比较少，客户参与设计、研发以及产品开发还处于萌芽状态。但是，兴元科技的平台化趋势已经非常明显，这从它的营销模式、发展战略以及供应链金融的设计中可以清晰地看出来。

3.3.1　营销模式

（1）设备直销模式。自动售货机销售收入，是报告期内本公司最主要的销售收入来源。国内市场采取以区域经销为主，兼顾行业大客户直销的销售模式：一方面，重点发展区域经销网络；另一方面，积极探求与各类系统集成商、行业大客户的直接合作。

（2）"加盟"模式。为进一步提升公司的品牌影响力和智能售货机的市场占有率，从 2015 年起，兴元科技开始着力推广"加盟模式"，加盟的售货机运营商均为独立企业法人，其拥有的资产所有权和股权关系不变，在公司指导下，共同经营自动售货机业务。各个独立加盟商向兴元科技购买或承租售货机设备，并与兴元科技订立有关采购、销售、宣传等方面的合同，按合同约定开展经营活动。在合同规定的范围之外，各加盟商可以自由运营。根据自愿原则，各运营商可以自由加入加盟体系，也可自由退出。

（3）广告销售模式。兴元科技的广告销售模式是以公司遍布全国的近3万台智能售货机等线下设备为媒介，通过展示、传播、互动等方式，为广告主或广告代理渠道进行品牌宣传、商品推广、互动营销，以达到广告效果。广告形式包括：售货机、便利柜的全机身、腰封、侧贴等机身展示；售货机、便利柜货道占用及展示位展示；售货机屏幕广告；App、微信公众号、微博、电子支付页面、H5页面传播；商品派发；营销活动落地推广以及通过自动售货机周边设备进行的互动营销等。

（4）商品零售业务模式。随着新零售业不断兴起，兴元科技于2016年初开始主推自动售货机商品零售业务，即消费者通过公司遍布全国的自动售货终端设备，实地进行购买、取货的销售模式。该模式既包括传统的投纸、硬币销售，也包括通过公司开发的友宝App及网络平台下单购买，再通过自动售货机取货的销售模式，实现了企业从零售到设备的统一管理，取消了零售中间商的制约。

3.3.2 公司发展战略分析

（1）成立国际业务部。兴元科技计划在原有外贸部的基础上成立国际业务部。兴元科技的国外销售采用经销、代销、面对终端客户销售方式，逐步形成了国内、国际两大市场并驾齐驱的直销模式和销售体系。公司将客户分为战略客户、重点客户、一般客户和潜在客户四类，在资源供应、价格优惠等营销政策上给予差异化支持。根据自动售货机产业分布不平衡的特点，结合市场的实际情况，兴元科技制定了"稳固现有客户群，重点开拓大型战略性客户；巩固提高国内市场占有率，大力开拓国际市场"的市场开发战略。

（2）与高校项目合作。兴元科技以智能制造为基础，以平台服务为核心，全面提供包括智能生产、终端运维、商品营销、金融服务和数据分析在内的整套基于自动售货机的新零售解决方案，始终以最优产品、最佳服务来打造兴元品牌。公司重视产学研工作，与湖南师范大学、长沙智能制造研究院、湖南大学、中南林业科技大学等科研机构和高等院校保持友好合作关系。

（3）完善直销网络。兴元科技按照多个变量因素组合法进行市场细分，以自助售货行业产值、地域、物流条件等作为细分变量，建立了完善的销售和服务网络体系，将国内市场划分为东部、西部、南方、北方四个大区，每个销售大区设有销售大区总监和销售片区经理，建立了30余人的国内销售队伍，销售网络覆盖全国。

（4）建立大数据网络平台。从长期发展来看，兴元科技的前景是十分可观的。兴元科技设立了子公司——湖南兴元网络科技有限责任公司（简称"兴元网络公司"），兴元科技持有约88%的股份。兴元网络的经营范围包括数据处理服务、信息系统技术服务等,可以有效整合自身掌握的行业数据,并结合供应链金融持续创新发展。目前,兴元网络是兴元科技未来发展的核心推动力,是企业最有价值的组成部分。对公司发展而言,硬件就像士兵和坦克冲锋陷阵,而兴元网络这一终端平台软件则像收割机,是企业财富价值创造的主要源泉。兴元网络对兴元科技构建自身的商业模式和整合资源都极为重要。

3.4 峰回路转的资本市场之路

3.4.1 股改挂牌,为定增铺路

湖南兴元科技股份有限公司于 2013 年 3 月 21 日设立,注册时的出资额为 400 万元。一年后,为实现在湖南股权交易所挂牌,兴元科技进行了股份制改造。但是,当时的兴元科技对于如何规范公司治理结构还没有真正的认识。湖南股权交易所组织兴元科技等一批挂牌企业进行股改必修班培训,让企业高层学习"三会一层"的建设,董监高的权责利匹配、内部控制的建立等公司治理方面的法律、规章以及操作管理流程。在湖南股权交易所的帮助下,兴元科技参加了股交所针对中小企业和政府、园区需求进行专业培训的商学院培训课程,从而提升了运营管理水平。

兴元科技的股份制改造改变了有限责任公司内部封闭的股权结构,使其股权结构呈现出一种开放性。例如,在股份有限公司中,当董事高管侵犯股东利益时,只要有1%的股权,就可以向法院提起诉讼,如果 10%股权的所有者利益受损,就可以提请法院解散公司。公司法规赋予投资者的权力,能够降低投资者的投资顾虑。股改之后的兴元科技,先后获得了 100 万元、500 万元、484 万元、375 万元、300 万元的股权投资,并对兴元网络、喵星人商贸有限公司(简称"喵星人商贸")进行收购,使之成为子公司。兴元科技股改后的股权结构见表 4-3-6。

表 4-3-6 兴元科技股改后的股权结构

序号	股东	出资额(万元)	出资方式	出资比例(%)
1	张福兴	214.1	货币	42.82
2	陈太明	75.3	货币	15.06
3	刘杰	75.3	货币	15.06
4	郭子兴	65.3	货币	13.06
5	王心明	30	货币	6
6	袁霞	25	货币	5
7	胡蓉	15	货币	3
	合计	500	—	100

资料来源:根据相关资料整理。

2014年底，依据湖南股权交易所发布的《关于同意湖南省兴元科技股份有限公司挂牌的通知》（湖南股权交易所挂牌〔2014〕26号），公司在湖南股权交易所挂牌，简称"兴元科技"，股权代码为800008。至此，兴元科技完成股改，在湖南股权交易所股改板挂牌，为后续定向增发及转板新三板奠定了基础。

3.4.2 增资扩股，实现快速发展

2014年12月4日，公司进行第一轮定资增发，注册资本为1000万元，新增出资500万元，原股东增资扩股，以每股1元价格新增500万股，并修改了章程。第一轮定增后兴元科技的股权结构见表4-3-7。

表4-3-7 第一轮定增后兴元科技的股权结构

序号	股东	持股数（万股）	出资方式	持股比例（%）
1	张福兴	428.2	货币	42.82
2	陈太明	150.6	货币	15.06
3	刘杰	150.6	货币	15.06
4	郭子兴	130.6	货币	13.06
5	王心明	60	货币	6
6	袁霞	50	货币	5
7	胡蓉	30	货币	3
	合计	1000	—	100

资料来源：根据相关资料整理。

2015年12月28日，公司进行第二轮定增，引进兴发投资为新股东，新增484万元出资，其中增加注册资本400万元，其余部分计入资本公积金。本次增资后，公司注册资本变更为1400万元，并修改了章程。第二轮定增后兴元科技的股权结构见表4-3-8。

表4-3-8 第二轮定增后兴元科技的股权结构

序号	股东	持股数（万股）	出资方式	持股比例（%）
1	张福兴	428.2	货币	30.59
2	兴发投资	400	货币	28.57
3	陈太明	150.6	货币	10.76
4	刘杰	150.6	货币	10.76
5	郭子兴	130.6	货币	9.33
6	王心明	60	货币	4.28
7	袁霞	50	货币	3.57
8	胡蓉	30	货币	2.14
	合计	1400	—	100

资料来源：根据相关资料整理。

3.4.3 资产重组,壮大公司实力

兴元科技多次参与湖南股权交易所号称"老板私密智囊团"的挂牌企业私董会的培训讲座课程,对公司股改、融资、商业模式,以及发展战略等有了更深入的认识。

2015年,兴元科技开始实施重大资产重组,将公司实际控制人张福兴所控制的兴元网络、喵星人商贸收购为公司控股子公司,收购后公司持有兴元网络85%的股权、持有喵星人商贸80%的股权。

3.4.4 多方捆绑合作,达成互利共赢

兴元科技与中电工业互联网有限公司合作密切,投入了1.2亿元建设全自动化生产线来生产标准化、智能化的产品。兴元科技还与长沙智能制造研究院以项目合作制的方式进行深度合作,以打造更多的智能科技化产品。公司重视产学研合作,与湖南师范大学、长沙智能制造研究院、湖南大学、中南林业科技大学等科研机构和高等院校保持友好合作关系,整合行业资源,带动了自动售货终端技术创新示范。目前,公司已经投入市场智能终端1万余台,开发的零售云平台管理注册用户有3万余户。

3.4.5 转板三板,扩大融资

2016年3月15日,湖南股权登记管理中心有限公司出具了《湖南兴元科技股份有限公司股权退出登记通知》,该通知显示,兴元科技因在全国中小企业股份转让系统挂牌,需在湖南省股权登记管理中心有限公司办理股权登记托管退出,湖南省股权登记管理中心有限公司已于2016年3月15日办妥该公司股权登记托管退出手续。

兴元科技于2016年3月18日完成了会所、券商、律所等内核工作,在2016年5月上报股转公司。2017年11月9日,兴元科技股本由1400万元增加至1775万元,新增注册资本375万元。2017年11月新增资本后兴元科技的股权结构见表4-3-9。

表4-3-9 2017年11月新增资本后兴元科技的股权结构

序号	股东	持股数(万股)	出资方式	持股比例(%)
1	张福兴	681.71	货币	38.41
2	兴发投资	400	货币	22.54
3	陈太明	182.27	货币	10.27
4	刘杰	150.6	货币	8.48
5	郭子兴	177.57	货币	10
6	王心明	74.08	货币	4.17
7	袁霞	67.98	货币	3.83
8	胡蓉	40.70	货币	2.30
	合计	1775	—	100

资料来源:根据相关资料整理。

2017年12月29日,全国中小企业股份转让系统有限责任公司同意兴元科技在全国中小企业股份转让系统挂牌,兴元科技挂牌后纳入非上市公众公司监管。2018年1月,兴元科技申请在新三板挂牌获批,成功转板。

2018年10月25日，兴元科技以公司现有股本1775万股为基数，向全体股东每10股送红股3.792 101股，每10股转增1.982 547股，分红后总股本增加至2800万股，公司注册资本增加至2800万元，再次完成新一轮定增，并修改了章程。2018年10月完成定增后兴元科技的股权结构见表4-3-10。

表4-3-10 2018年10月完成定增后兴元科技的股权结构

序号	股东	持股数（万股）	出资方式	持股比例（%）
1	张福兴	1154.9426	货币	41.24
2	兴发投资	630.9859	货币	22.54
3	陈太明	72.0400	货币	2.57
4	刘杰	237.5663	货币	8.48
5	郭子兴	280.1104	货币	10.00
6	王心明	94.7740	货币	3.38
7	袁霞	107.2360	货币	3.83
8	胡蓉	64.3448	货币	2.30
9	刘楚雄	158	货币	5.64
	合计	2800	—	100

资料来源：根据相关资料整理。

3.4.6 回归四板，冲刺IPO

由于新三板融资难度大、成本较高、流动性低，继续挂牌新三板与公司后续发展战略不相符，2019年，兴元科技主动申请从新三板摘牌。

2019年9月16日，全国中小企业股份转让系统有限责任公司出具《关于同意湖南兴元科技股份有限公司股票终止在全国中小企业股份转让系统挂牌的函》（股转系统函〔2019〕4291号），兴元科技股票自2019年9月23日起终止在全国中小企业股份转让系统挂牌。该公告文件已在全国中小企业股份转让系统平台进行披露。

2019年12月9日，兴元科技吸收李利军为新股东，新增300万元出资，其中增加注册资本120万元，其余部分计入资本公积金，并修改了公司章程。2019年12月吸收新股东后兴元科技的股权结构见表4-3-11。

表4-3-11 2019年12月吸收新股东后兴元科技的股权结构

序号	股东	持股数（万股）	出资方式	持股比例（%）
1	张福兴	1154.9426	货币	39.55
2	兴发投资	630.9859	货币	21.61
3	陈太明	72.0400	货币	2.47
4	刘杰	237.5663	货币	8.14
5	郭子兴	280.1104	货币	9.59
6	王心明	94.7740	货币	3.25

续表

序号	股东	持股数（万股）	出资方式	持股比例（%）
7	袁霞	107.2360	货币	3.67
8	胡蓉	64.3448	货币	2.20
9	刘楚雄	158	货币	5.41
10	李利军	120	货币	4.11
	合计	2920	—	100

资料来源：根据相关资料整理。

为加快公司IPO上市步伐，2020年3月18日，依据湖南股权交易所发布的《关于同意湖南兴元科技股份有限公司挂牌的通知》（湘股交所挂牌〔2020〕11号），公司在湖南股权交易所科技创新专板挂牌，简称"兴元科技"，股权代码为100012HN。

3.4.7 资本市场赋能，吸引换股并购

企业上市的最终目的是融资，兴元科技通过在湖南股权交易所挂牌，在区域性资本市场上开展系列融资活动，使其他高新技术企业看到了其上市潜力。2021年初，长沙高新区的仁盈电子有限公司（简称"仁盈电子"）对兴元科技提出，希望通过股权置换的方式并入兴元科技。

长沙高新开发区仁盈电子有限公司是一家专业从事电子产品系列OEM[①]公司，于2006年正式注册成立，位于湖南省长沙麓谷国际工业园；公司自购3380多平方米厂房，包括电子产品系列SMT[②]贴片件焊接、DIP插件组装、半成品测试、整机生产（OEM）等来料加工和代理销售PCB[③]板、钢网、电子元器件等产品和业务。2020年，仁盈电子有限公司的年利润为3800万元。仁盈电子成长路线如图4-3-8所示。

目前，仁盈电子拥有200多家合作单位，并多次荣获优秀供应商称号，合作项目深入汽车、银行、电力、医药、电信、教育等诸多行业；公司设有专业的工程工艺团队及几十台高精度高速先进设备，能满足周期短、成本低、品质高的产品生产。

兴元科技作为仁盈电子的下游企业，与仁盈电子拥有多年的合作基础。2021年，两家企业将筹划"换股并购"，打算进一步展开合作，预计2022年底实现财务报表合并。

换股并购是指收购公司将目标公司的股票按一定比例转换成本公司股票，目标公司被终止，或成为收购公司的子公司。收购方企业不需要支付大量现金，因而不会使公司的运营资金遭到挤占。对被收购方企业来说，一方面，收购交易完成后，被收购企业纳入兼并公司，但被收购企业的股东仍保留其所有者权益，能够分享兼并公司所实现的价值增值；另一方面，被收购企业的股东可以推迟收益实现时间，享受税收优惠。

---

① OEM：Original Equipment Manufacturer，定点生产，俗称代工（生产）。
② SMT：Surface Mounted Technology，表面组装技术，简称"SMT"。
③ PCB：Printed Circuit Board，印刷电路板。

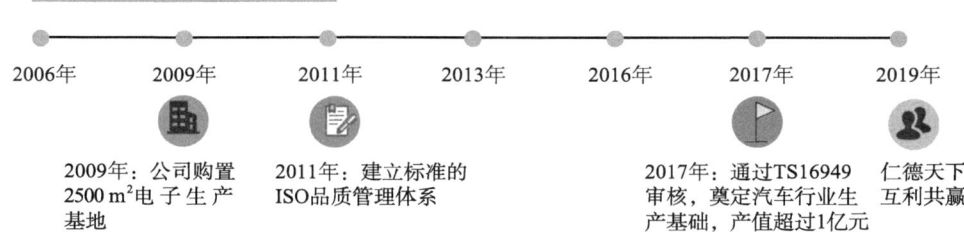

图 4-3-8　仁盈电子成长路线

资料来源：仁盈电子官网。

正是兴元科技在湖南股权交易所挂牌，才促成了此次换股并购，具体原因表现在以下三个方面：第一，同一产业链上的上中游企业合并，属于经济学上所说的纵向一体化，可以降低交易成本，提升企业价值，发挥多品牌协同效应，企业的产业链将更加完善，产业结构进一步得到优化；第二，股改后，兴元科技在资本市场中的融资能力不断增强，其创新能力不断提高，对仁盈电子来说，具有很大的吸引力。第三，自动售卖机行业的竞争越来越激烈，行业集中度也在不断上升，未来的发展趋势是，谁先占领市场，谁就能持续地生存下去，因此，单一的产品链很难应对自动售卖机行业竞争的新局面。

更具有发展前景的企业去并购潜力相对小的供应链上游企业，是一种新的资本运营模式，有利于合并企业的战略布局。通过完善产业链，实现合并企业的长远发展，可使双方全体股东的利益在未来都得到最大的提升。仁盈电子在并入兴元科技之后，原有股东仍然可以分享合并后公司所实现的价值增值。

兴元科技通过在湖南股权交易所挂牌，迅速进入资本市场。体量大、年收入稳定、发展良好的仁盈电子因为其发展潜力，选择以"股权置换"的方式并入，将进一步壮大兴元科技的实力，为兴元科技在 2024 年实现 IPO 创造了条件。由此可见，湖南股权交易所通过区域性资本市场，能够为域内中小微企业提供信息服务、融资服务以及价格服务。

3.5　数字经济时代的商业模式创新

在数字经济下，最有活力的经济组织就是平台化公司。平台的核心价值在于汇集信息、精确地匹配供给与需求。作为智能终端的售货机，依托"云、网、端"等新基

3.5.1 私人定制——柔性生产

私人定制,是指用户介入产品的生产过程,通过私人定制,客户可以获得个人属性强烈的商品或与个人需求匹配的产品或服务。个性化定制服务能够通过大数据分析出产品的优劣,以及客户满意度和后续改进方向,主动感知不同用户的个性化需求。这种基于互联网而使购买方参与商品设计的商业模式,与传统的"市场调查"生产模式截然不同。新一代信息技术下的私人定制,是基于"大数据分析"的生产模式,通过对客户的行为、兴趣、爱好和使用习惯的分析研究,自动调整服务模式,以便更好地为客户提供更具针对性和专业性的产品和服务。

柔性生产,是指主要依靠有高度柔性的以计算机数控机床为主的制造设备来实现多品种、小批量生产的生产方式。生产方式,一般是指企业整体活动方式,包括所有制造过程与经营管理过程。柔性生产是为适应市场需求多变和市场竞争激烈而产生的一种市场导向型的按需生产的先进生产方式,其优点是增强了制造企业的灵活性和应变能力,缩短了产品生产周期,提高了设备利用率和员工劳动生产率,改善了产品质量,是一种具有旺盛需求和强大生命力的生产模式。

柔性生产的内涵实质表现在两个方面,即虚拟生产和拟实生产。市场环境瞬息万变,要求企业做出灵敏的反应,而产品越来越复杂、个性化要求越来越高,任何一个企业已不可能快速、经济地制造产品的全部,这就需要企业建立虚拟组织机构,实现虚拟生产。

拟实生产也就是拟实产品开发,它运用仿真、建模、虚拟现实等技术,提供三维可视环境,从产品设计思想的产生、设计、研发到生产制造全过程进行模拟,在实体产品生产制造以前,就准确预估产品功能及生产工艺性,掌握产品实现方法,减少产品的投入,降低产品开发及生产制造成本。这两点是柔性生产区别于刚性生产模式的根本所在。很明显,柔性生产的精髓在于实现弹性生产,提高企业的应变能力,不断满足用户的个性化需求。

简单地说,FMS[①]是由若干数控设备、物料运贮装置和计算机控制系统组成的能根据制造任务和生产品种变化迅速进行调整的自动化制造系统。柔性生产指的是供应链的敏捷和精准的反应能力。在柔性制造中,供应链系统会对单个需求做出生产配送的响应。从传统"以产定销"的"产—供—销—人—财—物",转变成"以销定产",生产的指令完全由消费者独自触发,其价值链展现为"人—财—产—物—销"这种完全定向的具有明确个性特征的活动。

兴元科技采用"个性化定制"方式提供产品,针对不同客户的需求进行有针对性的设计,以提供最佳细分方案。让客户参与到产品设计中来,可将产品和客户密切联

---

① FMS:Flexible Manufacture System,柔性制造系统。

系在一起。

随着公司"个性化定制"产品在市场上获得认可,公司可以将这种私人定制的产品设计进行标准化生产。将"私人定制"作为公司的一个设计、研发与试错过程,不但降低了研发风险,而且将消费者的个人智慧吸收进来,提高了设计、研发的人力资本水平。此外,由于提供的是围绕用户需求的全流程解决方案,将产生大量的数据,在大数据、云计算时代,通过科学技术赋能响应客户的多层次需求,加上柔性的制造技术,将为客户制造出满意的产品。

3.5.2 供应链金融:融资租赁

融资租赁是指出租方根据承租方对供货商、租赁物的选择,向供货商购买租赁物,提供给承租方使用,承租方在契约或者合同规定的期限内分期支付租金的融资方式。

融资租赁主要有三种形式:

第一,直接找自动售货机厂家或运营公司租机器,租金月付或者季度付,投资者拥有自主的经营权,厂家或运营公司负责设备的故障维修。

第二,自动售货机厂家或运营公司免费提供机器,投资者找点位自主经营,厂家或运营商按照营业额的比例分成。这种情况一般都会有一个买断机制,就是租赁期限达到一定的年数或者总营业额达到一定的数值后机器就归投资者了。

第三,由融资租赁公司从无人售货机厂家手中把机器买下来提供给机器运营方使用,运营方拥有完全的自主经营权,但需要每月按照合约向金融公司付一定的费用,等一定的付费周期满后,机器的所有权由金融公司转交到运营方。这种方式适合一些比较大的运营公司来操作,在自己资金不足的情况下也能大量铺设机器占领市场,风险与金融公司一起承担。

供应链将会决定无人自动售货机零售业的未来。其主要的原因就是在形成了零售闭环后,每一个零售环节都会产生很大的价值。这个过程会遇到不少的困难,因为在传统的零售模式中,零售环节只是单向进行连接,这对效率的影响非常大,所以需要对供应链进行数字化改造,这样在形成闭环以后,就能显著提高效率。另外,这个闭环是多人多向的网状圈子模式,能使每个环节都存在直接或者间接的联系,并且任意两个环节都能够独立成形,对新零售生态造成很大的影响。

对供应链金融中的融资租赁来说,兴元科技主要是针对下游客户提供附有利息的分期付款的金融产品。兴元科技与合作银行通过对与上下游交易形成的交易数据进行挖掘,设计出相应的金融产品,为上下游企业提供金融服务,降低其融资成本。

3.5.3 兴元网络的互通互联——大数据运用赋能

自动售货机的出现极大地方便了人们的生活。但是,传统售货机在大量投放以后,由于区域分布非常广泛，给运营商带来了挑战，也带来了巨大的机遇。运营商无法及时了解各个售货机的销售情况，不能在第一时间得知商品的剩余情况。因此，构建售货机与运营商的信息反馈系统，成为一个绕不过去的组织以及技术课题。

基于此，湖南兴元网络科技有限责任公司应运而生。兴元网络是一家从事自动售货机物联网管理平台研发的高新技术产业公司，于 2015 年 12 月 9 日在湖南高新区注册，注册资金为 200 万元，母公司湖南兴元科技股份有限公司直接持有公司 88% 的股份。公司主要从事新零售物联网运营管理平台研发，主营业务是自动售货机运营管理。兴元网络对自动售货机运营商、生产商和资金渠道进行了整合创新：为自动售货机运营商提供运营技术支持、工具和资金管理服务；为设备生产商提供以融资租赁为代表的新型销售模式；为众筹创业者和资金渠道商提供风险可控的快速回本新型投资模式。兴元网络的组织结构如图 4-3-9 所示。

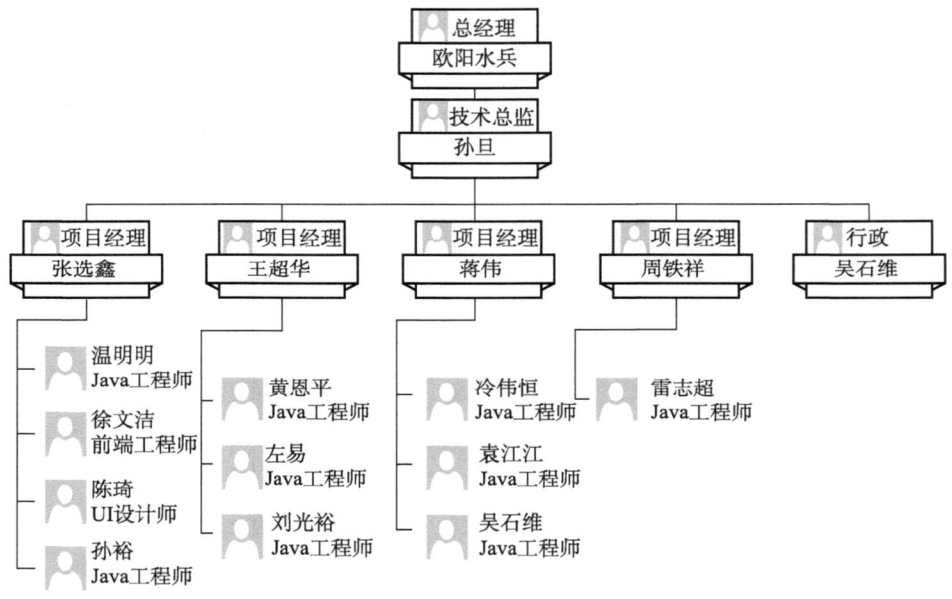

图 4-3-9　兴元网络的组织结构

目前，兴元网络的产品包含自动售货机云管理平台（手机端、电脑版）、售药服务专用 App、会员卡管理平台（包括手机端、公众），以及自动售货机智能终端购买软件（Android 程序）等。自动售货机平台运行管理系统如图 4-3-10 所示。

自动售货机售货管理系统，包括平台、售货机和管理员，售货机的正面上端设有触摸屏，触摸屏的下方设有补货口，补货口的斜下方设有二维码/移动支付系统，二维码/移动支付系统的斜下方设有出货口。用户通过移动终端和平台建立联系，通过在售货机的触摸屏上操作确认购买信息。售货机与平台建立网络连接，进行信息互换，平台对售货机进行指令控制，平台和管理员之间建立单向连接，平台对管理员进行处理结果发送。兴元网络平台运行流程如图 4-3-11 所示。

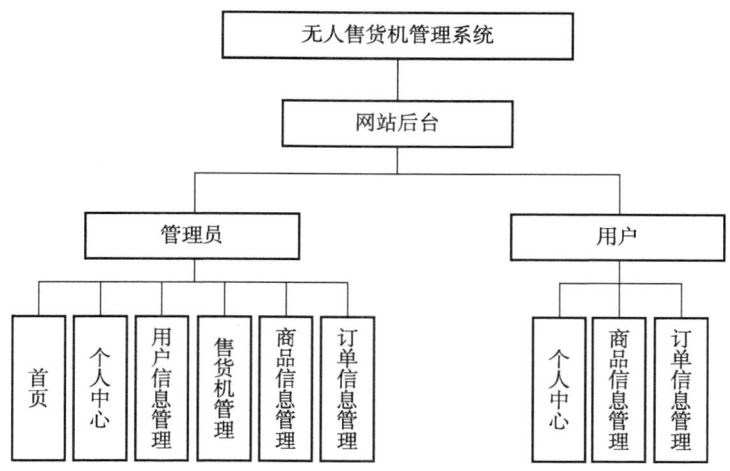

图 4-3-10　自动售货机平台运行管理系统

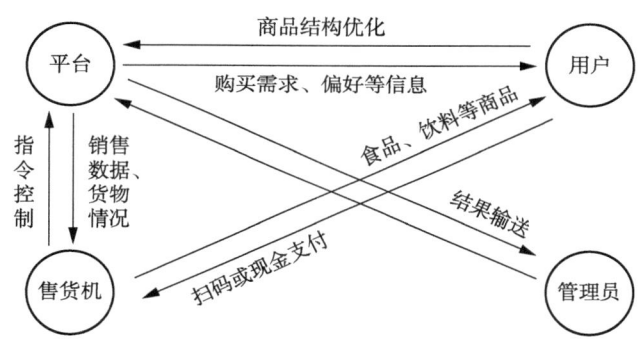

图 4-3-11　兴元网络平台运行流程

兴元网络通过对售货机的消费数据进行收集、分析，可以挖掘出用户对待产品的态度，解读出用户的诸多新需求和行为特征，并根据用户的喜好及时更新自动售货机售卖的商品，从而大大提高单台自动售货机的复购率和营业额。通过对大数据进行相关性分析，以及市场数据之间的交叉、重合，运营方向将变得直观且容易识别，有助于对品牌推广、区位选择、战略规划等做出更好的把握。

通过大数据相关性分析，可将客户、用户和产品有机串联，对用户的产品偏好、客户的关系偏好进行个性化定位，生产出用户驱动型产品，提供客户导向型服务，形成新的商业模式。利用大数据的收集、分析，可对消费者的行为做出判断，进而预测产品销售量，确定精确的营销范围以及商品补给，从而大大降低运营成本。

如今，许多消费场景都已开通微信、支付宝等数字支付方式，通过一部手机，可以轻松实现交易，这不仅迎合了年轻人的消费习惯，还提升了商品的交易量。厂商还可以根据消费数据对消费者购买偏好进行分析，进而可以根据区域和季节的不同上架新的商品。基于这个特点，大数据技术将对快销业发展起到巨大的促进作用。

兴元科技也正是看中了大数据的巨大发展潜力，目前正在利用物联网技术构建快销业商品的平台生态——利用线下广泛分布的自动售货机，结合尖端科技进行大数据采集，经过后台分析得出精准的信息源，精准把握消费者偏好，进行产品预测，从而为消费者提供更为人性化的服务。

兴元网络利用物联网技术及大数据技术，建立了集设备运营、人员管理、客户管理、销售管理、配送管理、仓储物流管理、采购管理等于一体的物联网运营管理系统。该系统还针对客户希望独立、远程、实时管理运营的需求，开发了移动管理端，为自动售货机的管理和运营提供了新的模式，满足了经营者对自动售货机高效管理的需求，为经营者提供了数据分析和决策支持，大大提高了服务水平和运营效益。兴元网络大数据平台主要功能见表4-3-12。

表4-3-12　兴元网络大数据平台主要功能

功能	具体内容
用户管理	统计用户消费等情况
商品管理	商品的价格修改、添加、删除、停用、销售统计等
售货机管理	自动售货机目前存放的商品数据、剩余情况、缺货工单提醒、故障提醒、维修记录
财务统计	统计每一时间段的销售情况，包括每日的销售统计，每月、每年的财务报表打印，后期进货数量的预测、分析等
系统维护	管理员的添加、修改和删除，系统密码的更改，管理员的操作记录等
实时检测	根据数据实现实时检测的功能，随时监视每台自动售货机的工作情况和销售情况，对出现售货差错的记录提出警告，以便做人工修改

资料来源：根据兴元网络提供资料整理。

兴元科技对自动售货机的消费数据进行收集和分析，及时发现用户对产品的态度，了解用户的诸多需求和行为特征，并根据这些客户的喜好和需求及时对智能售货机进行更新，从而推动自动售货机的功能和零售市场实现完美融合。

此外，兴元科技还建设自动售货机生产基地、自动售货机智慧新零售云平台，开发移动支付系统、手机客户端服务系统、实时监控系统、远程调控系统及大数据分析系统，实现"区块链技术+智能合约+供应链金融"一体化的模式创新。

3.5.4　硬件—市场 & 数据—价值

兴元科技通过硬件的售卖，即对自动售卖机的售卖，将市场连接起来——商家在购买自动售卖机后，会将其应用于各种场景，从而产生大量的数据，这样，兴元科技就可以获得机器运行情况、商家售卖产品等数据。在数字经济时代，数据是有价值的，通过对数据的挖掘，可以获得隐藏的关键信息，对用户进行画像，从而为客户提供更多产品和服务。

经历了渠道、管理等各方面的升级改版，以及与大数据技术的结合，产品已变成自带流量的生态圈。企业要满足新生代消费者的喜好和需求，必然会有兴趣借助无人零售业态来提升自己产品的品牌、销量以及流量,并为市场生产出用户驱动型的商品,为客户提供导向性的服务,形成一种新的商业模式。

尾声

"科技创新是第一生产力。"在大数据时代,对中小企业来说,重塑产业价值链,赋能企业、用户、资源方,已然成为企业可持续发展战略中必不可少的一环。兴元网络将整合行业数据,并结合供应链金融的合约进行分析,将客户、用户和产品有机串联,对用户进行个性化定位,生产出与其个性化需求相匹配的产品,为运营商提供导向性服务,构建新的商业模式。商家以大数据作为参照,针对消费者的行为进行判断,产品销售量的预测,精确的营销范围以及商品的补给都会得到全面的优化改善,大大降低了运营成本。兴元网络作为兴元科技未来发展的核心推动力,是企业最有价值的组成部分,也是企业财富价值创造的主要源泉。

在湖南股权交易所的帮助下,兴元科技在区域性股权市场通过定增等方式,成功地实现了股权募资,从而实现了公司的快速发展。通过在湖南股权交易所的挂牌和融资,彰显了自身的发展潜力;通过资本市场的扶持和赋能,进一步增强了公司实力。从智能制造到智能生态平台,兴元科技的区域性股权市场实践,为其 2024 年冲刺 IPO 打下了良好的基础。

第4章

创星科技：科技专板点燃资本之梦

2020年3月30日，湖南创星科技股份有限公司（简称"创星科技"）IPO启动会在长沙高新区公司总部召开，标志着创星科技正式拉开了走进公募资本市场的序幕。20世纪90年代，我国建设的第一代医院管理信息系统在北大人民医院、301医院率先运用，掀起了我国医院信息化建设的热潮。至今，全国几乎所有医院都建立了较为成熟的管理信息系统，有些医院还构建了以电子病历为核心的信息平台，还有一些地区建立了区域医疗信息共享平台，逐步开展区域医疗协作。医疗信息化需要与之相适应的企业进行软件与硬件的配套，这就是医疗信息产业，或者称之为健康信息产业。

近年来，随着大数据、云计算、移动互联网等现代信息技术在医疗健康领域广泛应用，医疗健康信息化对优化医疗健康资源配置、创新医疗健康服务的内容与形式产生了很大影响。创星科技及时抓住医疗健康信息化发展带来的机遇，专注于医疗软件系统、健康与养老信息化产品的研发、生产、销售和服务，拥有智慧医院、区域医疗、互联网医院、智慧医保、智慧养老、健康大数据六大产品体系，致力于推动中国人口健康信息化和医疗健康大数据的发展。

4.1 我国医疗信息化产业：创星科技的市场空间

4.1.1 我国医疗信息化产业的发展历程

（1）基于小型机和微机的启蒙阶段。20世纪70年代末，改革开放的东风给我国医疗信息化的发展带来了生机与活力，较多小型机进入中国，并被部分医院陆续引进。进入80年代以后，大量价廉易用的微机纷纷进入中国，部分医院也陆续引进微机。与此同时，中国开始研发国产微机。

（2）以财务管理为核心的全院管理信息系统阶段。1992年，卫生部医院管理研究所组织全国多家医院的IT技术精英进行系统研发。20世纪90年代中期，国家"八五"重点科技攻关项目"医院综合信息系统研究"和"军字一号工程"实施成功。在卫生部（现为国家卫生健康委员会）的大力推动下，中国医疗信息化迎来第一次发展热潮。随着社会对医院信息化要求的不断提高，系统越来越复杂，医院自我开发的难度越来越大。在市场机制引导下，多家 HIT（Healthcare Information of Technology，医疗信息技术）企业被创建出来，由医院提出需求、IT 厂商负责开发和实施的商业运作模式开始出现。在此阶段，医院管理信息系统（HIS）以财务管理为核心。

（3）临床信息系统与区域医疗协同探索阶段。2002 年，卫生部陆续颁布《全国卫生信息化发展规划纲要 2003—2010 年》《国家公共卫生信息系统建设方案（草案）》，将信息化纳入卫生事业发展总体规划。此阶段建设重心向临床转变。临床信息系统以医生工作站为中心，包括实验室信息系统（LIS）、医学图像处理/影像归档和通信系统（PACS）及合理用药监控系统等。各地陆续实施医疗保险、新农合，各医院与医保、新农合系统逐步建立接口。

（4）基于电子病历（EMR）的医院信息平台阶段。2009 年 3 月，国务院颁布《关于深化医药卫生体制改革的意见》，开始推进新医改。2011 年，卫生部制定《2011—2015 年卫生信息化发展规划》《电子病历基本规范与功能规范》《电子病历基本架构与数据标准》《电子病历系统功能应用水平分级评价方法及标准》《基于电子病历的医院信息平台建设技术解决方案》。2009—2013 年，"新医改"掀起了中国第二个医疗信息化发展热潮。2013 年，国家全面推进人口健康信息化建设，核心内容可概括为"46312"，即建设国家级、省级和地市、区县级四级卫生信息平台，公共卫生、医疗服务、计划生育、医疗保障、药品管理、综合管理六项业务系统，电子健康档案、EMR 和全员人口个案数据三个基础数据库，一个人口健康统一网络，信息安全和信息标准两个体系，要求医院以 EMR 为核心，与人口健康信息平台互联，实现院内院外信息共享。

（5）数据整合阶段。2015 年 3 月 6 日，国务院办公厅发布《全国医疗卫生服务体系规划纲要（2015—2020 年）》，计划到 2020 年，实现全员人口信息、电子健康档案和电子病历三大数据库基本覆盖全国人口，并实现信息动态更新。全面建成互联互通的国家、省、市、县四级人口健康信息平台，实现公共卫生、计划生育、医疗服务、医疗保障、药品供应、综合管理等六大业务应用系统的互联互通和业务协同。积极推动移动互联网、远程医疗服务等发展。普及应用居民健康卡，积极推进居民健康卡与社会保障卡、金融 IC 卡、市民服务卡等公共服务卡的应用集成，实现就医"一卡通"。依托国家电子政务网，构建与互联网安全隔离，联通各级平台和各级各类卫生计生机构，高效、安全、稳定的信息网络。建立完善人口健康信息化标准规范体系。加强信息安全防护体系建设。实现各级医疗服务、医疗保障与公共卫生服务的信息共享与业务协同。2018 年 4 月，国家卫生健康委员会规划与信息司发布《全国医院信息化建设标准与规范（试行）》，清晰、明确地为国内医院信息化建设指明了方向。随后，针对电子病历、互联网医疗、分级诊疗、互联互通等，卫健委陆续发布相关政策。2018 年，国内涌现出第三个医疗信息化发展热潮。

4.1.2 我国医疗化信息产业的发展现状

（1）政策加码，医疗信息化方向明确、路径清晰。

目前，国家实行取消药品加成、两票制、按病种收费等医改政策，对医院运营提出巨大挑战，医院纷纷通过智慧手段来提升服务品质和运营效率。远程医疗、分级诊疗、医联体等国家推行的医疗服务体系改革对普及电子健康档案、电子病历、视频示教等互联互通方案提出了较高的要求，推动医院进行相应智慧化建设。国家及地区积极开展智慧医院试点、出台相应评价标准，支持医院进行智慧化建设，但具体标准与规范还有待进一步完善。

2019年4月，国家医疗保障局对医疗保障信息平台的信息化进行招标，分九包采购，明确了建设核心控费平台信息化的主要路径。2019年5月，开启全国DRGs（Diagnosis Related Groups，疾病诊断相关分类）全面医保支付改革试点，为之后全国推广的标准与信息系统做好准备。如今，电子病历正处于建设高峰期，2020年以后政策有望推进建设更高层次电子病历。预期未来会有新的政策接力往前推进，包括医保信息化、医院评级、智慧医疗、智慧管理等。

（2）经济推动与社会需求。

随着人均可支配收入的提高，人们越来越关注自身健康，对高质量的医疗服务需求持续上涨。人们对更高质量的健康服务需求体现在从过去的"以治疗为主"逐渐转化为未来的"以预防为主"，服务市场呈细分趋势。社会资本（民营办医）的涌入，进一步加剧了市场竞争，也迫切需要服务升级，"以患者为中心"的办医理念逐渐成为主流。目前，城镇化的快速、持续推进加剧了城乡医疗水平的不均衡，城市医院纷纷寻求智慧化手段，以缓解日益增大的巨量就诊压力。我国提前进入老龄化社会加剧了医疗卫生供需矛盾，慢性病成为我国居民健康首要威胁，其病情延续时间长、病因复杂、需要频繁的医患交流等特点对医患双方均造成巨大压力。传统医院已无法满足日益增长的医疗需求，我国医疗机构亟须向智慧型健康管理机构转变，智慧化建设势在必行。

（3）高新技术助力智慧医疗。

随着经济、社会、科技的发展，物联网、大数据等新技术在远程医疗、智慧医疗、医疗监护系统、医疗设备等方面均被广泛运用。物联网使设备互联、互操作成为可能，打通了物理设备/空间与医疗业务，有助于提高运营效率和效果。大数据、云计算、人工智能的发展使计算机处理数据的能力得到数量级增长，众多辅助决策、辅助医疗手段成为可能。信息化及移动互联网技术进一步提高了人与人、人与物之间的沟通效率，助力医院运营效率大幅提升。

（4）医疗信息化持续高景气。

根据IDC（Internet Data Center，互联网数据中心）的预测，我国医疗信息化市场规模稳步增长，预计2021年将达到469.09亿元，如图4-4-1所示。

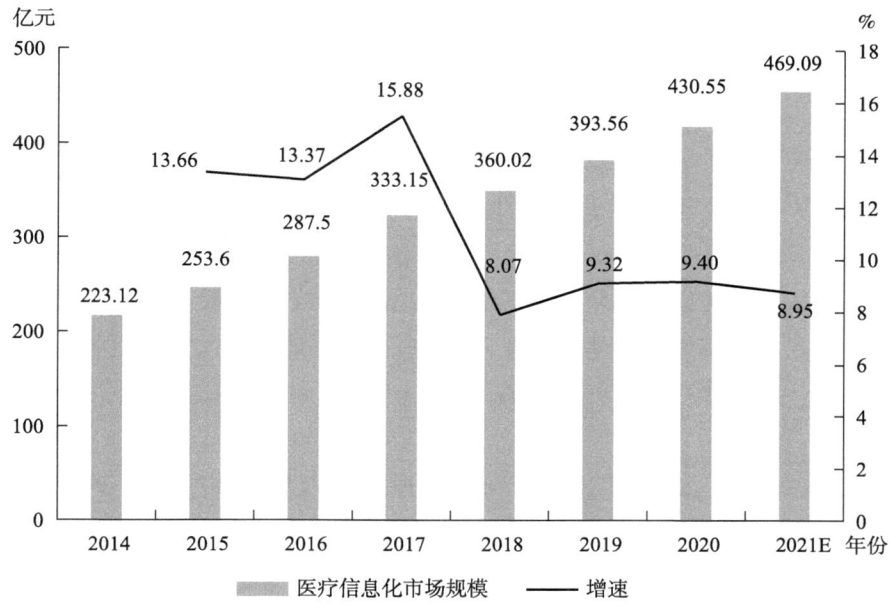

图 4-4-1 医疗信息化市场规模及增速

资料来源：根据相关资料整理。

2018年，我国电子病历达到4级以上的三级医院渗透率不足10%，达到3级以上的二级医院渗透率不到50%。在达到卫健委2020年的要求之后，各级医院仍然需要继续提升医院信息化等级，预计未来两年依然是电子病历建设高峰期。三级医院和二级医院的电子病例应用水平见表4-4-1。医保局的设立，带来了医保信息化管理系统建设和升级的需求，DRGs系统的创新，将创造超过百亿元的市场空间。DRGs市场规模预算见表4-4-2。

表 4-4-1 二级医院和三级医院的电子病历应用水平

	电子病历应用水平（2016年）	卫健委要求2020年达到水平
三级医院	2.11	4
二级医院	0.83	3

表 4-4-2 DRGs市场规模预算

	数量（个）	单价（万元）	市场规模（亿元）
医保局端	334	300	10
三级医院	2639	200	50
二级医院	9250	100	90

资料来源：根据相关资料整理。

4.2 创星科技：大健康信息产业的代表性企业

4.2.1 公司简介

湖南创星科技股份有限公司（简称"创星科技"）成立于 2006 年 10 月，总部位于长沙市高新区麓谷软件园，专注于医疗行业信息化软件的研发和推广，是以健康医疗行业管理信息系统的研发销售、实施集成、服务支持为主营业务的高新技术企业，开设了智慧医院、医联体医共体、互联网医院、急诊急救平台、医保系统、健康大数据、慢病防控、智慧养老八大产品体系，致力于推动中国人口健康信息化和健康医疗大数据发展。

创星科技在长沙、武汉、广州、沈阳等地开设了 12 家分支机构，业务范围涵盖湖南、湖北、广东、广西、河南、安徽、云南、江西、贵州、甘肃、山东、辽宁 12 个省份，拥有 4000 余家合作医疗机构。2017 年，创星科技与专注于基层医疗卫生信息化行业的深圳市网通兴科技股份有限公司（简称"网通兴"）合并，整合了网通兴雄厚的技术实力和丰富的客户资源，打通了从省级到基层的医疗业务通道，助力创星科技成为"大健康信息产业的佼佼者"。

创星科技是一家典型的科技创新型企业，在企业的技术研发、管理创新等方面均做出了较大贡献。作为技术型企业，2013 年，创星科技介入 DRGs 绩效管理平台的研发。该平台根据患者的疾病情况，把患者分为若干个诊断相关组，通过大量数据分析，合理控制医保费用增长，帮助医院对科室和医生的服务绩效、医疗质量进行评价，减少患者就医时不必要的检验、检查、手术处置，减轻患者经济负担。

除此之外，创星科技还有费用管理云平台、病案首页云平台、临床诊疗规范监管平台、按病种收付费管理平台，都是面向医疗疾病管理、服务绩效、医疗质量、费用管理等前瞻性健康检查的业务探索。截至 2020 年底，创星科技拥有 400 余项发明专利及软件著作权。2020 年 11 月，创星科技"基于区块链的智慧健康养老大数据平台"的项目申报成功。该项目以"建立适合未来养老产业模式"为宗旨，将养老机构各职能部门、服务单元、老人及儿女、医养智能科技产品和医疗机构等连成一个整体，通过信息技术为老人提供生活、护理、娱乐活动等服务，利用大数据分析老人健康情况，进行健康服务的 PDCA（即 Plan、Do、Check、Act，计划、执行、检查、处理）闭环管理，在现有服务资源下，构建康养生态圈。

2017 年，创星科技顺应国家医改政策，开始探索医共体建设。凭借多年的市场经验与技术人才优势，创星科技为医共体改革提供了一个互联互通的信息化平台，对县级地区一个个医疗信息孤岛进行互联互通，连点成线、聚线成面。据了解，创星科技在全国同类做医疗信息化的企业里，是最早进行医共（联）体信息化开发和提供相关服务的，比同行提前了三年。此外，创星科技还打造了城市级的区域平台，对地市甚至省级区域内的所有医院进行联通，通过信息化平台进行整合，实现信息的互联互通，最终促使区域内医院在医疗数据、公共卫生、民众健康、政府监管四个层面实现云化管理。

2020年9月，创星科技与株洲市国投集团签订了"智慧医疗"项目，对接株洲卫生健康工作的整体要求，推动"以患者为中心"向"以健康为中心"转变，帮助当地实现区域医疗健康信息化建设。目前，创星科技拥有DRGs平台、互联互通平台和评测平台。未来，随着"健康中国2030""健康湖南"等项目的推进，创星科技将坚持以"以人为本、心怀感恩、用户至上、追求卓越"为核心价值观，结合大数据、移动互联网、云计算及物联网等多领域技术，用先进的理念和优质的服务，推动互联网+健康医疗的蓬勃发展。

4.2.2 产品服务

（1）产品体系。创星科技作为中南地区大健康信息产业领军企业，拥有健康信息产业完整的产品线和融合解决方案，通过智慧医疗系统研发服务、健康与养老信息服务，满足不同客户的差异化需求，实现"健康中国、健康城市"建设的新追求。创星科技的产品体系分为六大块：智慧医院、智慧医疗、智慧养老、智慧医保、健康大数据、生态整合。

（2）核心产品。创星科技是一家以技术为核心的高科技企业，公司的产品和技术主要服务各大中型医院、专科疾病防治机构、各级医疗卫生行政管理机构。目前，公司核心产品主要分为以下两类：一是以医院信息集成平台、HIS、EMR、LIS等医疗机构主要应用系统为核心的智慧医院信息化产品，以及健康体检、移动医护、护理管理、急诊急救、协同办公等医院业务和临床管理应用；二是以全民健康信息平台、医共（联）体信息平台等区域信息平台为核心，汇聚区域内的医疗机构信息数据，外加健康档案浏览器、决策分析、远程医疗、家庭医生签约、互联网医院等基于平台数据中心的业务应用，为政府行政主管部门和医共（联）体总医院提供区域健康医疗信息化整体解决方案，不断提升人们的就医体验和健康水平。

（3）创星医院信息系统（HIS）。HIS是一个用于诊疗方面、能够覆盖医院所有业务和业务全过程的信息管理系统。它以患者为中心，以电子病历为核心，以"提高患者安全、医疗服务质量、运营效益和科研创新"为目标，基于面向服务的架构SOA与业务操作数据库ODS，对全院的信息资源（人、财、物、医疗信息）进行全面规划、设计和整合，打通各个业务系统的信息接口，实现全院级别的"互联互通、信息共享、业务协同、智能决策"。在区域范围内，它支持以患者为中心的跨机构医疗信息共享和业务协同服务，推动医院医疗服务业务持续发展与创新。

（4）创星医院信息管理系统。创星医院信息管理系统基于微服务化的中台架构，聚焦核心医疗需求，是现有集成平台架构 HIS 产品的升级版。系统采用了先进的语言开发及管理平台，使整套系统集易用性、安全性、可靠性、先进性、扩张性、规范性于一体。与其他信息系统相比，创星医院信息系统具有以下优势：能够动态、高效地对医院资产进行管理，在医疗资产的运营过程中提供服务与帮助；能够全面支持医院临床、管理和科研数据的收集和分析，提供科学的决策；能够提供各种报表，有利于医院的高效率、低成本管理；拥有强大的扩展能力，能实现与各种外部系统对接，如银行自助系统、公共卫生平台、远程医疗等，并支持总分院版（一院多址）模式，能为集团化医院的未来发展提供强有力的技术支撑。

（5）医共（联）体平台。医共（联）体平台的设计目标是把医疗卫生工作的中心放在保障市（县）域老百姓的健康上，平台设计以健康中国的目标为参考，医改目标为支撑，老百姓满意为基础，整合市（县）域的实际情况，实现资源共享的最大化，创新医保支付模式。重点探索以"县医院为龙头，乡镇卫生院为枢纽，村卫生室为基础"分级诊疗的县乡一体化管理，并与乡村一体化有效衔接，充分发挥县医院的城乡纽带作用和县域龙头作用，形成乡村医疗卫生机构分工协作机制，采用"医保总额预付、结余利用"等制度，构建县、乡、村三级联动的县域医疗服务体系。

4.2.3 核心竞争力

（1）高端的专家资源。由中国科学院陈润生院士带领的生物信息学和精准医疗专家团队，通过完整的基因组测序，进行健康评估，科学地预防与处置疾病；负责基因检测、标记物检测，对肿瘤、老年痴呆、遗传病进行早期诊断、早期治疗和精准医疗。由中国工程院王陇德院士带领的卫生决策管理和预防医学团队，从 2011 年开始在全国 31 个省份完成了 40 岁以上 450 万人筛查任务，建立起卒中防控人群队列，目前正在进行随访干预；该团队在 2017 年启动了心脑血管病综合筛查防控重点研发计划项目。由中国科学院顾瑛院士带领的激光医学和临床医学团队，致力于将激光医学基础理论研究向临床应用转化，用于可穿戴式光学康复治疗设备的研发、基层医疗卫生服务、家庭医生签约服务、分级诊疗等。

（2）体系化的持续研发能力。公司旗下自主产品线丰富，能够满足医疗信息不同层级客户的核心需求，以 HIS 系统为核心的院内信息化系统、以医共（联）体为代表的区域医疗信息化平台、以互联网医院为代表的创新业务等产品矩阵已经形成。2018 年、2019 年研发费用在收入中的占比分别为 11%、16%，研发技术人员占比为 37%，与行业龙头企业配置相当。微服务架构的 HIS5.0、医共体及互联网医院等创新产品已完成产品化开发并投入市场，得到了客户端的认可。

（3）创新业务的先发优势。创新驱动是发挥先发优势、实现引领型发展的关键。创星科技的 HIS5.0、医共（联）体、互联网医院等创新产品先行于政策，能在与卫宁健康、东软集团等一线品牌的市场竞争中获取一定的市场份额。

(4)深厚的市场资源。从客户数量上看,2019 年新客户占比 56.3%,老客户占比 43.8%,见表 4-4-3。

表 4-4-3 2018—2019 年新老客户对比

类别	2018 年 客户数	2019 年		
		新客户	老客户	小计
客户数量	482	261	203	464
项目数量	817	324	475	799
新/老客户数量占比(%)	—	56.3	43.8	—
项目总金额(万元)	21 804.6	9451.6	10 180.5	19 632.1
新/老客户项目金额占比(%)	—	48.1	51.9	—

资料来源:根据相关资料整理。

创星科技作为湖南区域市场的龙头企业,院内 HIS 存量客户多、覆盖面广、黏性强,未来二次销售机会大。存量客户的维护费用保障公司可以持续经营,未来业绩增量则依靠创新业务不断拉动。2018—2019 年创星科技产品销售与运维服务收入对比如图 4-4-2 所示。

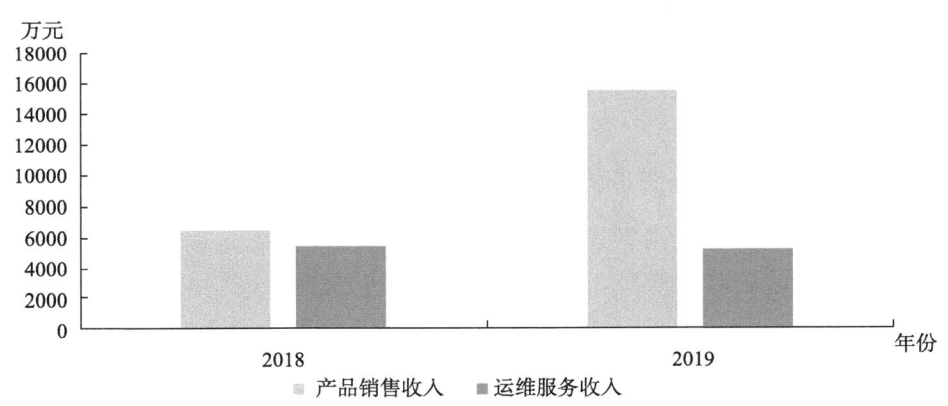

图 4-4-2 2018—2019 年创星科技产品销售收入与运维服务收入对比

资料来源:根据相关资料整理。

4.2.4 业务规划

未来五年,公司首先将紧紧围绕"自主可控新一代信息技术"打造创星新一代集成平台,对原有医院信息化系统进行技术升级、替换,以及扩大市场份额;其次,围绕"健康信息产业大数据应用和运营",为医院、医生、医疗机构监管者、患者以及企业提供健康医疗数据增值服务。创星科技将从医院内部信息化技术提供商逐渐过渡到智慧医疗服务商,形成以智慧医院、智慧医疗、智慧医保与健康大数据管理增值服务双轮驱动的新发展模式。

4.2.5 盈利预测

创星科技营业收入及净利润预测（2020—2022年）见表4-4-4。

表4-4-4　创星科技营业收入及净利润预测（2020—2022年）　　　　单位：万元

指标	2020年	2021年	2022年
营业收入	24 000	36 000	64 000
净利润	3200	4800	7500

资料来源：根据相关资料整理。

在传统业务方面，创星科技要对临床系统进行新建和升级，特别是电子病历等级测评、互联互通业务，要深度挖掘存量客户的潜力；聚焦推广医院新一代信息集成平台，对医院原有信息管理平台的替代和传统架构HIS的微服务化进行升级改造。

在创新业务方面，2020年创星科技计划开展10个县域医共体建设项目，未来五年将建设县域医共体的业务保持在50%以上的增长，且合作方式将深入到医共体数据增值服务业务领域。截至2020年底，湖南省批复了20家互联网医院，而创星科技原客户中要求建设互联网医院的达到300多家。在帮助实体医院建造互联网医院的同时，创星科技计划从妇幼专科医院入手，开展互联网医院运营业务。

4.3 湖南股权交易所为创星科技冲击IPO提供贴身服务

4.3.1 登上湖南股权交易所"科创专板舞台"

2019年11月28日，湖南省政府出台了《关于加快推进企业上市的若干意见》（以下简称《意见》），启动"破零倍增"计划。《意见》提出，在湖南省区域性股权市场设立"科技创新专板"。在此指引下，由湖南省地方金融监管局牵头，省科技厅、省工信厅、省财政厅、湖南证监局共同推出的科技创新专板于2020年3月20日在湖南股权交易所正式开板，正式迎来首批16家企业挂牌。创星科技作为第一批在湖南股权交易所科技创新专板挂牌的企业之一，参加了开板仪式。

4.3.2 走访沟通，对接投融资，加大品牌宣传

2020年3月24日至4月25日，湖南股权交易所董事长易卫红、总经理余春晖、副总经理谢海宁，湖南省技术产权交易所副研究员周利平分别带领由投资机构代表、投行辅导专家等组成的团队，对科技创新专板企业进行了实地走访，与企业负责人及高管团队进行了座谈交流，现场调研企业的基本情况及服务需求，并对企业提出的战略规划、上市路径及商业模式优化等问题给予了指导。根据第一轮走访情况，湖南股权交易所分类梳理了企业的共性需求和个性需求，初步形成了走访调研及服务工作计划报告。

在宣传方面，湖南股权交易所为创星科技引荐财信金控旗下财信证券、财信产业基金以及其他合作金融机构进行对接；针对其品牌宣传需求，引荐《经视观察》栏目组对其进行采访报道，并联合红网在"掘金四板"栏目进行了专题报道宣传。

4.3.3 规划上市路径，助力企业转型

上市既是企业发展初期的美好愿景，也是企业快速发展乃至成熟阶段重要的融资方式。权衡各种上市方案，并据以设计上市路径，对于亟须获取发展所需资金或改善股权结构的企业而言，无疑有着重要的意义。

2020年5月下旬，创星科技参加了湖南股权交易所与湖南省技术产权交易所为首批挂牌科技创新专板企业举办的"上市路径规划"和"企业转型升级"2场科技创新专板企业专场"私董会"活动。会上，就上市路径、企业价值、股权激励、财税规范、战略发展、商业模式等问题展开激烈讨论，教练团纷纷从专业角度及不同领域出谋划策，参会企业也积极分享自己公司的管理经验，各位董事长同频共振、抱团发展。

2020年6月9日，创星科技参加了由省地方金融监督管理局指导，湖南股权交易所与上海证券交易所共同主办的湖南省科创专板企业"走进上交所"专场活动。企业代表表示收获颇丰，不仅近距离感受了上市氛围，还直接和交易所建立联系，获取宝贵的上市经验。

4.3.4 "线上+线下"，融资路演引资金

在资本行业有句话："不懂路演，何谈融资。"路演能架起企业与金融机构之间的桥梁，帮助企业展示产品项目、梳理商业模式，为优秀企业提供与资本紧密对接、实现产融互动、展示自身形象、提升知名度和影响力的宝贵契机，进一步解决企业融资难问题，助推企业转型升级、创新发展。

2020年7月9日，湖南股权交易所联合长沙高新区科技金融服务中心承办"Pre-IPO企业资本对接会活动"，并为科技创新专板企业创星科技等6家企业全程提供商业计划书辅导。湖南股权交易所联合深交所全资子公司深圳证券信息有限公司，通过"线上+线下"的模式，现场向100余家投资机构进行路演推介，线上面向全国近万家投资机构进行路演推介。此外，湖南股权交易所还多次组织财信产业基金、湖南发展、兴湘投资、湘投新兴产业基金、维凯资产等省内外投资机构走访创星科技，面对面进行投融资对接。经过多轮沟通对接，由财信产业基金管理的"两山基金"科创子基金将参与企业本轮增资。

4.3.5 持续入局IPO融资，实现跨越发展

创星科技自2020年初登陆湖南股权交易所的科技创新专板以来，在资本市场的知名度得到了很大提升，比同行竞争对手具有先发优势，引起了更多专业机构和投资者的关注。创星科技的融资渠道得以拓展，融资能力不断增强，经过持续与投资机构进

行对接沟通，已经实现 6900 万元股权融资。目前，新一轮的股权融资也将完成，两轮融资累计将实现 1.4 亿元股权融资。

2020 年 3 月，在财信金控的大力推动下，由财信金控、财信证券、财信产业基金、湖南股权交易所发起设立"岳麓山科创基金"，通过市场化方式投向湖南股权交易所科技创新专板挂牌企业。基金规模 4 亿元，目前首期出资款已到位，已组织 4 次投决会，审核 5 个项目，完成对创星科技、迈克森伟项目的投资款支付（共 1500 万元），即将向中晟全肽、汇思光电、锐异资环等过会项目支付投资款（预计投资近 2500 万元），已对宏旺环保等多个项目实施立项。截至 2020 年底，科技创新专板挂牌企业累计实现融资 7.45 亿元，包含股权融资 3.81 亿元、债权融资 2.59 亿元、股权质押融资 1.05 亿元。其中，东映碳材实现股权融资 1.45 亿元、中晟全肽 1.0158 亿元、创星科技 0.69 亿元、云港生物 0.65 亿元，宏旺环保实现股权质押融资 1.05 亿元。

尾声

创星科技是湖南省规模最大的医疗信息化企业，中南地区医疗信息化第一品牌，拥有 400 余项软件著作权，目前致力打造的医共（联）体互联网医院建设模式，正在改变和促进中国基层医疗的发展。在湖南省区域性股权市场科技创新专板挂牌，是创星科技发展史上的重要里程碑，将为其今后的发展注入更大的动力。创星科技会在稳健经营、不断开拓创新的基础上，创造更加辉煌的成就。在湖南股权交易所挂牌是创星科技走向资本市场的第一步，之后它将加强企业的管理，规范企业的行为，加快提升企业生产经营水平，真正融入资本市场，争取早日在主板上市，为"智慧医疗"与"健康管理"的高效率做出应有的贡献。

第5章

普济生物:"八步曲"助力业绩倍增

长沙普济生物科技股份有限公司(简称"普济生物")于2010年成立,2017年完成股改,登陆湖南股权交易所标准板。公司营收从挂牌时的不到1000万元,到2021年有望突破1亿元,在不到4年的时间内,实现了爆发式增长,其内在逻辑是什么?在市场体系中,因为竞争激烈、不确定性等多种因素,小微企业的生存与发展非常困难,以至于为小微企业提供资金属于高风险投资行为。但是,小微企业是一个社会经济内生发展的基本细胞,是社会经济创新的主要载体,没有小微企业,社会经济体系的创新能力就会大打折扣。因此,为小微企业提供资金支持,是促进社会经济内生发展的重要举措。

目前,融资难、融资贵已经成为制约小微企业发展的桎梏。近年来,为帮助小微企业走出融资困境,政府与社会各界均做出了一系列探索,创新了金融合约产品,甚至设置了不少"中小微企业融资风险补偿基金",但是并没有从根本上解决问题。以银行为主的金融体系的融资合约技术既不能解决小微企业的信用问题,也不能解决其未来的风险补偿问题。因此,通过资本市场的发展改变小微企业的融资合约,是推进我国中小微企业进一步发展的重要制度创新。资本市场以相对成熟的市场化配置机制,通过对风险进行合理定价,引导分散的社会资金注入中小企业,从而促进企业创新发展,成为社会经济价值创造的新源泉。

一个完善的资本市场体系,应该是一个能够满足企业生命周期不同阶段的资金需求的多层次资本市场体系。作为多层次资本市场塔基的区域性股权市场,在多层次资本市场体系中占据重要地位。因此,国务院、中国证监会将区域性股权市场的建设作为金融基础设施予以支持。2017年以来,国务院办公厅、中国证监会先后发布《关于规范发展区域性股权市场的通知》(国办发〔2017〕11号)、《区域性股权市场监督管理试行办法》(证监会令第132号),明确区域性股权市场是小微企业的融资中心。湖南省区域性股权市场起步于2010年,是湖南省唯一的非上市企业股权登记托管、股权融资和股权交易一体化平台。事实证明,通过湖南股权交易所来引导企业对接多层次资本市场,帮助企业解决融资难题、提升核心竞争力,助力企业快速发展,非常有效,普济生物就是一个典型案例。

普济生物是一家以从天然植物中提取的氨基酸表面活性剂为产品的高科技企业。

氨基酸表面活性剂属于新材料中的精细化学品，是新型表面活性剂制备与应用技术的子项目，属于国家重点支持的高新技术产业。其产品有利于绿色消费理念在洗护市场上的普及。表面活性剂是洗护产品不可或缺的成分。2017 年 PCSD 报告数据显示，2016 年全球表面活性剂市场突破 425 亿美元，阴离子型表面活性剂市场份额约占 40%，市值近 170 亿美元；其他阴离子产品产量约为 140 万吨，其中氨基酸型表面活性剂（100%活性物）产出超过 6.8 万吨，较 2015 年增长 23.5%。全球氨基酸表面活性剂市场价值在 2017 年达到 15.77 亿美元，预计到 2024 年底将达到 25.43 亿美元，2017—2024 年的复合年增长率为 7.06%。有数据显示，氨基酸表面活性剂的全球销售量从 2013 年的 38 471 吨增加到 2017 年的 55 885 吨，复合年增长率为 9.8%。2017 年，全球氨基酸表面活性剂市场由中国主导，欧洲是全球第二大市场。据不完全统计，我国氨基酸型表面活性剂的年均生产和消费量已经超过 20 万吨。味之素、科莱恩、Sino Lion、Zschimmer & Schwarz 和普济生物是目前氨基酸表面活性剂行业的领军者。

5.1 日化行业"弄潮儿"：普济生物的崛起之路

5.1.1 以做药之心，行创业之路

2010 年，长沙普济生物科技股份有限公司成立，其所研发的氨基酸表面活性剂可以取代传统的石油提取物，用于洗护产品，是纯天然植物提取物。这么好的产品在推向市场之初，也曾面临巨大的挑战。

2003 年，李今微（现普济生物董事长）从湖南食品药品职业学院的药物制剂专业毕业后去了一家制药企业打工，凭着勤学好问和一股子冲劲儿，她在 3 年时间里便拿出了 3 个新产品研究成果。也正是那时，这个中专毕业的浏阳妹子，在制药厂里许下了自己的创业愿望。创业虽然有了一定技术作为支撑，但找资金、谈合作并不容易，尝试了很多次，都失败了。资金不足，厂办不了，那就从干个体户开始。2006 年初，她在老家浏阳租下一栋民房，拉上亲戚朋友，办起了制作甾体化合物（一种医药原料）的小作坊。

一个偶然的机会，李今微到美国参展时发现氨基酸表面活性剂在国际洗护行业得到广泛应用，产品供不应求，但当时在国内市场仍处于空白。经过仔细调研，她决定从生产医药原料药转型生产以氨基酸表面活性剂为主的日化原料。在创业路上，她始终谨记一点：要用做药的态度去做企业。她曾说："我是做医药原料药出身，现在做日化原料，我觉得（两者）是相通的，都是做原料，要以做医药的心态把日化的原料做好。"经过多年的苦心经营，昔日的那间民房内的小作坊，已经成长为现在的长沙普济生物科技有限公司，是一家集研发、生产、销售于一体的高科技企业，年产值即将跨越亿元大关。

5.1.1.1 公司发展历程

普济生物坐落在美丽的国家级浏阳经济技术开发区，是一家集研发、生产、销售于一体的氨基酸表面活性剂龙头企业、高新技术企业。2015 年通过了 ISO22716 和 ISO9001 质量管理体系认证、ISO14001 环境管理体系认证及可持续棕榈油圆桌会议（RSPO）供应链认证，产品质量达到国际标准要求。普济生物在氨基酸表面活性剂领域获得 4 项发明专利和 17 项实用新型专利的授权，拥有成熟的应用配方技术达 200 多项。普济生物已与江南大学、中国日用化学工业研究院等科研机构建立了长期的战略合作关系，初步建立起产学研一体化的发展模式。目前，公司主要代表产品有月桂酰基谷氨酸/钠、椰油酰基谷氨酸/钠等，为国内外 800 多家化妆品及日化品牌公司提供原材料，销售网络遍布全世界。普济生物的发展历程见表 4-5-1。

表 4-5-1 普济生物的发展历程

年份	发展历程
2010	普济生物在浏阳经济技术开发区成立
2012	被评为"与创业同行"活动优秀企业；"环境友好型日化用月桂酰基谷氨酸钠技术开发与产业化"被评为长沙市科技重点项目
2013	企业被评为"湖南省高新技术企业"
2014	产品达国家及国际标准；被评为年度安全生产工作先进单位
2015	获得"浏阳市青年创新创业大赛"二等奖；通过 ISO22716 化妆品良好生产规范国际质量体系认证；获得年度优秀专利奖
2016	成立氨基酸表面活性剂研究院并与江南大学签订战略合作协议
2017	在湖南股权交易所标准板挂牌
2018	入选中国化妆品供应链百强企业；在湖南长沙举办中国氨基酸型表面活性剂高峰论坛

资料来源：根据相关资料整理。

5.1.1.2 主营业务

普济生物的主打产品为氨基酸绿色表面活性剂，形成了氨基酸原材料、氨基酸洗护代工、氨基酸洗护品牌运营三大业务主体，提供安全环保的新型日化产品全套解决方案。主营产品包括：氨基酸原料——酰基谷氨酸系列（月桂酰基谷氨酸、月桂酰基谷氨酸钠、椰油酰基谷氨酸等）、酰基甘氨酸系列（月桂酰基甘氨酸、月桂酰基甘氨酸钠等）等；氨基酸洗护成品——洗发水、沐浴露、护发素、洁面凝露、洗衣液、洗洁精；氨基酸儿童洗护产品。目前，酰基氨基酸表面活性剂产品种类齐全，产品销往我国台湾地区，以及日本、美国、新加坡等地，为国内外 800 多家化妆品及日化品牌公司提供原材料，获得客户的一致好评。

5.1.1.3 商业模式

讲清楚企业的商业模式，是进入资本市场的一个基本要求。商业模式是利益相关者的交易结构,是对一个组织创造、传输和捕捉价值的理念和行为的总称。随着消费升级,人们不断追求绿色、健康品质,以传统的石油提取物衍生出来的硫酸盐类表面活性剂安全问题也逐渐暴露出来,研发更安全环保的氨基酸表面活性剂成为新的趋势,市场空间巨大。普济生物能够敏锐地捕捉到这个市场机遇,并通过研发、生产氨基酸表活剂获得商业收益,是一种典型的企业家行为。

普济生物研发、生产的氨基酸表面活性剂是一种新型绿色产品,属于日化行业细分市场,为所有下游生产洗护产品的企业提供原材料。普济生物是氨基酸表面活性剂的质标企业,在产品研发上拥有庞大的研发团队以及十多项专利,与科研机构达成长期战略合作关系,建立了产学研一体化模式。通过整合上下游产业链,筹建洗护品原料联盟,使企业有了稳定的原料供应商,生产管理更加专业、精细,且降低了营销成本,增强了市场竞争力。联合下游公司在成品研发、生产和 OEM 代加工方面进行整合,形成氨基酸表面活性剂原料生产、日化用品 OEM 代加工氨基酸洗护产业链,在保证公司产品质量和安全性的同时,带动普济生物的原材料销售,实现双赢。

通过整合部分下游公司的优势品牌资源,拓宽氨基酸表面活性剂原材料+品牌竞争优势。一系列的产业链整合,使普济生物拥有一定的价格优势、品牌竞争优势和产品质量保证;与著名的大企业,如花王、欧诗曼、珀莱雅、御泥坊等建立了长期合作关系,客户黏性增大。在品牌孵化和产品销售方面,则参照轻资产运营的阿米巴模式,采取了类似"农村包围城市"的渠道分包策略,采用代理商模式,在华东、华南地区均已拥有成熟的代理商和产品分销渠道,将产品推向全国乃至日本、美国等其他国家。

5.1.2 独具竞争优势,抢占市场

(1) 确立品牌理念,打造绿色化工企业典范。

普济生物在成立之初,即确定了"发展生物科技产业,健康人类"的企业经营理念。10 年来,普济生物之所以一直专注于氨基酸表面活性剂的研发、生产和销售,是因为氨基酸表面活性剂较传统石油基表面活性剂更加温和、绿色和安全,能够给用户更加美好的体验。普济生物希望把越来越多好的产品带给客户和消费者,让人们的洗护更加舒适和安全。因此,"发展生物科技产业,健康人类"既是普济生物的企业使命,也是其肩负的社会责任。为了使绿色产品造福更多的用户,公司坚持以"普惠天下,济世于民"为宗旨,发挥"求真务实、鼎力创新、开拓进取、敢为人先"的精神,致力发展成为国际上最大的氨基酸大健康洗护产业基地。普济生物秉承"科技创新谋发展,诚信质量创品牌"的经营理念,不断创新科技,注重产品的绿色、健康,致力将产品做到极致,成为绿色化工企业典范。

（2）自主研发，进军高新技术企业。

普济生物研发团队成员众多，其中博士、研究生、本科、大专等专业人员达到80%~90%，成立了拥有众多科技人才的氨基酸表面活性剂研究院，并与多所高校、科研机构建立了合作关系。2016年，成立氨基酸表面活性剂研究院，并与江南大学化工材料学院形成战略合作关系，同时与湖南食品药品职业学院以及中国轻工业日化研究院等多所高校研究院建立了长期的战略合作关系。2017年，普济生物和江南大学合作成立了氨基酸表面活性剂联合实验室，为双方提供人才和技术交流搭建了良好的平台。2018年，普济生物与江南大学化学化工学院签订了两项校企合作合同——《氨基酸表面活性剂高效绿色合成技术及其应用性能和产业化研究》《氨基酸洗护产品开发及应用研究》，借助江南大学丰富的研发资源，进一步加快了公司产品开发的进度，提升了研发效率。

普济生物总占地面积8万余平方米，现使用面积2万平方米，目前拥有现代化厂房5栋（含生产车间、成品仓库、原料仓库）及标准环保节能生产线，拥有30多台2吨和5吨反应釜。普济生物还拥有高效液相色谱、气相色谱等多种高端检测仪器，为氨基酸型表面活性剂的生产与研发提供了丰富的硬件资源。

普济生物于2010年开始布局酰基氨基酸表面活性剂领域，经过10年发展，在该领域积累了丰富的产品开发经验，开发了脂肪酰谷氨酸型、脂肪酸甘氨酸型、脂肪酸丙氨酸型和脂肪酸肌氨酸型等多种工艺稳定的粉体或液体产品。在调研、学习国内外先进技术的基础上，普济生物组织研发力量进行消化、吸收，通过自主研发，辅以参考国际新技术、新配方，对产品的配方、生产工艺进行创新，形成了大批拥有自主知识产权的创新产品，沉淀了技术，锻炼了队伍，培养了人才，在相关技术领域形成了一系列核心技术，达到国内领先水平。普济生物拥有多项发明专利，其中3项已取得国家知识产权局证书，1项已向国家知识产权局申报。截至2018年底，普济生物已获得4项发明专利和17项实用新型专利授权，拥有成熟的应用配方技术200余项，在国家标准公开信息网上平台共计公开产品标准15项，拥有成熟的产品生产工艺技术50余项。这些资源的整合和平台的建立无疑为普济生物的进一步发展打下了良好的基础。

（3）产品创新，抢占市场份额。

科技型企业的生命力在于创新，而在氨基酸洗护领域这个寡头格局基本形成的市场上，创新过程常规化已经成为其商业模式的有机组成部分。创新过程的常规化所导致的一个结果就是预期利润的性质发生了变化，这种结果同时也是创新常态化的一个原因。由此可见，普济生物只有保持创新活力，才能确保在市场上的竞争力。在氨基酸洗护产品这个日益扩大的市场上保持龙头地位，对于公司的未来资本市场之路，具有战略意义。

氨基酸洗护产品井喷式的发展源于消费者对洗护安全的关注。硅油、二恶烷、致癌物质等不安全因素一直困扰着消费者，安全性和环保性已成为洗护用品选择的首位考虑因素，氨基酸洗护产品安全环保、绿色无污染的特点正好迎合了当前人们对健康洗护和环保的需求。氨基酸表面活性剂是一种环保、安全的新型绿色表面活性剂，是十二烷基硫酸钠（SDS）、月桂醇聚醚硫酸酯钠（AES）等传统石油基型表面活性剂的理想替代品，越来越受到市场和消费者的欢迎，正处在产品生命周期的稳步增长阶段，因此，其市场潜在进入者也将呈现上升趋势。

从中国日用化学信息中心统计的 2017 年酰基氨基酸表面活性剂产品统计数据（见表 4-5-2）可以看出，目前国内氨基酸型表面活性剂企业有南京华狮、广州天赐、普济生物、广州壹凡、格瑞特（张家港）化学等。普济生物是为数不多的专业做酰基氨基酸表面活性剂的企业之一，其他企业均大多从事多元化经营。例如：国内酰基氨基酸表面活性剂龙头企业南京华狮，除了生产酰基氨基酸表面活性剂之外，也为个人护理行业提供一系列特殊化学品和功效性原料，包括美白、防腐、调理、乳化、增溶和防晒等，产品多元化；广州天赐实施的战略也是多元化经营，最早主要生产电解液，一直以电解液为其支柱产业，后来发现酰基氨基酸表面活性剂比较有前景，才开始布局，经过几年发展，在国内酰基氨基酸表面活性剂行业也占有一席之地。

表 4-5-2　2017 年酰基氨基酸表面活性剂产品统计数据

序号	企业名称	产出（吨）
1	南京华狮	6800
2	广州天赐	2600
3	普济生物	2500
4	广州百孚润	2310
5	广州壹凡	980
6	苏州元素集	140
7	广州同隽	60
8	丹东安康	440
9	格瑞特（张家港）化学	640
10	日本味之素	1455
11	其他企业	750
合计		20 275

资料来源：根据相关资料整理。

国外的氨基酸表面活性剂企业主要是日本味之素。日本味之素是世界十大食品企业之一，在全球拥有114家公司，主要生产氨基酸、加工食品、调味料、冷冻食品等。味之素是世界第一大氨基酸生产厂商，在食品、饲料、医药品等领域的氨基酸市场中，占有较高的市场份额。在氨基酸领域，味之素的竞争力在于大量生产氨基酸的生产技术以及稳定的氨基酸供给能力。味之素在日本国内外有27个生产据点，制造了近20种氨基酸。

在技术上，普济生物的氨基酸表面活性剂产品并不落后于日本味之素。氨基酸表面活性剂产品具有良好的发泡性能，对硬水不敏感。有关发泡能力的研究对洗涤过程具有重要意义，泡沫可有效阻止被洗涤下来的污物返回到被洗物上面。因此，发泡能力可作为选择表面活性剂的一项重要参数。通过比较普济生物和日本味之素的月桂酰谷氨酸钠（AG02）在不同pH值下的发泡性（如图4-5-1所示），可以发现：随着pH值的升高，月桂酰谷氨酸溶液的起泡能力先增加后降低，在广泛的pH下有着优良的起泡能力，在弱酸性条件下（pH=5.5±0.5），其发泡性能最好。在这一点上，普济生物生产的月桂酰谷氨酸钠比日本味之素的表现更加突出；而这个pH值接近人皮肤的pH值，使皮肤触感更加舒适、柔润。通过比较月桂酰谷氨酸钠［长沙普济生物（AG02）、日本味之素（LS-30）］、月桂酰肌氨酸钠［普济生物（AG02）、日本味之素（LS-30）］、脂肪醇聚氧乙烯醚硫酸钠（AES）、月桂醇磺基琥珀酸酯二钠（L-530）、甲基月桂酰基牛磺酸钠（LMT-30）这几类阴离子表面活性剂在20℃下的100克自来水中的发泡性（如图4-5-2所示），发现氨基酸表面活性剂同传统阴离子表面活性剂相比，具有良好的起泡性能，泡沫适中，更适合洁面洗护产品。普济生物生产的月桂酰肌氨酸钠的发泡性可比肩日本味之素，月桂酰谷氨酸钠的发泡性甚至略高于日本味之素。

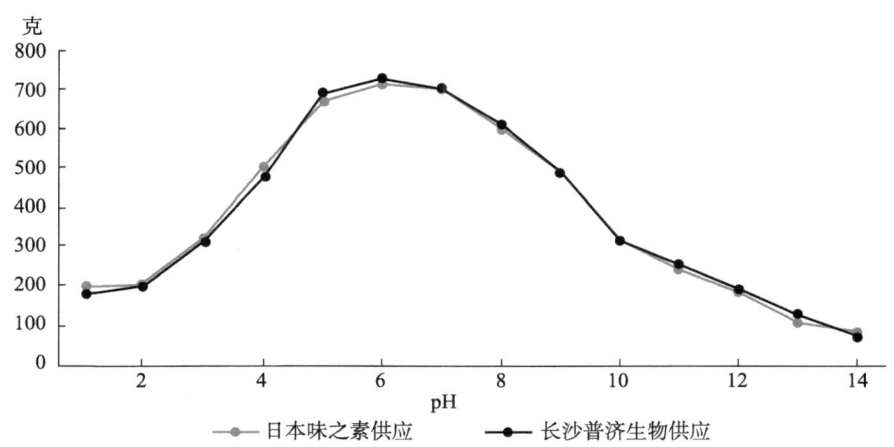

图4-5-1　月桂酰谷氨酸钠［长沙普济生物（AG02）、日本味之素（LS-30）］在不同pH值下的发泡能力

资料来源：根据相关资料整理。

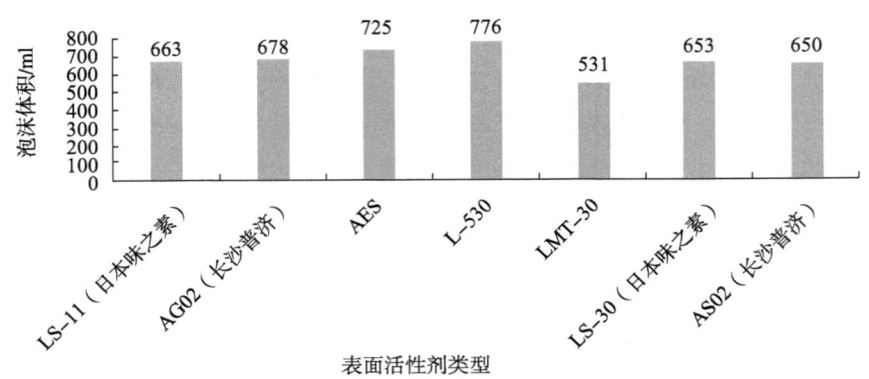

图 4-5-2 氨基酸表面活性剂与几类传统表面活性剂的发泡性测试对比

资料来源：根据相关资料整理。

由此可见，近年来国内的氨基酸表面活性剂行业通过不懈努力，取得了很大进步，在一些方面可以与国际大牌原料并肩，甚至部分产品已经超越了它们。从技术指标上来说，普济生物与日本味之素不相上下。从价格上来看，普济生物存在着价格优势，随着原料联盟的建立，普济生物的营销成本将进一步下降，产品的价格也将占据更大优势。从市场层面来看，普济生物已经抢占了日本的一部分市场，比如日本花王。日本花王是全球500强企业之一，主营洗护产品、婴幼儿产品。如今，花王采购来源从日本味之素转移到普济生物，并与普济生物每年签订几千万元的合同，且花王旗下的产品珂润就是用普济生物提供的原料生产出来的。这进一步表明，普济生物的产品指数可以与日本味之素相媲美，不管是从产品质量还是价格上，市场都认可了普济生物的产品。

5.1.3 "烧钱"加大生产建设，实现产能高效运转

2015年，全球经济整体下行，然而对于普济生物来说，却是收获满满的一年。该公司投资500万元，停产3个月，对生产设备和产品研发实验设备进行了全面升级改造，为公司产品质量以及市场竞争力的提高奠定了物质基础。以前是在暴露的空间里生产，产品中难免会出现杂质，产品纯度在90%左右；新建生产线在密闭的无尘车间，生产出来的产品纯度超过95%。

2020年复产后，全公司实现了高效运转，年产能增加了40%以上。据统计，2016年国内氨基酸表面活性剂的总产量为5万吨，市场规模为10亿元，同比增长22%。国内氨基酸生产企业约有15家，普济生物的产量和销量在全国居第二位，同比增长速度在30%以上。随后，普济生物又一举通过了欧盟化妆品良好操作规范（GMP）指南及美国食品和药品管理局颁布的《化妆品良好操作规范指南》（2008）质量认证，为产品出口奠定了基础。

5.1.4 强强联合筹建原料联盟，抱团取暖整合供应链

原材料及设备的供应是洗护用品产业链上游的重要一环，其质量与品质以及是否

能够按期交货，决定了终端产品的档次和品质，也关系到氨基酸表面活性剂的交货期。企业若想存活，打通上游产业链、解决产品源头的质量问题是关键。由于上游供应商拥有较高的议价权，若能对上游供应商进行资源整合，将有利于原材料供应的稳定，实现关键原材料+氨基酸表面活性剂成品的纵向发展战略。普济生物将关键原辅材料采购提高到企业发展战略高度，由公司高层管理人员负责相关整合工作，和上游供应商签订战略合作协议，对氨基酸表面活性剂生产所需原辅材料和采购价格进行明确，减少因市场供需关系变化导致的价格波动。

在产业链整合过程中，普济生物已与上游供应商达成纵向发展的战略合作关系。供应商可以投资入股或 OEM 代加工方式，参与氨基酸表面活性剂的生产和管理经营，实现双方优势互补，成为利益相关方。2016 年，普济生物整合了供应链中的 40 家国内原料商，并筹建"环球洗护用品原料联盟"，欲通过降低营销成本，增强区域竞争力，提高客户忠诚度，使客户利益最大化。环球洗护品原料联盟是一个贯通洗护用品上游产业链的材料联盟，其中包括浙江和广东等地涉及上游生产的企业。该联盟一旦开始运作，20 多类优质洗护用品原材料及设备将被全部整合到一起。联盟内的产品都是高质量的品牌产品，成员之间资源共享、利益共存，共同促进氨基酸表面活性剂日化产品的全面推广。

环球洗护用品原料联盟建成后，除了对洗护用品生产质量提供保障外，还能给普济生物带来两大利好：一是有了稳定的原材料供应商，生产企业不用分心去四处寻找供应商，生产管理更加专业、精细，产品品质将得到保障；二是联盟的规模优势力量得到发挥，可以让生产企业节省更多的成本，有利于提高产品竞争力。普济生物要想打造一个生态闭环系统，供应链是非常重要的环节，寻求性价比最高的供应商对于像普济生物这样的生产制造企业来说至关重要，整个产业链上的各个环节都要能够及时调整，而环球洗护用品原料联盟"同产品价格最低、同价格质量最优、同质量服务最好"的理念，正迎合了目前绝大多数企业的需求。

5.1.5　启动集团化战略，采取阿米巴经营模式

作为日化行业细分产业链上的中小企业，普济生物更像是扮演着氨基酸表面活性剂"布道者"的角色。2017 年，普济生物发起建立氨基酸产业园区，并联合湖南艾丽科技实业有限公司、湖南艾咔洗护用品有限公司建设氨基酸表面活性剂体系产业链，包括氨基酸表面活性剂研发、氨基酸表面活性剂日化产品应用、氨基酸洗护品牌运营等。李今微个人控股的湖南艾丽科技实业有限公司（简称"艾丽科技"）负责氨基酸洗护产品开发及生产，拥有 150 多种成熟配方，为 OEM 客户提供代工服务。艾丽科技是国内唯一氨基酸表面活性剂体系含量达到 100%级别的生产企业，拥有 10 万级无菌洁净的生产车间，按照国际 GMPC（化妆品良好生产规范）标准建设，通过了 ISO22176 质量管理体系的认证，确保产品从里到外，从生产、包装到出厂全程处于无

菌状态。艾丽科技控股80%的湖南艾咔洗护用品有限公司则开发推出了"咔拉宝宝"儿童洗护电商品牌。

目前，普济生物已启动集团化战略，构建涵盖氨基酸表面活性剂原料生产销售、氨基酸洗护产品代加工、品牌运营销售的产业链体系；同时，与江南大学等高校合作，搭建了产学研合作平台。

5.1.5.1 产业链建设

普济生物产业链建设的基本思路是以氨基酸表面活性剂原材料的研发、生产和销售为主营业务，整合上下游资源，与上游供应商形成战略合作关系，参与氨基酸下游衍生品代加工生产和品牌孵化、运营和销售相关业务，建成以氨基酸表面活性剂为核心的"原材料研发生产—成品/半成品代加工生产—销售及品牌运营"的产业链纵向一体化全方位日化产品服务体系。

在产业链建设过程中，普济生物首先在空间上解决了上下游业务之间的障碍，项目建设共分为两期，一期占地面积32.8亩，于2014年投入使用，目前产能超过2万吨/年，二期占地面积91.8亩，于2019年开厂建设。二期项目位于湖南省浏阳经济技术开发区，其工程主要包括车间、仓库、环保设施、办公楼区、研究院楼倒班楼的建设，目的是为氨基酸表面活性剂及其衍生品研发、生产、销售提供物质保障。新厂建成后，总产能将超过15万吨，达产后产值可以达到20亿~30亿元，主营业务将涵盖原材料生产、成品/半成品代加工、品牌孵化和运营等业务。普济生物、艾丽科技和湖南艾咔洗护用品有限公司将整体搬迁至新厂，形成一条"原材料+成品+品牌"的上下游纵向一体化产业链。

其次，在下游资源整合方面，通过联合艾丽科技，形成氨基酸表面活性剂原料生产、日化用品OEM代加工氨基酸洗护产业链。艾丽科技在日化用品OEM代加工方面拥有较大优势：一是成本相对较低。由于公司厂址均在长沙，所以在氨基酸表面活性剂的采购及流通上，艾丽科技成本比一般的洗护OEM企业更低。二是技术保证。艾丽科技已掌握100%氨基酸表面活性剂含量的洗护用品生产技术，拥有独一的AAG专利技术。此项技术的运用可使生产出来的氨基酸洗护用品更安全，为OEM客户保证了产品质量和安全性。普济生物整合艾丽科技优势资源后，其OEM客户可同享艾丽科技创新技术成果。三是安全性。艾丽科技在进行氨基酸类洗护用品生产时，不添加任何不良组分，生产制程严格按照无菌洁净厂房标准化体系进行，从生产、包装到出厂全程处于无菌状态，以满足OEM客户对氨基酸洗护产品的安全需求。四是生产优势。艾丽科技有10万级无菌洁净生产车间，生产基地通过了ISO22176及GMPC化妆品良好生产规范质量管理体系的认证。月产能达100吨，可保质保量按期完成生产任务。五是品控优势。从原材料、半成品、包装材料到成品，均经过严格的检验，保障产品理化指标合格、性能稳定。六是配方种类多。目前，艾丽科技已拥有150余种成熟的应用配方，能为客户OEM代加工提供更多选择。通过将普济生物原材料生产优势资源与艾丽科技下游成品研发、生产和 OEM 代加工方面的优势资源进行整合，以艾丽科技较强的 OEM 代加工实力带动普济生物原材料销售，双方形成合力，共创双赢。

最后，进一步整合艾丽科技和湖南艾咔洗护用品有限公司两家公司的优势品牌资源，提升氨基酸表面活性剂原材料和品牌竞争优势，包括 OEM 代加工，品牌运营现已拥有"今玺""五点八"等氨基酸类洗护用品品牌。艾丽科技创立至今，拥有一批以胡建峰博士为主导的国内氨基酸洗护用品高端研究人员，会集了中医药学、化学、微生物学、植物学、药理学、皮肤科学、包装工程、色彩学等各学科专门人才，且公司已经培养出一支具有丰富经验的高端品牌运营团队，团队成员成功运营多个品牌，并参与多个上市企业的品牌建设。湖南艾咔洗护用品有限公司拥有一支成员均为 20~25 岁的年轻的品牌孵化和运营团队，其孵化的"咔拉宝宝"曾拿下德国 IF 工业设计大奖、儿童洗护行业优秀品牌称号等，在品牌界有较大的影响力。此外，普济生物可为客户提供从产品策划、产品设计、包装选择、采购、配方定制、生产、灌装、包装、出货、送检，直至物流的一站式服务，同时为客户节省了寻找化妆品加工厂、设计策划、包材、印刷厂等烦琐的过程。

5.1.5.2 产学研合作

日化企业应以研发为本，而研发的核心是人才，靠的是与高校的深度合作。企业通过采取产学研合作方式，可有效提升产品开发和产业化效率。普济生物通过与江南大学、湖南化工研究院等院校和科研机构建立长期战略合作关系，构建产学研一体化的发展模式，满足产品研发和技术升级的需求，实现科研成果转化。早在 20 世纪 70 年代初期，江南大学就开设了日用化学专业，是国内最早、最有影响力的化工专业之一，更是国内新原料、配方、新品研发等高科技人才的培育基地。普济生物植根氨基酸表活研发近 10 年，一直是国内氨基酸表面活性剂领域的龙头企业。科研院所提供技术、人才和科研设备等丰富的资源，普济生物则提供产业化场地、资金、人员等相关硬件资源支持，各方通过优势互补，可有效提升科技成果转化效率。

5.1.5.3 阿米巴经营模式

阿米巴经营模式是日本经营之圣稻盛和夫独创的经营模式，是指将整个公司分割成许多个被称为阿米巴的小型组织，每个小型组织按照小企业的方式进行独立经营。普济生物在品牌孵化和产品销售方面，参照阿米巴模式，采取了类似"农村包围城市"的渠道分包策略。原料销售和产品体系全部采取了分包方式，比如：其各地经销商和分公司是独立核算的承包方；其氨基酸日化产品的京东和天猫网店均采取外包方式运营。同时，普济生物积极参加中国国际化妆品、个人及家庭护理用品原料展览会（PCHI）、亚洲化妆品原料展（In-cosmetics）、法国巴黎化妆品展会等国内外化妆品及其原材料相关展会，时刻关注原材料最新发展动向，积极宣传公司最新产品。2018 年 8 月，普济生物在长沙成功举办了全国首届氨基酸表面活性剂峰会，邀请了公司所有的下游客户、战略合作伙伴及其他氨基酸表面活性剂使用客户或潜在客户，在国内乃至国际上引起了巨大的反响，为氨基酸表面活性剂业务的进一步拓展打下了良好的基础。

5.1.6 以新姿态角逐国际市场

普济生物是国内首家通过ISO 22716认证和GMPC认证的专业氨基酸表面活性剂生产企业，提供五大系列氨基酸表面活性剂——月桂系列、椰油系列、肉豆蔻系列、硬脂系列和棕榈油系列，可应用于氨基酸洁面皂、洗面奶、沐浴露等多种洗护产品。作为全球氨基酸表面活性剂领跑者和氨基酸表面活性剂国家标准制定者，普济生物在致力于氨基酸表面活性剂研发、生产、应用及推广的基础上，联合艾丽科技和儿童洗护著名品牌"咔拉宝宝"倾力打造氨基酸表面活性剂产业链。2017年11月，普济生物携最新氨基酸表面活性剂研发成果及旗下艾丽科技和儿童洗护著名品牌咔拉宝宝的多款新产品参加了泰国曼谷的In-cosmetics Asia 2017原料展，获得海内外客户青睐。此次展会，普济生物吸引了来自泰国、斯里兰卡、巴基斯坦、马来西亚、韩国以及我国台湾等国家和地区的著名化妆品生产商和原料经销商来公司展台，就独家代理权问题与董事长李今微女士进行了深入沟通，并达成初步合作意向。根据"新马泰"地区旅游业的特点，普济生物着重向客户推介了由公司椰油酰谷氨酸做的洁颜纸和氨基酸透明皂等便携洗护产品，获得东南亚地区客户的一致好评，并成为此次展会的一大亮点。由于氨基酸表面活性剂的优良特性，产品应用领域不断拓宽，越来越受广大企业及消费者的欢迎，开启了"走出去"战略的新征程。

5.2 服务"八步曲"助力普济生物业绩倍增

相关资料显示，2015年普济生物营收不到1000万元，2016年国内氨基酸生产企业约有15家，普济生物的产量和销量在全国居第二位，同比增长速度在30%以上。据悉，2016年，普济生物和知名日化品牌欧诗曼达成全面合作，占其氨基酸原料采购量的80%。2017年，普济生物登陆湖南股权交易所标准板，并与无限极供应商成为合作伙伴。普济生物代表客户还有珀莱雅、御坊堂、御泥坊、隆力奇和黛莱美等知名企业，累计有600多家化妆品及日化品牌成为其客户。公司氨基酸原料产品销售额超过5000万元，同比增长87%，氨基酸原料及相关产品营收增长超过7000万元。2018年，普济生物营收增长继续翻番，其中，氨基酸原料增长200%，产品毛利率达到38%，净利率达14%。据统计，2018—2020年，公司销售平均增速达到75%，毛利率为20%~30%，产品远销东南亚和南美。相信在湖南股权交易所的协助下，普济生物2021年营收有望突破1亿元。

仅仅5年的时间，普济生物营收从800万元增长到1亿元，离不开以湖南股权交易所为核心的湖南省区域性股权市场的服务与赋能。湖南股权交易所经过近10年的发展，初步形成了功能较为齐全、服务特色鲜明、在全国具有一定影响的区域性股权市场。湖南股权交易所自成立以来，业务规模不断增长，新增股改挂牌规模逐年倍增，挂牌企业覆盖率不断增强，企业融资规模位居前列；同时，服务能力也在不断提升，在全国首创四板"小微商学院"，首创深度服务企业"八步曲"。湖南股权交易所通过梳理企业刚性需求，按照先规范再融资、先债后股、股权先内后外的融资次序，创造性地推出深度服务企业标准化"八步曲"，即按"挂牌托管、商学院培训、私董会、融资沙龙、股权激励训练营、商业计划书训练、融资路演、个性化服务（高管联点等）"八个标准步骤，分阶段帮助企业实现融资融智融资源，形成"挂牌有服务，服务显成效，成效促挂牌"的良性循环。

自普济生物2017年8月在湖南股权交易所标准板挂牌以后，湖南股权交易所董事长带领业务骨干团队对普济生物进行了高管联点走访，随后针对普济生物开展了一系列服务活动，使其品牌美誉度和知名度大幅提升，直接对销售形成了良好的支撑，实现了每年销售额60%～100%的增长。在湖南股权交易所的精心培育下，普济生物迅速成长，并准备在2022年启动A股市场的IPO，普济生物的资本时代即将来临。

5.2.1 股改挂牌，做行业的领跑者

企业如果想获得持续发展，股改和挂牌是必不可少的环节。股改可以让企业运营更规范，为企业未来发展铺平道路，有利于企业融资、人才引进和防范风险；同时，有助于企业形成核心竞争力和持续发展能力，以及优化财务结构、健全内控机制。而挂牌则能大幅提升企业形象，拓宽企业融资渠道，使企业能抵御市场的波动带来的冲击，有利于股东财富增值保值；同时，可借助资本市场的力量进行转型升级，进一步规范公司制度管理、现场管理与财务管理，提升公司的品牌影响力和企业管理质量。2015年，长沙普济生物科技有限公司改为"股份制"，更名为长沙普济生物科技股份有限公司。2017年8月，普济生物在湖南股权交易所交易大厅举行了隆重的挂牌仪式，挂牌湖南股权交易所标准板，正式步入资本市场。以此为契机，普济生物借助湖南省区域性股权市场的东风越做越强，现在已经成为国内氨基酸表活剂行业的领跑者。

5.2.2 专项培训，提高公司治理水平

（1）必修班辅导公司规范治理结构。

很多企业虽然进行了股份制改造，但对于如何规范治理结构并没有正确的认识。企业治理水平的高低，关系到公司的竞争力，更关系到对投资者合法权益的保护。湖南股权交易所针对挂牌企业组织股改必修班培训，让企业学习"三会一层"如何建设、董监高的权责利如何匹配、内部控制如何建立等，从而使现代企业制度得以有效运作。

2017年12月，湖南股权交易所组织的第一期规范治理结构必修班培训活动便邀请了普济生物企业的高管团队参加，通过为企业提供管理培训和咨询，为企业深入分析

新《公司法》对公司治理的重要影响，探讨企业治理的各种"门道"，健全企业治理结构，提高了企业的治理能力和管理能力，提升了企业规范化运作的水平，一步步地将企业引向正规，使企业活力与竞争力不断增强。

（2）商学院培训提升公司经营水平。

由于市场竞争日趋激烈，原有的管理水平已难以适应企业新的发展要求，成为企业进一步发展的桎梏。管理能力跟不上企业规模的发展，管理就会失效，企业最终会走向死亡。如今制约我国中小企业成长的一个很重要的因素，就是企业自身的管理能力差、管理效率低下。然而，许多中小企业对科学的经营管理并不"感冒"，主要原因是它们更注重经营结果，而不太注重对过程的控制。随着企业的不断发展，有必要对公司的运营管理进行专业化设置，由专人负责运营管理和过程控制，运营管理的精英化、专业化、职业化将成为一种趋势。

湖南股权交易所通过建立戍曦商学院，开展企业经营方面的专项培训交流，进一步帮助挂牌企业全面提升运营管理水平。戍曦商学院是全国首家由区域性股权市场创立、面向中小微企业的集培训、咨询及投资于一体的专业型商学院。普济生物在湖南股权交易所挂牌以后，其高管团队就受邀参加商学院的一系列专项培训活动，高管团队充分利用湖南股权交易所提供的专家资源，进行公司经营管理相关的课程学习与交流，从而为完善公司管理结构、提高公司运营效率、进一步提升公司经营水平奠定了基础。

5.2.3 建立持股平台，完成从人合到资合的蜕变

5.2.3.1 股权激励

股权激励是企业为了激励和留住核心人才，有条件地给予激励对象部分股东权益，使其与企业结成利益共同体，从而实现企业长期目标的一种激励机制，包括股票期权、员工持股计划和高管人员收购等内容。股权激励已不是上市公司的专利，越来越多的非上市公司也开始采用这种方式来提高企业的凝聚力。有效的股权激励方案，能够将人力资本与企业有机地结合在一起，使人才竭尽全力为企业做贡献，维持企业最佳利益。如今，许多非上市企业借助区域性股权市场的力量，通过在湖南股权交易所挂牌享受其服务，完善公司股权激励制度，有效促进企业的快速发展。

普济生物挂牌以后，湖南股权交易所邀请普济生物董事长李今微女士参加了"湖南股权交易所挂牌企业首期私董会"，与其他几位企业家共同就股权激励、家族企业股权纠纷、企业品牌提升、如何解决关联企业等问题展开了详细讨论，并给出相应解决方案，为企业建立了同频共振的交流平台和社群服务平台。私董会是为整合湖南股权交易所挂牌企业资源，汇集跨行业企业家群体智慧，以"高质量、同层级、非利益冲突、私密性"为基本原则，组织的"私人董事会小组"活动。湖南股权交易所会根据私董会上提出的建议，在会后进行跟进，帮助企业家自身和企业解决经营管理中的实

际问题。另外，湖南股权交易所在2017年组织普济生物高管团队参加了当年12月举办的第三期股权激励训练营。股权激励训练营通过1~2天的时间，由教练团队以"授课+演练"的方式进行辅导，帮助企业团队认识和掌握自身股权激励工具，形成基于企业自身实际情况的股权激励方案，并与专业服务机构合作对企业开展一对一定制化落地服务，全流程帮助企业实现股权激励方案落地。

5.2.3.2 员工持股平台

在常见的股权激励方案中，激励对象持股模式通常有直接持股和间接持股两种。间接持股模式就包括搭建员工持股平台。员工作为持股平台的直接股东，可以根据公司法和平台公司章程规定，在平台公司行使股东权利。平台公司能代替员工作为直接股东，以被持股公司法人股东的身份在被持股公司行使股东权利，如参与股东大会、行使表决权。在该模式下，被激励的员工共享平台公司的权利，对被持股公司股东会决策没有直接影响。此外，员工持股数量的变化只在平台公司内发生，不会改变被持股公司的股权结构和工商登记信息，减少了被持股公司因股东变化而产生的披露义务。相较于员工直接持股，员工持股平台的模式更有利于高效决策、目标公司的控制以及管理。通过建立持股平台，可以实现股权控制的目标，保持主体公司股权的稳定性，也有增加股东人数、转移和降低税收、便于以后融资等优势。常见的持股平台模式有有限合伙、公司制（有限公司或股份公司）。在理论上，持股平台还可以私募基金、信托计划、资管计划的形式存在。

普济生物利用有限公司（湖南和光景同企业咨询有限公司）这种持股平台进行了股权设计，员工通过持有湖南和光景同企业咨询有限公司的股权间接持有普济生物的股权，实现了对普济生物的治理。这种股权设计使企业与员工成为利益共同体，使员工分享了主体公司的利润，在保证员工与企业劳务关系稳定的同时，调动了员工的积极性。通过持股平台，普济生物既拓宽了公司的融资渠道，又解决了非公开上市股份有限公司股东人数限制的问题，实现了从人合到资合的蜕变，从而帮助企业实现长期发展的目标。

5.2.4 参加融资沙龙，提高贷款效率

民营中小企业作为国民经济的重要组成部分，也是就业市场的主力。国家一直希望能够通过政策引导，帮助中小企业建立顺畅的融资渠道，降低融资成本，进而促进企业发展。然而，实际效果一直不是很理想。随着多层次资本市场建设的不断推进，市场的包容性不断提高，覆盖面不断扩大，资本形成机制持续优化，较好地满足了不同类型、不同发展阶段企业的多样化融资需求。区域性股权市场对于促进企业特别是中小微企业股权交易和融资、鼓励科技创新和激活民间资本、加强对实体经济薄弱环节的支持，均具有积极作用。湖南股权交易所作为湖南省区域性股权市场的运营机构，是为湖南省中小微企业私募资金、转让有价证券相关活动提供设施与服务的场所，能

为企业提供展示、发展、挖掘、提升、实现价值的平台。湖南股权交易所一方面积极与湖南省委、省政府及各部门进行汇报沟通，推动相关政策落地；另一方面持续打造服务中小微企业的综合金融服务体系。根据挂牌企业所处的不同阶段，存在的各类需求，重新梳理价值服务链条，在企业与各类培训咨询、中介服务机构、银行担保、投资机构之间牵线搭桥、设计产品，匹配需求与优质服务资源。

很多中小企业，尤其是科创类企业，更偏爱直接融资。对于像普济生物这样的化工类制造企业，债券融资的形式门槛更低，能及时缓解现金流压力。债权融资有资本市场、融资租赁、民间融资、企业间的商业信用融资等。最具普适性的就是银行贷款和民间借贷，但民间借贷往往存在流程不规范等问题。

当前各个银行提供的融资产品种类繁多、错综复杂，产品的门槛和要求也不尽相同，大多数中小微企业缺乏足够的时间、渠道和精力去进行详细的了解与对比。湖南股权交易所具有对接银行的规模谈判能力，熟悉各家银行、担保、小贷、保理、融资租赁等各类产品的特点与要求，能够帮助企业精准快速地进行匹配，大幅提高企业贷款的速度和效率，并且有效帮助企业降低融资成本。自普济生物2017年8月在湖南股权交易所标准板挂牌以后，湖南股权交易所积极为普济生物对接建设银行、浦发银行、长沙银行等贷款渠道，对企业进行尽职调查，成功地帮助企业精准有效地匹配了银行的贷款产品，极大地提高了公司的贷款效率，有效地满足了企业的资金周转需求，并降低了企业的财务成本。

5.2.5 开展融资路演，获得风投青睐

中小企业的发展离不开融资，完成银行贷款和实施股权激励后，企业开始进入外部股权融资阶段。外部股权融资首先要制作融资路演所需要的商业计划书。商业计划书（BP）是企业或项目开展融资、寻求合作、指导运营的必备工具，是全面展示企业和项目状况、未来发展潜力、执行策略的书面材料。一份好的商业计划书，是获得贷款和投资的关键因素之一。在这个阶段，湖南股权交易所牵头发起或通过与专业服务机构合作的方式，组织开展商业计划书专题训练营，通过1~2天"专家授课+现场问诊演练+一对一辅导"的训练，解决企业商业计划书撰写的相关问题，帮助企业厘清自身优势和劣势，认识到自身核心竞争力之所在，为企业的股权融资路演做准备。

在融资路演方面，湖南股权交易所为挂牌企业组织两个层面的融资路演活动：一是对接行业内上市公司、上下游企业、经销商等，进行小规模的产业链整合融资；二是对接省内外300多家合作投资机构，以大型公开路演的方式，线上线下同步对接机构，促成机构和企业之间的投融资对接和对话。

2018年4月12日，普济生物携旗下氨基酸儿童洗护品牌"咔拉宝宝"在湖南股权交易所大厅举行项目融资路演和新品发布会。财信产业基金、先导产业投资、达成创投、湖南高新投、兴湘投资、湖南金阳投资集团、油富投资等多家融资机构和投资机

构代表参会。普济生物董事长李今微表示，公司已成为中国氨基酸表面活性剂行业的领导者、健康洗护行业的革命者，拟在2022年申报IPO，成为该产业领域的首家上市公司，并宣布公司旗下氨基酸儿童洗护品牌"咔拉宝宝"正式入驻京东商城。在湖南股权交易所的协助下，此次路演项目现场获得8000万元的风险投资，顺利打通上下游产业链的战略合作。这是普济生物的首次股权融资，公司拟投资8000万元，新增6条标准生产线，扩大产能，实现年产值3亿元以上。路演还达成了成品品牌与京东、天猫线上三年包销的销售合作，助力普济生物2020年的销售业绩兜底保障实现翻番。

5.2.6 实现营销升级，助力业绩高增长

针对普济生物的个性化需求，湖南股权交易所帮助其通过平台的合作资源成功将产品入驻京东自营、天猫自营等主流电商渠道，并帮助其对接湖南省官方媒体频道及国内主流经济媒体，进行深度价值挖掘报道。2018年8月，湖南股权交易所协助普济生物成功举办了"2018中国氨基酸型表面活性剂高峰论坛"。此次高峰论坛是国内就绿色氨基酸型表面活性剂进行研讨的大型会议，有逾200位业内权威科研机构、高等院校及国内外主要日化龙头企业的核心研发成员参与，共同打造行业绿色健康新名片，谱写安全环保新篇章。通过一系列的个性化服务，提升了普济生物的品牌影响力，使其与花王等日化巨头达成合作，奠定了业绩高增长基础。

5.2.7 转板冲刺IPO

每一家进入资本市场的企业均有一个上市梦。普济生物在湖南股权交易所"走完"标准化服务流程后，建立起了现代企业运营管理体系。现在公司品牌的美誉度和知名度已经有了很大提升，在国内原料市场已经布局了5家独家代理商、8家战略合作商，其影响力足以覆盖全国市场；在国际上，有5家代理商、2家战略合作客户，覆盖东南亚、中国台湾、韩国、澳大利亚、美国、欧洲市场；路演大会还达成了成品品牌与京东、天猫线上三年包销的销售合作，促使普济生物的销售业绩兜底保障实现翻番，普济生物的产业生态已经基本完成布局。未来5年，普济生物计划将立足于植物原料产品市场，启动终端产品市场计划，年营收目标为9亿元，计划2022年转板IPO申报材料。

尾声

经济学家威廉·鲍莫尔是创新增长领域的著名专家，他对于在竞争性市场中居于寡头地位企业的创新行为有深刻的洞察。他认为，寡头竞争将创新作为一种武器，并参与创新竞争，使创新竞争规范化以减少其不确定性，从事系统的创新交换并通过创新许可获得利润。普济生物作为氨基酸表面活性剂行业的寡头企业，其发展也必须建

立在不断创新的基础上,不仅要在技术方面不断推出新的产品,在组织上、商业模式上也要不断创新。作为多层级资本市场建设中最具活力的组成部分,区域性股权市场应不断撬动资本市场向中小企业倾斜,助力中小微企业实现多渠道融资,提高其创新能力。普济生物在湖南股权交易所的帮助下,业务规模不断扩大,营收实现倍增。普济生物充分利用湖南股权交易所的资源,在融资方式、商业模式、市场拓展以及技术等方面进行创新,实现了快速增长,成为高质量发展的典型企业。

第6章

正清制药：非上市公众公司的"蝶变"之路

公司股权融资的前提是股权清晰，而清晰的股权在市场交易中需要第三方予以确认，因此，确权是企业股权交易的前提。在区域性股权市场中，具有确权功能的主要是股权托管登记中心。股权托管登记中心是专业从事非上市股份公司股权集中托管、过户、查询等业务的股权托管登记服务机构。湖南股权托管登记中心作为湖南股权交易所的全资子公司，促进了非上市股份公司股权有序流转。湖南正清制药股份有限公司（简称"正清制药"）能够从一家非上市公众公司重启IPO，体现了股权托管登记中心在界定产权方面的市场功能。

正清制药已成立近三十载，历经了中国证券市场和公司制改革发展的全面试炼，形成了非上市公众公司这一特殊性质的股份制公司。在湖南省政府、怀化市政府及各级领导和社会各界的关心与支持下，正清制药以坚忍不拔、不断超越的精神打破了自身发展瓶颈，向资本市场"借东风"，实现了跨越式发展，将虚无缥缈的"资本市场之路"转变为"股权规范的上市之路"。湖南股权托管登记中心提供的集中登记、托管及股权确权等贴身服务，对正清制药这类历史原因形成的非上市公众公司在清晰划分股权边界、保障公司自身权益、逐步实现资产资本化等方面起到了十分重要的作用。

6.1 中医药制造行业发展概况

6.1.1 中医药行业发展情况

中医药根植于中华传统文化，是我国历代医药学家经过千百年的医疗实践总结出的精华，是中华民族的伟大创造。以习近平同志为核心的党中央把中医药工作摆在更加突出的位置，传承创新发展中医药是新时代中国特色社会主义事业的重要内容，发挥中医药原创优势有助于推动我国生命科学实现创新突破。2020年6月1日正式实施的《中华人民共和国基本医疗卫生与健康促进法》规定，国家大力发展中医药事业，坚持中西医并重、传承与创新相结合，发挥中医药在医疗卫生与健康事业中的独特优势。在中西医并重方针指导下，中医药的优越性和不可替代性让人民群众率先受益。

近年来，国家高度重视中医药发展，坚持把中医药复兴和传承提升为国家战略，国家药监局综合司更加严格地规范标化药、生物制品、中成药，提高行业门槛，加强中药材交易市场对企业的监管，深化改革 GMP 体系。加快构建中医药理论、人用经验和临床试验相结合的中药注册审评证据体系，优化基于古代经典名方、名老中医方、医疗机构制剂等具有人用经验的中药新药审评技术要求，加快中药新药审批，在推动中药质量提升和产业高质量发展的同时，发挥中医药在维护和促进人民健康中的独特作用。

随着生物技术水平的提高和资本的介入，传统生物医药行业的创新越发活跃，企业的科技创新能力成为其市场竞争力的决定性因素。资本与创新的有机结合，是当今传统医药行业发展的两个轮子。正清制药系国家高新技术企业、全国大中型工业企业自主创新能力行业十强、农业产业化国家重点龙头企业，是具有鲜明中华特色的中医药企业，打造了中国知名的中医药制造品牌——"正清"。正清制药依靠自身科技体系，按照"3+1+n"的产品组合模式打造产品系列，并以"正清风痛宁"这一世界级药物作为核心产品，研发了系列产品；同时，正清制药一直谋求上市，试图通过资本市场为公司的创新提供源源不断的资源。

制药企业的创新活动由于其特有的高度不确定性和不可预见性，失败风险极高。因此，银行一般不会将资金投入制药企业的创新项目。但是，中药开发项目与西药原创药的区别在于，中药配方长期存在于中国医疗实践中，很多配方已经积累了大量的案例与经验，可以作为临床参考。在罗默的知识外溢模型中，他将知识作为要素投入生产，导致规模报酬递增，进而导致经济持续增长。也就是说，如果将传统中药知识纳入药物生产，将会推动制药技术的进步，并促进制药产业的发展。

根据《2020 年中国中医药行业市场前景及投资机会研究报告》，2015 年中国中药的市场规模为 3918 亿元，占中国医药市场的 32.1%；2011—2015 年，中国中药市场规模的复合增长率为 16.8%，远高于 GDP 的增速；2016—2020 年，中国中药行业仍快速发展，到 2020 年，市场规模将达到 5806 亿元（如图 4-6-1 所示），复合增长率将达 8.2%。

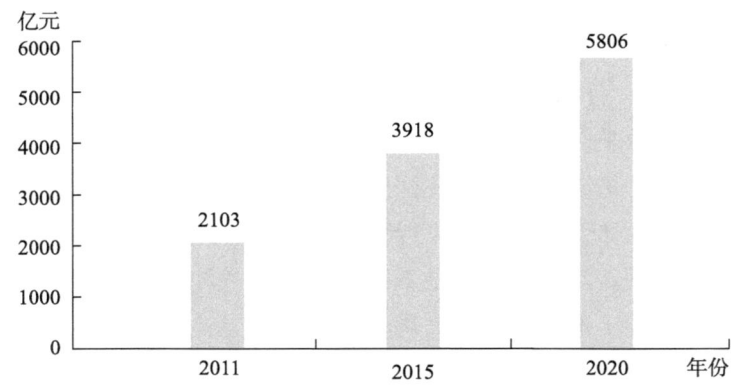

图 4-6-1　2011 年、2015 年、2020 年中国中医药市场规模

6.1.2 行业壁垒与风险

中医药行业的壁垒主要为政策性壁垒、资金壁垒、技术壁垒、人才壁垒、品牌壁垒等。由于药物直接关系着人民群众的身体健康，政府对医药行业制定了严格的监管体系，在行业准入、生产经营等方面的一系列法律、法规构成了医药行业的政策性壁垒。资金、技术、人才是医药行业在研究创新方面的重要生产要素。医药行业的制药具有技术难度大、设备要求高、研发周期长等特点，其专业人才需要经过专业资格认定并有较为丰富的经验，在药品研发、生产、销售等环节均有巨大的资金需求。在医药行业中，顾客容易对现有企业产品产生较强的偏好，企业的品牌忠诚度对市场选择来说十分重要。

从源头上讲，中医药行业存在的风险与中药材关系密切，可概括为中药材价格波动风险和中药材资源无序利用风险。一方面，自然灾害和各种疫病会引起中药材价格的大幅波动，给下游的中成药制造业带来风险；另一方面，中药材资源十分有限，部分中药材甚至已濒临灭绝，过度开采中药材会使其在药材市场上的价格一路走高，对大自然生态环境的破坏也会对中医药行业的未来可持续发展造成不可预估的损害。

从持续发展角度来讲，中医药企业所处的医药行业大环境存在着较大风险。医药安全与人民的生命健康紧密相连，医药行业是我国重点发展和严格管理的行业之一，受国家政策影响较大。2009年1月，国务院颁布了《关于深化医药卫生体制改革的意见》和《2009—2011年深化医药卫生体制改革实施方案》，拉开了中国新一轮医药体制改革的大幕，诸如此类的医药行业政策关乎医药企业的存亡，一旦出现不可控的产品改革风波，许多医药企业将蒙受巨大损失，甚至濒临倒闭。

6.1.3 中医药行业前景

中医药行业具有贯通第一、第二、第三产业进而形成"全产业链"的特性，并已成为我国新的经济增长点。中医药第一、第二、第三产业链构成如图4-6-2所示。我国正逐渐步入老龄化社会，2020年老龄人口占比达23.4%，老龄人口的保健养生需求极为迫切，而中医在养生方面具有天然优势。2016年10月，中共中央、国务院印发了《"健康中国2030"规划纲要》。在社会医疗保障福利提升、疾病预防及早期干预的趋势下，医疗健康支出逐渐从疾病治疗向健康护理转变，具有"治未病"独特优势的中医药产业迎来了前所未有的发展机遇。在政策利好、大健康概念被提出等背景下，中医药大健康市场将进一步扩大，中医药大健康产业将成为21世纪最具发展潜力的产业之一。

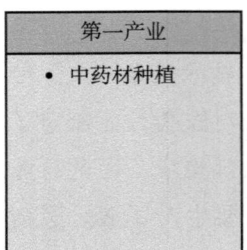

图 4-6-2　中医药第一、第二、第三产业链构成

6.2　正清制药：致力传统中药创新的现代企业

6.2.1　正清制药基本情况

正清制药成立于1994年，本部位于湖南怀化高新技术产业开发区，系国家高新技术企业、全国大中型工业企业自主创新能力行业十强、农业产业化国家重点龙头企业，是具有鲜明中国特色的中医药制造企业。

正清制药的主营业务为中成药、西药的研究、生产和销售。公司生产平台达到欧盟标准，生产工序的智能化控制达到工业3.0标准，小容量注射剂、片剂等所有主营剂型均已通过国家新版GMP认证，是全国通过GMP认证的剂型较为齐全的医药企业之一。在保质保量的基础上，正清制药依靠自身的科技体系，按照"3+1+n"的产品组合模式打造产品系列，并将"正清风痛宁注射液"这一世界级药物作为核心产品，发展前景十分广阔。

6.2.2　正清制药的战略选择

6.2.2.1　核心产品系列和产业链

正清制药的各大核心产品系列（如图4-6-3所示）包括：以"正清风痛宁注射液"为代表的风痛宁系列，以"正清®清热解毒颗粒"为代表的抗病毒系列，以"正清®灵芝口服液"为代表的灵芝系列，以"左福欣®盐酸左氧氟沙星"为代表的西药系列，以及其他系列。其中，风痛宁系列产品为公司现在及未来一段时间内重点发展的产品。

根据正清制药2020年半年度报告，其系列产品在2020年上半年的营业收入为171 260 575.60元，2019年同期营业收入为151 364 938.62元，其中风痛宁系列产品的营业收入和营业成本占总营业收入和总营业成本的比重最大。正清制药致力用科技挖掘正清风痛宁的无限潜能，通过中医药走向世界。

从产业链来看，中医药行业可以分为中药材等原材料的种植、养殖，药材加工预生产。除了直接进行中药材贸易以外，还可以制成中药饮片、中成药、中药配方颗粒等产品，在医药市场中流通。中医药产业链流程如图4-6-4所示。

1. 风痛宁系列：以"正清风痛宁注射液"为代表

2. 抗病毒系列：以"正清®清热解毒颗粒"为代表

3. 灵芝系列：以"正清®灵芝口服液"为代表

4. 西药系列：以"左福欣®盐酸左氧氟沙星"为代表

5. 其他系列

图 4-6-3　正清制药的各大核心产品系列

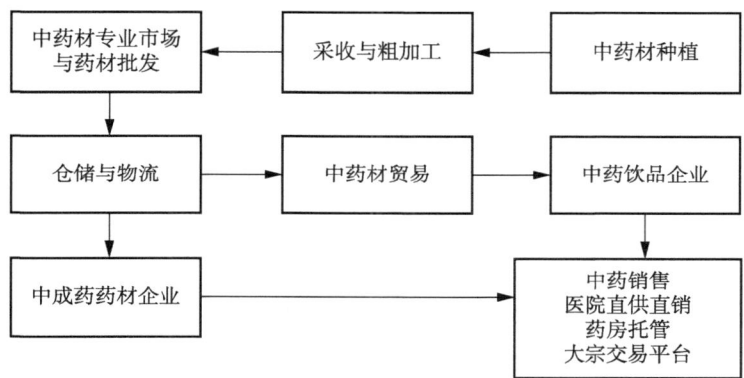

图 4-6-4　中医药产业链流程

正清制药的重点产品正清风痛宁，是由青风藤根茎中提取的植物单体青藤碱加工而成的。最初的青风藤主要源自野生资源，而随着正清风痛宁产品的市场需求量大幅度增加，野生资源供给受限，人工大规模种植青风藤势在必行。正清制药在沅陵筲箕湾镇流转山地570余亩，用于青风藤和黄檗等中药材种植，培育青风藤苗30万株，在带动农户增收的同时，夯实了正清中药全产业链基础，并计划未来发展种植栽培基地10万亩，带动上万名农户稳定增收致富。

6.2.2.2　"以销定产"生产模式

正清制药主要采用"以销定产"的模式进行生产管理，其主要运营流程如图4-6-5所示。公司首先与医药商业公司签订销售合同，再由营销中心根据市场需求情况制订未来3个月各类产品的销售计划报给生产部。生产部根据销售计划制订生产计划，采购部根据生产计划制订采购计划并完成原材料的采购，再由生产部生产制造产品。整个生产过程由质量管理部严格按照《药品生产质量管理规范》监管，并对关键生产工序的中间产品、半成品、产成品的质量进行检验。最后，检测合格的产品由营销中心负责销售。正清制药已形成覆盖种植、科研、生产、销售的中医药全产业链,发展势态良好。

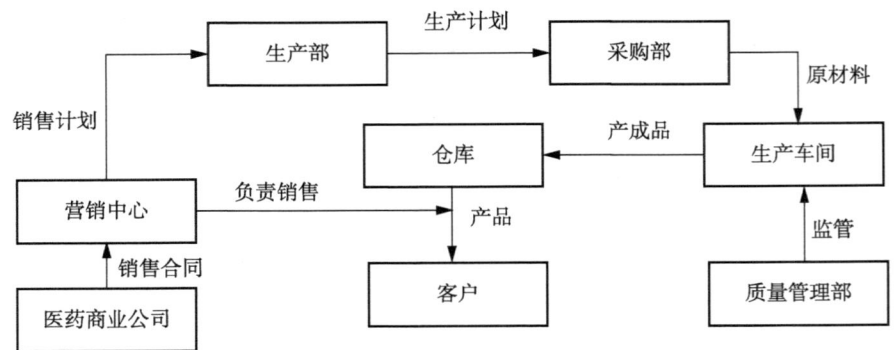

图 4-6-5　正清制药的主要运营流程

6.2.2.3 "一体两翼"的商业模式

正清制药集中成药的研发、生产、销售于一体,利用自身的技术优势研发系列产品并销售给医药商业公司。作为农业产业化国家重点龙头企业,正清制药以药品为主体,往下游延伸为医疗,往上游延伸为种植、大健康产业,打造中医药全产业链,实现企业整体价值的大提升。该公司已建成雪峰山鱼腥草种植基地、灵芝种植基地等,推动形成以青风藤、雪峰山鱼腥草、灵芝等为主导中药材的产业集群。

正清制药已形成"一体两翼"的发展战略(如图 4-6-6 所示),即以生产制药为主体,一方面凭借雪峰、武陵山脉丰富的中药材资源打造湖南西部中药谷,扩大中草药种植面积,发展大健康产业;另一方面,以正清制药的销售网络为依托,建立全国风湿疼痛专科连锁。

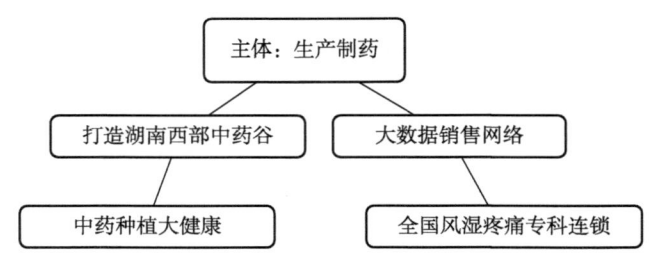

图 4-6-6　"一体两翼"发展战略

6.2.3　正清制药紧咬"科创"不放松

6.2.3.1　正清风痛宁——"走向世界的产品"

正清制药汲取中华优秀传统文化的有机营养并结合自主创新,从传统抗风湿中药材"青风藤"中提取出生物碱单体——"盐酸青藤碱",并以此为原料制备出"正清风痛宁"。正清风痛宁是一种能特异性抑制 mPGES-1(微粒体前列腺素 E2 合成酶-1)

的药物，是第一个天然单体类改善病情药物（n-DMARDs）、第一个与MTX对照开展双盲双模拟临床验证的中药、第一个开展上市后安全性再评价的口服制剂、第一个荣获国家科技进步奖二等奖的抗风湿中药。

明代李时珍的药物学专著《本草纲目》中已有青风藤作为药用的记载。青风藤具有祛风湿、通经络、利小便的功效，主要用于治疗风湿痹痛、关节肿胀、麻痹瘙痒。"正清风痛宁"系列产品具有确切的镇痛、抗炎、免疫抑制等药理作用且不良反应轻微。正清集团根据《本草纲目》记载，融合现代科技所研制的风痛宁系列产品，缓释了广大风湿患者的病痛。在中华中医药学会《中药大品种科技竞争力报告（2018版）》中，正清风痛宁在类风湿性关节炎领域及湖南省中药大品种科技竞争力排名首位。2015年，屠呦呦因发现青蒿素而荣获诺贝尔生理学或医学奖，同样来自中药、拥有独特化学结构且治疗难治性疾病的正清风痛宁，被众多专家预言为最有潜力冲击下一个诺贝尔奖的药物。中国学者屠呦呦以"青蒿素"获得诺贝尔奖是世界对中国中医药界的肯定，而"正清风痛宁"被誉为"走向世界的药物"也为中国医药界的发展带来了新的希望。

正清制药独家产品有正清风痛宁缓释片、正清风痛宁注射液等，其中正清风痛宁缓释片是我国第一个中药缓释制剂。为保护知识产权，正清制药研究了"盐酸青藤碱"20多个结构的化合物并建立了专利树，严密保护从主干到枝、叶的各个环节，同时正清制药也通过工艺技术创新，不断提高提取物的纯度。

正清风痛宁具有与吗啡类似的分子结构，但是它没有成瘾性，而且对非特殊细菌性炎症引发的疼痛和广泛的阵痛非常有效，发展前景十分广阔。在2020年新冠肺炎疫情期间，中医药的地位进一步得到巩固，正清风痛宁在治疗新冠肺炎疫情后期的肺间质纤维化方面取得了很好的疗效。

在正清风痛宁产品的基础上，正清制药创新出"三联序贯疗法"，即金三角特色疗法。第一金角为透皮给药，第二金角为注射给药，第三金角为口服给药。正清风痛宁"风湿与疼痛三联序贯疗法"凭借突出的中医特色和在风湿疼痛领域的临床疗效，被国家中医药管理局中医药科技开发交流中心认定为中国中医药科技成果推广项目，在全国进行临床推广应用。正清制药已经在长沙市成立"风湿与疼痛三联序贯疗法"项目的全国推广中心。

根据正清制药的年报数据，2019年风痛宁系列产品收入占主营业务收入的比重约为77.79%，2020年上半年风痛宁系列产品收入超过1亿元，占主营业务收入的比重约为79.35%，这反映出风痛宁系列产品对正清制药的重要程度。

6.2.3.2 "三所一站两中心"科技体系

正清制药的研发流程包括立项、设计、内部验收、测试等阶段。正清制药当前拥有国家发明专利54项，开发出正清风痛宁、灵芝口服液、博士草等新药30余种，拥有100多个药品生产批文，自主创新的占69%，具有国内领先水平的产品占27%。

正清制药采用自主研发与联合开发相结合的研发模式，以省级企业技术中心为核心,以博士后科研工作站、湖南省中药谱效工程技术研究中心为支撑,下设工艺、药物、中药材三大研究所。此外,正清制药还申请设立了国内第一家青风藤研究院,并于2020年成立了院士工作站,采用产、学、研合作模式提升公司的研发能力。

6.2.3.3 研发投入对公司成长性的影响

对高新技术企业而言,研发投入是影响其市场竞争力的核心因素,持续的研发投入会积累成技术资本,进一步转化为现实生产力,并结合市场需求推出新产品,持续创造超额利润。随着生产规模的不断扩大,正清制药根据市场变化持续增加研发投入,同时对公司内部技术、组织、制度、管理、文化等进行资源整合,新产品在规模经济下获得竞争优势。企业要想获得核心知识和核心竞争力,就必须加大对研发的投入,使企业获得新技术、新知识、新资源和新能力,并形成企业新的市场竞争力,从而促进企业的内生成长,如图4-6-7所示。此外,公司研发投入的产出具有一定的滞后性(大约两年的滞后期),且新产品具有生命周期,公司应提前对市场环境变化做出预期并适当进行动态调整。

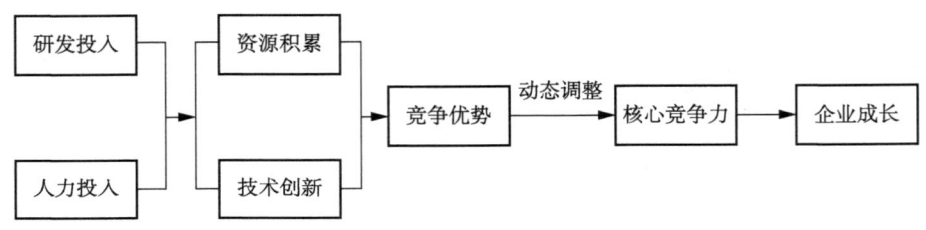

图 4-6-7　研发投入对企业成长的基本影响路径

对医药行业来说,新药研发具有投资大、周期长等特点,在研发与推广方面存在较大风险。根据《药品注册管理办法》等相关法规的规定,药品注册一般需经过临床前研究、临床试验、申报与审批等阶段,如果最终未能通过注册审批,则药品研发失败,进而会影响到公司前期投入的回收和预期效益的实现。药品开发成功以后,在市场推广方面也具有投资大、不确定性高的风险。如果公司正在加大对新产品的研发投入,那么新产品研发过程中的任何一个环节出现问题,都将对公司的经营业绩、盈利能力和成长性产生不利的影响;而如果公司开发的产品不能适应市场需求,或者在市场推广方面出现了阻碍,也会对公司的盈利水平和战略目标的实现产生不利影响。2017—2019年正清制药的研发投入见表4-6-1。

表 4-6-1　2017—2019 年正清制药的研发投入

指标	2019 年	2018 年	2017 年
研发费用（元）	11 826 361.98	12 483 380.34	9 396 064.12
营业收入（元）	313 404 533.85	253 044 909.34	229 282 865.32
研发费用/营业收入（%）	3.99	4.93	4.10

资料来源:根据正清制药提供资料整理。

正清制药的研发费用在营业收入中的占比较高,其对科研技术的极致追求为公司的稳定发展奠定了基础。

6.3 正清制药的股权演变与曲折的上市之路

6.3.1 正清制药的历史沿革

正清制药的历史可以追溯到1992年创办广州白云山制药总厂怀化分厂,至今已有近30年的底蕴,我们将其划分为三个阶段,即飞速发展阶段(1992—2001年)、风雨成长阶段(2002—2011年)、科技创新阶段(2012—2021年)。

6.3.1.1 飞速发展阶段(1992—2001年)

正清制药的前身为广州白云山制药总厂怀化分厂。1992年8月30日,白云山集团和怀化地区医药管理局签订《合资经营合同》,双方按照5∶5的投资股比合资联营组建了广州白云山制药总厂怀化分厂。经怀化地区经济体制改革委员会和广东省卫生厅药政处批准,湖南省怀化地区制药二厂与广州白云山制药总厂正式合资联营。

1994年,广州白云山制药总厂怀化分厂进行股份制改革试点,并成立白云山正清制药股份有限公司筹备委员会。同年6月2日,广州白云山制药股份有限公司、怀化地区医药总公司、怀化地区山地经营公司发起设立白云山正清制药股份有限公司(简称"白云山正清"),并向社会法人和公司内部职工募集股份。公司成立时,总股本为1860万股,其中:白云山制药持股900万股,持股比例为48.4%;怀化国资办持股325万股,持股比例为17.5%;怀化地区医药总公司持股75万股,持股比例为4%;怀化山地经营有限公司持股50万股,持股比例为2.7%;其他社会法人持股150万股,持股比例为8.1%;内部职工持股360万股,持股比例为19.4%。

1995年5月,怀化医药管理局承担了部分债务,却没有按期归还银行贷款,为弥补损失,核减其持有的白云山正清股份41万股,总股本变为1819万股。同年10月,该公司实行每10股配3股,配股价1.20元/股(含发行费用0.10元/股)的增资配股方案,国家股东、发起法人股东、社会法人股东放弃此次配股权并将其配售权转让给个人股东。本次增资配股后,该公司总股本为2364.7万股,其中国家股284万股、法人股1175万股、个人股905.7万股。

1996年3月,实行1995年度分红方案,即国家股、法人股每10股送1股,个人股每10股派发现金红利2元,本次增资后的总股本为2490.78万股。因怀化红日电脑公司、怀化地区医药总公司、怀化地区山地经营公司未能在发起人协议规定的时间内缴付出资额,为补偿公司损失,这三家法人股东少送红股。怀化地区国资局以股抵债,将其19万国家股转让给怀化市红日电脑公司补齐所欠的银行贷款。1996年11月,公司内部职工股在湖南证券交易中心挂牌交易。《白云山正清制药股份有限公司关于股权证上柜集中交易的报告》称"白云山正清经省证监会〔1995〕32号文及〔1995〕46号文批准,总股本为2364.7万股,其中内部职工股905.7万股为可上柜集中交易的股份"。

1997年3月,白云山正清召开1996年度股东大会,实行配股比例为每10股配5股、配股价格为每股1.60元(含发行费用)的配股方案。配股后,公司按每10股转增4股的比例转增股本,本次转增后,总股本为5230.6275万股。国家股东放弃此次配股权,怀化市康达有限公司认购了上述配股,持股数为200万股。同年8月,白云山正清公司分别与怀化地区医药集团有限公司和怀化地区山地经营公司签订了吸收合并协议,并在9月以资本公积金按10∶3的比例向全体股东转增资本。

1997年,公司名称由"白云山正清制药股份有限公司"变更为"湖南正清制药集团股份有限公司"。1998年,广州白云山集团通过资本运作方式设立、兼并了80多家各种行业的子公司,致使作为主营业务的制药行业不断萎缩,财务状况急剧恶化,为此决定收缩对外投资战线,拟将持有的湖南正清制药集团股份有限公司的全部法人股转让给吴飞驰管理团队,该请示获得批复。1998年5月,广州白云山制药将股份转让给广州正清药业发展有限公司。同年8月,广州正清药业发展有限公司将该股份转让给怀化大地药业发展有限公司,公司控股股东变更为怀化大地药业发展有限公司。公司内部职工股于1998年6月30日全部停止柜台交易。1999年底,因吸收合并标的,公司一直未能办理相关权属变更登记手续,最终终止吸收合并方案,并将股份全部减除。1999年底,怀化市红日电脑公司将26.6万股的股权转让给怀化市国有资产管理局。2000年3月,公司召开1999年度股东大会,将1996年度超配的内部职工股及该股份享受的资本公积增加全部清退,合计5 230 764股。本次减资完成后,公司股本结构见表4-6-2,且股本总额未再发生变动。

表4-6-2 2000年7月正清公司股本结构

序号	股东名称	持股数量(万股)		持股比例(%)		出资方式
		减资前	减资后	减资前	减资后	
1	怀化大地药业发展有限公司	1801.80	1801.80	31.32	34.45	货币
2	怀化市国有资产管理局	437.36	437.36	7.14	8.36	实物+未分配利润转增股本+资本公积转增
3	怀化市红日电脑公司	294.63	294.63	5.58	5.63	货币+未分配利润转增股本+资本公积转增
4	怀化市医药集团有限公司	105.25	105.25	1.83	2.01	货币+未分配利润转增股本+资本公积转增
5	怀化市山地经营公司	489.62	489.62	8.51	9.36	货币+资本公积转增
6	怀化市康达有限公司	200.00	200.00	3.47	3.82	货币
7	内部职工股	2425.05	1901.97	42.15	36.36	货币
	合计	5753.71	5230.63	100.00	100.00	

资料来源:根据相关资料整理。

2000年4月12日,公司将全部股份在湖南省证券登记公司(现湖南省股权登记管理中心有限公司)实施了集中登记和托管。托管至今,公司股份依法进行了多次转让。

综上所述,正清制药股本的形成及其变化情况如图4-6-8所示。

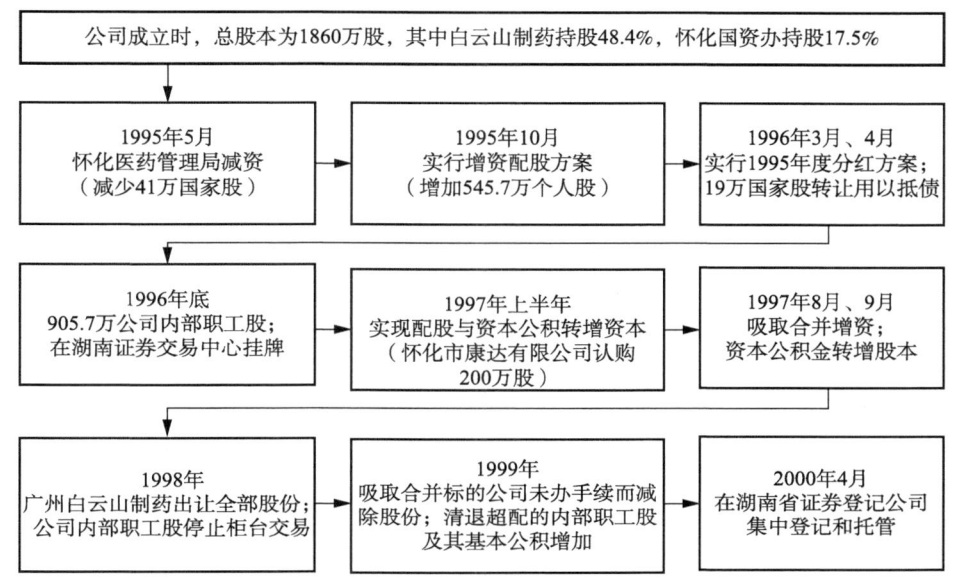

图4-6-8 正清制药股本的形成及其变化情况

对正清制药而言,1992—2001年是其不断探索与尝试的十年,其股本的演变非常复杂且曲折。当年的湖南省怀化地区制药二厂是一个濒临破产的国有药厂,与广州白云山这一知名药企合作,吸引了大量专业人才前来加盟,为企业注入新鲜血液,盘活了制药厂的资产,并促使其迅速发展起来。1992—2001年,正清制药驶入发展的快车道,其主要经济指标实现持续快速增长,增长幅度达20倍以上。公司从怀化地区制药二厂一年几百万元的收入规模成长到一年的生产经营收入达5亿元,且从1998年起,正清制药连续五年名列怀化第一纳税大户,最高年份纳税额达到4000多万元。

在20世纪末,企业上市是以地区来划分指标的。正清制药当年在拿到上市指标之后,就紧锣密鼓地展开了申报上市的准备工作,但因资本市场发展的诸多变化,最终暂停了上市。

6.3.1.2 风雨成长阶段(2002—2011年)

2002—2011年是正清制药经历风雨的十年,这期间,它经历了三大风波。

第一大风波是正清制药的上市之路被堵,而国家政策要求企业增资扩股必须要经过证监会的审批,导致正清制药在暂停上市之后没有办法实现增资扩股,损失较大。

第二大风波是国家实施药品新政严格规范药品的质量安全,公布新版药品GMP认证标准并强制执行。2007年10月,国家食品药品监督管理局(SFDA)公布了新修订的《药品GMP认证检查评定标准》。GMP新标准条款由原来的225条修改为259条,对药品生产企业的要求更加严格，只要有一项不符合规定，则不予通过，在规定期限内未获得认证的企业，将一律停产。这对制药企业而言是一项巨大挑战，很多企业都因无法通过认证而惨遭淘汰，制药企业的数量从5700多家降到4000多家。此外，2007年国家还针对医药行业出台了多项政策，加强对药品注册的把关，并通过规范药品包装等措施净化医药市场。

为了达到新版药品GMP认证的要求，正清制药投入了巨额资金来改善公司的硬件设备，当年正清制药旗下正清、正好、正驰三家药厂为了通过GMP认证投入资金总额约为2亿元。对当时的正清制药来说，只靠生产经营的收入是远远不够的，但其受限于国家增资扩股政策无法引进投资人，所以最终选择了银行贷款，正清制药因此背负巨额债务前行。

正清制药之所以没有因为终止上市而停止发展，是因为其主导产品鱼腥草当时在全国名列前茅。一方面，正清制药有很好的中药材原料基础，它在地理位置和科研能力方面都有着巨大优势。"雪峰山鱼腥草"被评为国家地理标志保护产品，而湖南省怀化地区恰好位于雪峰山脉的核心区域。由于鱼腥草具有清热解毒、排痈消肿疗疮、利尿除湿、健胃消食等多种功效，雪峰山的鱼腥草在怀化及周边市场备受青睐，其栽培面积和规模也逐步扩大。为了培育出更为优质的雪峰山鱼腥草，应对日益庞大的市场需求，2001年，经国家人事部批准，正清制药设立博士后科研工作站，专门研究鱼腥草种植资源、鱼腥草规范化栽培技术及鱼腥草谱效学，相继培育了"白玉""红玉"等鱼腥草品种，并获得了湖南省非主要农作物品种登记，人工栽培鱼腥草的品质和技术越发完善。另一方面，正清制药的鱼腥草基地建设如火如荼。公司联合怀化市委、市政府成立了专业合作社，通过"企业+基地+农户"的模式充分调动农民的生产积极性，在产业扶贫的同时拓宽产业链，促进雪峰山鱼腥草产业向医药产业、绿色食品产业延伸。正清制药给农户的定价为保底价格，且实行全草收购的方式，其每亩地的净收益可达1万元以上。在正清制药的示范带领下，怀化地区从事雪峰山鱼腥草种植的专业合作社达10家，种植大户有106户，从业人员有2500余人，栽培面积常年保持在5000亩以上，年产地下茎1.5万多吨，产值达1.2亿元，冷藏运输远销四川、贵州、广西、云南、浙江、福建、北京等地。

正清制药在主打鱼腥草系列产品而呈现欣欣向荣的势态时，遭遇了第三大风波——产品风波。2006年，出现了四例"鱼腥草事件"，七类含鱼腥草或新鱼腥草素钠的注射液在临床应用中出现了严重的不良反应，甚至引起死亡。国家食品药品监督管理局宣布，从2006年6月1日起，在全国范围内暂停使用和审批鱼腥草注射液等七个注射剂。当时，正清制药的鱼腥草系列产品已经达到了整体经营规模的60%以上，"鱼腥草"夺命事件的爆发对正清制药无疑是一个致命的打击。据怀化市委、市政府专项工作组统计，正清制药由于产品召回、原材料报废及销毁等直接损失超过5000万元，设备改造、基地建设及科研投入等间接损失累计超过1.5亿元。2008年，国家食品药品监督管理局同意了正清制药恢复使用鱼腥草注射液（2ml）肌内注射的申请，但其大容量静脉使用一直未恢复。

"鱼腥草"夺命事件引起鱼腥草系列产品被国家食品药品监督管理局紧急叫停，近百家企业纷纷倒闭，但正清制药在怀化政府的支持和帮助下渡过难关并艰难地生存了下来。在遭遇"鱼腥草"产品风波后，正清制药开始着力于开发新的主导产品——正清风痛宁。虽然产品的创新给正清制药注入了新的生命力，但产品转换后的初步发展阶段异常艰难。为了开拓新产品市场，正清制药欠下了中国农业银行一笔巨额贷款。中医药产业是怀化的支柱产业之一，而正清制药是国家农业产业化重点龙头企业和国家中药现代化示范企业，怀化政府高度关注和重视正清制药的发展，积极帮助正清制药协调各级部门，以适当的方式突破困境，扶持正清制药发展。

综上所述，正清制药之所以可以在长期的"狂风暴雨"中生存下来，一方面是因为其管理团队的坚守，另一方面是由于怀化政府的大力支持。

6.3.1.3 科技创新阶段（2012—2021年）

正清制药历经二十载，在湖南中医药行业占据了一席之地。随着城市化建设步伐加快，推动产业集聚、促进企业转型升级成为迫切需要，政府要求正清制药"退城入园"，在国家高新区建立新厂。建设新厂对正清制药而言又是一笔巨额投入。由于政府补偿资金迟迟未能到位，正清制药向银行借款并自筹了一部分。2012年，正清制药开始建设新厂，2014年新厂投入运转。

一些老股东和老客户想通过投资支持正清制药做大做强并与其共同发展，但受限于国家政策，最后只能改为借款。2014年，正清制药在湖南股权交易所全资控股的股权登记管理中心进行股权确权，其有效股权达90%以上，符合IPO上市要求，但正清制药负债率高，尤其是股东合作伙伴投入资金也是以借款的形式，其资产负债率高达90%以上，2016年申请新三板挂牌未成。2019年，正清制药再次申报证监会，申请纳入证监会非上市公众公司管理部监管并定向发行，终于获得备案核准，为未来的规范上市清除了障碍。

医药企业有别于其他行业最显著的特点，在于其自身所研发的专利、核心技术以及研发团队就是企业最重要的核心资产。紧咬科研不放松，能让医药企业在面临政策变化、经济环境变化的风险时，具有更强大的抵抗能力。正清制药的主导产品"正清风痛宁"被誉为"世界级的药物"，也为中国医药界的发展带来了新的希望。正清制药基于"正清风痛宁"这一中华传统特色药品，建设刘良院士工作站，与国际科研机构合作开展临床研究，用科技将风痛宁系列产品推向世界。正清制药自身强大的科研创新能力就是其顽强生命力的源泉，它通过搭建遍布全国的市场营销网络，取得了显著的经济效益和社会效益。

6.3.2 非上市公众公司的尴尬

随着经济持续快速发展，我国为促进创新创业，对企业降低了要求，大量公司如雨后春笋般涌现。但我国对公司正式挂牌上市的要求较严格，所以打造了"新三板"市场，非上市公众公司就属于其衍生品。

非上市公司是指其股票没有上市并未在证券交易所交易的股份有限公司。公众公司是指向不特定对象公开发行股票，或向特定对象发行股票使股东人数超过200人的股份有限公司。综合两者，根据《非上市公众公司监督管理办法》（中国证券监督管理委员会令第96号）的定义，非上市公众公司是指有下列情形之一且其股票未在经国务院或者国务院授权的证券管理部门批准的证券交易所上市交易的股份有限公司：①股票向特定对象发行或者转让导致股东累计超过200人；②股票公开转让。

非上市公众公司主要具有以下特征：①信息不对称较严重。非上市公众公司涉及众多中小投资人，而中小投资人往往资金规模小、投资经验不足、抗风险能力差，在发起人与中小投资人之间存在着较为严重的信息不对称现象。此外，由于非上市公众公司缺少上市公司的体系化监管制度，信息不对称问题在这类公司中会更为突出。②交易规模、交易便利性较差。非上市公众公司不能在交易所上市，只能采取柜台交易、协议交易或者在特定场所进行交易，其在交易规模、制度建设、交易方式、退出机制与投资者保障措施等方面都比上市公司在交易所交易要差很多。③非上市公众公司治理结构需要规范。非上市公众公司也存在着治理结构方面的问题，如公众股东与董事、经理之间的代理人问题，大中小股东之间的利益制衡问题等；同时，由于非上市公众公司透明性较差，其委托代理等问题会更为突出，因此应适度引导非上市公众公司优化治理结构。

从20世纪末我国开始出现非上市公众公司，其监管就一直处于模糊地带，各种非法发行和非法证券经营的案件不断涌现。为了对公开发行股票但不在证券交易所上市的股份有限公司实施监管并将其纳入法制轨道，2013年1月1日，我国正式施行《非上市公众公司监督管理办法》。非上市公众公司主要由证监会的非上市公众公司管理部（简称"非公部"）进行监管。非公部的职能主要包括：拟定股份有限公司公开发行不上市股票的规则、实施细则；审核股份有限公司公开发行不上市股票的申报材料并监管其发行活动；核准以公开募集方式设立股份有限公司的申请；拟订公开发行不上市股份有限公司的信息披露规则、实施细则，并对信息披露情况进行监管。

6.3.3 股权异动：既有条件下的理性选择

1994年，广州白云山制药总厂怀化分厂进行股份制改革试点，广州白云山制药股份有限公司、怀化地区医药总公司、怀化地区山地经营公司发起设立白云山正清制药股份有限公司，并向社会法人和公司内部职工募集股份。正清制药在1994年成立至2000年期间，共经历了四次增资、三次减资、三次股权转让以及内部职工股挂牌、停柜等股权变动，1996年11月11日进入湖南证券交易中心上柜集中交易，股票流转形成2000多位股东，后因国家金融政策调整，正清制药和其他类似企业在1998年下柜摘牌。资本市场对正清制药就像是海市蜃楼，屡次靠近却又屡次化为泡影。

1996年11月，白云山正清的内部职工股在湖南证券交易中心挂牌交易，经过数次增资、减资和股权转让，其905.7万内部职工股成为可上柜集中交易的股份，占总股本的36.36%。1998年6月30日，根据《国务院办公厅转发中国证监会关于清理整顿场外股票交易方案的通知》（国办发〔1998〕10号）和湖南省证监会《关于清理整顿场外股票交易方案》的要求，正清制药的内部职工股全部停止柜台交易。

内部职工股是指内部职工作为投资者持有公司发行的股份，目的在于通过赋予公司员工股份，将职工的经济利益与公司的经营状况联系起来，从而激发职工的工作热情，提高公司经营效率，是一种典型的股权激励方式。

从1992年起，政府发布了一系列文件对内部职工持股进行规范和管理，大致可分为三个阶段：第一阶段为1992年5月15日国家经济体制改革委员会发布《股份有限公司规范意见》至1993年4月3日《国务院办公厅转发国家体改委等部门关于立即制止发行内部职工股不规范做法意见的紧急通知》下发期间，该阶段允许发行内部职工股，但须经批准且比例不得超过总股本的20%；第二阶段为1993年4月3日至1993年7月1日，这一期间，国家体改委发布《定向募集股份有限公司内部职工持股管理规定》，针对实践中出现的"内部股社会化，法人股个人化"的问题进行清理，以及对新要求成立内部职工持股的定向募集股份有限公司暂缓审批；第三阶段为1993年7月1日至1994年6月19日国家体改委发文禁止批准设立定向募集公司，该阶段内部职工股发行占总股本的比例不能高于2.5%。

内部职工股是我国股份制试点期间的产物，其中多数社会募集公司的内部职工股已实现上市，而定向募集公司的内部职工股却一直被证券交易市场"拒之门外"。内部职工股在发行过程中存在许多有法不依、执法不严的违规或不规范现象，如内部职工股超范围发行、私下转让、登记管理的不规范等。1994年6月19日我国禁止批准设立定向募集公司以后，具有中国特色的定向募集公司内部职工股不再发行，但已发行的内部职工股的规范、清理等大量历史问题遗留至今。

在20世纪末期，企业上市是国家以地区来划分指标的。正清制药1999年拿到上市指标，就紧锣密鼓地展开了申报上市的准备工作，但国家政策调整，要求压缩内部职工股，正清制药因为内部职工股超比例而暂停上市，企业上市道路被截断。之后，又受限于国家政策对非上市公司的要求，正清制药无法实现增资扩股，其成长道路变得越发艰难。

正清制药在柜台交易过程中，内部职工股的持股人数发生了变化，并由内部职工股转为了社会公众股。公司的内部职工股从最初的300多人持股扩展到2000多人，其股民多集中在广州、上海、长沙、衡阳等地。而这一股份性质的转化，使正清制药成为"非上市公众公司"，也给公司后期出现治理乱象，甚至出现股民不知道自己是股民的问题埋下了隐患。2000年3月，正清制药召开1999年度股东大会，将1996年度超配的内部职工股及该股份享受的资本公积增加全部清退，合计为 5 230 764 股。本次减资完成后，公司股本总额未再发生变动。同年 4 月，正清制药将全部股份集中登记和托管在湖南省证券登记公司（现湖南省股权登记管理中心有限公司）。

6.4 湖南股权交易所为正清药业股权流转提供贴身服务

　　股权边界明晰、自由流转是公司资产进入资本市场的前提，同时可加强对公司自身安全和利益的保障。秘鲁经济学家赫尔南多·索托在《资本的秘密》这一经典著作中提到，全球 4/5 的人口未能从市场经济中获利的主要原因是他们无法创造资本。尽管全世界的穷人有数量惊人的资产，但如果这些资产不能在合法的所有权文件中得到表述和确认，就无法交易和流转，仅仅是"僵化的资产"。由于大量历史遗留问题，我国股权登记托管市场对其登记托管的股权资产极其缺乏公信力。2001 年，中国证监会发布的《关于未上市股份公司股权托管问题的意见》将非上市股份公司股权托管市场的规范清理工作权限下放给地方政府。为了促进非上市股份有限公司健康发展和规范股权交易，湖南省先后成立了湖南省股权登记托管公司、湖南省股权登记管理中心有限公司，以承接湖南省证券登记公司的整个非上市公司股权的托管业务，成为省内唯一面向非上市股份公司的股权登记托管机构。

　　湖南股权交易所为正清制药提供的服务主要体现在集中登记、股权托管、股权确权三个方面。正清制药于 2000 年在湖南省证券登记公司实施了集中登记和股权托管，至今公司股份依法进行了多次转让，并于 2014 年到 2015 年在股权登记管理中心的帮助下进行信息核查及股东确权。在湖南股权交易所的帮助下，正清制药的股权转变为可以在法律保护下进行交易的标的物，提高了公司股权的流动性，实现了规范的股权交易。

　　开展股权登记托管不仅是我国建设多层次资本市场的现实需要，也是规范股权交易市场的重要手段，其股权信息在一定程度上填补了政府的监管空白，并保障了企业的权益。对其他的公司来说，集中登记和股权托管只是上市的基本前提，而对正清制药这一经历了内部职工股转化为社会公众股的非上市公众公司来说，股权登记管理中心的集中登记和股权托管显得尤为重要。

6.4.1 股权集中登记

　　资产的合法确权是企业资产资本化的基础。股权登记管理中心作为湖南省唯一为非上市企业及其股东提供股权、债券、权益类产品的整体托管、确权登记、质押融资、清算交收和转让等综合金融服务的专业机构，代替公司履行置备股东名册的法定义务，记载并确认股东对股权所有权及其相关权益产生、变更、消失等法律行为，定期或不定期提供及时、准确的持有人名册，提交给企业或股东查询，从而为托管企业的资产资本化降低交易成本。

湖南股权交易所的股权登记管理中心为非上市企业提供股权初始登记、股权变更登记、股权冻结登记、股权退出登记及其他登记业务。股权初始登记是指非上市公司在股权登记管理中心的首次登记。正清制药通过股权登记，使其增资扩股、股权质押融资合法化，以法律的形式界定了产权交易中心与区域性股权市场业务边界的模糊地带。正清制药在内部职工股转化为社会公众股的过程中，公司的股份持有人数从最初的300多人扩展到2000多人，其股份的集中登记是一项巨大工程。股权登记管理中心作为规范的登记托管机构，提供规范全面的服务，保证股权清晰稳定，不存在股份代持、纠纷或潜在纠纷，是正清制药进入资本市场实现资产资本化的组织保障。

6.4.2 股权托管

股权托管的本质在于弥补非上市股份有限公司股东名册的管理缺位。在这一过程中，客观公正的第三方会为非上市股份有限公司提供具有公信力的股东名册，为股东提供所持股权的有效权属证明。这既是非上市股份有限公司将股东名册委托给股权托管机构管理的民事行为，也是为降低公司管理股东名册的运营成本而提供的一种社会化服务。

对相关股东而言，通过集中托管、代办转让等服务，可以安全、高效、顺畅地在流通市场实现资本的有效流动、顺畅进出，同时坚持公开、公平、公正原则让股权转让更加规范，防范欺诈骗局等。对于正清制药这一托管企业而言，集中登记和托管能让公司享受到湖南股权交易所提供的专业化、规范化服务，通过交易平台运作企业的资本，提高公司股权的流动性，使公司获得经济效益，摆脱股权管理事务从而降低管理费用，保障公司安全和利益，提高企业现代化管理水平，并且有利于扩大企业的知名度，为其股票公开发行、上市创造条件。

正清制药成立至今已近30年，在经历了资本市场的屡次变革之后，其股权人数和股权结构的复杂性只有在固定的股权登记托管中心通过必要的登记、过户等法定程序才能明确，也只能这样，才能降低非上市公司股份场外交易的风险，杜绝交易人私自进行股权转让和股权登记变更，从而提高整个金融体系的运行效率。非上市公司股权登记托管制度是确保股权安全进入产权交易场所的制度安排，既是对公司的保护，也可为企业上市创造条件，提高企业透明度，提升企业公信力。

6.4.3 股权确权与备案

科斯第一定理指出产权界定的重要性，"在交易费用等于零的世界中，政府只要清楚完整地把产权界定给一方或另一方，并允许他们把这些权利用于交易，就可以通过市场机制有效率地解决外部性的问题"。产权界定的重要性对股权而言也是如此。股权确权实质上就是股东资格的确认，规范公正的股权确权服务可在法律上清晰界定股权的归属者，并将历史遗留下来的模糊地带明确地分割开。在司法实践中，因股东资格而产生的股权确认之诉是较为常见的,也是在法理上和实务中较为复杂的诉讼,通过股权确权,可以使企业有效地避免这一问题。

确权资产,使之成为可以交易的标的物,是股权资产登记托管的基本市场功能。湖南股权交易所为实行股权确权的重点企业提供贴身咨询服务,针对企业和股东业务的诉求组织团队上门,为企业股东提供集中过户、现场确权等业务办理服务。为做好股权质押融资登记风险防范工作,湖南股权交易所在股权初始登记的基础上,向托管公司出具正式的《股东名册》,向全体股东出具"股权托管卡",认真做好股权确权工作。只有经确权的股权,才能办理股权质押融资登记。

为了完善、更新股东信息,确保股份权属清晰并为公司股份公开转让奠定良好基础,2014—2015 年,股权登记管理中心接受正清制药的委托,帮助正清制药分别在正清集团怀化本部新厂区、正清集团怀化老厂、正清集团长沙办事处、衡阳国泰君安证券营业部、湖南股权登记管理中心等地开展了七场信息核查及股权确认,更新股东信息并清理股权结构。正清制药股权确权的办理目的是核对、收集股东相关信息,办理对象为依法持有正清制药股份的全体股东,办理内容为完善、更新股东姓名/名称、身份证号码/组织机构代码和持股数量等信息。

在股权确权办理过程中,自然人需提供"湖南正清制药集团股份有限公司股东股权确认表"、原湖南省证券登记公司发放的证券账户卡(黄卡)原件及复印件、股东本人有效身份证原件及复印件,委托他人代理的,还需提供经公证的授权委托书、代理人的有效身份证件原件及复印件;法人股东需提供"湖南正清制药集团股份有限公司股东股权确认表"、原湖南省证券登记公司发放的证券账户卡(黄卡)原件及复印件、企业法人营业执照(事业单位法人证书、社会团体法人证书)、组织机构代码证等主体资格证明文件原件及复印件、法定代表人身份证复印件、代理人身份证原件及复印件、委托代理人办理业务的授权委托书、法定代表人身份证明书。

在确权过程中,正清制药股权有效确权达到 90% 以上,符合 IPO 上市要求。本次确权工作的完成,一方面为正清制药更新了股东信息,清理了股权结构,另一方面也满足了股东的强烈愿望,有利于推进正清制药规范发展,为正清制药进入资本市场、股份公开转让奠定了基础。非上市公众公司的股权确权其实属于我国在公司实践中的历史遗留问题,因相关政策变动及公司设立、运作的特殊性,存在大量的股东资格认定难题。湖南省股权登记管理中心帮助正清制药进行股权确权,争取通过法律确认的方式在最大程度上维护股东权益,有利于推进正清制药规范发展,为其进入资本市场奠定了基础。

根据证监会监管规则,凡股东人数超 200 人的公司,均由非公部负责监管,每次增加注册资本需证监会审核批准,正清制药经两次申报,最终于 2019 年 10 月获得备案,清除了未来上市的障碍。

6.5 IPO 的曙光

6.5.1 规范上市之基石

根据证监会 2013 年发布的《非上市公众公司信息披露内容与格式准则第 4 号——定向发行申请文件》第二条，非上市公众公司进行定向发行导致股东人数累计超过 200 人以及股东人数超过 200 人的非上市公众公司（以下简称申请人）进行定向发行，应按本准则要求制作和报送申请文件。证监会同年公布的《非上市公众公司监管指引第 4 号——股东人数超过 200 人的未上市股份有限公司申请行政许可有关问题的审核指引》规定，申请行政许可的 200 人公司应当对股份进行确权，通过公证、律师见证等方式明确股份的权属。申请公开发行并在证券交易所上市的，经过确权的股份数量应当达到股份总数的 90%以上（含 90%）；申请在全国股份转让系统挂牌公开转让的，经过确权的股份数量应当达到股份总数的 80%以上（含 80%）。

正清制药于 2014 年、2015 年在正清集团怀化本部新厂区、正清集团怀化老厂、正清集团长沙办事处、衡阳国泰君安证券营业部、湖南股权登记管理中心共开展了 7 场信息核查及股权确认。经上述确权，正清制药共确认 47 161 652 股，占公司股份总数 52 306 275 股的 90.16%，已达到证监会的要求，开始了新的资本市场之路，有利于正清制药的规范发展，为其股份公开转让奠定了重要基础。

2015 年，正清制药准备申请新三板挂牌，但由于其非上市公众公司的性质，需要先通过证监会非公部的审批。2016 年，正清制药正式递交向特定对象发行股票并在全国中小企业股份转让系统挂牌公开转让的申请，但由于公司资产负债率太高以及公司在天使投资人方面披露不完全等问题，最终撤回了上市申请。在此报告期内，申请人未分配利润持续为负，2013 年、2014 年归属于挂牌公司股东的扣除非经常性损益后的净利润为负，2015 年 1—9 月仍处于较低水平，且申请人资产负债率大于 90%，处于较高水平并仍在逐年上升。2019 年，正清制药经两次申报后成功获得备案，奠定了未来规范上市的基石。

6.5.2 证监会批准定向发行

根据证监会监管规则，正清制药每次增加注册资本均需得到证监会的审核批准。2019 年 8 月 23 日，正清制药向中国证监会提交了《湖南正清制药集团股份有限公司定向发行说明书（申报稿）》。证监会于 2019 年 10 月 28 日核准正清制药纳入监管并定向发行不超过 17 964 071 股新股。正清制药终于清除了未来上市规范方面的障碍。

公司核心产品正清风痛宁系列及其疗法当前仍处于大力推广期，要形成一定销售规模尚需时间。2017 年、2018 年和 2019 年，公司综合毛利率分别为 73.62%、73.91% 和 72.90%，保持较高水平，但公司净利润水平较低，主要原因为各项期间费用支出较多，具体表现为销售费用占营业收入比重较高、公司管理费用增长速度较快、公司主要依靠债权方式融资、财务费用支出较多、公司保持研发投入力度、研发费用较高等。公司计划通过推进与大型连锁医药流通企业直接建立业务合作关系，优化人员结构，提升岗位效率，向中国证监会申请定向发行股票，通过引入股权投资资金、优化公司资本结构等方式降低费用支出。

2020年6月5日，正清制药再次申请定向发行。证监会于2020年9月9日核准正清制药定向发行不超过13 400万股新股，并于2020年9月9日正式同意了该申请。通过两轮定增，正清制药获得约5亿元股权资金，通过偿还借款扫清了历史"尘埃"，大幅降低财务成本，在法律规范和业绩增长方面为上市做好了关键准备。

6.5.3　IPO 曙光再现

资本市场是社会财富实现交易、流转的场所，具有为人类活动和资源提供价值发现、整合和优化配置的功能。借助资本市场的"东风"，企业更容易做大做强。正清制药为寻求上市已努力多年，冲刺资本市场的步伐不断提速。

正清制药在资本运作方面取得重大突破，其上市瓶颈已被打通。正清制药于2014年、2015年开展信息核查及股权确认，股权确权最终达90.16%，已满足证监会的要求，开始了新的资本市场之路。股权确认意味着基本完成对历史遗留问题的处理，是冲击上市的关键一步。2019年、2020年中国证监会公示同意正清制药向特定对象发行股票的申请，正清制药获得备案。紧接着，正清制药将进一步展开定向增发，之后则预备正式进入上市进程。

一旦完成上市，正清制药将插上腾飞之翼。业内预计，该公司上市后年营收能较快突破10亿元，市值逾100亿元。正清制药董事长吴飞驰表示，产业链资源、资金资源、学术资源以及政策利好，各种资源正在渐渐聚合，将风痛宁系列产品打造成疼痛风湿市场民族品牌的时机已经到来，正清制药将迎来发展的黄金时代。

尾声

正清制药作为20世纪末成立的中医药企业，具有非上市公众公司这一特殊性质，是我国多层次资本市场逐步发展和完善的见证者。正如经济学家约瑟夫·熊彼特将现代商业革命描述成以"永不停止的狂风"和"创造性的破坏"为特征的经济系统，正清制药紧咬科技不放松，凭借长期的、可持续的创新研发活动在三十载风雨中不断成长，参与和见证了我国资本市场的发展，并在数次股权演变后将股份集中登记和托管在湖南省证券登记公司（现湖南省股权登记管理中心有限公司）。湖南省股权登记管理中心有限公司为正清制药提供集中登记、托管及股权确权等一系列贴身服务，规范企业法人治理结构，界定企业股权边界，保护投资者合法权益，实现了企业产权的资本证券化。目前，正清制药通过聚合产业链资源、资金资源、学术资源以及政策利好等，已在资本运作方面取得重大突破，迎来IPO的曙光。

湖南股权交易所大事记

(2010年12月至2020年12月)

2010年12月,经湖南省人民政府批准,湖南股权交易所正式挂牌成立,是湖南省唯一的非上市企业股权登记托管、股权融资和股权交易一体化平台。

2012年7月,湖南股权交易所通过国务院组织的清理整顿。

2012年12月5日,湖南省股权登记管理中心成立,湖南股权交易所持股60%,为其控股股东;同时,6家企业在湖南股权交易所标准板挂牌,成为湖南省区域性股权市场的首批挂牌企业。

2014年6月,财富证券通过受让股权成为第一大股东,湖南股权交易所由产权市场体系正式转向资本市场体系。

2014年底,在湖南省人民政府金融办的指导下,湖南股权交易所确立了"一平台四功能"的战略定位,即打造"湖南省中小微企业综合金融服务平台",实现"挂牌托管、培训咨询、投融资服务、股权交易"四大功能。

2015年4月3日,湖南省委书记、省人大常委会主任徐守盛,省委常委、长沙市委书记易炼红,省委常委、秘书长韩永文,省经信委主任谢超英,省发改委主任谢建辉,省财政厅厅长郑建新,长沙市市长胡衡华一行,到湖南股权交易所高新分所视察。

2015年4月17日,湖南省人民政府副省长张剑飞带领省人民政府、省金融办、省财政厅等相关部门领导到湖南股权交易所现场办公。

2015年7月10日,湖南股权交易所互联网综合金融服务平台"湘众投"正式上线,并成功发行湖南股权交易所首单私募债"麓谷15债01期"。

2015年7月16日,湖南股权交易所完成增资扩股,注册资本由2600万元增至1亿元。

2015年7月28日,湖南股权交易所与长沙国家高新技术产业开发区合作设立的全国区域股权市场首个"移动互联网专板"正式开通,首批52家互联网企业集体挂牌。湖南省人民政府副省长张剑飞出席了此次活动。

2015年8月,湖南股权交易所受让湖南省股权登记管理中心有限公司40%股权,全资控股湖南省股权登记管理中心。

2015年9月,湖南股权交易所与财信金控旗下财富证券、湖南省联合产权交易所共同出资成立湖南金融资产交易中心,湖南股权交易所持股40%。

2015年10月29日，全国首家专门服务中小微企业的湖南股权交易所"小微商学院"揭牌成立。

2015年12月10日，湖南股权交易所与湖南省农业委员会合作设立的全国区域股权市场首个"农业专板"正式开通，来自全省14个市州的60家涉农企业集体挂牌。

2015年12月，湖南股权交易所挂牌企业突破1000家，达1227家，累计融资总额107亿元。

2016年3月19日，湖南股权交易所"湘众投"互联网金融平台上线及首单私募债券启动申购入选"2015年度湖南十大金融创新事件"，总经理易卫红被评为"2015年度湖南金融创新人物"。

2016年8月19日，湖南省委常委、常务副省长陈向群调研湖南股权交易所。

2016年12月5日，湖南股权交易所与湖南省工商行政管理局签订信息资源共享交换建设合作协议，成为全国首批实现与工商登记部门建立对接机制的区域性股权市场之一。

2016年12月，湖南财信金融控股集团有限公司旗下财富证券有限责任公司将持有湖南股权交易所46.03%的股权以协议转让方式转让给湖南省联合产权交易所有限公司。

2016年12月28日，湖南省政府金融办出台《湖南省区域性股权市场管理办法（试行）》。

2016年，湖南股权交易所新增三个行业专板：商贸服务专板、建筑行业专板、智能制造专板。

2017年1月，湖南股权交易所被评为"2016年湖南最具影响力投融资平台"，"湘领瑞诚"领投基金入选"2016年度湖南十大金融创新事件"。

2017年2月，湖南股权交易所宬曦商学院（原"小微商学院"）荣获"2016年湖南金融创新力量"奖。

2017年3月，湖南股权交易所重点打造的线上投融资对接平台"投融直通车"正式上线。

2017年3月6日，湖南省人民政府办公厅发布《关于推进区域性股权市场规范发展的意见》（湘政办发〔2017〕10号）。

2017年5月，湖南股权交易所与湖南省农村信用社联合社签订战略合作协议，将在三年内逐批推动全省农商行股权集中登记托管至湖南省股权登记管理中心。

2017年底，湖南股权交易所挂牌企业突破3000家，累计融资规模突破700亿元，位居全国同业前三。

2018年4月10日，湖南省人民政府发布《关于深入推进农业"百千万"工程促进产业兴旺的意见》（湘政发〔2018〕3号）。意见中明确："到2020年，推动100家以上涉农企业在省区域性股权交易市场挂牌。"

2018年4月,湖南股权交易所成为全国首批21家通过证监会审核备案的地方区域股权市场运营机构之一。

2018年9月20日,湖南省正式启动"资本市场县域工程"试点,湘阴县等12个县(市、区)为首批试点单位。湖南股权交易所作为"资本市场县域工程"承接单位,推进试点工作。

2018年10月,湖南股权交易所首单私募可转换公司债"凯莉医疗债"成功发行。

2019年1月,湖南股权交易所与红网联合启动"寻股湘商"(现升级为"掘金四板")大型新闻路演活动。该活动旨在充分挖掘湖南资本市场"潜力股",提升中小湘企的投资价值。

2019年,湖南股权交易所在全国34家区域性股权市场中首创深度服务企业的"八步曲"模式,并荣获2019年"湖南金融普惠力量"。

2019年11月23日,湖南省委常委、常务副省长谢建辉专题调研湖南省区域性股权市场,提出了"中部领先、全国一流"的建设目标,明确要将湖南股权交易所打造成为"两大平台",即湖南省"服务小微企业政策措施的综合运用平台""小微企业以直接融资为主的综合金融服务平台",赋予湖南股权交易所"五个角色",即小微企业的孵化摇篮、企业人才的培训基地、社会资本的汇聚平台、地方金融的基础设施、综合服务的优势高地。

2019年11月24日,湖南省地方金融监管局、省科技厅、省工信厅、省财政厅、湖南证监局五大厅局联合发布《湖南省区域性股权市场设立科技创新专板工作方案》。此项工作入选"2019年湖南十大金融新闻"。

2019年12月7日,湖南省政协副主席、民建湖南省主委赖明勇莅临湖南股权交易所,就湖南省区域性股权市场发展及科技创新专板的建设进行专题调研。

2020年2月,湖南省人民政府将"在湖南股权交易所设立专板,培育科创板上市后备资源,推动企业上市"列入2020年省政府工作报告。

2020年3月20日,湖南省区域性股权市场科技创新专板正式开板,首批16家科创企业集体成功挂牌。同时,财信金控、财信证券、财信产业基金与湖南股权交易所联合设立"湖南两山股权投资基金",首期基金规模4亿元,下设马栏山文创基金和岳麓山科创基金。

2020年4月29日,湖南省财政厅、省地方金融监管局联合发布《关于支持我省区域性股权市场发展的若干措施》(湘财金〔2020〕17号),提出支持湖南省区域性股权市场发展六大措施。

2020年6月12日,省地方金融监管局发布《湖南省资本市场县域工程行动计划(2020—2025)》(湘金监发〔2020〕43号),提出到2025年湖南省区域性股权市场新增股改挂牌企业800家的目标。

2020年6月17日,湖南省股权登记管理中心全面完成湖南辖区农商银行的股权托管，托管 102 家农商银行股权 418.28 亿股、登记股东 81847 户。

2020 年 7 月 27 日，67 名湖南省区域性股权市场科技创新专板专审委专家受聘。

2020 年 12 月 18 日，湖南股权交易所被评为"2020 湖南最具影响力投融资机构"。

2020 年 12 月 24 日，湖南股权交易所与全省 14 个市州金融办签署合作备忘录，重点围绕"资本市场县域工程"、建立企业上市后备梯队、促进区域性股权市场健康发展等事项，通过建立高层协调、情况通报、业务"双备案"、宣传培训、监管合作、风险联防联控六大合作机制，协同开展相关工作。

2020 年 12 月 28 日，湖南省地方金融监管局、人民银行长沙中支、湖南银保监局、湖南证监局联合发布《金融服务"三高四新"战略 加快经济高质量发展的实施意见》（湘金监发〔2020〕92 号），要求推动挂牌企业倍增，争取将湖南股权交易所纳入全国区域性股权市场试点范围，并提出到 2025 年挂牌企业数量达到 1500 家的目标。

参 考 文 献

[1] 高松. 中国区域性股权市场研究 [M]. 北京：中国经济出版社，2019.

[2] 李鑫. 金融创新发展中的异化问题 [M]. 北京：经济管理出版社，2016.

[3] 刘俏. 我们热爱的金融：重塑我们这个时代的中国金融 [M]. 北京：机械工业出版社，2020.

[4] 刘祚祥. 社区信用与农村金融发展——基本理论、田野经验与实证分析 [M]. 北京：中国经济出版社，2012.

[5] 田轩. 创新的资本逻辑：用资本视角思考创新的未来 [M]. 北京：北京大学出版社，2018.

[6] 王永齐. 融资成本、企业家形成与内生产业集聚 [M]. 北京：中国社会科学出版社，2016.

[7] 谢庚，徐明. 多层次资本市场研究：2019 年第 1 辑 [M]. 北京：中国金融出版社，2019.

[8] 谢庚，徐明. 多层次资本市场研究：2020 年第 1 辑 [M]. 北京：中国金融出版社，2020.

[9] 谢庚，徐明. 多层次资本市场研究：2020 年第 2 辑 [M]. 北京：中国金融出版社，2020.

[10] 谢庚，徐明. 多层次资本市场研究：2020 年第 3 辑 [M]. 北京：中国金融出版社，2020.

[11] 杨朝军，周仕盈，崔彬皙. 中国多层次资本市场与社会资产结构优化问题研究 [M]. 北京：经济管理出版社，2019.

[12] 张承惠，田辉，朱明方. 中国场外股权交易市场：发展与创新 [M]. 北京：中国发展出版社，2013.

[13] 张曙光，金祥荣. 中国制度变迁的案例研究：浙江卷 [M]. 北京：中国财政经济出版社，2006.

[14] 阿尔文德·纳拉亚南，约什·贝努，爱德华·费尔顿，等. 区块链技术驱动金融 [M]. 北京：中信出版集团，2016.

[15] 布朗温·H. 霍尔，内森·罗森伯格. 创新经济学手册：第二卷 [M]. 上海：上海交通大学出版社，2017.

[16] 布朗温·H. 霍尔，内森·罗森伯格. 创新经济学手册（第一卷）[M]. 上海：上海交通大学出版社，2017.

[17] 哈利·曾德罗夫斯基，等. 私募股权投资：历史、治理与运作（第二版）[M]. 北京：中国金融出版社，2014.

[18] 杰奥夫雷·G. 帕克，等. 平台革命：改变世界的商业模式[M]. 北京：机械工业出版社，2019.

[19] 罗伯特·希勒. 金融与好的社会[M]. 北京：中信出版社，2012.

[20] 皮特·科尼利厄斯. 非流动性解决方法：有限合伙基金投资的风险管理[M]. 厦门：厦门大学出版社，2019.

[21] 汤姆·尼古拉斯. 风投[M]. 北京：中信出版集团，2020.

[22] 威廉·鲍莫尔. 创新力微观经济理论[M]. 上海：格力出版社，上海三联书店，上海人民出版社，2018.

[23] 蔡咏. 我国区域性股权市场的发展、问题和改革研究[J]. 金融监管研究，2018（4）：55-70.

[24] 陈昌兵. 新时代我国经济高质量发展动力转换研究[J]. 上海经济研究，2018（5）：16-24.

[25] 陈琪，刘卫. 发展我国区域性股权市场研究[J]. 上海经济研究，2017（1）：32-40.

[26] 陈夏岚，基于金融地理学视角的区域金融创新能力机制探析[J]. 财经视点，2011，11（1）：169-171.

[27] 丁艺，李靖霞，李林. 金融集聚与区域经济增长——基于省际数据的实证分析[J]. 保险研究，2010（2）：20-30.

[28] 杜坤伦. 区域性股权市场建设的问题与对策研究[J]. 国家行政学院学报，2017（2）：72-76，126-127.

[29] 辜胜阻. 实施创新驱动战略需完善多层次资本市场体系[J]. 社会科学战线，2015（5）：1-9.

[30] 韩江波. 创新驱动经济高质量发展：要素配置机理与战略选择[J]. 当代经济管理，2019（2）：1-12.

[31] 贺晓宇. 现代化经济体系、全要素生产率与高质量发展[J]. 上海经济研究，2018（6）：25-34.

[32] 黄德春，徐慎晖. 新常态下长江经济带的金融集聚对经济增长的影响研究——基于市级面板数据的空间计量分析[J]. 经济问题探索，2016（10）：160-167.

[33] 黄荣. 国际金融中心评价指标的实证研究[J]. 金融理论与实践，2007，6：39-41.

[34] 江曙霞，郑亚伍. 金融创新、R&D 与经济增长[J]. 金融理论与实践，2012

(7): 6-12.

[35] 蒋瑞波, 蒋岳祥. 区域金融创新与区域经济发展的实证研究 [J]. 浙江学刊, 2012 (5): 157-162.

[36] 金碚. 关于"高质量发展"的经济学研究 [J]. 中国工业经济, 2018 (4): 5-18.

[37] 金碚. 以创新思维推进区域经济高质量发展 [J]. 区域经济评论, 2018 (4): 39-42.

[38] 李丛文. 金融创新、技术创新与经济增长——新常态分析视角 [J]. 现代财经, 2015 (2): 13-24.

[39] 李宏彬, 李杏, 姚先国, 张海峰, 张俊森. 企业家的创业与创新精神对中国经济增长的影响 [J]. 经济研究, 2009, 44 (10): 99-108.

[40] 李紧想, 张芳, 孙策. 金融集聚与经济高质量发展的长期动态关系研究——基于状态空间模型的变参数分析 [J]. 海南金融, 2019 (6): 16-24.

[41] 李静, 马丽娟. 金融集聚的区域经济增长效应分析 [J]. 社会科学战线, 2016 (10): 249-253.

[42] 李林, 丁艺, 刘志华. 金融集聚对区域经济增长溢出作用的空间计量分析 [J]. 金融研究, 2011 (5): 113-123.

[43] 李至斌. 区域性股权市场服务小微企业的实践与探索 [J]. 证券市场导报, 2020 (4): 25-29, 38.

[44] 刘建军. 天津滨海新区金融改革创新能力评价研究 [J]. 华北金融, 2013, 1 (1): 11-17.

[45] 刘军, 黄解宇, 曹利军. 金融集聚影响实体经济机制研究 [J]. 管理世界, 2007 (4): 152-153.

[46] 刘祚祥, 陈文胜. "股田"合约、资产证券化与土地流转制度创新 [J]. 求索, 2009 (12): 136-138.

[47] 刘祚祥, 郭伦国, 杨勇. 信息共享、风险分担与农村银保互动机制 [J]. 广东金融学院学报, 2010, 25 (3): 63-73.

[48] 刘祚祥, 胡跃红, 周丽. 农村劳动力流动、人力资本积累与中国经济增长的源泉 [J]. 经济问题探索, 2008 (12): 82-88.

[49] 刘祚祥, 黄权国. 信息生产能力、农业保险与农村金融市场的信贷配给——基于修正的 S-W 模型的实证分析 [J]. 中国农村经济, 2012 (5): 53-64.

[50] 刘祚祥, 孙良媛, 黄权国. 信息生产能力与农业保险对农村金融市场信贷配给的影响——基于湖南岳阳市农村金融市场的实证研究 [J]. 广东金融学院学报, 2012, 27 (4): 97-107.

[51] 刘祚祥. 逆向淘汰、需求型金融抑制与我国农村金融发展 [J]. 经济问题探索, 2007 (4): 134-138.

[52] 刘祚祥．农户的健康风险分担与新型农村合作医疗研究述评［J］．经济评论，2008（4）：142-148，158．

[53] 刘祚祥．农户健康风险与新型农村合作医疗制度创新［J］．财贸研究，2008（1）：48-55．

[54] 刘祚祥．社区信用、债权博弈与内生性金融创新——湖南农村乡村债务化解案例［J］．长沙理工大学学报（社会科学版），2012，27（3）：73-78．

[55] 陆铭．我国区域性股权市场自律管理提升研究［J］．上海经济，2018（6）：114-124．

[56] 毛茜，赵喜仓．科技金融创新与我国经济增长效应研究——基于科技型中小企业发展视角［J］．科技进步与对策，2014，31（12）：23-26．

[57] 聂明华，杨飞虎．劳动和资本过剩下的中国金融创新和经济增长［J］．理论探索，2010（3）：65-69．

[58] 任保平，李禹墨．新时代我国高质量发展评判体系的构建及其转型路径［J］．陕西师范大学学报（哲学社会科学版），2018（3）：105-113．

[59] 任保平．创新中国特色社会主义发展经济学 阐释新时代中国高质量的发展［J］．天津社会科学，2018（2）：12-18．

[60] 史峥，孔丽，刘红梅．金融集聚、金融创新与区域经济增长的空间协同性——基于我国省际面板数据的实证研究［J］．商业经济评论，2019（3）：155-158．

[61] 孙菲菲，蒋冠．论区域性股权市场的功能建构［J］．证券市场导报，2018（3）：59-63，77．

[62] 孙浦阳，张蕊．金融创新是促进还是阻碍了经济增长——基于技术进步视角的面板分析［J］．当代经济科学，2012（3）：26-34．

[63] 涂满章，万元春，陈继，詹圣泽．多层次区域股权投资市场体系研究：创新创业视角［J］．金融理论与实践，2018（8）：94-101．

[64] 汪浩瀚，潘源．金融发展对产业升级影响的非线性效应——基于京津冀和长三角地区城市群的比较分析［J］．经济地理，2018，38（9）：59-66．

[65] 王永昌，尹江燕．论经济高质量发展的基本内涵及趋向［J］．浙江学刊，2019（1）：91-95．

[66] 魏婕，李保平．中国各地区经济增长质量指数的测度及其排序［J］．经济学动态，2012（4）：27-33．

[67] 魏敏，李书昊．新时代中国经济高质量发展水平的测度研究［J］．数量经济技术经济研究，2018（11）：3-20．

[68] 向国成，李真子．实现经济的高质量稳定发展——基于新兴古典经济学视角［J］．社会科学，2016（7）：57-63．

[69] 谢婷婷，任丽艳．技术创新、金融创新与经济增长——基于中国省际面板数据［J］．工业技术经济，2017（11）：110-117．

［70］许林．企业生命周期下区域性股权市场金融服务体系构建——基于科技型中小企业融资视角的探讨［J］．开发性金融研究，2018（3）：12-19.

［71］许思雨，薛鹏．中国经济高质量发展的内涵与评判：一个文献综述［J］．商业经济，2019（5）：132-134.

［72］殷兴山，孙景德，徐洪水．区域金融稳定评价体系与实证分析［J］．上海金融，2005（3）：46-48.

［73］于斌斌．金融集聚促进了产业结构升级吗：空间溢出的视角——基于中国城市动态空间面板模型的分析［J］．国际金融研究，2017（2）：12-23.

［74］喻平，严卉靓．金融创新与经济增长的耦合关系——基于湖北省数据的例证［J］．武汉理工大学学报，2016（6）：1148-1156.

［75］张帆．金融发展影响绿色全要素生产率的理论和实证研究［J］．中国软科学，2017（9）：154-167.

［76］张浩然．空间溢出视角下的金融集聚与城市经济绩效［J］．财贸经济，2014（9）：51-61.

［77］张龙耀，张海宁．金融约束与家庭创业——中国的城乡差异［J］．金融研究，2013（9）：123-135.

［78］赵大全．实现经济高质量发展的思考与建议［J］．经济研究参考，2018（1）：7-9.

［79］赵荣权，宋加山，王玙．区域性股权市场的市场化改革与资源配置效率研究——理论模型与改革措施［J］．金融监管研究，2019（1）：1-14.

［80］赵喜仓，诸葛秀山．金融创新推动经济增长——基于中国的实证分析［J］．江苏大学学报，2008，10（1）：81-85.

［81］赵晓男，郑春梅．美国金融业监管局职能特征及其对我国的启示［J］．中国市场，2016（7）.

［82］朱尔茜．基于因子分析的中国区域金融创新能力评价［J］．武汉大学学报，2013，3（66）：85-89.

［83］诸葛秀山．金融创新推动经济增长——基于中国的实证分析［J］．江苏大学学报，2008，11（1）：60-79.

［84］庄子银．企业家精神、持续技术创新和长期经济增长的微观机制［J］．世界经济，2005（12）：32-43+80.

［85］邹海荣，王亦男，吴国强．长三角城市金融资源集聚与经济发展协调度研究［J］．江西社会科学，2018，38（3）：80-86.

［86］邹薇．建设现代化经济体系　实现更高质量发展［J］．人民论坛·学术前沿，2018（2）：31-38.

［87］ANG J B. Financial development, liberalization and technological deepening [J]. European Economic Review, 2011, 55 (5): 688-701.

[88] APERGIS, FILIPPIDIS, ECONOMIDOU. Financial deeping and economic growth linkage: a panel data analysis [J]. Review of World Economics, 2007, 143: 179-198.

[89] BOSSONE B, MAHAJAN S, ZAHIR F. Financial infrastructure, group interests, and capital accumulation: theory, evidence, and policy [J]. IMF Working Papers, 2003, 3 (24): 105-114.

[90] BRAVO-ORTEGA C, ALVARO GARCIA MARIN. R&D and productivity: a two way avenue [J]. World Development, 2011, 39 (7): 1090-1107.

[91] FRANKLIN ALLEN. Trends in financial innovation and their welfare impact: an overview [J]. European Financial Management, 2012, 4 (18): 493-514.

[92] FREEMAN C. Networks of innovators: a synthesis of research issues [J]. Research Policy, 1991, 20 (5): 499-514.

[93] GREENWOOD J, JOVANOVIC B. Financial development, growth, and the distribution of income [J]. Journal of Political Economy, 1990, 98 (5): 1076-1107.

[94] JUN NAGAYASU. Financial innovation and regional money [J]. Applied Economics, 2012, 44 (35): 324-347.

[95] LAEVEN L, LEVINE R, MICHALOPOULOS S. Financial innovation and endogenous growth [J]. CEPR Discussion Papers 7465, C. E. P. R Discussion Papers, 2009.

[96] PANDIT N R, COOK G A S, SWANN P G M. The dynamics of industrial clustering in British financial services [J]. Services Industries Journal, 2001, 21 (4): 33-61.

[97] PALMBERG J. Spatial concentration in the financial industry [M]. Emerald Group Publishing Limited, 2012.

[98] PATRICK H T. Financial development and economic growth in undeveloped countries [J]. Economic Development and Cultural-Change, 1966, 34: 174-189.

[99] SHELAGH A HEFFERNAN, XIAOLAN FU, XIAOQING (MAGGIE) FU. Financial innovation in the UK [J]. Applied Economics, 2013, 24 (45): 322-375.

[100] SOLOW R M. Technical change and the aggregate production function [J]. Review of Economic & Statistics, 1957, 39 (3): 554-562.

[101] THORSTEN BECK, TAO CHEN, CHEN LIN, et al. Financial innovation: the bright and the dark sides [J]. Journal of Banking and Finance, 2016, 12 (72): 28-51.

[102] WILLIAM REDMOND. Financial innovation, diffusion, and instability [J]. Journal of Economic Issues, 2013, 47 (2): 525-532.

[103] XINGANG WANG, SHANGZHI YUE. Study on financial management innovation and currency policy [J]. iBusiness, 2013, 5: 63-68.

[104] ZHANG WEIYING. Entrepreneurial ability, personal wealth and the assignment of principalship: an entrepreneurial/contractual theory of the firm [M]. //Chinese Entrepreneurship. Springer Berlin Heidelberg, 1994.

后 记
EPILOGUE

中国已经进入高质量发展阶段，正在加快迈向创新型强国。

在新的国际背景下，通过实施创新驱动发展战略，构建我国经济双循环发展的新格局，客观上需要尽快形成一个能够促进创新型企业成长的多层次资本市场。作为多层次资本市场塔基的区域性股权市场的建设，是重中之重。区域性股权市场是以股权交易所为核心的地方性金融资源集聚平台。通过金融要素的空间集聚来降低金融合约的缔结成本，是区域性股权市场进行制度创新的主要动力。为了进一步总结区域性股权市场的发展经验，2019年11月，湖南股权交易所成立了由长沙理工大学刘祚祥教授为负责人的课题组。在对国内外区域性股权市场进行系统研究后，课题组提出了研究提纲，开始了理论上的分析与资料的收集。但是，突如其来的疫情将研究工作中断了6个多月。其间，课题组成员只能在各自封闭的空间通过网络进行交流，资料的搜集，特别是企业的调研，只能不断地改期。没有对企业的调研，不了解湖南股权交易所赋能中小微企业的各种服务活动，不了解湖南中小微企业通过区域性股权市场所参与的融资活动，就不可能对以湖南股权交易所为核心的湖南省区域性股权市场做出准确描述，也不可能对其多层次资本市场做出理论分析与功能定位，当然，对其创新逻辑也不可能做出准确解释。因此，尽管课题组对国内外相关文献进行了系统处理，也对研究模型做了前期的铺垫，但是真正进入研究已经是2020年7月底的事情了。

作为一部原创性的研究著作，本书凝结了很多人的心血与汗水。本书由课题负责人刘祚祥教授提出研究方案、调研计划，设计调研提纲及调研问题，并对全书内容进行最后的修改、定稿。湖南股权交易所董事长易卫红女士、总经理余春晖先生先后参与研究方案、写作提纲的讨论、修改。

在总论的撰写过程中，长沙理工大学汪靖参与了湖南股权交易所各部门的资料搜集与整理。易卫红董事长、余春晖总经理、李燕茹经理进行了多次讨论、修改，并提出一系列意见、建议。总论完成后，湖南股权交易所的报告工作组进行了集体审读，并与课题组成员进行集体讨论。在第一稿的基础上，余春晖总经理对总论进行了大幅度的修改。

专题研究包括6章内容,主要是总结概括湖南股权交易的相关制度、组织与服务创新。"小微商学院:中小企业'成长助推器'"由郑玮撰写,湖南股权交易所虞诗琦、唐琳琼参与讨论并提供了大部分材料,最后由刘祚祥修改、定稿。"投融资服务体系:打造中小企业'资金加油站'"由湖南股权交易所投融资部门提供材料,陈涛、汪靖整理,陈涛撰写,最后由刘祚祥修改、定稿。"科技创新专板:中小企业'上市孵化港'"由黄文秀撰写,湖南股权交易所唐琳琼参与讨论并提供了大部分材料,最后由刘祚祥修改、定稿。"企业服务'八步曲':中小企业'全周期'一站式服务体系"由易卫红董事长提供资料,汪靖记录,陈涛撰写,最后由刘祚祥修改、定稿。"'两山基金':创新创意投资基金"由郑玮撰写,刘祚祥对初稿进行了多次修改并最终定稿。"湖南省股权登记管理中心:界定资产交易边界"由陈涛、汪靖、谭志鹏等联合撰写,最后由刘祚祥修改、定稿。

理论前沿包括5章内容。"湖南股权交易所引入做市商制度的路径研究",初稿由刘祚祥、陈涛撰写;"金融创新能力与经济增长质量研究"由刘祚祥、李莹撰写;"企业家精神、金融集聚与中国经济高质量发展"由刘祚祥、肖妮撰写;"小微企业债权融资困境及其股权融资新趋势"由中国人民银行张家界中心支行调查统计科科长龙左佳先生撰写,刘祚祥修改、定稿。中国人民银行张家界中心支行调查统计科连续十年坚持对区域内的中小微企业融资问题进行调研,积累了大量的案例、数据和分析报告,为张家界金融发展提供了很多有价值的政策咨询服务。"'区块链+ESG投资理念'视域下区域性股权交易市场发展策略研究"由杨密博士撰写,刘祚祥修改、定稿。

案例探微包括6个案例。"宏志达:湖南省区域性股权市场有效赋能的见证者"由郑玮撰写,刘祚祥对初稿进行修改后,返回被调研公司对相关数据、事件进行核对,在湖南股权交易所虞诗琦进行核对、修改的基础上,最后由刘祚祥定稿。调研团队成员包括刘祚祥、杨密、郑玮、郭雅琴、李阳、邹佳明,湖南股权交易所的邹靓参与调研,宏志达董事长谭文昌全程参与。"中晟全肽:多肽行业独角兽的加速炼成"由谭安娜撰写,虞诗琦、唐琳琼参与修改、核对数据,最后由刘祚祥修改、定稿。调研团队成员包括刘祚祥、郭雅琴、邹佳明、谭安娜和湖南股权交易所的虞诗琦、唐琳琼,中晟全肽董事长陈磊、副总经理宫焕章、财务总监武永强参与座谈并陪同调研。"兴元科技:回归四板,迂回追梦IPO"由李阳撰写,刘祚祥修改、定稿。调研团队成员包括刘祚祥、杨密、李阳、郑玮、郭雅琴,湖南股权交易所的邹靓参与调研,兴元科技董事长张福兴、总经理郭子兴热情接待调研团队。"创星科技:科创专板点燃资本之梦"由邹佳明撰写初稿,黄文秀对初稿进行修改,虞诗琦对二稿进行修改、核对,最后由刘祚祥修改、定稿。调研团队成员包括刘祚祥、杨密、邹佳明、黄文秀、郭雅琴,湖南股权交易所的祝志平参与调研,创星科技董

后 记

事长文建全、董事会秘书曾兰平热情接待了调研团队，为案例写作提供了很多宝贵的材料。"普济生物：'八步曲'助力业绩倍增"由黄文秀撰写，璩诗琦参与修改，最后由刘祚祥修改、定稿。调研团队成员包括刘祚祥、黄文秀、郑玮、刘洋，湖南股权交易所的向崇参加调研，普济生物总经理李施澄热情接待调研团队，并参与调研座谈会。"正清制药：非上市公众公司的'蝶变'之路"由郭雅琴撰写，璩诗琦、唐琳琼参与资料核对与初稿修改，最后由刘祚祥修改、定稿。调研团队成员包括刘祚祥、杨密、汪靖、郑玮、郭雅琴、邹佳明和湖南股权交易所的璩诗琦、红网记者刘驰峰。正清制药副总裁向卫国、总裁助理黄炳贤、执行董秘向元勇、工作人员邱群英参与调研座谈会，与调研团队交流和分享正清制药的创业历程，以及艰辛的资本市场之路，并积极提供资料支持案例的撰写。

本书的出版，凝结了许多人的心血，也寄托了许多人的期盼。中国经济出版社焦晓云女士为本书的出版付出了辛勤的劳动。在此，向所有参与这项工作的人员致以最崇高的敬意！向所有关注这项工作的人致以真诚的感谢！"雄关漫道真如铁，而今迈步从头越。"我们将以此为契机，投入更多的时间和精力，付出更大的热情，研究、整理区域性股权市场创新发展的有效经验，为湖南省区域性股权市场及其他区域性股权市场的发展提供理论解释与实践咨询。

刘祚祥

2021年4月　于湘江之滨